EICHMANN EM JERUSALÉM

HANNAH ARENDT

EICHMANN EM JERUSALÉM

Um relato sobre a banalidade do mal

Tradução:
JOSÉ RUBENS SIQUEIRA

34ª reimpressão

COMPANHIA DAS LETRAS

Copyright © 1963, 1964 by Hannah Arendt

Grafia atualizada segundo o Acordo Ortográfico da Língua Portuguesa de 1990, que entrou em vigor no Brasil em 2009.

Título original:
*Eichmann in Jerusalem:
A Report on the Banality of Evil*

Capa:
Ettore Bottini

Foto da capa:
AP/Wide World Photos

Revisão da tradução:
Samuel Titan Jr.

Índice remissivo:
Maria Claudia Carvalho Mattos

Revisão:
*Eduardo Russo
Laura Victal*

Dados Internacionais de Catalogação na Publicação (CIP)
(Câmara Brasileira do Livro, SP, Brasil)

Arendt, Hannah, 1906-1975.
Eichmann em Jerusalém : um relato sobre a banalidade do mal / Hannah Arendt ; tradução José Rubens Siqueira. — São Paulo : Companhia das Letras, 1999.

Título original: Eichmann in Jerusalem: A Report on the Banality of Evil
Bibliografia.
ISBN 978-85-7164-962-0

1. Crimes de guerra — Processos — Jerusalém 2. Eichmann, Adolf, 1906-1962 3. Holocausto judeu (1939-1945) I. Título.

99-5069   CDD-940-5318

Índice para catálogo sistemático:
1. Holocausto judeu : Guerra Mundial, 1939-1945 : História 940.5318

Todos os direitos desta edição reservados à
EDITORA SCHWARCZ S.A.
Rua Bandeira Paulista, 702, cj. 32
04532-002 — São Paulo — SP
Telefone: (11) 3707-3500
www.companhiadasletras.com.br
www.blogdacompanhia.com.br
facebook.com/companhiadasletras
instagram.com/companhiadasletras
twitter.com/cialetras

NOTA AO LEITOR

Esta é uma edição revista e aumentada do livro lançado em maio de 1963. Fiz a cobertura do processo de Eichmann em Jerusalém, em 1961, para a revista *The New Yorker*, na qual este relato foi publicado, ligeiramente abreviado, nos meses de fevereiro e março de 1963. Este livro foi escrito no verão e no outono de 1962 e concluído em novembro daquele ano, durante minha estada como bolsista no Centro de Estudos Avançados da Universidade Wesleyan.

O que foi revisto nesta edição são alguns erros técnicos, nenhum dos quais tem a menor significação na análise ou na argumentação do texto original. O registro factual desse período ainda não foi estabelecido em detalhes, e certas questões baseadas em suposições jamais poderão apoiar-se em informações inteiramente confiáveis. Por exemplo, o total de judeus vítimas da Solução Final é uma suposição — entre 4 milhões e meio e 6 milhões — jamais comprovada, e o mesmo se aplica aos totais de cada um dos países envolvidos. Alguns dados novos vieram à luz desde a publicação deste livro, principalmente na Holanda, mas nenhum deles teve importância para o evento como um todo.

Quase todos os acréscimos são de natureza técnica, esclarecendo um ponto específico, introduzindo fatos novos ou, em alguns casos, citações de outras fontes. Essas novas fontes foram acrescentadas à bibliografia e são discutidas no pós-escrito, que trata da controvérsia despertada pela publicação original. Além do pós-escrito, os acréscimos não técnicos referem-se à conspiração alemã anti-Hitler de 20 de julho de 1944, que na versão original eu só mencionara incidentalmente. O caráter do livro como um todo permanece inalterado.

Devo agradecimentos a Richard e Clara Winston por sua ajuda na preparação do texto do pós-escrito desta edição.

Hannah Arendt
Junho de 1964

Ó Alemanha...
Ouvindo as falas que vêm da tua casa, rimos.
Mas quem te vê corre a pegar a faca.

Bertolt Brecht
(Trad.: Paulo Cesar de Souza)

SUMÁRIO

Nota ao leitor 5

I. A Casa da Justiça 13
II. O acusado 32
III. Um perito na questão judaica 48
IV. A primeira solução: expulsão 69
V. A segunda solução: concentração 82
VI. A solução final: assassinato 98
VII. A Conferência de Wannsee, ou Pôncio Pilatos 128
VIII. Deveres de um cidadão respeitador das leis 152
IX. Deportações do Reich — Alemanha, Áustria e o Protetorado 168
X. Deportações da Europa Ocidental — França, Bélgica, Holanda, Dinamarca, Itália 180
XI. Deportações dos Bálcãs — Iugoslávia, Bulgária, Grécia, Romênia 200
XII. Deportações da Europa Central — Hungria e Eslováquia 214
XIII. Os centros de extermínio no Leste 227
XIV. Provas e testemunhas 241
XV. Julgamento, apelação e execução 255

Epílogo 275
Pós-escrito 303
Bibliografia 323
Índice remissivo 327

EICHMANN EM JERUSALÉM

I
A CASA DA JUSTIÇA

"*Beth Hamishpath*" — a Casa da Justiça: essas palavras, gritadas a todo volume pelo meirinho do tribunal, fazem-nos ficar de pé num salto ao anunciar a chegada dos três juízes que, de cabeça descoberta, vestindo mantos negros, entram na sala do tribunal por uma porta lateral e ocupam seus lugares no nível mais alto da plataforma elevada. A longa mesa, que logo estará coberta com inúmeros livros e mais de quinhentos documentos, tem uma estenógrafa em cada extremidade. Logo abaixo dos juízes ficam os tradutores, cujos serviços são necessários para as conversas diretas entre o acusado ou seus advogados e a corte; além disso, o acusado, cuja língua, como a de quase todo mundo na plateia, é o alemão, acompanha os procedimentos em hebraico por meio da transmissão radiofônica simultânea, que é excelente em francês, tolerável em inglês, e uma mera comédia, muitas vezes incompreensível, em alemão. (Em vista da escrupulosa equidade de todos os arranjos técnicos do julgamento, constitui um mistério menor que o novo Estado de Israel, com sua alta porcentagem de nascidos na Alemanha, seja incapaz de encontrar um tradutor adequado para a única língua que o acusado e seu advogado entendem. Pois o velho preconceito contra os judeus alemães, antes muito pronunciado em Israel, não tem mais força suficiente para ser considerado uma causa disso. Resta, à guisa de explicação, a velha e ainda poderosa "vitamina P", nome que os israelenses dão ao favorecimento nos círculos do governo e da burocracia.) Um degrau abaixo dos tradutores, um de frente para o outro e,

portanto, com os perfis voltados para a plateia, vemos a cabine de vidro do acusado e o banco de testemunhas. Finalmente, no último plano, de costas para a plateia, ficam o promotor com seu grupo de quatro advogados assistentes e o advogado de defesa, que durante as primeiras semanas foi acompanhado por um assistente.
Em nenhum momento se nota algum traço teatral na conduta dos juízes. Seu passo não é estudado, sua atenção, sóbria e intensa, é natural mesmo quando visivelmente se enrijece sob o impacto da dor ao ouvir os relatos de sofrimento; sua impaciência com a tentativa do promotor de arrastar infinitamente essas audiências é espontânea e tranquilizadora, sua atitude para com a defesa talvez um tanto polida demais, como se estivessem sempre levando em conta que o "dr. Servatius estava quase sozinho nessa exigente batalha, num ambiente desconhecido", suas maneiras com o acusado sempre irrepreensíveis. É tão óbvio que os três são homens bons e honestos que é surpreendente nenhum dos três ceder à grande tentação de representar neste cenário, à tentação de fingir que — todos eles nascidos e educados na Alemanha — precisam esperar pela tradução hebraica. Moshe Landau, o presidente do júri, quase nunca espera o tradutor terminar seu trabalho para dar suas respostas, e muitas vezes interfere, corrigindo e melhorando a tradução, evidentemente satisfeito com a oportunidade de distração num evento sombrio como esse. Meses depois, durante um interrogatório do acusado, ele chegará a convencer seus colegas a utilizar o alemão, que é sua língua nativa, no diálogo com Eichmann — prova, se é que ainda é necessário uma prova, de sua notável independência diante da opinião pública de Israel.

Desde o começo, não há dúvidas de que é o juiz Landau quem dá o tom, e de que ele está fazendo o máximo, o máximo do máximo, para evitar que este julgamento se transforme num espetáculo por obra da paixão do promotor pela teatralidade. Entre as razões pelas quais ele nem sempre consegue isso está o simples fato de que as sessões ocorrem num palco diante de uma plateia, com o esplêndido grito do meirinho no começo de cada sessão produzindo o efeito de uma cortina que sobe. Quem planejou este auditório da recém--construída *Beth Ha'am*, Casa do Povo (no momento circundada por altas cercas, guardada do sótão ao porão pela polícia fortemente armada, e com uma fileira de barracas de madeira no pátio fronteiro onde todos os que vão chegando são adequadamente revistados), tinha em mente um teatro completo, com seu fosso de orquestra e sua galeria, com proscênio e palco, e portas laterais para a entrada dos atores. Evidentemente, este tribunal não é um mau lugar para o espetáculo que David Ben-Gurion, primeiro-ministro de Israel, tinha em mente quando resolveu mandar raptar Eichmann na Argentina e trazê-lo à Corte Distrital de Jerusalém para ser julgado por seu papel na questão da "solução final dos judeus". E Ben-Gurion, adequadamente chamado de "arquiteto do Estado", é o diretor de cena do processo. Não comparece a nenhuma sessão; no tribunal, fala pela voz de Gideon Hausner, o procurador-geral que, representante do governo, faz o que pode para obedecer a seu senhor. E se, felizmente, seus esforços nem sempre atingem o objetivo é porque o julgamento está sendo presidido por alguém que serve à Justiça com a mesma fidelidade com que o sr. Hausner serve ao Estado de Israel. A justiça exige que o acusado seja processado, defendido e julgado, e que fiquem em suspenso todas as questões aparentemente mais importantes — "Como pôde acontecer uma coisa dessas?" e "Por que aconteceu?", "Por que os judeus?" e "Por que os alemães?", "Qual o papel das outras nações?" e "Até que ponto vai a responsabilidade dos Aliados?", "Como puderam os judeus, por meio de seus líderes, colaborar com sua própria destruição?" e "Por que marcharam para a morte como carneiros para o matadouro?". A justiça insiste na importância de Adolf Eichmann, filho de Karl Adolf Eichmann, aquele homem dentro da cabine de vidro construída para sua proteção: altura mediana, magro, meia-idade, quase calvo, dentes tortos e olhos míopes, que ao longo de todo o julgamento fica esticando o pescoço para olhar o banco de testemunhas (sem olhar nem uma vez para a plateia), que tenta desesperadamente, e quase sempre consegue, manter o autocontrole, apesar do tique nervoso que lhe retorce a boca provavelmente desde muito antes do começo deste julgamento. Em juízo estão os seus feitos, não o sofrimento dos judeus, nem o povo alemão, nem a humanidade, nem mesmo o antissemitismo e o racismo.

E a Justiça, embora talvez uma "abstração" para quem pensa como o sr. Ben-Gurion, vem a ser um amo muito mais severo até do que um primeiro-ministro com todo o seu poder. O domínio deste último, conforme o sr. Hausner se estende em demonstrar, é permissivo; permite ao promotor dar entrevistas à imprensa e aparecer na televisão durante o julgamento (a transmissão norte-americana, patrocinada pela Glickman Corporation, é constantemente interrompida — sempre os negócios! — por anúncios de propriedades imobiliárias), permite-lhe mesmo explosões "espontâneas" junto aos repórteres dentro do edifício do tribunal — que está cansado de interrogar Eichmann porque ele responde sempre com mentiras; permite que lance olhares para a plateia e permite a teatralidade de uma vaidade maior do que o normal, que finalmente triunfa ao receber do presidente dos Estados Unidos os parabéns pelo "trabalho bem-feito". A Justiça não admite coisas desse tipo; ela exige isolamento, admite mais a tristeza do que a raiva, e pede a mais cautelosa abstinência diante de todos os prazeres de estar sob a luz dos refletores. A visita do juiz Landau a este país pouco depois do julgamento não foi divulgada, a não ser entre as organizações judaicas em prol das quais foi empreendida.

No entanto, por mais que os juízes evitem os refletores, ali estão eles, sentados no alto da plataforma, na frente da plateia, como se estivessem no palco para atuar numa peça. A plateia deveria representar o mundo todo, e nas primeiras semanas realmente era composta de jornalistas e articulistas de revistas que acorreram a Jerusalém vindos dos quatro cantos do mundo. Essas pessoas iriam assistir a um espetáculo tão sensacional quanto os julgamentos de Nuremberg, só que desta vez "a tragédia do judaísmo como um todo constituiria a preocupação central". Pois "se tivermos de acusar [Eichmann] também por seus crimes contra não-judeus... isso" não ocorrerá porque ele os cometeu, mas, surpreendentemente, *"porque não fazemos distinções étnicas"*. Essa é sem dúvida uma frase surpreendente para ser pronunciada por um promotor em seu discurso de abertura, e que acabou sendo a frase-chave de toda a acusação. Porque essa acusação tem por base o que os judeus sofreram, não o que Eichmann fez. E, segundo o sr. Hausner, essa distinção seria irrelevante, porque "só houve um homem que se dedicou quase exclusivamente aos judeus, cuja ocupação foi sua destruição, cujo papel no aparelho do regime iníquo se limitou a eles. E esse homem foi Adolf Eichmann". Não seria lógico apresentar à corte todos os fatos do sofrimento judeu (que evidentemente jamais foi questionado) para depois examinar as provas que pudessem de alguma forma ligar Eichmann aos acontecimentos? Os julgamentos de Nuremberg, nos quais os réus foram "acusados de crimes contra membros de diversas nações", não levaram em conta a tragédia judaica pelo simples fato de Eichmann não estar presente.

Será que o sr. Hausner realmente acreditava que os julgamentos de Nuremberg teriam prestado mais atenção no destino dos judeus se Eichmann estivesse no banco dos réus? Dificilmente. Assim como todos em Israel, ele acreditava que só um tribunal judeu poderia fazer justiça aos judeus, e que era tarefa dos judeus julgar seus inimigos. Daí a hostilidade quase generalizada em Israel contra a simples menção de uma corte internacional que pudesse acusar Eichmann não de crimes "contra o povo judeu", mas de crimes contra a humanidade perpetrados no corpo do povo judeu. Daí a estranha vaidade: "não fazemos distinções étnicas", que soou menos estranha em Israel, onde a lei rabínica governa o status pessoal de cidadãos judeus, proibindo judeus de casar com não-judeus; os casamentos realizados no exterior são reconhecidos, mas os filhos de casamentos mistos são legalmente bastardos (filhos de pais judeus nascidos fora do casamento são legítimos), e se a mãe de alguém por acaso é não-judia essa pessoa não pode nem se casar, nem ser enterrada. O ultraje desse estado de coisas ficou mais agudo depois de 1953, quando boa parte da jurisdição de assuntos relativos à lei familiar passou para a corte secular. Hoje as mulheres podem herdar propriedades e gozam, no geral, de status igual ao do homem. Portanto não é bem respeito à fé ou ao poder da minoria de fanáticos religiosos que impede o governo de Israel de substituir a jurisdição secular da lei rabínica em questões de casamento e divórcio. Cidadãos israelenses, religiosos e não religiosos, parecem concordar que é desejável ter uma lei que proíba o casamento misto, e é sobretudo por essa razão — como admitiam os funcionários israelenses fora da sala do tribunal — que eles consideram indesejável possuir uma constituição escrita, em que essa lei teria de ser embaraçosamente descrita com todas as letras. ("Os argumentos contra o casamento civil rezam que ele fragmentaria a Casa de Israel, e que também separaria os judeus desse país dos judeus da Diáspora", como disse há pouco Philip Gillon em *Jewish Frontier.*) Fossem quais fossem as razões, havia, sem dúvida, algo assombroso na ingenuidade com que a acusação denunciou as infames Leis de Nuremberg de 1935, que proibiu o casamento e as relações sexuais entre judeus e alemães. Os correspondentes mais bem informados estavam bem cônscios dessa ironia, mas não fizeram menção a ela em suas reportagens. Não era o momento, pensaram, de apontar aos judeus o que estava errado nas leis e instituições de seu próprio país.

Se a plateia do julgamento devia ser o mundo e a peça um vasto panorama do sofrimento judeu, a realidade estava aquém das expectativas e das motivações. A fidelidade dos jornalistas não durou mais de duas semanas, depois das quais a plateia mudou drasticamente. Daí em diante deveria ser composta por israelenses, por aqueles jovens demais para saber da história ou, como no caso dos judeus orientais, por aqueles a quem a história nunca fora contada. O julgamento iria mostrar-lhes o que significava viver entre não-judeus, iria convencê-los de que só em Israel um judeu teria segurança e poderia viver uma vida honrada. (Para os correspondentes, a lição foi explicada com todas as letras num folhetinho sobre o sistema legal israelense, que foi distribuído à imprensa. Sua autora, Doris Lankin, cita uma decisão da Suprema Corte que determinou que dois pais que haviam "raptado seus filhos e levado as crianças para Israel" mandassem-nas de volta para as mães que, morando no exterior, tinham direito legal a sua custódia. E isso, acrescentava a autora — não menos orgulhosa dessa estritíssima legalidade do que o sr. Hausner de sua disposição de denunciar todo assassinato mesmo que suas vítimas fossem não-judeus —, "a despeito do fato de que devolver as crianças à custódia materna significaria fazê-las enfrentar um conflito desigual com os elementos hostis da Diáspora".) Mas naquela plateia quase não havia jovens, e nela os israelenses não eram mais numerosos do que os judeus de outras nacionalidades. A plateia era composta de "sobreviventes", de gente de meia-idade ou mais velha, de imigrantes da Europa, como eu, que sabiam de cor tudo o que havia para saber, e que não estavam ali para aprender lição nenhuma e que, inquestionavelmente, não precisavam daquele julgamento para tirar suas próprias conclusões. Testemunha após testemunha, horror após horror, ali ficavam eles, sentados, ouvindo, em público, histórias que dificilmente suportariam na privacidade, quando teriam de olhar de frente o interlocutor. E quanto mais "a calamidade do povo judeu nesta geração" se desdobrava diante deles e mais grandiosa se tornava a retórica do sr. Hausner, mais pálida e fantasmagórica ficava a figura na cabine de vidro, e nenhum dedo apontado para ele indicando que "ali está o monstro responsável por tudo isto" conseguia sacudi-lo de volta à vida.

Foi exatamente o aspecto teatral do julgamento que desmoronou sob o peso horripilante das atrocidades. Um julgamento parece uma peça de teatro porque ambos começam e terminam com o autor do ato, não com a vítima. Um julgamento-espetáculo, mais ainda do que um julgamento comum, precisa de um roteiro limitado e bem definido daquilo que foi feito e de como foi feito. No centro de um julgamento só pode estar aquele que fez algo — nesse sentido é que ele é comparável ao herói de uma peça de teatro —, e se ele sofre, deve sofrer pelo que fez, não pelo que os outros sofreram. Ninguém sabia disso melhor do que o juiz presidente, diante de cujos olhos o julgamento começou a degenerar num espetáculo sangrento, "um navio sem rumo jogando nas ondas". Porém se seus esforços para impedir isso muitas vezes fracassaram, o fracasso em parte deveu-se, estranhamente, à defesa, que em quase nenhum momento se levantou para desafiar algum testemunho, por mais irrelevante e incoerente que fosse. O *dr.* Servatius, como todo mundo o chamava, era um pouco mais ousado quando se tratava de apresentar documentos, e a mais marcante de suas raras intervenções ocorreu quando a acusação apresentou como provas os diários de Hans Frank, antigo governador-geral da Polônia e um dos principais criminosos de guerra enforcados em Nuremberg. "Tenho apenas uma pergunta. O nome de Adolf Eichmann, o nome do acusado, é mencionado nesses 29 volumes [na verdade, havia 38 volumes]? [...] O nome de

Adolf Eichmann não é absolutamente mencionado em nenhum desses 29 volumes [...] Muito obrigado, não tenho mais perguntas."

Dessa forma, o julgamento nunca se transformou numa peça, mas o espetáculo que Ben-Gurion tinha em mente desde o começo efetivamente aconteceu, ou melhor, aconteceram as "lições" que ele achou que devia ensinar aos judeus e aos gentios, aos israelenses e aos árabes, em resumo, ao mundo inteiro. Essas lições, tiradas de um mesmo espetáculo, deviam ter diferentes significados para destinatários diferentes. Tinham sido definidas por Ben-Gurion, antes de o processo começar, numa série de artigos destinados a explicar por que Israel raptara o acusado. Havia a lição para o mundo não judeu: "Queremos esclarecer às nações do mundo como milhões de pessoas, pelo acaso de serem judias, e 1 milhão de bebês, pelo acaso de serem bebês judeus, foram mortos pelos nazistas". Ou, nas palavras do *Davar*, órgão do partido Mapai, ao qual pertence o sr. Ben--Gurion: "Que o mundo tome conhecimento de que a Alemanha nazista não foi a única responsável pela destruição de 6 milhões de judeus na Europa". Consequentemente, mais uma vez nas palavras de Ben-Gurion: "Queremos que as nações do mundo saibam [...] e sintam vergonha". Os judeus da Diáspora deveriam lembrar como o judaísmo, "com seus 4 mil anos, suas criações espirituais e seus empenhos éticos, suas aspirações messiânicas", sempre se defrontou com "um mundo hostil", como os judeus degeneraram até caminhar para a morte como cordeiros, e como só o estabelecimento de um Estado judeu permitira aos judeus reagir, do modo como os israelenses reagiram na guerra de Independência, na aventura de Suez, e nos incidentes quase diários das infelizes fronteiras de Israel. E da mesma forma que era preciso mostrar aos judeus fora de Israel quais as diferenças entre o heroísmo israelense e a passividade submissa dos judeus, havia também uma lição para aqueles que estavam dentro de Israel: "a geração de israelenses que cresceu desde o holocausto" corria o risco de perder seus laços com o povo judeu e, por extensão, com sua própria história. "É preciso que nossa juventude se lembre do que aconteceu com o povo judeu. Queremos que conheçam os fatos mais trágicos de nossa história." E por último, um dos motivos para levar Eichmann a julgamento era "desentocar outros nazistas — por exemplo, a ligação entre os nazistas e alguns governantes árabes".

Se essas fossem as únicas justificativas para levar Adolf Eichmann à Corte Distrital de Jerusalém, o julgamento teria sido um fracasso em quase tudo. Sob certos aspectos, as lições eram dispensáveis; sob outros, definitivamente enganosas. O antissemitismo fora desacreditado, graças a Hitler, talvez para sempre e *sem dúvida* por um bom tempo, e isso não ocorrera porque os judeus tinham ficado mais populares de repente, mas porque, nas palavras do próprio sr. Ben-Gurion, a maioria das pessoas tinha "entendido que em nossos dias o antissemitismo só pode levar à câmara de gás e à fábrica de sabão". Igualmente dispensável era a lição para os judeus da Diáspora, que não precisavam nem um pouco da grande catástrofe em que morreu um terço de seu povo para se convencer da hostilidade do mundo: sua convicção sobre a natureza eterna e ubíqua do antissemitismo foi não só o fator ideológico mais potente do movimento sionista desde o Caso Dreyfus, como também a causa possível da prontidão demonstrada pela comunidade judaica alemã em negociar com as autoridades nazistas durante os primeiros estágios do regime. (Nem é preciso dizer que havia um abismo separando essas negociações da colaboração posterior dos *Judenräte*. Ainda não havia nenhuma questão moral envolvida, apenas uma decisão política cujo "realismo" era discutível: a ajuda "concreta", rezava o argumento, era melhor do que denúncias "abstratas". Era realpolitik sem tons maquiavélicos, e seus perigos vieram à luz anos depois, quando eclodiu a guerra, quando esses contatos diários entre as organizações judaicas e a burocracia nazista tornaram tão fácil para os funcionários judeus atravessar o abismo entre ajudar os judeus a escapar ou ajudar os nazistas a deportá-los.) Foi essa convicção que produziu a perigosa incapacidade dos judeus de distinguir entre amigos e inimigos; e os judeus alemães não eram os únicos a subestimar seus inimigos porque de alguma forma consideravam que todos os gentios eram iguais. Se o primeiro-ministro Ben-Gurion, que para todas as finalidades práticas era o chefe do Estado judeu, pretendia fortalecer esse tipo de "consciência judaica", ele estava mal orientado; pois uma transformação nessa mentalidade é, de fato, um dos pré-requisitos indispensáveis para o Estado de Israel, que por definição fez dos judeus um povo entre os povos, uma nação entre as nações, um Estado entre os Estados, dependendo agora de uma pluralidade que não mais permite a antiquíssima dicotomia, infelizmente religiosa, entre judeus e gentios.

O contraste entre o heroísmo israelense e a passividade submissa com que os judeus marcharam para a morte — chegando pontualmente nos pontos de transporte, andando sobre os próprios pés para os locais de execução, cavando os próprios túmulos, despindo-se e empilhando caprichosamente as próprias roupas, e deitando-se lado a lado para ser fuzilados — parecia uma questão importante, e o promotor, ao perguntar a testemunha após testemunha "Por que não protestou?", "Por que embarcou no trem?", "Havia 15 mil pessoas paradas lá, com centenas de guardas à frente — por que vocês não se revoltaram, não partiram para o ataque?", elaborava ainda mais essa questão, mesmo que insignificante. Mas a triste verdade é que ela era tomada erroneamente, pois nenhum grupo ou indivíduo não judeu se comportou de outra forma. Dezesseis anos antes, ainda sob o impacto dos acontecimentos, David Rousset, ex-prisioneiro de Buchenwald, descrevia o que sabemos ter acontecido em todos os campos de concentração: "O triunfo da SS exige que a vítima torturada permita ser levada à ratoeira sem protestar, que ela renuncie e se abandone a ponto de deixar de afirmar sua identidade. E não é por nada. Não é gratuitamente, nem por mero sadismo, que os homens da SS desejam sua derrota. Eles sabem que o sistema que consegue destruir suas vítimas antes que elas subam ao cadafalso... é incomparavelmente melhor para manter todo um povo em escravidão. Em submissão. Nada é mais terrível do que essas procissões de seres humanos marchando como fantoches para a morte" (*Les Jours de notre mort*, 1947). A corte não recebeu nenhuma resposta para essa questão tola e cruel, mas qualquer um poderia facilmente encontrar uma resposta se deixasse sua imaginação deter-se um pouco no destino daqueles judeus holandeses que, em 1941, no velho bairro judeu de Amsterdã, ousaram atacar um destacamento da Polícia de Segurança alemã. Quatrocentos e trinta judeus foram presos em represália e literalmente torturados até a morte, primeiro em

Buchenwald, depois no campo austríaco de Mauthausen. Durante meses sem fim, houve milhares de mortes e todos eles deviam invejar seus irmãos que estavam em Auschwitz e até em Riga e Minsk. Há muitas coisas consideravelmente piores do que a morte, e a ss cuidava que nenhuma delas jamais ficasse muito distante da mente e da imaginação de suas vítimas. Sob esse aspecto, talvez até mais significativamente do que sob outros, a tentativa deliberada de contar apenas o lado judeu da história no julgamento distorcia a verdade, até mesmo a verdade judaica. A glória do levante do gueto de Varsóvia e o heroísmo dos poucos que reagiram estava precisamente no fato de eles terem recusado a morte comparativamente fácil que os nazistas lhes ofereciam — à frente do pelotão de fuzilamento ou na câmara de gás. E as testemunhas que em Jerusalém depuseram sobre a resistência e a rebelião e sobre o "lugar insignificante que desempenharam na história do holocausto" confirmaram mais uma vez o fato de que só os muito jovens haviam sido capazes de tomar "a decisão de não ir para o sacrifício como carneiros".

Sob um aspecto, as expectativas do sr. Ben-Gurion para o julgamento não foram inteiramente frustradas; ele realmente se tornou um instrumento importante para revelar outros nazistas e criminosos, mas não nos países árabes, que abertamente ofereceram refúgio a centenas deles. As ligações do grande mufti com os nazistas durante a guerra não eram segredo; ele esperava que o ajudassem a implementar alguma "solução final" no Oriente Próximo. Por isso os jornais de Damasco e Beirute, do Cairo e da Jordânia, não escondiam sua simpatia por Eichmann e lamentavam que ele "não tivesse acabado o serviço"; no dia em que o julgamento começou, uma transmissão radiofônica do Cairo chegou a introduzir uma nota ligeiramente antigermânica em seus comentários, reclamando do fato de não haver ocorrido, "ao longo de toda a última guerra mundial, um único incidente em que algum avião alemão houvesse sobrevoado um acampamento judeu e despejado uma bomba". É notório que os nacionalistas árabes simpatizavam com o nazismo por razões óbvias, e nem Ben-Gurion nem este julgamento eram necessários "para desentocá-los"; eles nunca estiveram escondidos. O julgamento revelou apenas que eram infundados todos os boatos relativos às ligações de Eichmann com Haj Amin el Husseini, antigo mufti de Jerusalém. (Ele fora apresentado ao mufti durante uma recepção oficial, junto com outros chefes de departamento.) O mufti estivera em contato próximo com o Ministério das Relações Exteriores alemão e com Himmler, mas isso não era novidade.

Se a observação de Ben-Gurion sobre "a ligação entre nazistas e alguns líderes árabes" era sem finalidade, o fato de ele não mencionar a Alemanha Ocidental contemporânea nesse contexto era surpreendente. Evidentemente, era tranquilizador ouvir que Israel "não considerava Adenauer responsável por Hitler" e que "para nós, um alemão decente, mesmo pertencendo à mesma nação que vinte anos atrás ajudou a matar milhões de judeus, é um ser humano decente". (Não houve nenhuma menção a árabes decentes.) A República Federal alemã, embora ainda não reconhecida pelo Estado de Israel — talvez por medo de que os países árabes pudessem reconhecer a Alemanha de Ulbricht —, pagara 737 milhões de dólares de reparação a Israel no decorrer dos últimos dez anos; esses pagamentos logo chegarão ao fim, e Israel está tentando agora negociar um empréstimo a longo prazo com a Alemanha Ocidental. Daí a relação entre os dois países — e particularmente a relação pessoal entre Ben-Gurion e Adenauer — ser bastante boa, e se, como resultado do julgamento, alguns deputados do Knesset, o Parlamento israelense, conseguirem impor certas restrições ao programa de intercâmbio cultural com a Alemanha Ocidental, essa será uma consequência que Ben-Gurion certamente não esperava nem previa. O mais notável é ele não ter previsto, ou não ter se dado ao trabalho de mencionar, que a captura de Eichmann detonaria o primeiro esforço sério da Alemanha no sentido de levar a julgamento pelo menos aqueles diretamente envolvidos no assassinato. A Agência Central de Investigação de Crimes Nazistas, fundada tardiamente na Alemanha Ocidental em 1958 e chefiada pelo promotor Erwin Schüle, enfrentara todo tipo de dificuldades, causadas, em parte, pelo fato de testemunhas alemãs não terem se disposto a cooperar, e em parte também pela pouca disposição das cortes locais de abrir processos com base no material enviado pela Agência Central. Não que o julgamento em Jerusalém tivesse produzido alguma prova nova do tipo necessário para descobrir parceiros de Eichmann; mas a notícia da sensacional captura de Eichmann e de seu iminente julgamento teve impacto suficiente para convencer as cortes locais a usar as descobertas do sr. Schüle e superar a relutância nativa a tomar providências contra os "assassinos em nosso meio" valendo--se do recurso tradicional de oferecer recompensas pela captura de criminosos conhecidos. O resultado foi surpreendente. Sete meses depois da chegada de Eichmann a Jerusalém — e quatro meses antes do início do julgamento — Richard Baer, sucessor de Rudolf Höss no comando de Auschwitz, foi finalmente preso. Em rápida sucessão, a maioria dos membros do chamado Comando Eichmann também foi presa — Franz Kovak, que vivia como gráfico na Áustria; o dr. Otto Hunsche, que se estabelecera como advogado na Alemanha Ocidental; Hermann Krumey, que era farmacêutico; Gustav Richter, ex-"conselheiro judaico" na Romênia; e Willi Zöpf, que ocupara o mesmo posto em Amsterdã; embora provas contra eles tivessem sido publicadas na Alemanha anos antes, em livros e artigos de revistas, nenhum deles achou necessário adotar um nome falso. Pela primeira vez desde o encerramento da guerra, os jornais alemães estavam repletos de reportagens sobre os julgamentos de criminosos nazistas, todos eles assassinos de massa (a partir de maio de 1960, mês em que Eichmann foi capturado, só assassinatos de primeiro grau podiam ser julgados; todos os outros crimes prescreviam pelas normas sobre prescrição, que é de vinte anos para assassinato), e a relutância das cortes locais em processar esses crimes só se revelou nas sentenças fantasticamente brandas impostas aos acusados. (O dr. Otto Bradfisch, dos *Einsatzgruppen*, as unidades móveis de assassinato da ss no Leste Europeu, foi condenado a dez anos de trabalhos forçados pelo assassinato de 15 mil judeus; o dr. Otto Hunsche, perito legal de Eichmann e responsável direto pela deportação sem aviso prévio de cerca de 1200 judeus húngaros, dos quais pelo menos seiscentos foram mortos, recebeu uma sentença de cinco anos de trabalhos forçados; e Joseph Lechthaler, que "liquidou" os habitantes judeus de Slutsk e Smolevichi, na Rússia, foi condenado a três anos e seis meses.) Entre as novas prisões havia pessoas de grande destaque no nazismo, a maioria das quais já fora desnazificada pelas cortes alemãs. Um deles era o general da ss Karl Wolff, antigo chefe do estafe pessoal de Himmler que, segundo um documento apresentado em Nuremberg em 1946, recebera "com especial alegria" a notícia de que "já há duas semanas um trem vem transportando diariamente 5 mil membros do Povo Escolhido" de Varsóvia para Treblinka, um dos centros de eliminação orientais. Outro era Wilhelm Koppe, que de início gerenciou as câmaras de gás em Chelmno e depois veio a ser o sucessor de Friedrich-Wilhelm Krüger na Polônia. Tendo sido um dos mais importantes comandantes superiores da ss, incumbido da tarefa de deixar a Polônia *judenrein* (livre de judeus), na Alemanha do pós-guerra Koppe foi diretor de uma fábrica de chocolate. Sentenças mais duras foram atribuídas, às vezes, mas elas eram ainda menos tranquilizadoras quando aplicadas a criminosos como Erich von dem Bach-Zelewski, antigo general e comandante superior da ss e da polícia. Ele fora julgado em 1961 por sua participação na rebelião de Röhm, em 1934, e condenado a três anos e meio, mas foi processado novamente em 1962 pelo assassinato de seis comunistas alemães em 1933, julgado em Nuremberg e condenado à prisão perpétua. Nenhuma das duas condenações mencionava que Bach-Zelewski fora chefe antiguerrilha no front oriental e que participara de massacres de judeus em Minsk e Mogilev, na Rússia Branca. Será que as cortes alemãs, sob o pretexto de que crimes de guerra não são crimes, estavam fazendo "distinções étnicas"? Ou seria possível que a sentença excepcionalmente dura, pelo menos para os padrões das cortes alemãs do pós-guerra, tivesse sido aplicada porque Bach-Zelewski, um dos raríssimos que efetivamente sofreram um colapso nervoso depois dos assassinatos em massa, tentara proteger os judeus da ação dos *Einsatzgruppen* e prestara testemunho em Nuremberg? Ele foi também o único de sua categoria que, em 1952, denunciou-se publicamente pelos assassinatos em massa — mas nunca foi processado por isso.

Restam poucas esperanças de que as coisas venham a mudar agora, mesmo com a administração Adenauer tendo sido forçada a limpar o Judiciário, expulsando mais de 140 juízes e promotores, além de muitos oficiais de polícia com passados mais do que comprometedores, tendo demitido também Wolfgang Immerwahr Fränkel, promotor-chefe da Suprema Corte Federal, porque, a despeito de seu segundo nome, foi menos do que sincero quando interrogado sobre seu passado nazista. Estima-se que dos 11500 juízes da *Bundesrepublik*, quinhentos estavam ativos nas cortes sob o regime de Hitler. Em novembro de 1962, logo depois do expurgo do Judiciário e seis meses depois de o nome de Eichmann ter desaparecido dos noticiários, o julgamento longamente esperado de Martin Fellenz teve lugar em Flensburg, diante de uma sala quase vazia. Ex-comandante superior da ss e da polícia, membro destacado do Partido Democrata Livre da Alemanha de Adenauer, ele foi preso em junho de 1960, poucas semanas depois da captura de Eichmann, acusado de participação e responsabilidade parcial no assassinato de 40 mil judeus na Polônia. Depois de mais de seis semanas de testemunho detalhado, o promotor pediu a pena máxima — prisão perpétua com trabalhos forçados. E o júri condenou Fellenz a quatro anos, dos quais ele já cumprira dois anos e meio esperando o julgamento na prisão. Seja como for, não há dúvida de que o julgamento de Eichmann teve sua consequência de maior alcance na Alemanha. A atitude do povo alemão quanto a seu próprio passado, sobre a qual os especialistas na questão alemã haviam se debruçado durante quinze anos, não poderia ter sido demonstrada com mais clareza: as pessoas não se importavam com o rumo dos acontecimentos e não se incomodavam com a presença de assassinos à solta no país, uma vez que nenhuma delas iria cometer assassinato por sua própria vontade; no entanto, se a opinião pública mundial — ou melhor, aquilo que os alemães chamavam *das Ausland*, reunindo todos os países estrangeiros num único substantivo — teimava e exigia que aqueles indivíduos fossem punidos, estavam inteiramente dispostas a agir, pelo menos até certo ponto.

O chanceler Adenauer previra dificuldades e externara sua apreensão no sentido de que o julgamento viesse a "remexer todos os horrores" e produzir uma nova onda de sentimento antigermânico no mundo inteiro, como de fato ocorreu. Durante os dez meses de que Israel precisou para preparar o julgamento, a Alemanha se ocupou em proteger-se contra os resultados previsíveis, demonstrando um zelo sem precedentes na procura e na acusação de criminosos nazistas dentro do país. Mas em nenhum momento as autoridades alemãs ou algum setor significativo da opinião pública solicitou a extradição de Eichmann, o que parecia uma atitude óbvia, uma vez que todo Estado soberano zela por seu direito de julgar seus próprios acusados. (A posição oficial do governo Adenauer, de que isso não era possível porque não havia tratado de extradição entre Israel e Alemanha, não é válida; isso só queria dizer que Israel não podia ser forçado a extraditar. Fritz Bauer, procurador-geral de Hessen, percebeu esse ponto e solicitou ao governo federal de Bonn permissão para iniciar o processo de extradição. Mas os sentimentos do sr. Bauer nessa questão eram os sentimentos de um judeu alemão, e a opinião pública alemã não concordava com eles; seu pedido não só foi recusado por Bonn, como mal foi notado e ficou absolutamente sem apoio. Outro argumento contra a extradição, usado pelos observadores do governo da Alemanha Ocidental enviados a Jerusalém, era o de que a Alemanha abolira a pena capital e, portanto, não podia executar a sentença que Eichmann merecia. Em vista da brandura demonstrada pelas cortes alemãs com os assassinos de massa nazistas, é difícil não desconfiar de má-fé nessa objeção. Sem dúvida, o maior risco político de um julgamento de Eichmann na Alemanha teria sido a absolvição por falta de *mens rea*, como apontou J. J. Jansen no *Rheinischer Merkur* [11 de agosto de 1961].)

Existe um outro lado dessa questão, mais delicado e politicamente mais relevante. Uma coisa é desentocar criminosos e assassinos de seus esconderijos, outra é encontrá-los importantes e prósperos no âmbito público — encontrar nas administrações estadual e federal e, geralmente, em cargos públicos inúmeros homens cujas carreiras floresceram no regime de Hitler. Claro, se a administração Adenauer fosse exigente demais para empregar funcionários com passado nazista comprometedor, talvez não houvesse administradores de nenhuma espécie. Pois a verdade é, evidentemente, o oposto do que disse o dr. Adenauer, para quem só "uma porcentagem relativamente pequena" de alemães foi nazista, ao passo que a "grande maioria [ficava] feliz de ajudar seus concidadãos judeus, sempre que possível". (Pelo menos um jornal alemão, o *Frankfurter Rundschau*, fez a pergunta óbvia, pendente há muito tempo — "Por que tantas pessoas que deviam conhecer o passado do promotor-chefe, por exemplo, se calaram?" — e o próprio jornal deu a resposta ainda mais óbvia: "Porque essas pessoas também se sentiam incriminadas".) A lógica do julgamento de Eichmann, conforme concebido por Ben-Gurion, com ênfase em questões gerais, em detrimento de sutilezas legais, exigiria a exposição da cumplicidade de todos os funcionários e autoridades alemães na Solução Final — de todos os servidores públicos dos ministérios estatais, das forças armadas regulares, com seu estafe geral, do Judiciário e do mundo empresarial. Mas embora a acusação tenha sido conduzida pelo sr. Hausner de forma a pôr no banco testemunha após testemunha para falar sobre coisas que, embora horrendas e verdadeiras, tinham pouca ou nenhuma ligação com os atos do acusado, essa acusação evitava cuidadosamente tocar na questão altamente explosiva: a cumplicidade quase ubíqua, que se estendera muito além das alas dos membros do Partido. (Antes do julgamento correram boatos insistentes de que Eichmann teria apontado "como seus cúmplices centenas de personalidades importantes da República Federal", mas esses boatos não eram verdadeiros. Em seu discurso de abertura, o sr. Hausner disse que "os cúmplices no crime [de Eichmann] não eram nem gângsteres nem homens do submundo", e prometeu que eles, "doutores e advogados, estudiosos universitários, banqueiros e economistas, seriam encontrados nos conselhos que resolveram exterminar os judeus". A promessa não foi cumprida, nem poderia ter sido cumprida na forma em que foi feita. Pois nunca existiram "conselhos que resolveram" nada, e os "dignitários togados com formação acadêmica" nunca decidiram o extermínio dos judeus, mas apenas se juntaram para planejar os passos necessários para levar a cabo uma ordem dada por Hitler.) Mesmo assim, um desses casos foi submetido à atenção da corte, o caso do dr. Hans Globke, um dos conselheiros mais próximos de Adenauer, que mais de 25 anos antes fora autor de um comentário infame sobre as Leis de Nuremberg e, um pouco mais adiante, também fora autor da brilhante ideia de estimular todos os judeus alemães a assumir "Israel" e "Sarah" como segundo nome. Mas o nome do sr. Globke — seu único nome — foi inserido nos procederes da Corte Distrital pela defesa, provavelmente apenas com a esperança de "convencer" o governo Adenauer a dar início ao processo de extradição. De toda maneira, o antigo *Ministerialrat* do Interior e o atual *Staatssekretär* da chancelaria de Adenauer tinha, sem dúvida, mais direito do que o ex-mufti de Jerusalém de figurar na história daquilo que os judeus efetivamente sofreram nas mãos dos nazistas.

Porque era a história, no que dizia respeito à acusação, que estava no centro do processo. "Não é um indivíduo que está no banco dos réus neste processo histórico, não é apenas o regime nazista, mas o antissemitismo ao longo de toda a história." Foi esse o tom estabelecido por Ben-Gurion e seguido fielmente pelo sr. Hausner, que começou seu discurso de abertura (que durou três sessões) com o faraó do Egito e com o decreto de Haman de "destruir, matar, e fazê-los perecer". Em seguida, citou Ezequiel: "E quando eu [o Senhor] passei por ti e te vi imundo de teu próprio sangue, disse-te: Em teu sangue, vive", explicando que estas últimas palavras deviam ser entendidas como "o imperativo que confronta esta nação desde sua primeira aparição no palco da história". Mas aquilo era má história e péssima retórica; pior, contrariava diretamente o depoimento de Eichmann em julgamento, sugerindo que talvez ele fosse apenas um inocente executor de algum misterioso destino predeterminado, ou, quem sabe, do próprio antissemitismo, talvez necessário para marcar a trilha da "estrada manchada de sangue que este povo trilhou" para cumprir seu destino. Algumas sessões depois, quando o professor Salo W. Baron, da Universidade de Columbia, deu seu testemunho sobre a história mais recente do judaísmo da Europa Oriental, o dr. Servatius não resistiu à tentação e fez as perguntas óbvias: "Por que tamanho infortúnio se abateu sobre o povo judeu?" e "Não acha que na base do destino desse povo encontram-se motivações irracionais? Além do entendimento do ser humano?". Será que não existiria algo assim como "o espírito da história, que faz a história correr [...] livre da influência dos homens?". Será que o sr. Hausner não estaria basicamente de acordo com "a escola histórica do Direito"

— alusão a Hegel —, tendo demonstrado que aquilo que "os líderes fazem nem sempre leva ao objetivo e ao destino que pretendiam? [...] A intenção aqui era destruir o povo judeu e o objetivo não foi alcançado, e assim um novo Estado florescente passou a existir". A argumentação da defesa chegou, nesse ponto, perigosamente perto da mais nova orientação antissemita sobre os Sábios de Sion, formulada com toda a seriedade algumas semanas antes na Assembleia Nacional egípcia pelo ministro do Exterior Hussain Zulficar Sabri: Hitler era inocente da matança dos judeus; ele era uma vítima do sionismo, que o levara a "perpetrar crimes que acabariam por permitir que eles atingissem seu objetivo — a criação do Estado de Israel". Só que o dr. Servatius, adotando a filosofia da história exposta pelo promotor, pusera a História no lugar geralmente reservado aos Sábios de Sion.

Apesar dos esforços de Ben-Gurion e de todo o empenho da acusação, restava um indivíduo no banco dos réus, uma pessoa de carne e osso; e mesmo que Ben-Gurion "não se importasse com o veredicto que Eichmann viesse a receber", inegavelmente a única tarefa do tribunal de Jerusalém seria estabelecer esse veredicto.

II
O ACUSADO

Otto Adolf, filho de Karl Adolf Eichmann e Maria, em solteira Schefferling, capturado num subúrbio de Buenos Aires na noite de 11 de maio de 1960, voou para Israel nove dias depois, foi levado a julgamento na Corte Distrital de Jerusalém em 11 de abril de 1961, objeto de cinco acusações: "entre outros", cometera crimes contra o povo judeu, crimes contra a humanidade e crimes de guerra, durante todo o período do regime nazista e principalmente durante o período da Segunda Guerra Mundial. A Lei (de Punição) dos Nazistas e Colaboradores dos Nazistas, de 1950, sob a qual estava sendo julgado, previa que "uma pessoa que cometeu um desses [...] crimes [...] está sujeita à pena de morte". A cada uma das acusações, Eichmann declarou-se: "Inocente, no sentido da acusação".
Em que sentido então ele se considerava culpado? Na longa inquirição do acusado, segundo ele "a mais longa que se conhece", nem a defesa, nem a acusação, nem nenhum dos três juízes se deu ao trabalho de lhe fazer essa pergunta óbvia. Seu advogado, Robert Servatius, de Colônia, apontado por Eichmann e pago pelo governo de Israel (seguindo um precedente estabelecido nos julgamentos de Nuremberg, em que os advogados de defesa eram pagos pelo Tribunal dos poderes vitoriosos), respondeu à pergunta numa entrevista à imprensa: "Eichmann se considera culpado perante Deus, não perante a lei", mas essa resposta nunca foi confirmada pelo próprio acusado. A defesa aparentemente teria preferido que ele se declarasse inocente com base no fato de que, para o sistema legal nazista

então existente, não fizera nada errado; de que aquelas acusações não constituíam crimes, mas "atos de Estado" sobre os quais nenhum outro Estado tinha jurisdição (*par in parem imperium non habet*), de que era seu dever obedecer e de que, nas palavras de Servatius, cometera atos pelos quais "somos condecorados se vencemos e condenados à prisão se perdemos". (Goebbels declarara o seguinte, em 1943: "Ficaremos na história como os maiores estadistas de todos os tempos ou como seus maiores criminosos".) Fora de Israel, numa reunião da Academia Católica, na Baviera, dedicada àquilo que o *Rheinischer Merkur* chamava "problema espinhoso" das "possibilidades e limites de se lidar com culpas históricas e políticas por meio de processos criminais", Servatius foi um passo adiante e declarou que "o único problema criminal legítimo no caso Eichmann seria julgar seus raptores israelenses, coisa que até agora não foi feita" — incidentalmente uma declaração um tanto difícil de harmonizar com suas repetidas declarações, amplamente difundidas em Israel, afirmando que a conduta do julgamento era "uma grande conquista espiritual", comparando-o favoravelmente aos julgamentos de Nuremberg.

A atitude de Eichmann era diferente. Em primeiro lugar, a acusação de assassinato estava errada: "Com o assassinato dos judeus não tive nada a ver. Nunca matei um judeu, nem um não-judeu — nunca matei nenhum ser humano. Nunca dei uma ordem para matar fosse um judeu fosse um não-judeu; simplesmente não fiz isso", ou, conforme confirmaria depois: "Acontece [...] que nenhuma vez eu fiz isso" — pois não deixou nenhuma dúvida de que teria matado o próprio pai se houvesse recebido ordem nesse sentido. Por isso ele repetia incessantemente (algo que já declarara nos assim chamados documentos Sassen, entrevistas dadas por ele em 1955 ao jornalista holandês Sassen, antigo homem da SS e também fugitivo da justiça, que depois da captura de Eichmann foram publicadas em parte pela revista *Life*, nos Estados Unidos, e pela *Stern*, na Alemanha) que só podia ser acusado de "ajudar e assistir" à aniquilação dos judeus, a qual, declarara ele em Jerusalém, fora "um dos maiores crimes da história da Humanidade". A defesa não prestou a menor atenção à teoria do próprio Eichmann, mas a acusação perdeu muito tempo num malsucedido esforço para provar que Eichmann, pelo menos uma vez, matara com as próprias mãos (um menino judeu na Hungria), e gastou ainda mais tempo, e com maior sucesso, com um bilhete que Franz Rademacher, o perito judeu do Ministério das Relações Exteriores alemão, rabiscara num dos documentos sobre a Iugoslávia durante uma conversa telefônica, e que dizia: "Eichmann propõe o fuzilamento". Essa era a única "ordem de execução", se é que o era, para a qual jamais existiu um farrapo de prova.

A prova era mais questionável do que deu a impressão de ser durante o julgamento, em que os juízes aceitaram a versão do promotor contra a negação categórica de Eichmann — uma negação muito ineficaz, visto que esquecera o "breve incidente [eram 8 mil pessoas] não tão marcante", nas palavras de Servatius. O incidente ocorrera no outono de 1941, seis meses depois de a Alemanha ter ocupado a parte sérvia da Iugoslávia. O Exército vinha sendo infernizado pela guerra de guerrilha desde então, e as autoridades militares decidiram resolver dois problemas de um só golpe, fuzilando cem judeus e ciganos para cada soldado alemão morto. Sem dúvida nem os judeus nem os ciganos eram guerrilheiros, mas, nas palavras do funcionário civil do governo militar, um certo *Staatsrat* Harald Turner, "os judeus já estavam ali no campo [mesmo]; afinal, eles também são sérvios, e, além disso, têm de desaparecer" (citado por Raul Hillberg em *The Destruction of the European Jews*, 1961). Os campos haviam sido construídos pelo general Franz Böhme, governador militar da região, e só abrigavam homens judeus. Nem o general Böhme nem o *Staatsrat* Turner esperaram a aprovação de Eichmann para começar a fuzilar judeus e ciganos aos milhares. O problema começou quando Böhme resolveu, sem consultar a polícia adequada e as autoridades da ss, *deportar* todos os seus judeus, provavelmente para demonstrar que não era preciso nenhuma tropa especial, operando sob outro comando, para tornar a Sérvia *judenrein*. Eichmann foi informado, uma vez que se tratava de deportação, e recusou a autorização porque a ação iria interferir com outros planos; mas não foi Eichmann, e sim Martin Luther, do Ministério das Relações Exteriores, quem lembrou ao general Böhme que "em outros territórios [o que significava a Rússia] outros comandantes militares haviam se encarregado de números consideravelmente superiores de judeus sem nem sequer mencionar o assunto". De toda maneira, se Eichmann efetivamente "propôs o fuzilamento", o que ele disse aos militares foi apenas que deviam continuar com aquilo que já vinham fazendo, e que a questão dos reféns era exclusivamente da competência deles. Evidentemente, essa era uma questão do Exército, uma vez que só dizia respeito a homens. A implementação da Solução Final na Sérvia teve início cerca de seis meses depois, quando mulheres e crianças foram reunidos e eliminados em caminhões de gás. Durante o inquérito, Eichmann, como sempre, escolheu a explicação mais complicada e menos provável: Rademacher necessitara do apoio do Escritório Central da Segurança do Reich, território de Eichmann, para sua própria posição na questão do Ministério das Relações Exteriores, e portanto forjara o documento. (O próprio Rademacher explicou o incidente de forma muito mais razoável em seu próprio julgamento, diante de uma corte da Alemanha Ocidental, em 1952: "O Exército era responsável pela ordem na Sérvia e teve de fuzilar os judeus rebeldes". Soava mais plausível, mas era mentira, porque sabemos — de fontes nazistas — que os judeus não eram "rebeldes".) Se já era difícil interpretar uma observação feita por telefone como uma ordem, era ainda mais difícil acreditar que Eichmann estivesse em posição de dar ordens para os generais do Exército.

Será que ele se teria declarado culpado se fosse acusado de cumplicidade no assassinato? Talvez, mas teria feito importantes qualificações. O que ele fizera era crime só retrospectivamente, e ele sempre fora um cidadão respeitador das leis, porque as ordens de Hitler, que sem dúvida executou o melhor que pôde, possuíam "força de lei" no Terceiro Reich. (A defesa poderia ter citado, em apoio à tese de Eichmann, o testemunho de um dos mais conhecidos peritos em lei constitucional do Terceiro Reich, Theodor Maunz, então ministro da Educação e Cultura da Baviera, que afirmou, em 1943 [em *Gestalt und Recht der Polizei*]: "O comando do Führer [...] é o centro absoluto da ordem legal contemporânea".) Aqueles que hoje diziam que Eichmann podia ter agido de outro modo simplesmente não sabiam, ou haviam esquecido, como eram as coisas. Ele não queria ser um daqueles que agora fingiam que "tinham sempre sido contra", quando na verdade estavam muito dispostos a fazer o que lhes ordenavam. Porém, o tempo muda, e ele, assim como o professor Maunz, "chegara a conclusões diferentes". O que fez estava feito, não pretendia negar; ao contrário, propunha "ser enforcado publicamente como exemplo para todos os antissemitas da Terra". Com isso, não queria dizer que se arrependia de alguma coisa: "Arrependimento é para criancinhas". (sic!)

Mesmo sob considerável pressão de seu advogado, ele não mudou essa posição. Numa discussão sobre a proposta de Himmler, feita em 1944, de trocar 1 milhão de judeus por 10 mil caminhões, e sobre seu papel nesse plano, perguntaram a Eichmann: "Senhor Testemunha, nas negociações com seus superiores, o senhor expressou alguma vez piedade pelos judeus e disse que havia espaço para ajudá-los?". E ele respondeu: "Estou aqui sob juramento e tenho de falar a verdade. Não foi por piedade que dei início a essa transação" — o que estaria muito bem, a não ser pelo fato de que não foi Eichmann quem "deu início" a essa transação. Porém ele continuou, com bastante sinceridade: "Minhas razões, já expliquei hoje pela manhã", e essas razões eram as seguintes: Himmler enviara um homem de sua confiança a Budapeste para lidar com a questão da emigração judaica. (Que, por sinal, se transformara num negócio florescente: pagando enormes somas de dinheiro, os judeus podiam comprar sua saída. Eichmann, porém, não mencionou isso.) Era o fato de "as questões de emigração ali serem tratadas por um homem que não fazia parte da Força Policial" que o deixava indignado, "porque eu tinha de ajudar e implementar a deportação, além das questões de emigração, nas quais me considerava um perito, e essas coisas foram atribuídas a um homem novo na unidade [...] Fiquei aborrecido [...] Decidi que tinha de fazer alguma coisa para que as questões de emigração ficassem em minhas mãos".

Ao longo de todo o julgamento, Eichmann tentou esclarecer, quase sempre sem nenhum sucesso, aquele segundo ponto: "inocente no sentido da acusação". A acusação deixava implícito que ele não só agira conscientemente, coisa que ele não negava, como também agira por motivos baixos e plenamente consciente da natureza criminosa de seus feitos. Quanto aos motivos baixos, ele tinha certeza absoluta de que, no fundo de seu coração, não era aquilo que chamava de *innerer Schweinehund*, um bastardo imundo; e quanto a sua consciência, ele se lembrava perfeitamente de que só ficava com a consciência pesada quando não fazia aquilo que lhe ordenavam — embarcar milhões de homens, mulheres e crianças para a morte, com grande aplicação e o mais meticuloso cuidado. Isso era mesmo difícil de engolir. Meia dúzia de psiquiatras haviam atestado a sua "normalidade" — "pelo menos, mais normal do que eu fiquei depois de examiná-lo", teria exclamado um deles, enquanto outros consideraram seu perfil psicológico, sua atitude quanto a esposa e filhos, mãe e pai, irmãos, irmãs e amigos, "não apenas normal, mas inteiramente desejável" — e, por último, o sacerdote que o visitou regularmente na prisão depois que a Suprema Corte terminou de ouvir seu apelo tranquilizou a todos declarando que Eichmann era "um homem de ideias muito positivas". Por trás da comédia dos peritos da alma estava o duro fato de que não se tratava, evidentemente, de um caso de sanidade moral e muito menos de sanidade legal. (Recentemente, o sr. Hausner revelou no *Saturday Evening Post* coisas que "não pôde revelar no julgamento", contradizendo assim a informação dada informalmente em Jerusalém. O que ele nos conta agora é que Eichmann havia sido descrito pelos psiquiatras como "um homem obcecado, com um perigoso e insaciável impulso de matar", "uma personalidade pervertida, sádica". Nesse caso, seu lugar seria o asilo de alienados.) Pior ainda, seu caso evidentemente não era de um ódio insano aos judeus, de um fanático antissemitismo ou de doutrinação de um ou outro tipo. "Pessoalmente", ele não tinha nada contra os judeus; ao contrário, ele tinha "razões pessoais" para não ir contra os judeus. Sem dúvida, havia fanáticos antissemitas entre os seus amigos mais próximos, por exemplo, Lászlo Endre, secretário de Estado encarregado dos Assuntos Políticos (judeus) na Hungria, que foi enforcado em Budapeste em 1946; mas isso, segundo Eichmann, estava mais ou menos dentro do espírito do "alguns de meus melhores amigos são antissemitas".

Claro, ninguém acreditou nele. O promotor não acreditou, porque não era essa a sua função. O advogado de defesa não lhe prestou atenção, porque, ao contrário de Eichmann, ele não estava, aparentemente, interessado em questões de consciência. E os juízes não acreditaram nele, porque eram bons demais e talvez também conscientes demais das bases de sua profissão para chegar a admitir que uma pessoa mediana, "normal", nem burra, nem doutrinada, nem cínica, pudesse ser inteiramente incapaz de distinguir o certo do errado. Eles preferiram tirar das eventuais mentiras a conclusão de que ele era um mentiroso — e deixaram passar o maior desafio moral e mesmo legal de todo o processo. A acusação tinha por base a premissa de que o acusado, como toda "pessoa normal", devia ter consciência da natureza de seus atos, e Eichmann era efetivamente normal na medida em que "não era uma exceção dentro do regime nazista". No entanto, nas condições do Terceiro Reich, só se podia esperar que apenas as "exceções" agissem "normalmente". O cerne dessa questão, tão simples, criou um dilema para os juízes. Dilema que eles não souberam nem resolver, nem evitar.

Ele nascera em 19 de março de 1906, em Solingen, uma cidade alemã às margens do Reno, famosa por suas facas, tesouras e instrumentos cirúrgicos. Cinquenta e quatro anos depois, entregue a seu passatempo favorito de escrever suas memórias, descreveu esse memorável evento da seguinte maneira: "Hoje, quinze anos e um dia depois de 8 de maio de 1945, começo a conduzir meus pensamentos de volta àquele 19 de março do ano de 1906, quando, às cinco horas da manhã, entrei para a vida na Terra sob o aspecto de um ser humano". (O manuscrito não foi liberado pelas autoridades israelenses. Harry Mulisch conseguiu estudar essa autobiografia "durante meia hora", e o semanário judeu-alemão *Der Aufbau* conseguiu publicar excertos curtos dele.) Segundo suas crenças religiosas, que não haviam mudado desde o período nazista (em Jerusalém, Eichmann declarou-se um *Gottgläubiger*, termo nazista usado para aqueles que haviam rompido com o cristianismo, e recusou-se a jurar sobre a Bíblia), esse acontecimento devia ser atribuído a um

"Portador de Sentido superior", uma entidade de certa forma identificada com o "movimento do universo", à qual a vida humana, em si isenta de "sentido superior", deveria estar sujeita. (A terminologia é bastante sugestiva. Chamar Deus de *Höher Sinnesträger* significa, linguisticamente, dar a ele um posto na hierarquia militar, uma vez que os nazistas haviam transformado o "recebedor de ordens", o *Befehlsträger*, num "portador de ordens", um *Befelsträger*, indicando assim, como no antigo termo "portador de más notícias", a carga de responsabilidade e de importância que devia pesar sobre aqueles que executavam ordens. Além disso, Eichmann, como todo mundo ligado à Solução Final, também era oficialmente um "portador de segredos", um *Geheimnisträger*, coisa que em termos de vaidade não era de se desprezar.) Mas Eichmann, não muito interessado em metafísica, silenciou sobre a existência de alguma relação mais íntima entre o Portador de Sentido e o portador de ordens e prosseguiu, considerando uma outra causa possível de sua existência, seus pais: "Eles não teriam se enchido de alegria com a chegada de seu primogênito se fossem capazes de ver que, na hora do meu nascimento, para provocar o gênio da felicidade, o gênio da infelicidade já estava tecendo os fios de dor e tristeza em minha vida. Porém um véu suave e impenetrável impedia meus pais de enxergar o futuro".

A infelicidade começou cedo; começou na escola. O pai de Eichmann, primeiro contador da Companhia de Bondes e Eletricidade de Solingen, e, depois de 1913, funcionário da mesma empresa na Áustria, em Linz, teve cinco filhos, quatro homens e uma mulher, dos quais, ao que parece, só Adolf, o mais velho, não conseguiu terminar a escola secundária, nem se formar na escola vocacional para engenharia na qual foi matriculado então. Ao longo de toda a sua vida, Eichmann enganou as pessoas sobre suas primeiras dificuldades, escondendo-se atrás das honradas dificuldades financeiras de seu pai. Em Israel, porém, durante as primeiras sessões com o capitão Avner Less, o interrogador da polícia que passaria aproximadamente 35 dias com ele e que produziria 3564 páginas datilografadas a partir de 76 fitas gravadas, Eichmann estava efervescente, cheio de entusiasmo com essa oportunidade única "de revelar tudo [...] o que sei" e, ao mesmo tempo, ascender ao posto de acusado mais cooperativo de todos os tempos. (Seu entusiasmo logo arrefeceu, embora não tenha se extinguido totalmente, quando se viu confrontado com perguntas concretas baseadas em documentos irrefutáveis.) A melhor prova de sua ilimitada confiança inicial, evidentemente desperdiçada com o capitão Less (que disse a Harry Mulisch: "Eu fui o padre confessor de Eichmann"), foi que pela primeira vez na vida ele admitiu seus desastres iniciais, embora devesse ter consciência do fato de que estava assim contradizendo a si mesmo em diversos itens de sua ficha oficial no nazismo.

Bem, os desastres eram comuns: como ele "não era exatamente um aluno dos mais estudiosos" — nem, podemos acrescentar, um dos mais dotados —, seu pai o tirou primeiro da escola secundária, depois da escola vocacional, muito antes da formatura. Daí a profissão que aparece em todos os seus documentos oficiais: engenheiro de construção, coisa que tinha a mesma ligação com a realidade quanto a declaração de que nascera na Palestina e de que era fluente em hebraico e iídiche — outra mentira deslavada que Eichmann gostava de contar tanto a seus companheiros da SS quanto às suas vítimas judaicas. Era nessa mesma veia que ele fingia ter sido despedido de seu trabalho de vendedor na Companhia de Óleo a Vácuo da Áustria devido a sua filiação ao Partido Nacional Socialista. A versão que ele confidenciou ao capitão Less era menos dramática, embora tampouco verdadeira: fora despedido porque era uma época de desemprego, e os funcionários solteiros eram os primeiros a perder o trabalho. (Essa explicação, que de início pareceu plausível, não é muito satisfatória, porque ele perdeu o emprego na primavera de 1933, quando já fazia dois anos que estava noivo de Veronika, ou Vera, Liebl, sua futura esposa. Por que não se casou com ela antes, quando ainda tinha emprego? Ele acabou se casando com ela em março de 1935, provavelmente porque, tanto na SS como na Companhia de Óleo, homens solteiros não tinham segurança do emprego e não podiam ser promovidos.) Claro que a pretensão sempre foi um de seus vícios capitais.

Enquanto o jovem Eichmann ia mal na escola, seu pai deixou a Companhia de Bondes e Eletricidade e abriu um negócio próprio.

Comprou uma pequena empresa de mineração e determinou que seu pouco promissor filho trabalhasse nela como mineiro comum, mas só até conseguir para ele um emprego no departamento de vendas da Companhia Oberösterreichischer Elektrobau, onde Eichmann ficou mais de dois anos. Ele tinha agora quase 22 anos, sem nenhuma perspectiva de carreira; a única coisa que aprendeu, talvez, foi vender. O que aconteceu então foi o que ele mesmo chamou de seu primeiro triunfo, do qual temos, mais uma vez, duas versões diversas. Num relato autobiográfico escrito à mão que apresentou em 1939 para conquistar uma promoção na ss, ele afirmou o seguinte: "Trabalhei durante os anos de 1925 e 1927 como vendedor da Companhia Elektrobau austríaca. Deixei essa posição de livre e espontânea vontade porque a Companhia de Óleo a Vácuo de Viena me ofereceu uma representação no Norte da Áustria". A palavra-chave aqui é "ofereceu", uma vez que, segundo a história que contou ao capitão Less em Israel, ninguém lhe ofereceu nada. A mãe dele havia morrido quando ele tinha dez anos de idade, e seu pai se casara de novo. Um primo de sua madrasta — homem que ele chamava de tio — presidente do Automóvel Clube austríaco, casado com a filha de um empresário judeu na Tchecoslováquia, usara seus contatos com o diretor-geral da Companhia de Óleo austríaca, um judeu chamado sr. Weiss, para conseguir para seu infeliz parente um emprego de vendedor viajante. Eichmann ficou adequadamente agradecido; os judeus de sua família estavam entre as suas "razões particulares" para não odiar os judeus. Em 1943 ou 1944, quando a Solução Final estava a pleno vapor, ele ainda não tinha esquecido: "A filha desse casal, meio-judia segundo as Leis de Nuremberg [...] me procurou para obter permissão para emigrar para a Suíça. Evidentemente, eu atendi ao pedido, e o mesmo tio também me procurou pedindo que interferisse em prol de um casal judeu vienense. Só menciono isso para demonstrar que pessoalmente não tinha ódio dos judeus, pois toda a minha formação por parte de pai e mãe foi estritamente cristã; minha mãe, devido a seus parentes judeus, tinha opiniões diferentes das que eram correntes nos círculos da ss".

Ele se esforçou bastante para provar este ponto: jamais abrigara no peito nenhum mau sentimento por suas vítimas e, mais ainda, nunca fizera segredo desse fato. "Expliquei isso ao dr. Löwenherz [chefe da Comunidade Judaica de Viena] assim como expliquei também ao dr. Kastner [vice-presidente da Organização Sionista de Budapeste]; acho que contei a todo mundo, todos os meus homens sabiam disso, todos me ouviram dizer isso em algum momento. Até mesmo na escola primária, eu tinha um colega de classe com quem passava meu tempo livre, e ele vinha à nossa casa; era de uma família de Linz de nome Sebba. Na última vez que passeamos pelas ruas de Linz, eu já estava com o emblema do NSDAP [o Partido Nazista] na lapela e ele não disse nada." Se Eichmann fosse um pouco menos caprichoso ou o interrogatório da polícia menos discreto (a polícia evitou fazer um segundo interrogatório, talvez temendo perder sua cooperação), sua "ausência de preconceito" teria aparecido sob mais um aspecto. Parece que em Viena, onde fora tão excepcionalmente bem-sucedido em arranjar a "emigração forçada" dos judeus, ele teve uma amante judia, uma velha relação de Linz. *Rassenschande*, a relação sexual com judeus, era talvez o maior crime que um membro da SS podia cometer, e embora durante a guerra o estupro de moças judias tenha se tornado o passatempo favorito do front, não era nada comum um oficial superior da SS ter um caso com uma mulher judia. Por isso, ao denunciar violenta e repetidamente Julius Streicher, o louco e obsceno diretor do *Der Stürmer*, e seu pornográfico antissemitismo, Eichmann talvez tivesse motivos pessoais, que expressavam mais que o desprezo rotineiro que um SS "iluminado" devia demonstrar pelas paixões vulgares de luminares menores do Partido.

 Os cinco anos e meio que passou na Companhia de Óleo a Vácuo devem ter sido os mais felizes da vida de Eichmann. Ele ganhava bem numa época de severo desemprego, e ainda morava com os pais, exceto quando estava viajando. A data em que esse idílio terminou — Pentecostes de 1933 — estava entre as poucas que ele nunca esqueceria. Na verdade, as coisas tinham mudado para pior um pouco antes. No final de 1932, ele foi inesperadamente transferido de Linz para Salzburg, muito contra a sua vontade: "Perdi toda a alegria em meu trabalho, não gostava mais de vender, de fazer visitas". Essas súbitas perdas de *Arbeitsfreude*, Eichmann iria sofrê-las ao longo de toda a sua vida. A pior delas ocorreu quando ele soube da ordem do Führer de "exterminar fisicamente os judeus", tarefa em que ele iria desempenhar importante papel. Isso também foi uma coisa inesperada; ele próprio "nunca havia pensado [...] numa solução violenta" e descreveu sua reação com as mesmas palavras: "Eu tinha perdido tudo, toda alegria no meu trabalho, toda iniciativa, todo interesse; estava, por assim dizer, acabado". Coisa semelhante deve ter acontecido em 1932, em Salzburg, e em seu próprio relato fica claro que ele não deve ter se surpreendido muito ao ser despedido, embora não se tenha de acreditar nele quando disse que tinha ficado "muito contente" ao ser despedido.

Seja qual for a razão, o ano de 1932 marcou um momento de transformação em sua vida. Foi em abril desse ano que ele se filiou ao Partido Nacional Socialista e entrou para a ss, a convite de Ernst Kaltenbrunner, um jovem advogado de Linz que depois veio a ser chefe do Escritório Central da Segurança do Reich (o *Reichssicherheitshauptamt* ou RSHA, conforme vou chamá-lo daqui em diante). Num de seus seis departamentos principais — o Bureau IV, sob o comando de Heinrich Müller —, Eichmann acabou sendo empregado como chefe de seção B-4. No tribunal, Eichmann dava a impressão de um típico membro da baixa classe média, e essa impressão era mais que confirmada por cada palavra que falou ou escreveu quando na prisão. Mas isso era enganoso; ele era antes o filho *déclassé* de uma sólida família de classe média, e um indício de sua descida na escala social é o fato de seu pai ser bom amigo do pai de Kaltenbrunner, que também era advogado em Linz, enquanto a relação dos dois filhos era bastante fria: Kaltenbrunner não deixava dúvidas de que tratava Eichmann como seu inferior social. Antes de Eichmann entrar para o Partido e para a ss, ele já havia provado ser um adesista, e o dia 8 de maio de 1945, data oficial da derrota da Alemanha, foi significativo para ele principalmente porque se deu conta de que a partir de então teria de viver sem ser membro de uma coisa ou outra. "Senti que teria de viver uma vida individual difícil e sem liderança, não receberia diretivas de ninguém, nenhuma ordem, nem comando me seriam mais dados, não haveria mais nenhum regulamento pertinente para consultar — em resumo, havia diante de mim uma vida desconhecida." Quando criança, seus pais, desinteressados por política, inscreveram-no na Associação Cristã de Moços, da qual ele passou depois para o movimento de jovens alemães, *Wandervogel*. Durante seus quatro anos malsucedidos na escola secundária, ele se filiou à *Jungfrontkämpfeverband*, setor jovem da organização de veteranos de guerra austro-germânicos que, embora violentamente pró-germânica, era tolerada pelo governo austríaco. Quando Kaltenbrunner sugeriu que ele entrasse para a ss, Eichmann estava a ponto de se filiar a um grupo inteiramente diferente, a Loja Maçônica Schlaraffia, "uma associação de empresários, médicos, atores, funcionários públicos etc., que se reuniam para cultivar a alegria [...] Cada membro dava uma palestra de tempos em tempos, cujo teor tinha de ser o humor, humor refinado". Kaltenbrunner explicou a Eichmann que ele teria de desistir de sua sociedade alegre porque, como nazista, não podia ser maçom — palavra que na época era desconhecida para ele. Era difícil a escolha entre a ss e a Schlaraffia (o nome vem de *Schlaraffenland*, a terra dos glutões nos contos de fadas alemães), mas ele foi "chutado para fora" da Schlaraffia, porque cometeu um pecado que, mesmo agora, ao contar a história na prisão israelense, o deixava corado de vergonha: "Contrariando minha criação, tentei, embora fosse o mais novo, convidar meus companheiros a tomar uma taça de vinho".

Uma folha no redemoinho do tempo, ele foi soprado para fora da Schlaraffia, a Terra do Nunca de mesas servidas por mágica e frangos assados que voam para dentro da boca — ou, mais exatamente, da companhia respeitável de novos-ricos com diplomas e carreiras garantidas e "humor refinado", cujo pior vício era provavelmente um desejo irreprimível de pregar peças —, para as colunas em marcha do Reich dos Mil Anos, que durou exatamente doze anos e três meses. De toda forma, não entrou para o Partido por convicção nem jamais se deixou convencer por ele — sempre que lhe pediam para dar suas razões, repetia os mesmos clichês envergonhados sobre o Tratado de Versalhes e o desemprego; antes, conforme declarou no tribunal, "foi como ser engolido pelo Partido contra todas as expectativas e sem decisão prévia. Aconteceu muito depressa e repentinamente". Ele não tinha tempo, e muito menos vontade de se informar adequadamente, jamais conheceu o programa do Partido, nunca leu *Mein Kampf*. Kaltenbrunner disse para ele: Por que não se filia à ss? E ele respondeu: Por que não? Foi assim que aconteceu, e isso parecia ser tudo.

Evidentemente, isso não era tudo. O que Eichmann deixou de dizer ao juiz presidente durante seu interrogatório foi que ele havia sido um jovem ambicioso que não aguentava mais o emprego de vendedor viajante antes mesmo de a Companhia de Óleo a Vácuo não aguentá-lo mais. De uma vida rotineira, sem significado ou consequência, o vento o tinha soprado para a História, pelo que ele entendia, ou seja, para dentro de um Movimento sempre em marcha e no qual alguém como ele — já fracassado aos olhos de sua classe social, de sua família e, portanto, aos seus próprios olhos também — podia começar de novo e ainda construir uma carreira. E se ele nem sempre gostava do que tinha de fazer (por exemplo, despachar multidões que iam de trem para a morte em vez de forçá-las a emigrar), se ele não adivinhou antes que a coisa toda iria acabar mal, com a Alemanha perdendo a guerra, se todos os seus planos mais caros deram em nada (a evacuação dos judeus europeus para Madagascar, o estabelecimento de um território judeu na região de Nisko, na Polônia, o experimento com instalações de defesa cuidadosamente construídas em torno de seu escritório de Berlim para repelir os tanques russos), e se, para sua grande "tristeza e sofrimento", ele nunca passou do grau de *Obersturmbannführer* da ss (posto equivalente ao de tenente-coronel) — em resumo, se, com exceção do ano que passou em Viena, sua vida fora marcada por frustrações, ele jamais esqueceu qual seria a alternativa. Não só na Argentina, levando a triste existência de um refugiado, mas também na sala do tribunal de Jerusalém, com sua vida praticamente confiscada, ele ainda preferiria — se alguém lhe perguntasse — ser enforcado como *Obersturmbannführer* a. D. (da reserva) do que viver a vida discreta e normal de vendedor viajante da Companhia de Óleo a Vácuo.

O começo da nova carreira de Eichmann não foi muito promissor. Na primavera de 1933, quando estava em viagem de serviço, o Partido Nazista e todos os seus afiliados foram suspensos na Áustria, por causa da ascensão de Hitler ao poder. Mas mesmo sem essa nova calamidade, uma carreira no Partido austríaco estava fora de questão: mesmo aqueles que se alistaram na ss ainda estavam trabalhando em seus empregos regulares; Kaltenbrunner ainda era sócio da firma jurídica de seu pai. Eichmann, portanto, decidiu ir para a Alemanha, coisa que era natural porque sua família não tinha renunciado à cidadania alemã. (Esse fato foi de alguma relevância durante o julgamento. O dr. Servatius tinha pedido ao governo da Alemanha Ocidental que extraditasse o acusado e, no caso de uma negativa, que pagasse as despesas da defesa, e Bonn recusou, afirmando que Eichmann não era cidadão alemão, o que era uma mentira patente.) Em Passau, na fronteira alemã, ele, de repente, virou de novo vendedor viajante, e quando se apresentou ao líder regional, perguntou-lhe empenhadamente se tinha "alguma ligação com a Companhia de Óleo a Vácuo bávara". Essa foi uma de suas não raras recaídas num período anterior de sua vida; sempre que se via confrontado com os sinais de que era nazista não regenerado, em sua vida na Argentina e mesmo na prisão em Jerusalém, ele se desculpava com "Lá vou eu de novo, para a mesma cantilena [*die alte Tour*]". Mas sua recaída em Passau curou-se depressa; disseram-lhe que era melhor se alistar em algum treinamento militar — "Por mim, tudo bem, por que não me transformar em soldado?" — e foi mandado em rápida sucessão para dois campos da ss na Baviera, em Lechfeld e Dachau (ele nada teve a ver com o campo de concentração dessa cidade), onde a "legião austríaca no exílio" recebia treinamento. Foi assim que se transformou numa espécie de austríaco, apesar de seu passaporte alemão. Ficou nesses campos militares de agosto de 1933 até setembro de 1934, progrediu ao grau de *Scharführer* (cabo) e tinha tempo de sobra para ponderar sobre sua disposição de abraçar a carreira de soldado. Segundo seu próprio relato, só numa coisa ele se distinguiu durante esses catorze meses, no treino punitivo, em que se empenhava com grande obstinação, no espírito odioso de "se meu pai não quer que minha mão congele, ele que me compre luvas". Mas a não ser por esse dúbio prazer, ao qual deveu sua primeira promoção, ele passou um mau bocado: "A rotina do serviço militar era algo que eu não suportava, dia após dia a mesma coisa, sempre e sempre a mesma coisa". Assim enfarado até o limite, ele ouviu falar que o Serviço de Segurança do Reichsführer (o *Sicherheitsdienst* de Himmler, ou SD, como o chamarei daqui em diante) tinha vagas abertas e resolveu candidatar-se imediatamente.

III
UM PERITO NA QUESTÃO JUDAICA

Em 1934, quando Eichmann solicitou um emprego e foi atendido, o SD era uma entidade relativamente nova na SS, fundada dois anos antes por Heinrich Himmler, para funcionar como Serviço de Inteligência do Partido, e era agora liderada por Reinhardt Heydrich, antigo oficial da Inteligência da Marinha, que viria a ser, conforme diz Gerald Reitlinger, "o verdadeiro engenheiro da Solução Final" (*The Final Solution*, 1961). Sua tarefa inicial fora espionar membros do Partido para assim garantir à SS uma ascendência sobre o aparelho regular do Partido. Nesse ínterim, a entidade assumira outros encargos, tornando-se o centro de informação e pesquisa da Polícia Secreta do Estado, a Gestapo. Esses foram os primeiros passos da fusão entre a SS e a polícia, que, no entanto, só foi efetivada em setembro de 1939, embora Himmler ocupasse o duplo posto de *Reichsführer-SS* e Chefe da Polícia Alemã de 1936 em diante. Eichmann, evidentemente, não podia saber desses futuros desenvolvimentos, mas aparentemente também não sabia nada sobre a natureza do SD quando ingressou nele; isso é muito possível, porque as operações do SD sempre foram altamente secretas. No que lhe dizia respeito, tudo não passava de um equívoco e, de início, "uma grande decepção. Pois pensei que isso era o que tinha lido no *Münchener Illustrierten Zeitung*; quando os altos oficiais do Partido saíam de carro, havia comandos de guardas com eles, homens viajando em pé nos batentes dos carros [...] Em resumo, eu tinha tomado o Serviço de Segurança do Reichsführer pelo Serviço de Segurança do Reich [...]

e ninguém me corrigiu e ninguém me contou nada. Pois eu não tinha a menor noção daquilo que agora me revelavam". A questão de ele estar ou não falando a verdade teve certa relevância no julgamento, onde se tinha de decidir se ele havia sido voluntário para a sua posição ou se havia sido convocado a ela. Seu equívoco, se é que houve algum, não era inexplicável; a ss ou *Schutzstafell* tinha sido fundada como unidade especial de proteção dos líderes do Partido.

Sua decepção, porém, devia-se principalmente ao fato de ter de começar tudo de novo, de estar embaixo de novo, e seu único consolo era que outros haviam cometido o mesmo erro. Foi designado para o departamento de Informação, onde seu primeiro trabalho foi arquivar toda informação relativa à maçonaria (que, na confusão ideológica inicial do nazismo, ficou um tanto misturada ao judaísmo, ao catolicismo e ao comunismo) e ajudar a montar um museu sobre a maçonaria. Ele agora tinha grandes oportunidades de aprender o que significava essa estranha palavra que Kaltenbrunner havia disparado na discussão sobre a Schlaraffia. (Incidentalmente, uma das características dos nazistas era a disposição de fundar museus celebrando seus inimigos. Durante a guerra, diversas entidades disputaram ferrenhamente a honra de fundar museus e bibliotecas antijudaicos. Devemos a essa estranha mania a preservação de muitos tesouros culturais do judaísmo europeu.) O problema é que as coisas eram, novamente, muito, muito tediosas, e ele ficou aliviado quando, depois de quatro ou cinco meses ocupado com a maçonaria, foi transferido para um departamento novo em folha, referente aos judeus. Esse foi o verdadeiro começo da carreira que terminaria na corte de Jerusalém.

Era o ano de 1935, quando a Alemanha, contrariamente às determinações do Tratado de Versalhes, introduziu a convocação geral e anunciou publicamente planos de rearmamento, inclusive a construção de uma força aérea e uma marinha. Era também o ano em que a Alemanha, tendo deixado a Liga das Nações em 1933, preparava, nem discreta, nem secretamente, a ocupação da zona desmilitarizada do Reno. Era o momento dos discursos de paz de Hitler — "a Alemanha precisa de paz e deseja a paz", "reconhecemos a Polônia como lar de um grande povo consciente de sua nacionalidade", "a Alemanha não pretende nem deseja interferir nos negócios internos da Áustria, nem anexar a Áustria, nem concluir um *Anschluss*" — e, acima de tudo, era o ano em que o regime nazista conquistaria reconhecimento generalizado e infelizmente genuíno na Alemanha e no exterior, em que Hitler seria admirado por toda parte como um grande estadista. Na própria Alemanha, aquela era uma época de transição. Devido ao enorme programa de rearmamento, o desemprego havia sido eliminado, a resistência inicial da classe trabalhadora fora quebrada, e a hostilidade do regime, que de início voltara-se primordialmente contra "antifascistas" — comunistas, socialistas, intelectuais de esquerda e judeus em posições importantes —, ainda não se voltara inteiramente para a perseguição de judeus enquanto judeus.

Sem dúvida, um dos primeiros passos do governo nazista, em 1933, foi a exclusão dos judeus do serviço público (que na Alemanha compreendia todos os postos de professor, desde a escola primária até a universidade, e a maior parte dos ramos da indústria de entretenimento, inclusive o rádio, o teatro, a ópera e os concertos) e a sua remoção de postos públicos. Mas os negócios particulares continuaram quase intocados até 1938, e mesmo as profissões legal e médica só gradualmente foram sendo abolidas, embora os estudantes judeus fossem excluídos da maior parte das universidades e não lhes fosse permitido formar-se em parte alguma. A emigração de judeus nesses anos não foi indevidamente acelerada e transcorreu de forma ordeira, e as restrições que dificultavam, mas não impossibilitavam que os judeus levassem seu dinheiro, ou pelo menos boa parte dele, para fora do país eram as mesmas para judeus e não-judeus; e essas restrições vinham desde os dias da República de Weimar. Havia certo número de *Eizenlaktionen*, ações individuais que pressionavam os judeus a vender suas propriedades a preços muitas vezes ridiculamente baixos, mas isso ocorria geralmente em cidades pequenas, e na verdade devia-se à iniciativa "individual", espontânea, de alguns membros das tropas de assalto, como eram os assim chamados homens da SA, recrutados entre as classes baixas, à exceção dos oficiais. A polícia, é verdade, nunca impediu esses "excessos", mas as autoridades nazistas não estavam satisfeitas com eles, porque afetavam o valor dos imóveis em todo o país. Os emigrantes, a menos que fossem refugiados políticos, eram jovens que compreenderam que não havia futuro para eles na Alemanha. E como eles logo descobriram que não havia futuro para eles também em outros países europeus, alguns emigrantes judeus chegaram a voltar durante esse período. Quando perguntaram a Eichmann como ele conseguia conciliar seus sentimentos pessoais sobre os judeus com o antissemitismo aberto e violento do Partido a que se filiara, ele respondeu com o provérbio: "Nada é tão quente para se comer, como era ao se cozer" — provérbio que andava na boca de muitos judeus também. Eles viviam num paraíso ilusório, no qual, durante alguns anos, até mesmo Streicher falava de uma "solução legal" para o problema judeu. Para tirá-los desse engano, foi preciso levar a cabo os pogroms organizados de novembro de 1938, a *Kristallnacht* ou Noite dos Cristais, em que 7500 vitrinas de lojas judaicas foram quebradas, todas as sinagogas foram incendiadas e 20 mil judeus foram levados para campos de concentração.

O cerne da questão, muitas vezes esquecido, é que as famosas Leis de Nuremberg, promulgadas no outono de 1935, não conseguiram desfazer o engano. As declarações de três testemunhas da Alemanha, antigos funcionários de alto nível da Organização Sionista, que deixaram a Alemanha logo depois de estourar a guerra, só forneceram uma amostra do verdadeiro estado de coisas durante os primeiros cinco anos do regime nazista. As Leis de Nuremberg privavam os judeus de seus direitos políticos, mas não de seus direitos civis; eles não eram mais cidadãos (*Reichsbürger*), mas continuavam membros do Estado alemão (*Staatsangehörige*). Mesmo que emigrassem, não ficariam automaticamente sem nacionalidade. Era proibido o ato sexual entre judeus e alemães, bem como a realização de casamentos mistos. Além disso, nenhuma mulher alemã com menos de 45 anos podia se empregar numa casa judaica. De todas essas estipulações, somente a última tinha alguma importância prática; as outras meramente legalizavam uma situação de fato. Daí as Leis de Nuremberg serem sentidas como estabilizadoras de uma nova situação dos judeus no Reich alemão. Para dizer o mínimo, eles já eram cidadãos de segunda classe desde 30 de janeiro de 1933; sua separação quase completa do resto da população havia sido obtida em semanas ou meses — por meio do terror, mas também por meio da conivência mais que normal de todos a sua volta. "Havia uma muralha entre os gentios e os judeus", atestou o dr. Benno Cohn, de Berlim. "Não consigo me lembrar de ter conversado com um cristão durante todas as minhas viagens pela Alemanha." Os judeus sentiam que agora haviam recebido leis próprias e não seriam mais postos fora da lei. Se fossem discretos, como já eram forçados a ser, poderiam viver sem ser molestados. Nas palavras da *Reichsvertretung* dos judeus na Alemanha (a associação nacional de todas as comunidades e organizações, fundada em setembro de 1933, por iniciativa da comunidade de Berlim, e que não era em nada controlada pelos nazistas), a intenção das Leis de Nuremberg era "estabelecer um nível em que fosse possível uma relação tolerável entre os povos alemão e judeu", ao que um membro da comunidade de Berlim, sionista radical, acrescentou: "A vida é possível com qualquer lei. Mas não se pode viver em completa ignorância do que é permitido e do que não é. Pode-se ser também um cidadão útil e respeitado enquanto membro de uma minoria no meio de um grande povo" (Hans Lamm, *Über die Entwicklung des deutschen Judentums*, 1951). E como Hitler, no expurgo Röhm, de 1934, tinha acabado com o poder das SA, as tropas de assalto de camisas marrons que foram quase exclusivamente responsáveis pelos primeiros pogroms e atrocidades, e como os judeus estavam tranquilamente inconscientes do crescente poder da SS de camisas negras, que ordenadamente se abstinha daquilo que Eichmann chamava, com desdém, de "método *Sturm*", eles acreditaram, no geral, que haveria um modus vivendi possível; chegaram a se oferecer para cooperar com "a solução da questão judaica". Em resumo, quando Eichmann começou seu aprendizado em assuntos judeus, nos quais, quatro anos depois, seria reconhecidamente um "perito", e quando fez os primeiros contatos com funcionários judeus, tanto sionistas como assimilacionistas falavam em termos de uma grande "ressurreição judaica", um "grande movimento construtivo do judaísmo alemão", e ainda discutiam entre eles em termos ideológicos se a emigração judaica era desejável, como se isso dependesse de suas vontades.

Durante o interrogatório na polícia, o relato de Eichmann sobre sua chegada ao novo departamento — distorcido, é claro, mas não isento de verdade — relembra, estranhamente, esse paraíso ilusório. A primeira coisa que aconteceu foi que seu novo chefe, um certo Von Mildenstein, que logo depois foi transferido para a Organisation Todt, de Albert Speer, onde ficou encarregado da construção de rodovias (ele era o que Eichmann fingia ser: engenheiro por profissão), exigiu que ele lesse *Der Judenstaat* de Theodor Herzl, o famoso clássico sionista, que converteu Eichmann ao sionismo, imediata e definitivamente. Ao que parece, foi o primeiro livro sério que ele leu na vida, e marcou-o para sempre. Daí em diante, conforme repetiu insistentemente, ele não pensava em nada além de uma "solução política" (por oposição à posterior "solução física", sendo que a primeira significava expulsão e a segunda o extermínio) e em como "conseguir alguma base sólida para os judeus". (Talvez valha a pena mencionar que, ainda em 1939, ele parece ter protestado contra os violadores do túmulo de Herzl em Viena, e há indícios de sua presença em trajes civis na comemoração do trigésimo quinto aniversário da morte de Herzl. O mais estranho é que ele não falou dessas coisas em Jerusalém, onde se gabava de suas boas relações com os funcionários judeus.) A fim de ajudar nessa empresa, ele começou a divulgar esse evangelho entre seus companheiros de ss, fazendo palestras e escrevendo panfletos. Ele então adquiriu um verniz de hebraico, que lhe permitia ler com dificuldade um jornal iídiche — nada muito complicado, uma vez que o iídiche, basicamente um velho dialeto alemão escrito com letras hebraicas, pode ser entendido por toda pessoa de língua alemã que domine algumas dezenas de palavras hebraicas. Chegou a ler mais um livro, *História do sionismo* (durante o julgamento sempre confundia esse livro com o *Judenstaat*, de Herzl), de Josef Böhm, e isso era talvez uma considerável conquista para um homem que, segundo ele próprio, sempre relutara em ler toda e qualquer coisa além de jornais, e que, para desânimo do pai, nunca recorrera aos livros da biblioteca familiar. Acompanhando Böhm, ele estudou as organizações do movimento sionista, com todos os seus partidos, grupos jovens e diferentes programas. Isso ainda não fazia dele uma "autoridade", mas foi suficiente para que conquistasse uma indicação como espião oficial dos escritórios sionistas e de suas reuniões: vale notar que seu aprendizado sobre assuntos judeus era quase inteiramente voltado para o sionismo. Seus primeiros contatos pessoais com funcionários judeus, todos eles bem conhecidos sionistas de longa data, foram inteiramente satisfatórios. A razão de tanto fascínio pela "questão judaica", conforme ele próprio explicou, era seu "idealismo"; esses judeus, ao contrário dos assimilacionistas, que sempre desprezou, e ao contrário dos judeus ortodoxos, que achava tediosos, eram "idealistas" como ele próprio. Um "idealista", segundo as noções de Eichmann, não era simplesmente um homem que acreditava numa "ideia" ou alguém que não roubava nem aceitava subornos, embora essas qualificações fossem indispensáveis. Um "idealista" era um homem que *vivia* para a sua ideia — portanto não podia ser um homem de negócios — e que por essa ideia estaria disposto a sacrificar tudo e, principalmente, todos. Quando ele disse no interrogatório da polícia que teria mandado seu próprio pai para a morte se isso tivesse sido exigido, não queria simplesmente frisar até que ponto se achava cumprindo ordens e pronto para executá-las; queria também mostrar o "idealista" que sempre fora. O "idealista" perfeito, como todo mundo, tinha evidentemente seus sentimentos e emoções pessoais, mas jamais permitia que interferissem em suas ações se entrassem em conflito com sua "ideia". O maior "idealista" que Eichmann encontrou entre os judeus foi o dr. Rudolf Kastner, com quem negociou durante as deportações judaicas da Hungria e com quem firmou um acordo: Eichmann permitiria a partida "legal" de alguns milhares de judeus para a Palestina (os trens eram, de fato, guardados pela polícia alemã) em troca de "ordem e tranquilidade" nos campos de onde centenas de milhares eram enviados para Auschwitz. Os poucos milhares salvos por esse acordo, judeus importantes e membros das associações jovens de sionistas, eram, nas palavras de Eichmann, "o melhor material biológico". O dr. Kastner, no entender de Eichmann, sacrificara seus irmãos judeus a sua "ideia", e assim devia ser. O juiz Benjamin Halevi, um dos três juízes do julgamento de Eichmann, foi o encarregado do julgamento de Kastner em Israel, no qual Kastner teve de se defender da acusação de cooperação com Eichmann e outros nazistas de alto escalão; na opinião de Halevi, Kastner tinha "vendido a alma ao diabo". Agora que o próprio diabo estava no banco dos réus, ele se revelava um "idealista", e embora possa ser difícil de acreditar, é bem possível que alguém que vendeu sua alma ao diabo também seja um "idealista".

Muito antes de isso acontecer, Eichmann teve a primeira oportunidade de pôr em prática o que havia assimilado em seu aprendizado. Depois do *Anschluss* (a anexação da Áustria ao Reich), em março de 1938, ele foi mandado a Viena para organizar um tipo de emigração que era inteiramente desconhecido na Alemanha, onde até o outono de 1938 mantinha-se a ficção de que os judeus, se quisessem, tinham permissão, mas não eram forçados, a deixar o país. Entre as razões para os judeus alemães acreditarem nessa ficção estava o programa do NSDAP, formulado em 1920, que ao lado da Constituição de Weimar gozou o curioso destino de nunca ter sido abolido inteiramente; seus Vinte e Cinco Pontos chegaram a ser declarados "inalteráveis" por Hitler. À luz de acontecimentos posteriores, suas posições antissemitas eram de fato inofensivas: os judeus não eram cidadãos completos, não podiam ocupar cargos públicos, não podiam aparecer na imprensa, e todos os que tivessem obtido cidadania alemã depois de 2 de agosto de 1914 — data do início da Primeira Guerra Mundial — deviam ser desnaturalizados, o que os sujeitava à expulsão. (Caracteristicamente, a desnaturalização foi efetivada imediatamente, mas a expulsão maciça de cerca de 15 mil judeus, que do dia para a noite foram jogados para fora pela fronteira polonesa em Zbaszyn, onde foram prontamente internados em campos, só veio a ocorrer cinco anos depois, quando ninguém mais a esperava.) O programa do Partido nunca foi levado a sério pelos funcionários nazistas; eles se orgulhavam de pertencer a um movimento, que não devia ser confundido com um partido, e um movimento não podia se prender a um programa. Já antes da ascensão dos nazistas ao poder, esses Vinte e Cinco Pontos não passavam de uma concessão ao sistema partidário e a possíveis eleitores antiquados o bastante para querer saber qual o programa do partido a que estavam se filiando. Eichmann, como vimos, estava livre desses hábitos deploráveis, e quando disse à corte de Jerusalém que não conhecia o programa de Hitler é muito provável que estivesse dizendo a verdade: "O programa do Partido não importava, a gente sabia a quê estava se filiando". Os judeus, por outro lado, eram antiquados o bastante para saber de cor os Vinte e Cinco Pontos e acreditar neles; tudo o que contradissesse a implementação do programa do Partido eles tendiam a atribuir a "excessos revolucionários" passageiros de membros ou grupos indisciplinados.

Mas o que aconteceu em Viena em março de 1938 foi inteiramente diferente. A tarefa de Eichmann havia sido definida como "emigração forçada" e as palavras queriam dizer exatamente isso: todos os judeus, independentemente de seus desejos ou de sua cidadania, eram forçados a emigrar — ato que em linguagem comum se chama expulsão. Sempre que pensava nesses doze anos que constituíam a sua vida, Eichmann destacava seu ano em Viena na chefia do Centro de Emigração dos Judeus Austríacos como seu período mais feliz e bem-sucedido. Pouco antes, ele fora promovido ao grau de oficial, tornando-se *Untersturmführer*, ou tenente, e foi condecorado por seu "conhecimento abrangente dos métodos de organização e ideologia do oponente, o judaísmo". O posto em Viena era seu primeiro trabalho importante, e toda a sua carreira, que progredira bem lentamente, estava em jogo. Ele devia estar louco para acertar, e seu sucesso foi espetacular: em oito meses, 45 mil judeus deixaram a Áustria, enquanto não mais que 19 mil deixavam a Alemanha no mesmo período; em menos de dezoito meses, a Áustria foi "limpa" de cerca de 148 mil pessoas, aproximadamente 60% de sua população judaica, das quais todas deixaram o país "legalmente"; até mesmo depois do início da guerra, cerca de 60 mil judeus conseguiram escapar. Como ele fez isso? A ideia básica que possibilitou tudo isso evidentemente não era dele, mas, quase com certeza, foi uma diretiva específica de Heydrich, que o havia mandado a Viena. (Eichmann não foi claro quanto a essa questão de autoria, que implicitamente afirmava ser sua; as autoridades israelenses, por outro lado, presas [como afirma o *Boletim* do Yad Vashem] à fantástica "tese da responsabilidade absoluta de Adolf Eichmann" e da ainda mais fantástica "suposição de que uma só cabeça [a dele] estava por trás disso tudo", ajudaram-no consideravelmente em seu empenho de se promover com os feitos alheios, coisa para a qual tinha um grande pendor.) A ideia, conforme foi explicada por Heydrich numa reunião com Göring na manhã da *Kristallnacht*, era simples e engenhosa: "Por intermédio da comunidade judaica, extraímos certa quantia de dinheiro dos judeus ricos que queriam emigrar. Ao pagar essa soma, e uma soma adicional em moeda estrangeira, eles possibilitavam que os judeus pobres partissem. O problema não era fazer os judeus ricos irem embora, mas se livrar da massa judaica". E esse "problema" não foi resolvido por Eichmann. Só depois de terminado o julgamento é que se ficou sabendo, por meio do Instituto Estatal de Documentação de Guerra dos Países Baixos, que Erich Rajakowitsch, um "brilhante advogado" que Eichmann, segundo seu testemunho, "empregou para lidar com as questões legais do escritório central da emigração judaica em Viena, Praga e Berlim", tinha dado origem à ideia dos "fundos de emigração". Um pouco depois, em abril de 1941, Rajakowitsch foi mandado à Holanda por Heydrich a fim de "estabelecer lá um escritório central que servisse de modelo para a 'solução da questão judaica' em todos os países ocupados da Europa".

Mesmo assim, restavam problemas que só poderiam ser resolvidos no curso da operação, e não há dúvidas de que foi aí que Eichmann, pela primeira vez em sua vida, descobriu em si mesmo algumas qualidades especiais. Havia duas coisas que ele sabia fazer bem, melhor do que os outros: organizar e negociar. Logo ao chegar, entabulou negociações com os representantes da comunidade judaica, que antes de mais nada ele teve de libertar das prisões e dos campos de concentração, uma vez que o "zelo revolucionário" da Áustria, ultrapassando em muito os primeiros "excessos" da Alemanha, havia resultado na prisão de praticamente todos os judeus importantes. Depois dessa experiência, os funcionários judeus não precisavam de Eichmann para convencê-los de que a emigração era desejável. Ao contrário, eles informaram Eichmann das grandes dificuldades que tinha pela frente. Além do problema financeiro, já "resolvido", a maior dificuldade estava no número de papéis que cada emigrante tinha de reunir para poder deixar o país. Cada documento era válido apenas por determinado período, de forma que a validade do primeiro geralmente expirava muito antes de o último ser obtido. Quando Eichmann entendeu como a coisa toda funcionava, ou melhor, não funcionava, ele "se pôs a pensar" e "concebi a ideia que achei que iria fazer justiça a ambas as partes". Ele imaginou "uma linha de montagem, na qual o primeiro documento era posto no começo, depois iam sendo inseridos os outros papéis, e no final o passaporte teria de sair como produto final". Isso poderia ser realizado se todos os funcionários envolvidos — o Ministério das Finanças, o pessoal do imposto de renda, a polícia, a comunidade judaica etc. — trabalhassem sob um mesmo teto e fossem forçados a fazer seu trabalho na hora, na presença do solicitante, que não teria mais de correr de seção para seção e, é de se supor, seria também poupado de alguns humilhantes subterfúgios usados contra ele e de despesas certas com propinas. Quando estava tudo pronto e a linha de montagem estava fazendo seu trabalho rápida e eficientemente, Eichmann "convidou" os funcionários judeus de Berlim para inspecioná-la. Eles ficaram horrorizados: "Isto é como uma fábrica automática, como um moinho de farinha ligado a uma padaria. Numa ponta você põe um judeu que ainda tem alguma propriedade, uma fábrica, uma loja, uma conta no banco, depois ele atravessa o edifício de balcão em balcão, de sala em sala, e sai na outra ponta sem dinheiro, sem direitos, apenas com um passaporte onde se lê: 'Você deve deixar o país dentro de quinze dias. Senão, irá para um campo de concentração'".

Claro que isso era, essencialmente, verdadeiro, mas não era toda a verdade do processo. Esses judeus não podiam ser deixados "sem dinheiro" pela simples razão de que na época nenhum país os aceitaria sem dinheiro. Eles precisavam, e recebiam, seu *Vorzeigegeld*, a quantia que tinham de mostrar para conseguir seus vistos e para passar pelos controles de imigração do país que fosse recebê-los. Para isso, precisavam de moeda estrangeira, que o Reich não tinha nenhuma intenção de gastar com judeus. Essa necessidade não podia ser suprida pelas contas bancárias de judeus em países estrangeiros, as quais, de todo modo, era difícil movimentar por serem ilegais havia anos; Eichmann então mandou funcionários judeus ao estrangeiro para solicitar fundos das grandes organizações judaicas, e esses fundos eram vendidos à comunidade judaica de futuros emigrantes com lucro considerável — o dólar, por exemplo, era vendido a dez ou vinte marcos quando no mercado seu valor era de 4,20 marcos. Foi principalmente dessa maneira que a comunidade adquiriu não apenas o dinheiro necessário para os judeus pobres e as pessoas que não tinham conta no exterior, como também os fundos de que precisava para suas atividades enormemente expandidas. Eichmann não conseguiu possibilitar esse arranjo sem enfrentar considerável oposição das autoridades financeiras alemãs — o Ministério e o Tesouro —, que afinal de contas não podiam deixar de saber que essas transações levariam à desvalorização do marco.

Falar demais foi o vício que arruinou Eichmann. Era bazófia pura quando ele disse aos seus homens nos últimos dias da guerra: "Eu vou dançar no meu túmulo, rindo, porque a morte de 5 milhões de judeus [ou "inimigos do Reich", conforme ele sempre afirmou ter dito] na consciência me dá enorme satisfação". Ele não dançou, e se tinha alguma coisa na consciência, não era assassinato, mas sim o fato de ter esbofeteado o dr. Josef Löwenherz, chefe da comunidade judaica de Viena, que depois se tornou um de seus judeus favoritos. (Ele se desculpou na frente de seus funcionários na época, mas esse incidente sempre o incomodava.) Era um absurdo se responsabilizar pela morte de 5 milhões de judeus, total aproximado das perdas sofridas pelo esforço combinado de todos os departamentos e entidades nazistas, e ele sabia disso muito bem, mas continuava repetindo a frase maldita *ad nauseam* para todo mundo que quisesse ouvir, até doze anos depois, na Argentina, porque dava-lhe "uma excepcional sensação de ânimo pensar que estava saindo do palco assim". (O ex-*Legationsrat* Horst Grell, testemunha da defesa, que conheceu Eichmann na Hungria, disse que em sua opinião Eichmann estava se exibindo. Isso devia ser óbvio para todos que o ouviam pronunciando essa frase absurda.) Era bazófia pura quando ele pretendia ter "inventado" o sistema de guetos ou ter "concebido a ideia" de despachar todos os judeus europeus para Madagascar. O gueto de Theresienstadt, cuja "paternidade" Eichmann pleiteava, foi fundado anos depois de o sistema de guetos ter sido adotado nos territórios ocupados do Leste, e o estabelecimento de um gueto especial para certas categorias privilegiadas era, assim como o sistema de guetos, "ideia" de Heydrich. O plano de Madagascar parece ter "nascido" nas instalações do Ministério das Relações Exteriores, e a contribuição de Eichmann acabou devendo muito a seu amado dr. Löwenherz, que ele convocara para registrar "algumas ideias básicas" sobre como fazer para, terminada a guerra, transferir cerca de 4 milhões de judeus da Europa para a Palestina — visto que o projeto Madagascar era altamente confidencial. (Quando, no julgamento, ele se viu confrontado com o relatório de Löwenherz, Eichmann não negou sua autoria; foi um dos poucos momentos em que ele pareceu genuinamente envergonhado.) O que acabou levando a sua captura foi sua compulsão a contar vantagem — ele estava "cheio de não passar de um viajante anônimo entre mundos" — e essa compulsão deve ter ficado mais forte à medida que o tempo passava, não só porque ele não tinha nada que considerasse digno de ser feito, como também porque a era pós-guerra atribuíra tanta "fama" inesperada a ele.

Mas vangloriar-se é um vício comum, e uma falha mais específica, e também mais decisiva, no caráter de Eichmann era sua quase total incapacidade de olhar qualquer coisa do ponto de vista do outro. Em nenhum ponto essa falha foi mais notável do que em seu relato do episódio de Viena. Ele, seus homens e os judeus estavam todos "se esforçando juntos" e cada vez que havia alguma dificuldade os funcionários judeus vinham correndo até ele para "desabafar seus corações", contar-lhe todo "seu sofrimento e dor", e pedir sua ajuda. Os judeus "desejavam" emigrar, e ele, Eichmann, estava ali para ajudá-los, porque aconteceu de, ao mesmo tempo, as autoridades nazistas terem expressado o desejo de ver o Reich *judenrein*. Os dois desejos coincidiam, e ele, Eichmann, podia "fazer justiça a ambas as partes". No julgamento, ele jamais cedeu um milímetro quando chegava nessa parte da história, embora concordasse que hoje, quando "os tempos mudaram tanto", os judeus podem não gostar mais de se lembrar desse "esforço conjunto" e ele não queria "ferir seus sentimentos".

O texto alemão do interrogatório policial gravado, realizado de 29 de maio de 1960 a 17 de janeiro de 1961, com cada página corrigida e aprovada por Eichmann, constitui uma verdadeira mina de ouro para um psicólogo — contanto que ele tenha a sabedoria de entender que o horrível pode ser não só ridículo como rematadamente engraçado. Parte do humor não pode ser transmitido em outra língua, porque está justamente na luta heroica que Eichmann trava com a língua alemã, que invariavelmente o derrota. É engraçado quando ele usa o termo "palavras aladas" (*geflügelte Worte*, um coloquialismo alemão para designar citações famosas dos clássicos) querendo dizer frases feitas, *Redensarten*, ou slogans, *Schlagworte*. Era engraçado quando, durante a inquirição sobre os documentos Sassen, feita em alemão pelo juiz presidente, ele usou a frase "*kontra geben*" (pagar na mesma moeda), para indicar que havia resistido aos esforços de Sassen para melhorar suas histórias; o juiz Landau, desconhecendo evidentemente os mistérios dos jogos de cartas (de onde provém a expressão), não entendeu, e Eichmann não conseguiu achar nenhuma outra maneira de se expressar. Vagamente consciente de uma incapacidade que deve tê-lo perseguido ainda na escola — chegava a ser um caso brando de afasia —, ele pediu desculpas, dizendo: "Minha única língua é o oficialês [*Amtssprache*]". Mas a questão é que o oficialês se transformou em sua única língua porque ele sempre foi genuinamente incapaz de pronunciar uma única frase que não fosse um clichê. (Será que foram esses clichês que os psiquiatras acharam tão "normais" e "desejáveis"? Serão essas as "ideias positivas" que um clérigo espera encontrar nas almas para as quais ministra? A melhor oportunidade para Eichmann demonstrar esse lado positivo de seu caráter em Jerusalém surgiu quando o jovem oficial de polícia encarregado de seu bem-estar mental e psicológico deu-lhe um exemplar de *Lolita* para relaxar. Dois dias mais tarde, Eichmann devolveu o livro, visivelmente indignado; "Um livro nada saudável — *Das ist aber ein sehr unerfreuliches Buch*" — disse ele a seu guarda.) Sem dúvida, os juízes tinham razão quando disseram ao acusado que tudo o que dissera era "conversa vazia" — só que eles pensaram que o vazio era fingido, e que o acusado queria encobrir outros pensamentos que, embora hediondos, não seriam vazios. Essa ideia parece ter sido refutada pela incrível coerência com que Eichmann, apesar de sua má memória, repetia palavra por palavra as mesmas frases feitas e clichês semi-inventados (quando conseguia fazer uma frase própria, ele a repetia até transformá-la em clichê) toda vez que se referia a um incidente ou acontecimento que achava importante. Quer estivesse escrevendo suas memórias na Argentina ou em Jerusalém, quer falando com o interrogador policial ou com a corte, o que ele dizia era sempre a mesma coisa, expressa com as mesmas palavras. Quanto mais se ouvia Eichmann, mais óbvio ficava que sua incapacidade de falar estava intimamente relacionada com sua incapacidade de *pensar*, ou seja, de pensar do ponto de vista de outra pessoa. Não era possível nenhuma comunicação com ele, não porque mentia, mas porque se cercava do mais confiável de todos os guarda-costas contra as palavras e a presença de outros, e portanto contra a realidade enquanto tal.

Confrontado durante oito meses com a realidade de ser interrogado por um policial judeu, Eichmann não teve a menor hesitação em explicar a ele, com consideráveis detalhes, e repetidas vezes, porque tinha sido incapaz de atingir uma patente mais alta na ss e porque isso não era culpa sua. Ele tinha feito tudo, até pedido para ser enviado para o serviço militar ativo — "Para o front, eu disse a mim mesmo, assim o *Standartenführer* (coronelato) chega mais depressa". Na corte, ao contrário, ele fingiu ter pedido a transferência a fim de escapar de deveres assassinos. Ele não insistiu muito nisso, porém, e a corte estranhamente não o confrontou com suas afirmações ao capitão Less, a quem ele também dissera que esperava ser nomeado para os *Einsatzgruppen*, as unidades de morte móveis no Leste, porque quando elas foram formadas, em março de 1941, sua função pessoal estava "morta" — não havia mais emigração e as deportações ainda não haviam começado. Havia, por fim, a sua maior ambição — ser promovido ao posto de chefe de polícia em alguma cidade alemã; de novo, nada feito. O que torna tão engraçadas essas páginas do interrogatório é que tudo isso foi dito no tom de alguém que tem certeza de encontrar simpatia "normal, humana" por uma história infeliz. "Tudo o que eu preparava e planejava dava errado, tanto meus assuntos pessoais como meus prolongados esforços para conseguir terra e solo para os judeus. Não sei, parece que estava tudo encantado; tudo o que eu queria e desejava e planejava fazer, o destino impedia de alguma forma. Eu ficava frustrado em tudo, absolutamente tudo." Quando o capitão Less pediu sua opinião sobre provas prejudiciais e possivelmente mentirosas fornecidas por um ex-coronel da ss, ele exclamou, repentinamente gaguejante de raiva: "Fico muito surpreso com esse homem ter conseguido ser um *Standartenführer* da ss, isso me deixa muito surpreso mesmo. É completamente, completamente impensável. Não sei o que dizer". Ele não disse essas coisas com espírito de desafio, como se quisesse, ainda agora, defender os padrões que nortearam sua vida no passado. As simples palavras "ss", ou "carreira", ou "Himmler" (que ele sempre chamou por seu longo título oficial: *Reichsführer-SS* e Chefe da Polícia Alemã, embora de forma alguma o admirasse) detonavam nele um mecanismo que se tornara completamente inalterável. Nem a presença do capitão Less, um judeu da Alemanha e muito pouco propenso a pensar que os membros da ss progrediam na carreira por meio do exercício de alguma alta qualidade moral, conseguia desmontar esse mecanismo.

De vez em quando, a comédia despenca no horror, e resulta em histórias — provavelmente verdadeiras — cujo humor macabro ultrapassa facilmente todo invento surrealista. A história do infeliz *Kommerzialrat* Storfer, de Viena, contada por Eichmann durante seu interrogatório na polícia, era desse tipo. Eichmann recebeu um telegrama de Rudolf Höss, comandante de Auschwitz, revelando que Storfer havia chegado e solicitava urgentemente ver Eichmann. "Eu disse comigo mesmo: tudo bem, esse homem sempre se comportou bem, vale a pena [...] Eu mesmo vou lá e vejo qual é o assunto dele. E vou até Ebner [chefe da Gestapo em Viena], e Ebner diz assim — só me lembro vagamente — 'Se ele pelo menos não fosse tão desastrado; ele se escondeu e tentou escapar', alguma coisa assim. E a polícia o prendeu e mandou para o campo de concentração, e segundo as ordens do *Reichsführer* [Himmler], ninguém podia sair, depois de entrar num deles. Nada se podia fazer. Nem o dr. Ebner, nem eu, nem ninguém podia fazer alguma coisa a respeito. Fui para Auschwitz e pedi a Höss para ver Storfer. 'Claro, claro [Höss disse], ele está num dos grupos de trabalho forçado.' Com Storfer, depois, bom, foi normal e humano, tivemos um encontro normal, humano. Ele me falou de todo o seu sofrimento, sua dor; eu disse: 'Bom, meu querido amigo [*Ja, mein lieber guter Storfer*], sobrou para nós! Que falta de sorte!'. E eu disse também: 'Olhe, eu não posso mesmo ajudar você, porque as ordens do *Reichsführer* são de ninguém sair. Não posso tirar você. O dr. Ebner também não pode. Soube que você cometeu um grande erro, que você se escondeu ou quis se trancar, coisa que, afinal, *você* não precisava fazer'. [Eichmann queria dizer que Storfer, como funcionário judeu, tinha imunidade da deportação.] Não me lembro a resposta dele. E aí perguntei como estava. E ele disse, bem, perguntou se não podia ser dispensado do trabalho, que era trabalho pesado. E eu então disse a Höss: 'Storfer não vai ter de trabalhar!'. Mas Höss disse: 'Todo mundo trabalha aqui'. Então eu disse: 'Certo, vou escrever uma nota para solicitar que Storfer fique cuidando dos caminhos de cascalho com uma vassoura', havia uns caminhos de cascalho lá, 'e que ele tem direito de sentar com sua vassoura num dos bancos'. [Para Storfer] eu disse: 'Está bom assim, sr. Storfer? Está bom para o senhor?'. Com isso ele ficou muito contente, e apertamos as mãos, e ele recebeu a vassoura e sentou no banco. Isso foi uma grande alegria interior para mim, poder ao menos ver esse homem, com quem trabalhei durante tantos anos, e ver que podíamos conversar." Seis semanas depois desse encontro normal, humano, Storfer foi morto — aparentemente não na câmara de gás, mas fuzilado.

Trata-se de um caso exemplar de má-fé, de autoengano misturado a ultrajante burrice? Ou é simplesmente o caso do criminoso que nunca se arrepende (Dostoiévski conta em seu diário que na Sibéria, em meio a multidões de assassinos, estupradores e ladrões, nunca encontrou um único homem que admitisse ter agido mal), que não pode se permitir olhar de frente a realidade porque seu crime passou a fazer parte dele mesmo? No entanto, o caso de Eichmann é diferente do do criminoso comum, que só pode se proteger com eficácia da realidade do mundo não criminoso dentro dos estreitos limites de sua gangue. Bastava a Eichmann relembrar o seu passado para se sentir seguro de não estar mentindo e de não estar se enganando, pois ele e o mundo em que viveu marcharam um dia em perfeita harmonia. E a sociedade alemã de 80 milhões de pessoas se protegeu contra a realidade e os fatos exatamente da mesma maneira, com os mesmos autoengano, mentira e estupidez que agora se viam impregnados na mentalidade de Eichmann. Essas mentiras mudavam de ano para ano, e frequentemente se contradiziam; além disso, não eram necessariamente as mesmas para todos os diversos níveis da hierarquia do Partido e para as pessoas em geral. Mas a prática do autoengano tinha se tornado tão comum, quase um pré-requisito moral para a sobrevivência, que mesmo agora, dezoito anos depois do colapso do regime nazista, quando a maior parte do conteúdo específico de suas mentiras já foi esquecida, ainda é difícil às vezes não acreditar que a hipocrisia passou a ser parte integrante do caráter nacional alemão. Durante a guerra, a mentira que mais funcionou com a totalidade do povo alemão foi o slogan "a batalha pelo destino do povo alemão" [*der Schicksalskampf des deutschen Volkes*], cunhado por Hitler ou por Goebbels, e que tornou mais fácil o autoengano sob três aspectos: sugeria, em primeiro lugar, que a guerra não era guerra; em segundo, que fora iniciada pelo destino e não pela Alemanha; e, em terceiro, que era questão de vida ou morte para os alemães, que tinham de aniquilar seus inimigos ou ser aniquilados.

A estonteante disposição de Eichmann, primeiro na Argentina, depois também em Jerusalém, a admitir seus crimes devia-se menos a sua capacidade criminosa de autoengano do que à aura de sistemática hipocrisia que constituía a atmosfera geral, aceita por todos, do Terceiro Reich. "Claro" que ele havia desempenhado um papel no extermínio dos judeus; "claro" que se "não os tivesse transportado, eles não teriam sido entregues aos açougueiros." "O que existe aí para admitir?", ele perguntava. Agora, continuava, "gostaria de fazer as pazes com [seus] antigos inimigos" — sentimento que partilhava não só com Himmler, que o expressou durante o último ano da guerra, e também com o líder das frentes de trabalhos forçados,

Robert Ley (que, antes de se suicidar em Nuremberg, havia proposto o estabelecimento de um "comitê de conciliação" formado pelos nazistas responsáveis pelos massacres e por sobreviventes judeus), e que partilhava também, inacreditavelmente, com muitos alemães comuns, que sabidamente se expressaram exatamente nos mesmos termos no final da guerra. Esse ultrajante clichê não era mais expedido de cima para eles, era uma frase feita autofabricada, tão vazia de realidade quanto aqueles clichês que orientaram a vida do povo durante doze anos; e dava quase para ver a "excepcional sensação de ânimo" que tomava conta de Eichmann no momento em que brotava de seus lábios.

A cabeça de Eichmann estava cheia até a borda de frases assim. Sua memória resultou bem pouco confiável a respeito do que realmente aconteceu; num raro momento de exasperação, o juiz Landau perguntou ao acusado: "O que você *consegue* lembrar?" (se não se lembrava das discussões na chamada Conferência de Wannsee, que debateu os vários métodos de morte), e a resposta, claro, foi que Eichmann se lembrava bastante bem dos momentos decisivos de sua carreira, mas isso não coincidia, necessariamente, com os momentos decisivos da história do extermínio dos judeus ou, na verdade, com os momentos decisivos da história. (Ele sempre teve dificuldades para se lembrar da data exata do começo da guerra e da invasão da Rússia.) Mas o xis da questão é que ele não esqueceu nem uma única frase daquelas que em algum momento lhe deram uma "sensação de ânimo". Por isso, durante o interrogatório, toda vez que os juízes tentavam apelar para sua consciência, recebiam como resposta o "ânimo" e ficavam ultrajados e desconcertados quando descobriam que o acusado tinha a sua disposição um clichê de ânimo diferente para cada período de sua vida e cada uma de suas atividades. Na cabeça dele, não havia contradição entre "Vou dançar no meu túmulo, rindo" adequado para o fim da guerra, e "Posso ser enforcado em público como exemplo para todos os antissemitas da Terra", que agora, em circunstâncias muito diferentes, preenchia exatamente a mesma função de lhe dar um empurrão.

Esses hábitos de Eichmann criaram consideráveis dificuldades durante o julgamento — menos para Eichmann do que para aqueles que ali estavam para acusá-lo, defendê-lo, julgá-lo e descrevê-lo. Por tudo isso, era essencial que ele fosse levado a sério, o que era muito difícil, a menos que se procurasse a saída mais fácil para o dilema entre o horror inenarrável dos atos e o inegável absurdo do homem que os perpetrara, isto é, a menos que se declarasse um mentiroso esperto, calculista — coisa que evidentemente não era. Suas próprias convicções sobre isso estavam longe de ser modestas: "Um dos poucos dons com que o destino me abençoou é a capacidade para a verdade, na medida em que ela depende de mim". Esse dom ele reclamava para si mesmo antes de o promotor pretender lhe atribuir crimes que não havia cometido. Nas anotações desorganizadas e confusas que fez na Argentina, preparando-se para a entrevista com Sassen, quando ainda estava, como ele mesmo chegou a dizer na época, "em plena posse de sua liberdade física e psicológica", ele lançou um fantástico alerta para que os "historiadores futuros sejam objetivos a ponto de não se desviar da trilha da verdade aqui gravada" — fantástico porque cada linha dessas anotações revela sua total ignorância de tudo que não fosse direta, técnica e burocraticamente ligado a seu trabalho, sem falar de sua memória extraordinariamente deficiente.

Apesar de todos os esforços da promotoria, todo mundo percebia que esse homem não era um "monstro", mas era difícil não desconfiar que fosse um palhaço. E uma vez que essa suspeita teria sido fatal para toda a empresa, além de dificilmente sustentável diante dos sofrimentos que ele e seus semelhantes causaram a milhões de pessoas, suas piores palhaçadas mal foram notadas e quase nunca reveladas na imprensa. O que fazer com um homem que primeiro declarou com grande ênfase que a única coisa que aprendeu numa vida desperdiçada foi jamais fazer um juramento ("Hoje em dia, nenhum homem, nenhum juiz poderia me convencer a fazer uma declaração sob juramento, a declarar alguma coisa sob juramento como testemunha. Eu recuso, eu recuso por razões morais. Como minha experiência me diz que, ao ser leal a seu juramento, o sujeito um dia terá de pagar as consequências, decidi definitivamente que nenhum juiz no mundo, nem nenhuma outra autoridade nunca será capaz de me fazer jurar, ou prestar testemunho sob juramento. Não farei uma coisa dessas voluntariamente e ninguém conseguirá me forçar"), e então, depois de ser informado explicitamente que, se quisesse testemunhar em sua própria defesa, poderia "fazê-lo com ou sem juramento", declarou sem mais delongas que preferiria testemunhar sob juramento? Ou com alguém que garantiu à corte, insistentemente e com grande demonstração de sentimento, da mesma forma que havia garantido ao interrogador policial, que a pior coisa que ele poderia fazer seria tentar escapar de suas verdadeiras responsabilidades para lutar por seu pescoço ou implorar misericórdia — e depois, aconselhado por seu advogado, apresentou um documento escrito à mão com um pedido de misericórdia?

Para Eichmann, essas coisas eram questão de estados de espírito, e se conseguia encontrar, fosse na memória, fosse de momento, uma frase feita que provocasse ânimo, ele se dava por satisfeito, sem jamais tomar consciência de uma "incoerência". Conforme veremos adiante, esse horrível dom de se consolar com clichês não o abandonou nem na hora da morte.

IV
A PRIMEIRA SOLUÇÃO: EXPULSÃO

Se este fosse um julgamento comum, com o confronto de forças usual entre a acusação e a defesa para levantar os fatos e fazer justiça a ambos os lados, seria possível acionar agora a versão da defesa e descobrir se havia algo de consistente no grotesco relato de Eichmann sobre suas atividades em Viena, e se suas distorções da realidade não poderiam na verdade ser atribuídas a outra coisa que não a hipocrisia de um indivíduo. Eichmann ia ser enforcado por fatos que já estavam estabelecidos "além de toda dúvida" muito antes de o julgamento começar, e esses fatos eram conhecidos por todos os estudiosos do regime nazista. Os fatos que a acusação tentou estabelecer foram, é verdade, parcialmente aceitos no julgamento, mas jamais pareceriam estar "além de toda dúvida" se a defesa tivesse trazido suas próprias provas para figurar no processo. Por isso, nenhum relato sobre o caso Eichmann, e não apenas sobre o julgamento de Eichmann, poderia estar completo sem que se prestasse alguma atenção a certos fatos que são bem conhecidos, mas que o dr. Servatius escolheu ignorar.

Isso é particularmente verdadeiro a propósito do turvo perfil geral e da ideologia de Eichmann diante da "questão judaica". Durante o interrogatório, ele contou ao juiz presidente que em Viena "considerava os judeus como oponentes para os quais era preciso encontrar uma solução mutuamente justa, mutuamente aceitável [...] Essa solução, eu imaginei, seria colocar solo firme debaixo de seus pés, de forma que tivessem um lugar próprio, um solo próprio. E estava trabalhando alegremente em direção a essa solução. Eu cooperei para se chegar a essa solução, com muita alegria, porque era também o tipo de solução que era aprovada pelos movimentos do próprio povo judeu, e eu considerava isso a solução mais adequada para o assunto". Essa era a verdadeira razão para eles se "esforçarem juntos", a razão de seu trabalho ter sido "baseado na reciprocidade".

Era interesse dos judeus abandonar o país, embora, talvez, nem todos os judeus entendessem isso; "alguém tinha de ajudá-los, alguém tinha de ajudar esses funcionários a agir, e foi isso que eu fiz". Se os funcionários judeus eram "idealistas", isto é, sionistas, ele os respeitava, "tratava-os como iguais", ouvia todas as suas "queixas e solicitações e pedidos de apoio", e cumpria as "promessas" na medida do possível — "As pessoas tendem a esquecer isso agora". Quem, senão ele, Eichmann, havia salvado centenas de milhares de judeus? O que, se não seu grande zelo e dom de organização, tinha lhes permitido escapar a tempo? É verdade que ele não pudera prever, na época, a iminente Solução Final, mas ele os salvara, e isso era um "fato". (Em uma entrevista dada neste país durante o julgamento, o filho de Eichmann contou a mesma história a repórteres norte-americanos. Devia se tratar de uma lenda familiar.)

Em certo sentido, pode-se entender por que o advogado de defesa nada fez para apoiar a versão contada por Eichmann de suas relações com os sionistas. Eichmann admitiu, como já havia admitido na entrevista a Sassen, que ele "não recebeu seu encargo com a apatia de um boi sendo levado para o curral", que ele era muito diferente daqueles colegas "que nunca tinham lido um livro básico [o *Judenstaat* de Herzl], meditado sobre ele e absorvido seu texto, absorvido com interesse", e que portanto não tinham "relação interna com seu trabalho". Eles "não passavam de burros de carga", para quem tudo era decidido "por parágrafos, por ordens, que não se interessavam por mais nada", que eram, em resumo, exatamente os "pequenos dentes da engrenagem" que, segundo a defesa, o próprio Eichmann havia sido. Se isso significava nada mais que prestar obediência cega às ordens do Führer, todos eles haviam sido pequenos dentes da engrenagem — até mesmo Himmler, que, conforme revela seu massagista, Felix Kernsten, não recebeu a Solução Final com grande entusiasmo, e Eichmann garantiu ao interrogador policial que seu próprio chefe, Heinrich Müller, jamais teria proposto nada tão "bruto" quanto o "extermínio físico". Evidentemente, aos olhos de Eichmann, a teoria dos pequenos dentes não vinha ao caso. Ele certamente não fora tão importante quanto o sr. Hausner pretendia fazê-lo; afinal de contas, ele não era Hitler, nem tampouco podia comparar sua própria importância, no que dizia respeito à "solução" da questão judaica, à de Müller, ou Heydrich, ou Himmler; ele não era nenhum megalomaníaco. Mas tampouco era tão pequeno quanto a defesa queria fazer que fosse.

As distorções da realidade que Eichmann fazia eram horríveis por causa do horror com que elas lidavam, mas em princípio não eram muito diferentes das coisas usuais na Alemanha pós-Hitler. Há o caso, por exemplo, de Franz-Josef Strauss, ex-ministro da Defesa, que recentemente realizou uma campanha eleitoral contra Willy Brandt, hoje prefeito de Berlim Ocidental, que esteve refugiado na Noruega durante o período hitlerista. Strauss fez ao sr. Brandt uma pergunta amplamente difundida e aparentemente muito bem-sucedida: "O que o senhor fez durante esses doze anos fora da Alemanha? Nós sabemos o que estávamos fazendo aqui na Alemanha". E a pergunta foi feita com total imunidade, sem que ninguém piscasse um olho, e muito menos lembrasse ao membro do governo de Bonn que aquilo que os alemães estavam fazendo na Alemanha durante aqueles anos havia ficado realmente notório. A mesma "inocência" pode ser encontrada numa recente observação casual feita por um respeitado e respeitável crítico literário, que provavelmente nunca foi membro do Partido; ao resenhar um estudo da literatura do Terceiro Reich, ele disse que seu autor pertencia "àqueles intelectuais que diante da explosão da barbárie nos desertaram sem exceção". Esse autor era, evidentemente, judeu, expulso pelos nazistas e abandonado por gentios como o sr. Heinz Beckmann, do *Rheinischer Merkur*. Incidentalmente, a própria palavra "barbárie", hoje aplicada com frequência pelos alemães ao período hitlerista, é uma distorção da realidade; é como se os intelectuais judeus e não judeus tivessem fugido de um país que não era mais suficientemente "refinado" para eles.

Eichmann, embora muito menos refinado do que estadistas e críticos literários, podia, por outro lado, ter citado certos fatos indiscutíveis para corroborar sua história, se sua memória não fosse tão ruim, ou se a defesa o ajudasse. Pois é "indiscutível que durante os primeiros estágios de sua política judaica, os nacional-socialistas acharam adequado adotar uma atitude pró-sionista" (Hans Lamm), e foi durante esses primeiros estágios que Eichmann aprendeu suas lições sobre os judeus. Ele não estava de forma alguma sozinho ao levar a sério esse "pró-sionismo"; os próprios judeus alemães acharam que bastaria desfazer a "assimilação" por meio de um novo processo de "desassimilação", e juntaram-se às fileiras do movimento sionista. (Não existem estatísticas confiáveis sobre esse desenvolvimento, mas estima-se que, durante os primeiros meses do regime de Hitler, a circulação do semanário sionista *Die Jüdische Rundschau* aumentou de entre 5 e 7 mil para aproximadamente 40 mil, e sabe-se que as organizações sionistas de levantamento de fundos receberam em 1935-36, de uma população muito diminuída e empobrecida, três vezes mais do que em 1931-32.) Isso não significa necessariamente que os judeus queriam emigrar para a Palestina; era mais uma questão de orgulho: "Use-a com Orgulho, a Estrela Amarela!", o slogan mais popular desses anos, cunhado por Robert Weltsch, editor-chefe da *Jüdische Rundschau*, expressava o teor da atmosfera emocional. O ponto polêmico desse slogan, formulado como resposta ao Dia do Boicote, 1º de abril de 1933 — mais de seis anos antes de os nazistas realmente obrigarem os judeus a usar o emblema, a estrela de seis pontas amarela sobre fundo branco —, é que ele se dirigia contra os "assimilacionistas" e todas aquelas pessoas que se recusavam a juntar-se ao novo "desenvolvimento revolucionário", aqueles que "estavam sempre atrás de seu tempo" (*die ewig Gestrigen*). O slogan foi relembrado por testemunhas alemãs no julgamento, com uma boa dose de emoção. O que elas deixaram de dizer é que o próprio Robert Weltsch, um jornalista muito importante, havia declarado em anos recentes que jamais teria divulgado seu slogan se pudesse prever os desenvolvimentos futuros.

Mas muito longe de todos os slogans e disputas ideológicas, naqueles dias era um fato cotidiano que apenas os sionistas tivessem alguma oportunidade de negociar com as autoridades alemãs — pela simples razão de que seu principal adversário judeu, a Associação Central de Cidadãos Alemães de Fé Judaica, à qual pertenciam 95% dos judeus organizados da Alemanha da época, especificava em suas normas que sua principal tarefa era "lutar contra o antissemitismo"; repentinamente ela se tornara uma instituição "hostil ao Estado", e seria efetivamente perseguida — coisa que não foi — se tivesse tido a coragem de fazer o que devia fazer. Durante seus primeiros anos, a ascensão de Hitler ao poder pareceu aos sionistas sobretudo uma "decisiva derrota do assimilacionismo". Por isso os sionistas puderam, ao menos durante algum tempo, se permitir certa medida de cooperação não criminosa com as autoridades nazistas; os sionistas também acreditavam que a "desassimilação", combinada à emigração de jovens judeus e, esperavam eles, de capitalistas judeus para a Palestina, poderia ser uma "solução mutuamente justa". Na época, muitos funcionários alemães tinham essa opinião, e esse tipo de conversa parece ter sido bastante comum até o fim. Um judeu alemão sobrevivente de Theresienstadt relata em uma carta que todas as principais posições do *Reichsvereinigung* apontadas pelos nazistas eram ocupadas por sionistas (enquanto o *Reichsvertretung* autenticamente judeu era composto tanto de sionistas como de não-sionistas), porque os sionistas, segundo os nazistas, "eram os judeus 'decentes', porque eles também pensavam em termos 'nacionais'". Sem dúvida, nenhum nazista de importância jamais falava em público nesse tom; do começo ao fim, a propaganda nazista foi feroz, inequívoca, inflexivelmente antissemita, e no fim nada contava a não ser aquilo que as pessoas sem experiência nos mistérios do totalitarismo descartavam como "mera propaganda". Nesses primeiros anos, havia um acordo mútuo altamente satisfatório entre as autoridades nazistas e a Agência Judaica para a Palestina — um *Ha'avarah*, ou Acordo de Transferência, que permitia que um emigrante para a Palestina pudesse transferir seu dinheiro para lá em bens alemães e trocá-los por libras ao chegar. Isso logo se tornou a única forma legal de um judeu levar consigo seu dinheiro (a única alternativa era a abertura de uma conta bloqueada, que só podia ser liquidada no exterior com uma perda de 50% a 95%). O resultado foi que nos anos 1930, enquanto o judaísmo norte-americano fazia um grande esforço para boicotar mercadorias alemãs, a Palestina vivia inundada de todo tipo de bens *"made in Germany"*.

Mais importantes para Eichmann eram os emissários da Palestina que procuravam a Gestapo e a ss por iniciativa própria, sem aceitar ordens nem dos sionistas alemães nem da Agência Judaica para a Palestina. Eles vinham a fim de convocar ajuda para a emigração ilegal de judeus para a Palestina governada pela Grã-Bretanha, e tanto a Gestapo como a ss ajudavam-nos. Eles negociaram com Eichmann em Viena e relataram que ele era "polido", "não do tipo que grita", e que chegou a lhes oferecer fazendas e instalações para o estabelecimento de campos de treinamento vocacional para possíveis emigrantes. ("Em uma ocasião, ele expulsou um grupo de freiras de um convento para fornecer uma fazenda de treinamento para jovens judeus", e em outra pôs à disposição "um trem especial, e oficiais nazistas acompanharam" um grupo de emigrantes que seguiam ostensivamente para fazendas de treinamento na Iugoslávia, para que atravessassem a fronteira em segurança.) De acordo com a história contada por John e David Kimche, com "a total e generosa cooperação de todos os atores principais" (*The Secret Roads: The "Illegal" Migration of a People, 1938-1948*, Londres, 1954), esses judeus da Palestina falavam uma língua não totalmente diferente da língua de Eichmann. Eles eram mandados para a Europa pelos assentamentos comunais da Palestina, e não estavam interessados em operações de salvamento: "Não era essa a sua função". Eles queriam selecionar "material adequado", e seu principal inimigo, antes do programa de extermínio, não eram aqueles que faziam da vida um inferno para os judeus nos velhos países, Alemanha ou Áustria, mas aqueles que barravam o acesso à nova pátria; esse inimigo era definitivamente a Grã-Bretanha, não a Alemanha. Na verdade, eles estavam em posição de negociar com as autoridades nazistas em bases que beiravam a igualdade — coisa que os judeus nativos não podiam fazer —, uma vez que gozavam da proteção do poder mandatário; estavam provavelmente entre os primeiros judeus a falar abertamente sobre interesses mútuos e foram certamente os primeiros a receber permissão "para selecionar jovens pioneiros judeus" entre os judeus dos campos de concentração. É claro que não tinham consciência das sinistras implicações desse acordo, que ainda estavam no futuro; mas eles, de alguma forma, acreditavam que se era uma questão de selecionar judeus para a sobrevivência, os próprios judeus é que deviam fazer a seleção. Foi esse erro de julgamento fundamental que acabou levando a uma situação em que a maioria não selecionada de judeus se viu inevitavelmente confrontada com dois inimigos — as autoridades nazistas e as autoridades judaicas. No que se refere ao episódio vienense, a ridícula alegação de Eichmann afirmando ter salvo centenas de milhares de vidas de judeus, que foi caçoada na corte, encontra uma estranha sustentação no ponderado juízo dos historiadores judeus, os Kimche: "Assim começou o que deve ter sido um dos episódios mais paradoxais de todo o período do regime nazista: o homem que acabaria fazendo história como um dos arquiassassinos do povo judeu entrou para a história como ativo batalhador pelo resgate de judeus na Europa".

O problema de Eichmann é que ele não lembrava de nenhum fato que pudesse sustentar, por mais tenuemente que fosse, a sua incrível história, e o douto advogado de defesa provavelmente nem sabia que havia alguma coisa a ser lembrada. (O dr. Servatius podia ter chamado como testemunhas de defesa os ex-agentes da Aliyah Beth, conforme era chamada a organização para a imigração ilegal na Palestina; eles certamente ainda se lembravam de Eichmann, e viviam agora em Israel.) A memória de Eichmann só funcionava a respeito de coisas que influenciaram diretamente a sua carreira. Ele se lembrava, por exemplo, da visita de um funcionário palestino em Berlim, que lhe contou como era a vida nos assentamentos coletivos, e que ele levou para jantar duas vezes, porque essa visita terminou com um convite formal para ir à Palestina, onde os judeus lhe mostrariam o país. Eichmann ficou deliciado; nenhum outro oficial nazista conseguira ir "a uma distante terra estrangeira", e ele recebeu permissão para fazer a viagem. O julgamento concluiu que foi mandado "em missão de espionagem", o que sem dúvida era verdade, mas isso não contradizia a história que Eichmann contou à polícia.

(Não resultou praticamente nada da empreitada. Eichmann, junto com um jornalista de seu departamento, um certo Herbert Hagen, mal teve tempo de subir o monte Carmelo, em Haifa, antes que as autoridades britânicas deportassem ambos para o Egito, negando-lhes permissão para entrar na Palestina; segundo Eichmann, "o homem do Haganah" — a organização militar judaica que se transformou no núcleo do Exército israelense — foi vê-los no Cairo, e o que lhes disse lá veio a se transformar num "relatório inteiramente negativo" que, por ordem superior, Eichmann e Hagen escreveram com objetivos propagandísticos, e que foi devidamente publicado.)

À parte esses modestos triunfos, Eichmann só se lembrava de estados de espírito e de frases de efeito que inventara para acompanhá-los; a viagem ao Egito foi em 1937, antes de sua atividade em Viena, e de Viena ele recordava pouco mais do que a atmosfera geral e seu sentimento de "animação". Em vista de seu assombroso virtuosismo em nunca eliminar da memória um estado de espírito ou uma frase "animadora" — virtuosismo que demonstrou insistentemente durante o interrogatório da polícia —, é tentador acreditar em sua sinceridade quando falava de sua estada em Viena como de um idílio. Dada a completa falta de coerência entre seus pensamentos e sentimentos, essa sinceridade não é alterada nem mesmo pelo fato de que aquele ano em Viena, da primavera de 1938 a março de 1939, coincidiu com uma época em que o regime nazista abandonara sua atitude pró-sionista. Fazia parte da natureza do movimento nazista estar sempre mudando, radicalizando-se a cada mês que passava, mas uma das características mais notáveis de seus membros era, psicologicamente, tender a estar sempre um passo atrás do movimento — eles tinham dificuldade em acompanhar essas mudanças ou, como Hitler costumava dizer, não eram capazes de "saltar a própria sombra".

Mais perniciosa do que qualquer fato objetivo, porém, era a própria memória deficiente de Eichmann. Havia certos judeus em Viena de quem ele se recordava muito vivamente — o dr. Löwenherz e o *Kommerzialrat* Storfer —, mas não eram eles os emissários palestinos que poderiam corroborar sua história. Depois da guerra, Josef Löwenherz escreveu um relato muito interessante de suas negociações com Eichmann (um dos poucos documentos novos apresentados no julgamento, ele foi parcialmente mostrado a Eichmann, que concordou inteiramente com seu conteúdo principal). Ele foi o primeiro funcionário judeu a transformar toda uma comunidade judaica numa instituição a serviço das autoridades nazistas e foi um dos raríssimos funcionários a obter uma recompensa pelos serviços prestados — permitiram-lhe ficar em Viena até o final da guerra, quando então emigrou para a Inglaterra e depois para os Estados Unidos; morreu pouco depois da captura de Eichmann, em 1960. O destino de Storfer, como vimos, foi menos afortunado, mas não absolutamente por culpa de Eichmann. Storfer substituíra os emissários palestinos, que haviam se tornado muito independentes, e sua tarefa, atribuída a ele por Eichmann, era organizar o transporte ilegal de alguns judeus para a Palestina, sem a ajuda dos sionistas. Storfer não era sionista e não demonstrava nenhum interesse por assuntos judaicos antes da chegada dos nazistas na Áustria. Mesmo assim, com a ajuda de Eichmann ele conseguiu tirar da Europa em 1940 cerca de 35 mil judeus, quando metade do continente estava ocupada pelos nazistas, e parece que fez o que pôde para esclarecer as coisas com os palestinos. (Era provavelmente isso o que Eichmann queria dizer quando acrescentou a sua história sobre Storfer em Auschwitz a misteriosa observação: "Storfer nunca traiu o judaísmo, nem com uma única palavra, Storfer, não".) Por fim, um terceiro judeu que Eichmann nunca deixava de relembrar em suas atividades pré-guerra era o dr. Paul Eppstein, encarregado da emigração em Berlim durante os últimos anos da *Reichsvereinigung* — uma organização judaica central designada pelos nazistas, que não deve ser confundida com a *Reichsvertretung* autêntica, dissolvida em julho de 1939. O dr. Eppstein foi nomeado por Eichmann para servir de *Judenältester* (ancião judeu) em Theresienstadt, onde foi fuzilado em 1944.

Em outras palavras, os únicos judeus de que Eichmann se lembrava eram aqueles que tinha completamente em seu poder. Ele esqueceu não apenas os emissários palestinos, mas também seus relacionamentos berlinenses anteriores, que conhecera quando ainda estava vinculado ao trabalho de Inteligência e não tinha poderes executivos. Ele nunca mencionou, por exemplo, o dr. Franz Meyer, antigo membro da Executiva da Organização Sionista na Alemanha, que veio ser testemunha de acusação quanto a seus contatos com o acusado de 1936 a 1939. Até certo ponto, o dr. Meyer confirmou a história de Eichmann: em Berlim, os funcionários judeus podiam "encaminhar reclamações e pedidos", havia uma espécie de cooperação. Às vezes, Meyer disse, "íamos pedir alguma coisa, e havia momentos em que ele pedia coisas para a gente"; na época, Eichmann estava "nos escutando genuinamente e tentava sinceramente entender a situação"; seu comportamento era "bastante correto" — "ele costumava me chamar de 'senhor' e me convidava a sentar". Mas em fevereiro de 1939 tudo isso havia mudado. Eichmann mandou chamar os líderes do judaísmo alemão a Viena para explicar seus novos métodos de "emigração forçada". E lá estava ele, sentado numa grande sala do andar térreo do Palácio Rothschild, reconhecível, é claro, mas completamente mudado: "Imediatamente eu disse a meus amigos que não sabia se estava diante do mesmo homem. Era tão terrível a mudança [...] Ali estava um homem que se comportava como se fosse senhor da vida e da morte. Ele nos recebeu com insolência e grosseria. Não nos deixou chegar nem perto de sua mesa. Tivemos de ficar de pé". A acusação e os juízes concordavam que Eichmann havia sofrido uma genuína e definitiva alteração de personalidade ao ser promovido para um posto com poderes executivos. Mas o julgamento mostrou que aqui, também, havia "recidivas", e que a questão não era assim tão simples. Uma testemunha declarou que, em entrevista com ele em Theresienstadt, em março de 1945, Eichmann novamente mostrou-se muito interessado nos assuntos sionistas — a testemunha era membro de uma organização juvenil sionista e tinha uma autorização de entrada para a Palestina. A entrevista foi "realizada em linguagem muito agradável e a atitude era gentil e respeitosa". (Estranhamente, o advogado de defesa jamais mencionou essa testemunha e suas declarações em seu discurso final.)

Pode haver dúvidas sobre a mudança de personalidade de Eichmann em Viena, mas não há dúvidas de que essa nomeação marcou o verdadeiro começo de sua carreira. Entre 1937 e 1941, ele recebeu quatro promoções; em catorze meses, passou de *Untersturmführer* para *Hauptsturmführer* (isto é, de segundo-tenente a capitão); e em um ano e meio mais passou a *Obersturmbannführer*, ou tenente-coronel. Isso aconteceu em outubro de 1941, logo depois de lhe ser atribuído o papel na Solução Final que acabaria por levá-lo à Corte Distrital de Jerusalém. E aí, para seu maior desespero, ele "encalhou"; a seu ver não havia nenhuma outra patente disponível na seção em que trabalhava. Mas isso ele não tinha como saber durante os quatro anos em que foi galgando postos mais depressa e mais alto do que jamais pensara. Em Viena havia mostrado seu valor, e agora era reconhecido não só como perito na "questão judaica", o labirinto de organizaçõcs judaicas e partidos sionistas, mas também como "autoridade" em emigração e evacuação, como um "senhor" que sabia como fazer as pessoas se mexerem. Seu maior triunfo veio logo depois da *Kristallnacht*, em novembro de 1938, quando os judeus alemães estavam histéricos para escapar. Göring, provavelmente por iniciativa de Heydrich, decidiu estabelecer em Berlim um Centro para a Emigração Judaica, e na carta que contém suas diretivas, o escritório vienense de Eichmann era mencionado especificamente como modelo a ser usado no estabelecimento de uma autoridade central. O chefe da seção de Berlim não seria Eichmann, e sim o seu futuro chefe, e objeto de admiração, Heinrich Müller, outra descoberta de Heydrich. Heydrich tinha acabado de remover Müller de seu trabalho como oficial da polícia regular bávara (ele não era nem membro do Partido e havia sido seu oponente até 1933), e o chamou para a Gestapo de Berlim, porque sabia que era uma autoridade no sistema policial soviético. Para Müller, também isso significou o começo da carreira, embora ele tenha tido de começar com uma tarefa comparativamente pequena. (Müller, ao contrário da gabolice de Eichmann, era conhecido por sua "conduta de esfinge", e conseguiu desaparecer completamente; ninguém sabe de seu paradeiro, embora haja rumores de que primeiro a Alemanha Oriental, e agora a Albânia, contrataram seus serviços de perito em polícia russa.)

Em março de 1939, Hitler voltou-se para a Tchecoslováquia e estabeleceu um protetorado alemão sobre a Boêmia e a Morávia.

Eichmann foi imediatamente nomeado para estabelecer mais um centro de emigração de judeus em Praga. "No começo não fiquei muito contente de sair de Viena, porque depois de instalar um escritório daqueles, onde tudo já fluía serenamente e em boa ordem, não é fácil abandonar tudo." E, de fato, Praga foi um tanto decepcionante, embora o sistema fosse o mesmo de Viena, pois "os funcionários das organizações judaicas tchecas iam a Viena e os vienenses vinham a Praga, de forma que não tive de interferir absolutamente. O modelo de Viena foi simplesmente copiado e levado para Praga. Assim, a coisa toda começou automaticamente". Mas o centro de Praga era muito menor, e "lamento dizer, não havia gente do calibre e da energia de um dr. Löwenherz". Mas essas razões pessoais, por assim dizer, de descontentamento eram pequenas comparadas com as outras dificuldades de natureza inteiramente objetiva. Centenas de milhares de judeus tinham deixado sua terra natal em questão de poucos anos, e milhões esperavam na fila, uma vez que os governos polonês e romeno não deixaram dúvidas em suas proclamações oficiais: também eles queriam se livrar dos judeus. E não entendiam porque o mundo haveria de ficar indignado se estavam apenas seguindo os passos de uma "grande e culta nação". (Esse enorme arsenal de refugiados em potencial foi revelado durante a Conferência de Evian, convocada no verão de 1938 para resolver o problema do judaísmo alemão por meio de uma ação governamental. Resultou num fracasso retumbante e fez muito mal aos judeus alemães.) As avenidas para a emigração além-mar estavam agora interrompidas, assim como as possibilidades de fuga dentro da Europa tinham se esgotado antes — e isso mesmo na melhor das hipóteses, isto é, se a guerra não tivesse interferido no programa. Eichmann dificilmente teria conseguido repetir o "milagre" vienense em Praga.

Ele sabia muito bem disso, havia realmente se transformado num perito em questões de emigração, e não se podia esperar que recebesse seu próximo encargo cheio de entusiasmo. A guerra eclodiu em setembro de 1939, e um mês depois Eichmann foi chamado a Berlim para ficar no lugar de Müller como chefe do Centro para a Emigração Judaica. Um ano antes, isso teria sido uma promoção real, mas agora era o momento errado. Ninguém em seu juízo perfeito podia mais pensar numa solução para a questão judaica em termos de emigração forçada; muito além das dificuldades de levar gente de um país para outro em tempo de guerra, o Reich havia adquirido, com a conquista dos territórios poloneses, 2 milhões ou 2 milhões e meio de judeus a mais. É verdade que o governo de Hitler ainda estava querendo deixar partir seus judeus (a ordem que suspendeu toda emigração de judeus só veio dois anos depois, no outono de 1941), e se alguma "solução final" já fora definida, ninguém dera ainda ordens nesse sentido, embora os judeus já começassem a concentrar-se em guetos no Leste e estivessem também sendo liquidados por *Einsatzgruppen*. Era natural que a emigração, por mais bem organizada que estivesse em Berlim, de acordo com o "princípio de linha de produção", se esgotasse por si mesma — processo que Eichmann descreveu como "arrancar dentes [...] havia desânimo, eu diria, de ambos os lados. Do lado judeu porque era realmente difícil conseguir alguma possibilidade de emigração, e do nosso lado porque não havia movimentação, nenhum ir e vir de pessoas. Ali estávamos nós, sentados num grande e poderoso edifício, em meio a um vazio sonolento". Evidentemente, se os assuntos judaicos, sua especialidade, continuassem sendo uma questão de emigração, ele logo perderia o emprego.

V
A SEGUNDA SOLUÇÃO: CONCENTRAÇÃO

Foi só com a eclosão da guerra, em 1º de setembro de 1939, que o regime nazista tornou-se abertamente totalitário e abertamente criminoso. Do ponto de vista organizacional, um dos passos mais importantes nessa direção foi um decreto assinado por Himmler que fundia o Serviço de Segurança da ss, ao qual Eichmann pertencia, com a Polícia Regular do Estado, da qual fazia parte a Polícia Secreta do Estado, a Gestapo. O resultado da fusão foi o Escritório Central da Segurança do Reich (RSHA), cujo primeiro chefe foi Reinhardt Heydrich; depois da morte de Heydrich em 1942, assumiu o dr. Ernst Kaltenbrunner, velho conhecido de Eichmann desde Linz. Todos os funcionários da polícia, não só da Gestapo, mas também da Polícia Criminal e da Polícia da Ordem, receberam títulos da ss, correspondentes às suas patentes anteriores, fossem ou não fossem membros do Partido, e isso significa que, no espaço de um dia, uma parte importante dos velhos postos civis foi incorporada à seção mais radical da hierarquia nazista. Ninguém, pelo que eu sei, protestou ou pediu demissão. (Embora Himmler, chefe e fundador da ss, fosse, desde 1936, chefe também da Polícia Alemã, os dois aparelhos haviam continuado separados até então.) Além disso, o RSHA era apenas um dos doze Escritórios Centrais da ss, o mais importante dos quais, no presente contexto, era o Escritório Central da Polícia da Ordem, sob o comando do general Kurt Daluege, que era responsável pelo agrupamento de judeus, e o Escritório Central para Administração e Economia (o *SS Wirtschafts-Verwaltungshaup-*

tamt, ou WVHA), chefiado por Oswald Pohl, encarregado dos campos de concentração e que foi depois encarregado do lado "econômico" do extermínio.

Essa atitude "objetiva" — falar dos campos de concentração em termos de "administração" e dos campos de extermínio em termos de "economia" — era típica da mentalidade da SS, e algo de que Eichmann ainda muito se orgulhava no julgamento. Devido a sua "objetividade" (*Sachlichkeit*), a SS se dissociou de tipos "emocionais" como Streicher, esse "tolo irrealista", e também de certos "figurões teuto-germânicos que se comportavam como se vestissem chifres e pelegos". Eichmann tinha grande admiração por Heydrich porque ele não gostava nada dessa tolice, e não simpatizava com Himmler porque, entre outras coisas, o *Reichsführer-SS* e Chefe da Polícia Alemã, embora chefe de todos os Escritórios Centrais da SS, deixara-se "influenciar por isso, pelo menos durante um longo tempo". Durante o julgamento, porém, não foi o acusado, *Obersturmbannführer* a. D. da SS, que levou o prêmio de "objetividade"; foi o dr. Servatius, um advogado de empresas e impostos em Colônia, que nunca se filiou ao Partido Nazista e que, mesmo assim, iria ensinar à corte uma lição sobre o que significa não ser "emocional". Lição que nenhum de seus ouvintes jamais esquecerá. Esse momento, um dos poucos grandes momentos de todo o julgamento, ocorreu durante a breve exposição oral da defesa, depois da qual a corte entrou em recesso de quatro meses para redigir o julgamento. Servatius declarou o acusado inocente das acusações que o responsabilizavam pela "coleção de esqueletos, esterilizações, assassinatos por gás e questões médicas similares", diante do que o juiz Halevi o interrompeu: "Dr. Servatius, presumo que tenha sido um deslize seu afirmar que a execução por gás é uma questão médica". Ao que Servatius respondeu: "Era efetivamente uma questão médica, uma vez que era preparada por médicos; *era uma questão de morte e a morte também é uma questão médica*". E, talvez para ter certeza absoluta de que os juízes de Jerusalém não esquecessem de que maneira os alemães — os alemães comuns, não membros da SS, nem do Partido Nazista — ainda hoje conseguem encarar atos que outros países chamam de assassinato, ele repetiu a frase em seus "Comentários sobre o julgamento da primeira instância", preparados para a revisão do caso diante da Suprema Corte; novamente ele afirmou que não era Eichmann, mas sim um de seus homens, Rolf Günther, que "estava sempre envolvido em questões médicas". (O dr. Servatius conhece bem as "questões médicas" do Terceiro Reich. Em Nuremberg ele defendeu o dr. Karl Brandt, médico pessoal de Hitler, plenipotenciário para "Higiene e Saúde" e chefe do programa de eutanásia.)

Cada um dos Escritórios Centrais da SS, em sua organização de guerra, era dividido em seções e subseções, e o RSHA acabou tendo sete seções principais. A Seção IV era o departamento da Gestapo, chefiado pelo *Gruppenführer* (major-general) Heinrich Müller, cuja patente era a mesma que tinha na polícia bávara. Sua tarefa era combater "oponentes hostis ao Estado", que eram divididos em duas categorias, tratadas por duas seções: a Subseção IV-A cuidava dos "oponentes" acusados de comunismo, sabotagem, liberalismo e assassinato, e a Subseção IV-B cuidava das "seitas", isto é, católicos, protestantes, maçons (o posto continuava vazio) e judeus. Cada categoria dessas seções tinha um escritório próprio, designado por um numeral arábico, de forma que Eichmann acabou sendo nomeado, em 1941, para a mesa IV-B-4 no RSHA. Como o seu superior imediato, o chefe da IV-B acabou sendo uma nulidade, seu superior real era sempre Müller. O superior de Müller era Heydrich e, mais tarde, Kaltenbrunner, cada qual, por sua vez, sob o comando de Himmler, que recebia as ordens diretamente de Hitler.

Além de seus doze Escritórios Centrais, Himmler presidia um quadro organizacional inteiramente diverso, que também desempenhou um enorme papel na execução da Solução Final. Tratava-se da rede de comandantes superiores da SS e da polícia que estavam no comando das organizações regionais; sua cadeia de comando não os ligava ao RSHA, respondiam diretamente a Himmler, e sempre superaram em hierarquia a Eichmann e aos homens à disposição dele. Os *Einsatzgruppen*, por outro lado, estavam sob o comando de Heydrich e do RSHA — o que, evidentemente, não quer dizer que Eichmann tivesse necessariamente algo a ver com eles. Os comandantes dos *Einsatzgruppen* tinham também, invariavelmente, uma patente superior à de Eichmann. Técnica e organizacionalmente, a posição de Eichmann não era muito elevada; seu posto acabou sendo tão importante só porque a questão judaica adquiria, por razões puramente ideológicas, uma importância maior a cada dia, semana e mês da guerra, até haver adquirido proporções fantásticas nos anos de derrota — de 1943 em diante. Quando isso aconteceu, o seu departamento ainda era o único que lidava exclusivamente com "o oponente, o judaísmo", mas de fato ele havia perdido o monopólio, porque então todos os departamentos e aparelhos, Estado e Partido, Exército e ss, estavam ocupados "resolvendo" o problema. Mesmo que concentremos toda a nossa atenção apenas no mecanismo da polícia e não levemos em conta todos os outros departamentos, o quadro é absurdamente complicado, uma vez que temos de somar os *Einsatzgruppen* com os comandantes superiores das ss e da polícia e os inspetores da Polícia de Segurança e do Serviço de Segurança. Cada um desses grupos pertencia a uma cadeia diferente de comando que acabava em Himmler, mas eram iguais uns aos outros, e ninguém que pertencesse a um grupo devia obediência a um oficial superior de outro grupo. É forçoso admitir que a acusação encontrava-se em dificílima posição ao tentar se orientar em meio a esse labirinto de instituições paralelas, coisa que tinha de fazer cada vez que precisava atribuir alguma responsabilidade específica a Eichmann. (Se o julgamento ocorresse hoje, essa tarefa seria muito mais fácil, uma vez que Raul Hilberg, em seu *The Destruction of the European Jews*, conseguiu apresentar a primeira descrição clara dessa máquina de destruição incrivelmente complicada.)

Além disso, deve-se lembrar que todos esses organismos, enormemente poderosos, competiam ferozmente uns com os outros — o que em nada ajudava suas vítimas, uma vez que a ambição de todos eles era sempre a mesma: matar tantos judeus quanto possível. Esse espírito competitivo, que, evidentemente, inspirava em cada homem uma grande lealdade a seu próprio departamento, sobreviveu à guerra, só que agora funciona ao contrário: tornou-se desejo de cada homem "livrar seu próprio departamento" à custa de todos os outros. Essa foi a explicação dada por Eichmann quando se confrontou com as memórias de Rudolf Höss, comandante de

Auschwitz, nas quais Eichmann é acusado de certas coisas que diz jamais ter feito ou ter estado em posição de fazer. Ele admitiu com bastante facilidade que Höss não tinha razões pessoais para sobrecarregá-lo com atos dos quais era inocente, uma vez que suas relações tinham sido bastante amigáveis; mas ele insistia, em vão, que Höss queria eximir seu próprio departamento, o Escritório Central para Administração e Economia, e jogar toda a culpa no RSHA. Algo semelhante aconteceu em Nuremberg, onde os vários acusados apresentaram um espetáculo enojante, um acusando o outro — embora nenhum pusesse a culpa em Hitler! No entanto, ninguém fazia isso simplesmente para salvar o próprio pescoço à custa de outro; os homens em julgamento representavam organizações inteiramente diferentes, com uma hostilidade antiga e profunda entre elas. O dr. Hans Globke, que já encontramos antes, tentou eximir de culpa o seu Ministério do Interior à custa do Ministério das Relações Exteriores, ao servir de testemunha de acusação em Nuremberg. Eichmann, por outro lado, sempre tentou proteger Müller, Heydrich e Kaltenbrunner, embora este último o tratasse bastante mal. Sem dúvida um dos principais erros objetivos da acusação em Jerusalém foi deixar que este caso se apoiasse demais em declarações juradas e não juradas de ex-nazistas de alto escalão, mortos ou vivos; a acusação não percebeu, e talvez não se pudesse esperar que percebesse, como esses documentos eram dúbios para o estabelecimento de fatos. Mesmo o julgamento, em sua avaliação dos testemunhos prejudiciais de outros criminosos nazistas, levou em conta que (nas palavras de uma das testemunhas de defesa) "era costume, na época dos julgamentos de crimes de guerra, atribuir o máximo de culpa possível àqueles que estavam ausentes ou presumivelmente mortos".

Quando Eichmann tomou posse de seu novo cargo na Seção IV do RSHA, ele ainda tinha diante de si o incômodo dilema: por um lado a "emigração forçada" era a fórmula-chave oficial para solucionar a questão judaica e, por outro, a emigração não era mais possível. Pela primeira (e quase última) vez em sua vida dentro da SS, ele foi levado pelas circunstâncias a tomar a iniciativa, a tentar ver se conseguia "dar à luz uma ideia". Na versão que contou no inquérito da polícia, fora abençoado com três ideias. Nenhuma das três, tinha de admitir, resultara em alguma coisa; tudo o que ele tentava por si mesmo invariavelmente dava errado — o golpe final veio quando teve de "abandonar" sua fortaleza privada em Berlim antes de poder pô-la à prova contra os tanques russos. Nada além de frustração; uma história infeliz como nunca se viu. A fonte inexaurível de problemas, Eichmann pensava, era que ele e seus homens nunca ficavam sozinhos, todos aqueles outros departamentos de Estado e Partido queriam a sua parte na "solução", resultando disso que um verdadeiro exército de "especialistas judaicos" havia surgido por toda parte e todos se esforçavam para ser os primeiros num campo sobre o qual nada sabiam. Eichmann tinha o maior desprezo por essas pessoas, em parte porque eram curiosos de última hora, em parte porque tentavam enriquecer, e muitas vezes conseguiam ficar bem ricos no curso de seu trabalho, e em parte porque eram ignorantes, nunca haviam lido um ou dois "livros básicos".

Acontece que seus três sonhos foram inspirados pelos "livros básicos", e revelou-se também que dois dos três definitivamente não tinham sido ideia dele; com respeito ao terceiro — bem, "não sei mais se foi Stahlecker [seu superior em Viena e Praga] ou eu quem teve a ideia, mas seja como for surgiu uma ideia". Esta última ideia foi a primeira, cronologicamente; era a "ideia de Nisko", e seu fracasso era para Eichmann a prova mais clara do quanto a interferência fazia mal. (O culpado no caso era Hans Frank, governador-geral da Polônia.) Para entender esse plano, temos de lembrar que depois da conquista da Polônia e antes do ataque alemão à Rússia, os territórios poloneses estavam divididos entre a Alemanha e a Rússia; a parte alemã consistia nas Regiões Ocidentais, que foram incorporadas ao Reich, e a chamada Área Oriental, inclusive Varsóvia, que era conhecida como Governo-Geral. Por enquanto, a Área Oriental era tratada como território ocupado. Como a solução da questão judaica nessa época ainda era a "emigração forçada", com o objetivo de tornar a Alemanha *judenrein*, era natural que os judeus poloneses dos territórios anexados, junto com os restantes judeus de outras partes do Reich, fossem empurrados para o Governo-Geral, que fosse como fosse não era considerado parte do Reich. Em dezembro de

1939, as evacuações para o Leste haviam começado e cerca de 1 milhão de judeus — 600 mil da área incorporada e 400 mil do Reich — começaram a chegar ao Governo-Geral.

Se a versão de Eichmann para a aventura Nisko for verdadeira — e não há razão para não acreditar nisso —, ele ou mais provavelmente seu superior de Praga e Viena, o *Brigadeführer* (brigadeiro--geral) Franz Stahlecker, deve ter previsto esses desenvolvimentos meses antes. Esse *dr.* Stahlecker, conforme Eichmann cuidadosamente o chamava, era, em sua opinião, um homem muito elegante, gentil, muito razoável, "livre de ódio e chauvinismo de qualquer espécie", que costumava apertar as mãos dos funcionários judeus em Viena. Um ano e meio depois, na primavera de 1941, esse fino cavalheiro foi nomeado comandante do *Einsatzgruppe* A, e conseguiu matar 250 mil judeus por fuzilamento em pouco mais de um ano (antes de ser morto em ação em 1942) — conforme ele próprio orgulhosamente relatou ao próprio Himmler, embora o chefe dos *Einsatzgruppen*, que eram unidades de polícia, fosse o chefe da Polícia de Segurança e da SD, ou seja, Reinhardt Heydrich. Mas isso foi depois, e agora, em setembro de 1939, enquanto o Exército alemão ainda estava empenhado em ocupar os territórios poloneses, Eichmann e o dr. Stahlecker começaram a pensar "particularmente" sobre a maneira como o Serviço de Segurança poderia conseguir sua fatia de influência no Leste. O que eles precisavam era de "uma área o maior possível na Polônia, a ser seccionada para a construção de um Estado judaico autônomo, na forma de um protetorado [...] Essa podia ser *a* solução". E lá foram eles, de iniciativa própria, sem ordens de ninguém, em missão de reconhecimento. Foram ao distrito Radom, às margens do rio San, perto da fronteira russa, e viram "um grande território, aldeias, mercados, pequenas cidades" e "pensamos: é isto que precisamos e por que não reassentar poloneses para variar, uma vez que tem gente sendo reassentada em toda parte"; essa seria "a solução da questão judaica" — solo firme debaixo dos pés deles — pelo menos durante algum tempo.

Tudo pareceu ir muito bem de início. Foram até Heydrich e Heydrich concordou e mandou seguirem em frente. Acontece que esse projeto se encaixava muito bem com o plano geral de Heydrich para o estágio de então da questão judaica — coisa que em Jerusalém Eichmann havia esquecido inteiramente. Em 21 de setembro de 1939, Heydrich convocou uma reunião de "chefes de departamentos" do RSHA e dos *Einsatzgruppen* (já operando na Polônia), na qual foram passadas diretivas gerais para o futuro imediato: concentração dos judeus em guetos, estabelecimento de Conselhos de Anciãos Judeus, e deportação de todos os judeus para a área do Governo-Geral. Eichmann compareceu a essa reunião de estabelecimento do "Centro Judeu de Emigração" — como ficou provado no julgamento por meio das minutas que o Bureau 06 da polícia israelense descobriu no Arquivo Nacional em Washington. Dessa forma, a iniciativa, seja de Eichmann, seja de Stahlecker, resultava em nada mais que um plano concreto de executar as diretivas de Heydrich. E então milhares de pessoas, principalmente da Áustria, foram deportadas precipitadamente para esse lugar esquecido por Deus que, segundo lhes explicou um oficial da SS — Erich Rajakowitsch, que mais tarde se encarregaria da deportação dos judeus holandeses —, "o Führer tinha prometido aos judeus como nova pátria. Não há moradias, não há casas. Se vocês construírem, haverá um teto sobre suas cabeças. Não há água, os poços de toda a região estão contaminados com cólera, disenteria e tifo. Se cavarem e encontrarem água, terão água". Como se pode ver, "tudo parecia maravilhoso", só que a SS expulsou alguns judeus desse paraíso, levando-os para o outro lado da fronteira russa, e outros tiveram o bom senso de escapar por vontade própria. "Mas então", queixou-se Eichmann, "começaram as obstruções da parte de Hans Frank", que eles tinham esquecido de informar, embora fosse "seu" território. "Frank reclamou com Berlim e começou um grande cabo de guerra. Frank queria resolver essa questão judaica sozinho. Não queria receber mais nenhum judeu em seu Governo-Geral. Aqueles que chegavam deviam desaparecer imediatamente." E eles efetivamente desapareceram; alguns foram até repatriados, coisa que nunca havia acontecido antes e nunca aconteceu depois, e aqueles que voltaram para Viena foram registrados assim nos livros da polícia: "retornando para treino vocacional" — uma curiosa recaída no estágio pró-sionista do movimento.

A pressa de Eichmann em conseguir algum território para "seus" judeus pode ser mais bem entendida no panorama de sua própria carreira. O plano Nisko "nasceu" durante a época de seu rápido progresso, e é mais do que possível que ele se considerasse futuro governador-geral de um "Estado Judeu", como Hans Frank na Polônia, ou futuro Protetor, como Heydrich na Tchecoslováquia. O fracasso total da empresa, porém, deve ter lhe ensinado uma lição sobre as possibilidades e necessidade de uma iniciativa "privada". E como ele e Stahlecker haviam agido dentro do quadro das diretivas de Heydrich e com sua permissão explícita, essa repatriação única de judeus, muito claramente uma derrota temporária para a polícia e a SS, deve também ter ensinado a ele que o poderio sempre crescente de sua posição não chegava a ser onipotência, que os ministérios do Estado e outras instituições do Partido estavam bem dispostas a lutar para manter seus minguantes poderes.

A segunda tentativa que Eichmann fez de "colocar solo firme debaixo dos pés dos judeus" foi o projeto Madagascar. O plano de evacuar 4 milhões de judeus da Europa para a ilha francesa no litoral sudeste da África — uma ilha com 4 370 000 habitantes nativos e área de aproximadamente 365 mil quilômetros quadrados de terra pobre — surgiu no Ministério das Relações Exteriores e foi depois transmitido para o RSHA porque, nas palavras do dr. Martin Luther, encarregado dos negócios judeus em Wilhelmstrasse, só a polícia "tinha experiência e facilidades técnicas para executar a evacuação dos judeus em massa e garantir a supervisão dos evacuados". O "Estado Judeu" deveria ter um governador policial sob a jurisdição de Himmler. O projeto em si tinha uma história estranha. Confundindo Madagascar com Uganda, Eichmann sempre afirmou ter tido "um sonho um dia sonhado pelo protagonista da ideia do Estado Judeu, Theodor Herzl", mas o certo é que seu sonho já havia circulado antes — primeiro pelo governo polonês, que em 1937 se deu ao trabalho de examinar a ideia, terminando por descobrir que seria inteiramente impossível embarcar seus quase 3 milhões de judeus sem matá-los, e, um pouco depois, pelo ministro das Relações Exteriores francês Georges Bonnet, que tinha o plano mais modesto de despachar os judeus estrangeiros da França, em número de cerca de

200 mil, para aquela colônia francesa. Bonnet chegou a consultar seu equivalente alemão Joachim von Ribbentrop sobre o assunto em 1938. De toda forma, em 1940 Eichmann foi informado de que sua história de emigração fora inteiramente suspensa, de que devia elaborar um plano detalhado para a evacuação de 4 milhões de judeus para Madagascar — e esse projeto parece ter ocupado a maior parte de seu tempo até a invasão da Rússia, um ano depois. (Quatro milhões é um número surpreendentemente baixo para tornar a Europa *judenrein*. Esse número evidentemente não incluía os 3 milhões de judeus poloneses que, como todos sabem, foram massacrados desde os primeiros dias da guerra.) Parece improvável que alguém além de Eichmann e alguns outros luminares menores tenha levado a sério a coisa toda, pois à parte o fato de o território ser sabidamente inadequado, sem falar do fato de ser, afinal de contas, uma possessão francesa, o plano teria exigido espaço de viagem para 4 milhões de pessoas no meio da guerra, e num momento em que a Marinha britânica detinha o controle do Atlântico. A finalidade do plano Madagascar sempre foi servir de capa sob a qual os preparativos para o extermínio físico de todos os judeus da Europa Ocidental seriam levados a cabo (não houve necessidade de nenhuma capa para o extermínio dos judeus poloneses!), e a sua grande vantagem com respeito ao exército de antissemitas treinados que, por mais que tentassem, sempre estavam um passo atrás do Führer é que ele familiarizava todos os envolvidos com a ideia preliminar de que nada serviria senão a completa evacuação da Europa — nenhuma legislação especial, nenhuma "desassimilação", nenhum gueto bastaria. Um ano depois, quando o projeto Madagascar foi declarado "obsoleto", todo mundo estava psicologicamente, ou melhor, logicamente preparado para o passo seguinte: uma vez que não havia território para onde pudessem ser "evacuados", a única "solução" era o extermínio.

Não que Eichmann, o maior revelador de verdades de todos os tempos, chegasse a suspeitar da existência de tais planos sinistros. O que teria levado o projeto Madagascar ao fracasso foi falta de tempo, e tempo foi o que se perdeu com as intermináveis interferências de outros departamentos. Em Jerusalém, tanto a polícia como a corte tentaram sacudi-lo dessa complacência. Eles o confrontaram com dois documentos referentes à reunião de 21 de setembro de 1939, mencionada acima; um deles, uma carta teletipada de Heydrich que continha certas diretivas para os *Einsatzgruppen*, fazia pela primeira vez uma distinção entre um "objetivo final, que exige períodos de tempo mais longos", e que devia ser tratado como "altamente confidencial", e "os estágios para se obter esse objetivo final". A expressão "solução final" ainda não aparecia, e o documento silencia sobre qual seria esse "objetivo final". Daí Eichmann poder dizer, sim, que o "objetivo final" era o seu projeto Madagascar, que nessa época estava sendo chutado de um para outro departamento alemão; para uma evacuação em massa, a concentração de todos os judeus constituía um "estágio" preliminar necessário. Mas depois de ler o documento, Eichmann disse imediatamente que estava convencido de que "objetivo final" só podia significar "extermínio físico", e concluiu que "essa ideia básica já estava enraizada nas mentes dos altos líderes, ou dos homens máximos". Isso podia efetivamente ser verdade, mas ele então teria de admitir que o projeto Madagascar talvez não fosse mais que embuste. Bem, ele não o fez; nunca alterou sua história sobre Madagascar, e talvez simplesmente não pudesse mudá-la. Era como se essa história corresse numa outra fita em sua memória, e era essa memória gravada que surgia como prova contra a razão e os argumentos e a informação e as demonstrações de todo tipo.

Sua memória o informava que houvera uma pausa nas atividades contra os judeus da Europa Ocidental e da Europa Central entre a eclosão da guerra (em seu discurso ao Reichstag de 30 de janeiro de 1939, Hitler "profetizou" que a guerra traria o "aniquilamento da raça judaica na Europa") e a invasão da Rússia. Sem dúvida, já nessa época os vários departamentos do Reich e dos territórios ocupados estavam fazendo o possível para eliminar "o oponente, o judaísmo", mas não havia uma política unificada; parecia que cada departamento tinha a sua própria "solução" e que lhe era permitido aplicá-la ou usá-la contra as soluções de seus competidores. A solução de Eichmann era um Estado policial, e para isso ele precisava de um território suficientemente grande. Todos os seus "esforços fracassaram por causa da falta de entendimento entre as cabeças envolvidas", por causa de "rivalidades", querelas, brigas, porque todo mundo "batalhava pela supremacia". E quando já era tarde demais, a guerra contra a Rússia "explodiu de repente, como uma tempestade". Esse foi o fim de seus sonhos, assim como o fim da "era de busca de uma solução no interesse de ambos os lados". Foi também, como reconheceu nas memórias que escreveu na Argentina, "o fim de uma era em que existiam leis, ordens, decretos para o tratamento de indivíduos judeus". E, segundo ele, era mais que isso, era o fim de sua carreira, e embora isso soasse despropositado em vista de sua "fama" atual, não se podia negar que talvez tivesse razão. Pois sua aspiração — seja na realidade da "emigração forçada", seja em seu "sonho" de um Estado judeu governado por nazistas — a exercer uma autoridade final em todos os assuntos judeus agora "caía para o segundo plano no que dizia respeito à Solução Final, pois o que agora se iniciava era transferido a diferentes unidades, e as negociações eram conduzidas por outro Escritório Central, sob o comando do ex-*Reichsführer-SS* e Chefe da Polícia Alemã". As "diferentes unidades" foram selecionadas entre grupos de matadores que operavam na retaguarda do Exército no Leste, e cujo dever especial consistia em massacrar a população civil nativa, e, especialmente, os judeus; e o outro Escritório Central era o WVHA, sob comando de Oswald Pohl, que Eichmann tinha de consultar para descobrir qual era o destino final de cada embarque de judeus. Isso era calculado de acordo com a "capacidade de absorção" das diversas instalações de assassinatos e também de acordo com as solicitações de trabalhadores escravos por parte de numerosas empresas industriais que haviam descoberto ser lucrativo estabelecer filiais nas vizinhanças de alguns desses campos de extermínio. (Ao lado de indústrias não muito importantes da SS, famosas empresas alemãs como a I. G. Farben, a Krupp Werke e a Siemens-Schuckert Werke abriram fábricas perto dos campos de extermínio de Auschwitz e de Lublin. A cooperação entre a SS e os empresários era excelente; Höss, de Auschwitz, confirmou as relações sociais muito cordiais com os representantes da I. G. Farben. Quanto às condições nas fábricas, a ideia era, claramente, matar por meio do trabalho; segundo Hilberg, morreram pelo menos 25 mil dos aproximadamente 35 mil judeus que trabalhavam numa das fábricas da I. G. Farben.) No que dizia respeito a Eichmann, a questão era que a evacuação e a deportação não constituíam mais os últimos estágios da "solução". Seu departamento havia se tornado meramente instrumental. Daí ele ter toda razão de ficar muito "amargurado e decepcionado" quando o projeto Madagascar foi engavetado; e a única coisa que o consolou foi sua promoção a *Obersturmbannführer*, ocorrida em outubro de 1941.

A última vez que Eichmann se lembrava de ter experimentado algo pessoal foi em setembro de 1941, três meses depois da invasão da Rússia. Isso foi logo depois de Heydrich, ainda chefe da Polícia de Segurança e do Serviço de Segurança, tornar-se Protetor da Boêmia e da Morávia. Para celebrar a ocasião, ele convocou uma entrevista coletiva e prometeu que, dentro de oito semanas, o Protetorado estaria *judenrein*. Depois da entrevista, discutiu o assunto com aqueles que teriam de efetivar o cumprimento de sua palavra: Franz Stahlecker, então comandante local da Polícia de Segurança de Praga, e o subsecretário de Estado Karl Hermann Frank, antigo líder dos Sudetos, que logo depois da morte de Heydrich iria sucedê-lo como *Reichsprotector*. Na opinião de Eichmann, Frank era um sujeito baixo, que odiava os judeus "à maneira de Streicher", que "não sabia nada de soluções políticas", uma dessas pessoas que "autocraticamente e, deixem-me dizer, na embriaguez de seu poder, simplesmente dava ordens e comandos". Mas fora isso a conferência foi agradável. Pela primeira vez, Heydrich demonstrou "um lado mais humano" e admitiu, com uma bela franqueza, que tinha "permitido perder-se pela língua", "o que não surpreendia quem conhecia Heydrich", uma "personalidade ambiciosa e impulsiva", que "muitas vezes deixava as palavras escaparem da boca mais depressa do que gostaria de admitir depois". De forma que o próprio Heydrich disse: "Existe uma confusão, e o que vamos fazer agora?". Ao que Eichmann respondeu: "Existe apenas uma possibilidade, se você não puder recuar daquilo que anunciou. Abrir um espaço para onde se possa transportar os judeus do Protetorado, que hoje estão dispersos". (Uma pátria judaica, um ponto de reunião dos exilados da Diáspora.) E então, felizmente, Frank — que odiava os judeus à maneira de Streicher — fez uma proposta concreta, e esse espaço foi providenciado em Theresienstadt. Diante disso, Heydrich, talvez também embriagado de poder, simplesmente ordenou a evacuação imediata da população tcheca nativa de Theresienstadt, para abrir espaço para os judeus.

Eichmann foi enviado até lá para supervisionar as coisas. Grande decepção: a cidade-fortaleza boêmia às margens do Eger era pequena demais; na melhor das hipóteses poderia ser um campo de transferência para uma certa porcentagem dos 90 mil judeus da Boêmia e da Morávia. (Para cerca de 50 mil judeus tchecos, Theresienstadt veio realmente a ser um campo de transferência a caminho de Auschwitz, enquanto outros, estimados em 20 mil, chegavam diretamente ao destino.) Sabemos, de fontes melhores do que a memória deficiente de Eichmann, que desde o começo Heydrich planejara que Theresienstadt servisse como um gueto especial para certas categorias privilegiadas de judeus, principalmente, mas não exclusivamente, da Alemanha — funcionários judeus, pessoas importantes, veteranos de guerra com altas condecorações, inválidos, os cônjuges judeus de casamentos mistos, e os judeus alemães de mais de 65 anos de idade (daí o apelido de *Altersghetto*). A cidade acabou se revelando pequena demais até mesmo para essas categorias restritas, e em 1943, cerca de um ano depois de seu estabelecimento, começaram os processos de "rarear" e "afrouxar" (*Auflockerung*) que foram paulatinamente aliviando a superpopulação — por meio do transporte para Auschwitz. Mas sob um aspecto a memória de Eichmann não o enganou. Theresienstadt era de fato o único campo de concentração que não estava sob a autoridade do WVHA, permanecendo responsabilidade sua até o final. Seus comandantes eram homens de seu pessoal e sempre seus inferiores hierárquicos; era o único campo em que ele tinha pelo menos parte do poder que a acusação de Jerusalém lhe atribuía.

A memória de Eichmann, saltando os anos com grande facilidade — ele adiantou dois anos a sequência de eventos quando contou ao interrogador da polícia a história de Theresienstadt —, certamente não se submetia à ordem cronológica, mas não era também simplesmente caótica. Sua memória era como um armazém, cheio de histórias humanas do pior tipo. Quando ele pensou em Praga, veio à tona aquela ocasião em que foi admitido à presença do grande Heydrich em pessoa, o qual revelou ter um "lado mais humano". Algumas sessões depois, ele mencionou uma viagem a Bratislava, na Eslováquia, onde estava por acaso quando Heydrich foi assassinado. O que ele se lembrava era que estava lá como hóspede de Sano Mach, ministro do Interior no governo marionete plantado pelos nazistas na Eslováquia. (Nesse governo católico fortemente antissemita, Mach representava a versão alemã do antissemitismo; recusava-se a permitir exceções para os judeus batizados e foi um dos principais responsáveis pela deportação em massa dos judeus eslovacos.) Eichmann lembrava-se disso porque não costumava receber convites sociais de membros do governo; era uma honra. Eichmann se lembrava de que Mach era um sujeito solto, agradável, que o convidou para jogar boliche. Será que não tinha mais nada a fazer em Bratislava no meio da guerra além de jogar boliche com o ministro do Interior? Não, absolutamente mais nada; ele se lembrava de tudo muito bem, como jogaram boliche, como serviram drinques pouco antes do anúncio do atentado contra a vida de Heydrich. Quatro meses e 55 fitas depois, o capitão Less, interrogador israelense, voltou a esse ponto, e Eichmann contou a mesma história com palavras quase idênticas, acrescentando que esse dia havia sido "inesquecível", porque seu "superior havia sido assassinado". Dessa vez, porém, viu-se confrontado com um documento que dizia que ele havia sido mandado a Bratislava para discutir "a evacuação dos judeus da Eslováquia em curso". Ele admitiu imediatamente o erro: "Claro, claro, foi uma ordem de Berlim, eles não me mandaram lá para jogar boliche". Será que havia mentido duas vezes com grande coerência? Pouco provável. Evacuar e deportar judeus era coisa de rotina; o que ficou em sua cabeça foi o boliche, foi ser hóspede de um ministro, foi ficar sabendo do ataque contra Heydrich. E era característico do seu tipo de memória não se lembrar absolutamente do ano em que ocorrera esse dia memorável, no qual o "enforcador" foi fuzilado por patriotas tchecos.

    Se sua memória fosse melhor, ele nunca teria sequer contado a história de Theresienstadt. Pois tudo isso aconteceu quando o tempo de "soluções políticas" já havia passado, e a era da "solução física" havia começado. Aconteceu num momento em que, conforme admitiu aberta e espontaneamente em outro contexto, ele já havia sido informado da ordem do Führer para a Solução Final. Tornar o país *judenrein* na data que Heydrich prometera em relação à Boêmia e à Morávia só podia significar concentração e deportação para pontos de onde os judeus poderiam ser enviados com facilidade para campos de extermínio. O fato de Theresienstadt ter servido a outro propósito, o de vitrina para o mundo exterior — era o único campo onde representantes da Cruz Vermelha Internacional eram admitidos —, era outra questão que Eichmann naquele momento devia quase certamente ignorar e que, de toda forma, estava inteiramente fora do âmbito de sua competência.

VI
A SOLUÇÃO FINAL: ASSASSINATO

Em 22 de junho de 1941, Hitler deu início a seu ataque à União Soviética, e seis ou oito semanas depois Eichmann foi chamado ao escritório de Heydrich em Berlim. Em 31 de julho, Heydrich recebeu uma carta do *Reichsmarschall* Hermann Göring, comandante em chefe da Força Aérea, primeiro-ministro da Prússia, plenipotenciário do Plano Quadrienal, e, por último, mas não menos importante, vice de Hitler na hierarquia do Estado (diferente da hierarquia do Partido). A carta determinava que Heydrich preparasse "a solução geral (*Gesamtlösung*) da questão judaica dentro da área de influência da Alemanha na Europa" e apresentasse "uma proposta geral [...] para a implementação da desejada solução final [*Endlösung*] da questão judaica". No momento que Heydrich recebeu essas instruções, conforme iria explicar ao Alto-Comando do Exército numa carta datada de 6 de novembro de 1941, ele já estava "há anos encarregado da tarefa de preparar a solução final para o problema judaico" (Reitlinger) e, desde o começo da guerra com a Rússia, encarregado dos assassinatos em massa dos *Einsatzgruppen* no Leste.

Heydrich iniciou a reunião com Eichmann fazendo "um pequeno discurso sobre emigração" (que havia praticamente cessado, embora uma ordem formal de Himmler proibindo toda emigração de judeus exceto em casos especiais, a serem examinados pessoalmente por ele, só tenha sido emitida alguns meses depois), e disse: "*O Führer ordenou que os judeus sejam exterminados fisicamente*".

Depois disso, "muito contra os seus hábitos, ficou silencioso por longo tempo, como se quisesse experimentar o impacto de suas palavras. Ainda hoje me lembro. No primeiro momento, não consegui captar o sentido do que ele havia dito, porque ele foi muito cuidadoso na escolha das palavras. Depois entendi e não disse nada, porque não havia mais nada a dizer. Porque eu nunca havia pensado numa coisa dessas, numa solução por meio da violência. Agora eu perdia tudo, toda alegria no meu trabalho, toda iniciativa, todo interesse; eu estava, por assim dizer, arrasado. E ele me disse: 'Eichmann, vá e procure Globocnik [um dos comandantes superiores da ss e da polícia de Himmler no Governo-Geral] em Lublin. O *Reichsführer* [Himmler] já passou para ele as ordens necessárias. Dê uma olhada no que ele fez nesse ínterim. Acho que ele usa as trincheiras dos tanques russos para a eliminação dos judeus'. Ainda me lembro, e não vou esquecer, enquanto viver, essas frases que disse durante a reunião, quando já estava terminando". Na Argentina, Eichmann se lembrou, mas em Jerusalém, para seu prejuízo, uma vez que isso afetava a questão de sua autoridade no processo de matança efetivo, ele esqueceu que Heydrich dissera algo mais: ele contou a Eichmann que todo o empreendimento havia sido posto "sob a autoridade do Escritório Central para Economia e Administração da ss" — ou seja, não o seu RSHA — e também que o codinome oficial para o extermínio seria "Solução Final".

Eichmann não estava absolutamente entre os primeiros a serem informados da intenção de Hitler. Já vimos que Heydrich já vinha trabalhando nesse sentido fazia anos, supõe-se que desde o começo da guerra, e Himmler afirmou ter conhecimento (e discordar) dessa "solução" desde a derrota da França no verão de 1940. Por volta de março de 1941, cerca de seis meses antes de Eichmann ter essa entrevista com Heydrich, "não era mais segredo nos altos círculos do Partido que os judeus seriam exterminados", conforme Viktor Brack, da Chancelaria do Führer, afirmou em Nuremberg. Mas Eichmann, como tentou vaidosamente explicar em Jerusalém, nunca pertenceu aos altos círculos do Partido; ele nunca ficava sabendo nada além do necessário para realizar um trabalho específico, limitado. É verdade que foi um dos primeiros homens dos baixos escalões a ser informado dessa questão "altamente confidencial", que continuava secreta mesmo depois de a notícia ter corrido por todos os departamentos do Partido e do Estado, por todas as empresas ligadas ao trabalho escravo e, no mínimo, por todo o oficialato das Forças Armadas. O segredo tinha uma finalidade prática. Aqueles que eram informados explicitamente da ordem do Führer não eram mais "portadores de ordens", mas progrediam ao grau de "portadores de segredos" e tinham de fazer um juramento especial. (Os membros do Serviço de Segurança, ao qual Eichmann pertencia desde 1934, já haviam feito juramento de segredo.)

Além disso, toda correspondência referente ao assunto ficava sujeita a rígidas "regras de linguagem", e, exceto nos relatórios dos *Einsatzgruppen*, é raro encontrar documentos em que ocorram palavras ousadas como "extermínio", "eliminação" ou "assassinato". Os codinomes prescritos para o assassinato eram "solução final", "evacuação" (*Aussiedlung*) e "tratamento especial" (*Sonderbehandlung*); a deportação — a menos que envolvesse judeus enviados para Theresienstadt, o "gueto dos velhos" para judeus privilegiados, caso em que se usava "mudança de residência" — recebia os nomes de "reassentamento" (*Umsiedlung*) e "trabalho no Leste" (*Arbeitseinsatz im Osten*), sendo que o uso destes últimos nomes prendia-se ao fato de os judeus serem de fato muitas vezes reassentados temporariamente em guetos, onde certa porcentagem deles era temporariamente usada para trabalhos forçados. Em circunstâncias especiais, era necessário fazer ligeiras mudanças nas regras de linguagem. Assim, por exemplo, um alto funcionário do Ministério das Relações Exteriores propôs uma vez que em toda a correspondência com o Vaticano a matança dos judeus fosse chamada de "solução radical". Isso era engenhoso, porque o governo marionete católico da Eslováquia, no qual o Vaticano havia interferido, não fora na opinião dos nazistas "suficientemente radical" em sua legislação antijudaica, cometendo o "erro básico" de poupar os judeus batizados. Só entre si podiam os "portadores de segredos" falar em linguagem não codificada, e é muito pouco provável que o fizessem na realização comum de seus deveres criminosos — sobretudo na presença de suas estenógrafas e demais pessoal burocrático. Sejam quais forem as outras razões para a criação das regras de linguagem, elas se mostraram de enorme valia na manutenção da ordem e do equilíbrio entre os serviços imensamente diversificados cuja cooperação era indispensável nessa questão. Além disso, o próprio termo "regra de linguagem" (*Sprachregelung*) era um codinome; significava o que em linguagem comum seria chamado de mentira. Pois quando um "portador de segredos" tinha de encontrar alguém do mundo exterior — como Eichmann quando foi mandado a mostrar o gueto de Theresienstadt a representantes da Cruz Vermelha da Suíça — recebia, junto com suas ordens, a "regra de linguagem" que, no seu caso, foi a mentira de uma epidemia de tifo inexistente no campo de concentração de Bergen-Belsen, que os cavalheiros também queriam visitar. O efeito direto desse sistema de linguagem não era deixar as pessoas ignorantes daquilo que estavam fazendo, mas impedi-las de equacionar isso com seu antigo e "normal" conhecimento do que era assassinato e mentira. A grande sensibilidade de Eichmann para palavras-chave e frases de efeito, combinada com sua incapacidade de discurso comum, o tornava, é claro, um paciente ideal para as "regras de linguagem".

O sistema, porém, não era um escudo totalmente garantido contra a realidade, conforme Eichmann logo descobriria. Ele foi a Lublin para encontrar o *Brigadeführer* Odilo Globocnik, ex-*Gauleiter* de Viena, não para "levar a ele pessoalmente a ordem secreta de extermínio físico dos judeus", conforme pretendia a acusação, pois Globocnik certamente sabia do extermínio muito antes de Eichmann, e usou a expressão "Solução Final" como uma espécie de passaporte para se identificar. Outra afirmativa semelhante da acusação, que demonstrava até que ponto estava perdida no labirinto burocrático do Terceiro Reich, referia-se a Rudolph Höss, comandante de Auschwitz, que a acusação acreditava ter também recebido suas ordens por intermédio de Eichmann. A defesa, pelo menos, afirmou que esse erro não tinha "provas corroborativas". Na verdade, Höss declarou em seu próprio julgamento que havia recebido suas ordens diretamente de Himmler, em junho de 1941, e acrescentou que Himmler lhe dissera que Eichmann iria discutir certos "detalhes" com ele. Em suas memórias, Höss afirma que esses detalhes diziam respeito ao uso de gás — coisa que Eichmann negou incansavelmente. E ele provavelmente estava certo, porque todas as outras fontes contradizem a história de Höss e afirmam que ordens de extermínio orais e escritas nos campos passavam sempre pelo WVHA e eram dadas ou por seu chefe, *Obergruppenführer* [tenente-general] Oswald Pohl, ou pelo *Brigadeführer* Richard Glücks, superior direto de Höss. (A respeito da imprecisão pouco confiável do testemunho de Höss, veja também R. Pendorf, *Mörder und Ermordete*, 1961.) Eichmann nunca teve nada a ver com o uso do gás. Os "detalhes" que ele foi discutir com Höss a intervalos regulares diziam respeito à capacidade de extermínio do campo — quantos carregamentos por semana poderia absorver — e também, talvez, a planos de expansão. Quando Eichmann chegou a Lublin, Globocnik foi muito gentil, e mostrou-lhe as instalações junto com um subordinado. Eles chegaram a uma estrada no meio de uma floresta, à direita da qual havia uma casa comum onde moravam trabalhadores. Um capitão da Polícia da Ordem (talvez o próprio *Kriminalkomissar* Christian Wirth, que fora encarregado do lado técnico da execução a gás de "pessoas incuráveis" na Alemanha, sob os auspícios da Chancelaria do Führer) veio cumprimentá-los, levou-os a uns bangalôs de madeira e começou, "com uma voz muito vulgar, áspera e mal-educada" a dar suas explicações: contou como "havia isolado tudo perfeitamente, porque o motor de um submarino russo vai funcionar aqui e os gases vão entrar neste edifício e os judeus serão envenenados. Para mim também isso era monstruoso. Não sou duro o bastante para suportar uma coisa dessas sem reação [...] Hoje, se me mostrarem uma ferida aberta, acho que não sou capaz de olhar. Sou uma pessoa desse tipo, para quem estão sempre dizendo que não poderia ser médico. Ainda me lembro como imaginei a coisa comigo mesmo, e me senti fisicamente fraco, como se tivesse passado por alguma grande agitação. Essas coisas acontecem com todo mundo, e deixam como rastro um certo tremor interno".

Bem, ele teve sorte de ver apenas os preparativos para as futuras câmaras de monóxido de carbono de Treblinka, um dos seis campos de extermínio do Leste, no qual várias centenas de milhares de pessoas iriam morrer. Logo depois disso, no outono do mesmo ano, ele recebeu de seu superior direto, Müller, ordens de inspecionar o centro de extermínio das Regiões Ocidentais da Polônia que haviam sido incorporadas ao Reich e se chamavam Warthegau. O campo de matança ficava em Kulm (ou, em polonês, Chelmno), onde foram mortos, em 1944, mais de 300 mil judeus de toda a Europa, que foram primeiro "reassentados" no gueto de Lódz. Aí as coisas já estavam com força total, mas o método era diferente; em vez de câmaras de gás, usavam-se caminhões de gás. Isto foi o que Eichmann viu: os judeus estavam numa grande sala; recebiam ordem de se despir; então chegava um caminhão, parava bem na entrada da sala, e os judeus nus recebiam ordem de entrar nele. As portas eram fechadas e o caminhão partia. "Não sei dizer [quantos judeus entraram], eu mal olhei. Não consegui; não consegui; para mim bastava. O guincho e [...] fiquei muito perturbado, conforme contei depois a Müller, quando lhe fiz o relatório; meu relatório não serviu para muita coisa. Depois, segui de carro atrás do caminhão, e vi a coisa mais horrível que já havia visto na vida. O caminhão estava indo para um buraco aberto, as portas se abriram e os corpos foram jogados para fora, como se ainda estivessem vivos, tão moles estavam seus membros. Eram jogados no buraco, e ainda consigo enxergar um civil extraindo dentes com um boticão. E fui embora — saltei para o carro e não abri mais a boca. Depois dessa vez, podia ficar sentado durante horas ao lado de meu chofer sem trocar uma palavra com ele. Ali, me bastou. Eu estava acabado. Só me lembro que um médico de avental branco me disse para olhar por um buraco do caminhão enquanto eles ainda estavam lá dentro. Eu recusei. Não podia. Tinha de desaparecer."

Em seguida, ele veria algo mais terrível. Foi quando Müller mandou-o a Minsk, na Rússia Branca: "Em Minsk, estão matando judeus por fuzilamento. Quero que você averigue como está sendo feito". Então ele foi, e de início parecia que tinha tido sorte, pois ao chegar "a coisa já estava quase acabada", por assim dizer, o que o deixou muito satisfeito. "Só havia alguns atiradores mirando nos crânios de mortos numa longa cova." Mesmo assim, ele viu, "e isso me bastou, uma mulher com os braços esticados para trás, meus joelhos fraquejaram e fui embora". Na volta, ele teve a ideia de parar em Lwów; pareceu-lhe uma boa ideia, porque Lwów (ou Lemberg) havia sido uma cidade austríaca, e quando ele chegou, "viu a primeira imagem amigável depois dos horrores. Era uma estação ferroviária construída em honra dos sessenta anos de reinado de Franz Josef" — época que Eichmann sempre "adorou", por ter ouvido muitas coisas bonitas a respeito em casa de seus pais, onde lhe disseram também que os parentes de sua madrasta (deve-se entender que ele queria dizer os parentes judeus) tinham gozado de uma confortável posição social e ganhado bom dinheiro. Essa imagem da estação de trem afastou todos os pensamentos horríveis, e ele se lembrava do episódio nos mínimos detalhes — o ano do aniversário gravado na pedra, por exemplo. Mas então, bem ali em Lwów, ele cometeu um grande erro. Foi ver um comandante local da ss e lhe disse: "Bem, é horrível o que está sendo feito por aqui; eu disse que os jovens estavam sendo transformados em sádicos. Como podem fazer isso? Simplesmente atirar em mulheres e crianças? Era impossível. Nosso povo tinha enlouquecido ou se alienado, nosso próprio povo". O problema é que em Lwów estavam fazendo a mesma coisa que em Minsk, e seu hospedeiro insistiu em mostrar-lhe a cidade, embora Eichmann tentasse recusar polidamente. Assim ele viu outra "imagem terrível. Havia uma cova lá, que já estava cheia. E jorrando da terra, uma fonte de sangue. Nunca tinha visto uma coisa assim. Foi o fim de minha missão e voltei a Berlim e relatei tudo ao *Gruppenführer* Müller".

Mas ainda não era o fim. Embora Eichmann tivesse dito a ele que não tinha fibra para essas coisas, que nunca fora soldado, nunca tinha estado no front, nunca tinha visto ação, não conseguia dormir e tinha pesadelos, cerca de nove meses depois Müller o mandou de volta à região de Lublin, onde o entusiasmadíssimo Globocnik havia terminado os preparativos. Eichmann disse que viu então a coisa mais horrível de toda a sua vida. Ao chegar, ele não reconheceu o lugar, com seus bangalozinhos de madeira. Em lugar disso, guiado pelo mesmo homem da voz vulgar, chegou a uma estação ferroviária com a placa de "Treblinka" e que tinha exatamente o mesmo aspecto de qualquer estação comum de qualquer parte da Alemanha — os mesmos edifícios, placas, relógios, instalações; uma imitação perfeita. "Fiquei o mais longe que pude, não cheguei perto para ver tudo aquilo. Mesmo assim, vi uma fila de judeus nus avançando por um longo corredor para serem asfixiados. Ali eles eram mortos, como me disseram, com uma coisa chamada ácido ciânico."

O fato é que Eichmann não viu muita coisa. É verdade que visitou várias vezes Auschwitz, o maior e mais famoso dos campos de extermínio, que cobria uma área de trinta quilômetros quadrados na Alta Silésia e não era de forma nenhuma apenas um campo de extermínio; era um imenso empreendimento com mais de 100 mil prisioneiros, de todos os tipos, inclusive não-judeus e trabalhadores escravos, que não estavam sujeitos ao gás. Era fácil evitar as instalações de extermínio, e Höss, com quem ele tinha uma relação muito amigável, poupava-lhe as visões mais cruéis. Ele nunca assistiu efetivamente a uma execução em massa por fuzilamento, nunca assistiu ao processo de morte pelo gás, nem à seleção dos mais aptos para o trabalho — em média, cerca de 25% de cada carregamento —, que em Auschwitz precedia a morte. Ele viu apenas o suficiente para estar plenamente informado de como funcionava a máquina de destruição: havia dois métodos diferentes de matança, o fuzilamento e a câmara de gás; o fuzilamento era feito pelos *Einsatzgruppen* e a execução por gás nos campos, em câmaras ou em caminhões; viu também as complexas precauções que se tomavam no campo para enganar as vítimas até o final.

As fitas da polícia que estou citando foram ouvidas na corte durante a décima das 121 sessões, no nono dia dos quase nove meses que durou o julgamento. Nada do que o acusado dizia, na voz curiosamente desencarnada que saía do gravador — duplamente desencarnada porque o corpo que era dono da voz estava presente, mas também aparente e estranhamente desencarnado através das grossas paredes de vidro que o cercavam —, foi negado por ele ou pela defesa. O dr. Servatius não fez objeções, ele simplesmente disse que "mais tarde, quando a defesa falar", apresentaria à corte parte das provas fornecidas pelo acusado à polícia; coisa que nunca fez. Parecia que a defesa podia falar imediatamente, pois o processo criminal contra o acusado desse "julgamento histórico" parecia completo, e o caso da acusação estabelecido. Os fatos do caso, aquilo que Eichmann havia feito — mas não tudo que a acusação gostaria que tivesse feito —, nunca foram questionados; haviam sido definidos muito antes de o julgamento começar, e ele os havia confessado muitas e muitas vezes. Já havia, conforme ele mesmo apontou, mais do que o suficiente para enforcá-lo. ("Vocês já não têm bastante coisa contra mim?", ele protestou quando o interrogador da polícia tentou lhe atribuir poderes que nunca teve.) Mas como ele havia sido empregado no transporte e não no extermínio, permanecia a pergunta: legalmente, formalmente, pelo menos Eichmann sabia o que estava fazendo? Havia, além disso, outra pergunta: ele teria estado em posição de julgar a enormidade de seus feitos, ele seria legalmente responsável, além do fato de ser medicamente são? Ambas as questões agora estavam respondidas afirmativamente: ele havia visto os lugares para onde iam os carregamentos, e havia ficado chocado até a loucura. Uma última pergunta, a mais perturbadora de todas, foi feita pelos juízes, principalmente o juiz presidente, com muita insistência: a matança dos judeus tinha ido contra a sua consciência? Mas isso era uma questão moral, e a resposta podia não ser legalmente relevante.

Os fatos do caso podiam estar agora estabelecidos, mas faziam surgir duas outras questões legais. Primeira, poderia ele ser livrado de responsabilidade criminal, conforme previa a Seção 10 da lei sob a qual foi julgado, porque tinha cometido seus atos "a fim de salvar a si próprio do perigo da morte imediata"? E, segunda, poderia ele pleitear circunstâncias atenuantes, conforme previa a Seção 11 da mesma lei: teria ele "feito todo o possível para reduzir a gravidade das consequências de seu crime" ou "procurado evitar consequências mais sérias do que aquelas ocorridas"? Evidentemente, as Seções 10 e 11 da Lei (de Punição) de Nazistas e Colaboradores dos Nazistas de 1951 foram elaboradas tendo em mente os "colaboradores" judeus. Os *Sonderkommandos* (unidades especiais) judeus tinham sido empregados em toda parte no processo de aniquilamento, tinham cometido atos criminosos "a fim de salvar a si próprios do perigo da morte imediata", e os Conselhos de Anciãos Judeus tinham cooperado pensando que podiam "evitar consequências mais sérias do que aquelas ocorridas". No caso de Eichmann, seu próprio testemunho fornecia a resposta para ambas as questões, e foi claramente negativo. Realmente, ele disse uma vez que sua única alternativa teria sido o suicídio, mas isso era mentira, porque sabemos como era fácil para os membros dos esquadrões de extermínio abandonar seus postos sem grandes consequências; mas ele não insistiu nesse ponto, não tencionava ser entendido literalmente. Nos documentos de Nuremberg, "não se encontrou nenhum caso de membro da ss que tenha sofrido pena de morte por se recusar a participar de uma execução" (Herbert Jäger, "*Betrachtungen zum Eichmann-Prozess*", em *Kriminologie und Strafrechtsreform*, 1962). E no próprio julgamento, uma testemunha de defesa, Von dem Bach-Zelewski, declarou que: "Era possível evitar um encargo por meio de um pedido de transferência. Sem dúvida, em casos individuais, era preciso estar preparado para certas punições disciplinares. Não havia, porém, nenhum perigo de vida". Eichmann sabia muito bem que ele não estava de forma nenhuma na clássica "posição difícil" de um soldado que pode "ser passível de fuzilamento por uma corte marcial se desobedecer a uma ordem, e de enforcamento por um juiz e júri se obedecer" — como afirma Dicey em seu famoso *Law of the Constitution* —, porque como membro da ss ele nunca esteve sujeito à justiça militar, só podendo ser julgado pela polícia e pelo tribunal da ss. Em seu último depoimento à corte, Eichmann admitiu que podia ter recuado sob um pretexto qualquer, e outros o fizeram. Ele sempre considerou tal passo "inadmissível", e ainda agora não o considerava "admirável"; isso significaria nada mais que a transferência para outro trabalho bem pago. A ideia de desobediência aberta, surgida no pós-guerra, era um conto de fadas: "Naquelas circunstâncias esse comportamento era impossível. Ninguém agia assim". Era "impensável". Se ele tivesse sido nomeado comandante de um campo de extermínio, como seu bom amigo Höss, teria de ter cometido suicídio, uma vez que era incapaz de matar. (Incidentalmente, Höss havia cometido assassinato na juventude. Ele havia matado um certo Walter Kadow, o homem que traiu Leo Schlageter — um terrorista nacionalista do Reno que os nazistas depois transformaram em herói nacional —, entregando-o às autoridades francesas da Ocupação, e um tribunal alemão o havia posto na cadeia por cinco anos. Em Auschwitz, evidentemente, Höss não precisava matar.) Mas era muito pouco provável que oferecessem a Eichmann um posto como esse, uma vez que aqueles que davam as ordens "sabiam muito bem os limites a que uma pessoa podia ser levada". Não, ele não tinha estado em "perigo de morte imediata", e como afirmava orgulhosamente ter sempre "cumprido seu dever", obedecendo a todas as ordens como era exigido por seu juramento, havia, claro, sempre feito todo o possível para piorar "as consequências do crime", em vez de reduzi-las. A única "circunstância atenuante" citada por ele foi que tentou "evitar o máximo possível quaisquer sacrifícios desnecessários" na realização de seu trabalho, e isso, fosse ou não verdade, dificilmente poderia ser considerado circunstância atenuante, pois "evitar sacrifícios desnecessários" era uma das diretivas padrão que recebia.

De modo que, depois que o gravador se dirigiu à corte, a sentença de morte já era uma conclusão fatídica, mesmo legalmente, exceto na possibilidade de que o castigo pudesse ser mitigado sob alegação de atos cometidos por ordens superiores — também previsto na Seção 11 da lei israelense, o que era uma possibilidade muito remota em vista da enormidade do crime. (É importante lembrar que o advogado de defesa não alegou ordens superiores, mas "atos de Estado", e pediu a absolvição nessa base — estratégia que o dr. Servatius já havia experimentado sem sucesso em Nuremberg, onde defendeu Fritz Sauckel, plenipotenciário para a Locação de Trabalho no Departamento do Plano Quadrienal de Göring, que fora responsável pelo extermínio de dezenas de milhares de trabalhadores judeus na Polônia e que foi devidamente enforcado em 1946. "Atos de Estado", que a jurisprudência alemã chama ainda mais sintomaticamente de *gerichtsfreie* ou *justizlose Hoheitsakte*, têm por base "um exercício do poder soberano" (E. C. S. Wade, em *British Year Book of International Law*, 1934) e ficam por isso inteiramente fora do âmbito legal, enquanto todas as ordens e comandos, pelo menos em teoria, continuam sob controle judicial. Se o que Eichmann cometeu foram atos de Estado, então nenhum de seus superiores, muito menos Hitler, chefe de Estado, poderia ser julgado por qualquer corte. A teoria do "ato de Estado" combinava tão bem com a filosofia geral do dr. Servatius que talvez não fosse surpreendente ele tentar recorrer a ela outra vez; o que surpreendia era que ele não recorresse ao argumento de ordens superiores como circunstância atenuante depois de o julgamento ter sido lido e antes de a sentença ser pronunciada.) Nesse ponto, talvez fosse razoável alegrar-se pelo fato de não se tratar aqui de um julgamento comum, onde declarações sem base em procedimentos criminais têm de ser descartadas como irrelevantes ou inadequadas. Pois as coisas, evidentemente, não eram tão simples quanto os autores da lei tinham imaginado e, mesmo sendo de pouca relevância legal, era de grande interesse político saber quanto tempo leva uma pessoa mediana para superar sua repugnância inata pelo crime, e o que exatamente acontece com essa pessoa quando chega a esse ponto. O caso de Adolf Eichmann fornecia a essa pergunta uma resposta que não podia ser mais clara e mais precisa.

Em setembro de 1941, pouco depois de suas primeiras visitas oficiais aos centros de extermínio do Leste, Eichmann organizou suas primeiras deportações em massa da Alemanha e do Protetorado, de acordo com um "desejo" de Hitler, que pediu a Himmler que tornasse o Reich *judenrein* o mais depressa possível. O primeiro carregamento continha 20 mil judeus do vale do Reno e 5 mil ciganos, e uma coisa estranha aconteceu com esse primeiro transporte. Eichmann, que nunca havia tomado uma decisão própria, que tinha sempre extremo cuidado em estar "coberto" por ordens, que — como confirma o testemunho dado de livre vontade por todas as pessoas que trabalharam com ele — não gostava nem de fazer perguntas e sempre solicitava "diretivas", agora, "pela primeira e última vez", tomava uma iniciativa contrária às ordens: em vez de mandar essa gente para território russo, Riga ou Minsk, onde os judeus teriam sido fuzilados imediatamente pelos *Einsatzgruppen*, ele dirigiu o transporte para o gueto de Lódz, onde sabia que ainda não havia sido feita nenhuma preparação para o extermínio — quando mais não fosse porque o homem encarregado do gueto, um certo *Regierungspräsident* Uebelhör, havia encontrado maneiras de obter um lucro considerável com "seus" judeus. (Lódz, na verdade, foi o primeiro gueto a ser fundado e o último a ser liquidado; seus ocupantes que não morreram de doença e fome sobreviveram até o verão de 1944.) Essa decisão deixaria Eichmann numa posição bastante delicada. O gueto estava superlotado, e o sr. Uebelhör não estava disposto a receber mais gente, nem tinha condição de acomodá-las. E ficou tão zangado que chegou a reclamar com Himmler que Eichmann havia enganado a ele e seus homens com "truques de vendedor de cavalos, aprendidos com os ciganos". Himmler, assim como Heydrich, protegia Eichmann e o incidente foi logo perdoado e esquecido.

Esquecido, em primeiro lugar, pelo próprio Eichmann, que nem uma única vez o mencionou, nem no depoimento à polícia, nem em suas várias memórias. Quando ocupou o banco e estava sendo interrogado pelo advogado, que lhe mostrou documentos, ele insistia que tivera "escolha": "Aí, pela primeira e última vez, eu tinha escolha [...] Uma era Lódz [...] Havendo dificuldades em Lódz essa gente tinha de ser mandada para o Leste. E como eu havia visto os preparativos, estava decidido a fazer todo o possível para mandar essa gente a Lódz por todos os meios ao meu alcance". O advogado de defesa tentou concluir desse incidente que Eichmann havia salvado os judeus sempre que podia — o que era patentemente mentiroso. O promotor, que o interrogou depois a respeito do mesmo incidente, tentou provar que o próprio Eichmann havia determinado o destino final de todos os carregamentos e, portanto, havia decidido se uma determinada carga seria exterminada ou não — o que também não era verdade. A explicação de Eichmann, de que não desobedecera uma ordem, mas apenas tirara vantagem de uma "escolha", tampouco era verdadeira, pois tinha havido dificuldades em Lódz, como ele sabia muito bem, de forma que sua ordem significava, com todas as letras: destino final, Minsk ou Riga. Embora Eichmann tenha esquecido isso completamente, esse era, nitidamente, o único caso em que ele havia realmente tentado salvar judeus. Três semanas depois, porém, houve uma reunião em Praga, convocada por Heydrich, na qual Eichmann declarou que "os campos usados para deter comunistas (russos) [categoria a ser liquidada instantaneamente pelos *Einsatzgruppen*] podem também receber judeus" e que ele tinha "conseguido um acordo" com os comandantes locais com essa finalidade; discutiu-se também o problema de Lódz e finalmente decidiu-se mandar 50 mil judeus do Reich (o que incluía a Áustria, a Boêmia e a Morávia) para os centros de operações dos *Einsatzgruppen* em Riga e Minsk. Isso permite, talvez, responder à pergunta do juiz Landau, questão principal na cabeça de praticamente todo mundo que acompanhava o julgamento: o acusado tinha consciência? Sim, ele tinha consciência e sua consciência funcionou da maneira esperada durante cerca de quatro semanas, quando então passou a funcionar às avessas.

Mesmo durante essas semanas em que sua consciência funcionou normalmente, ela funcionava dentro de limites bastante estranhos. Devemos lembrar que semanas e meses antes de ser informado da ordem do Führer, Eichmann sabia das atividades criminosas dos *Einsatzgruppen* no Leste; ele sabia que bem atrás das linhas do front todos os funcionários russos ("comunistas"), todos os membros poloneses das classes profissionais e todos os judeus nativos estavam sendo mortos em fuzilamentos de massa. Além disso, em julho do mesmo ano, poucas semanas depois do chamado de Heydrich, ele recebeu um memorando de um homem da SS estacionado no Warthegau, dizendo que "os judeus não poderão mais ser alimentados no próximo verão", e acrescentando à sua consideração uma proposta que perguntava se "não seria uma solução mais humana matar por meios mais rápidos aqueles judeus incapazes de trabalhar. Isso, de toda forma, seria mais agradável do que permitir que morressem de fome". Numa carta adjunta, endereçada ao "Caro camarada Eichmann", o autor admite que "essas coisas às vezes soam fantásticas, mas são bastante realizáveis". Essa admissão demonstra que o autor ainda não conhecia a ordem muito mais "fantástica" do Führer, mas a carta revela também até que ponto essa ordem estava no ar. Eichmann nunca mencionou essa carta e provavelmente não ficou nem um pouco chocado com ela. Pois essa proposta referia-se apenas a judeus *nativos*, não a judeus do Reich ou de qualquer país ocidental. Sua consciência rebelou-se não com a ideia de assassinato, mas com a ideia de judeus alemães serem mortos. ("Nunca neguei que sabia que *os Einsatzgruppen* tinham ordens de matar, mas não sabia que judeus do Reich evacuados para o Leste tinham o mesmo tratamento. Isso eu não sabia.") Ocorria a mesma coisa com a consciência de um certo Wilhelm Kube, um velho membro do Partido e *Generalkommissar* na Rússia ocupada, que se sentiu ultrajado quando os judeus alemães portadores da Cruz de Ferro chegaram em Minsk para receber "tratamento especial". Como Kube era mais articulado do que Eichmann, suas palavras podem nos dar uma ideia do que acontecia na cabeça de Eichmann durante o tempo em que era assolado por sua consciência: "Sem dúvida sou duro e estou pronto a ajudar na solução da questão judaica", Kube escreveu a seu superior em dezembro de 1941, "mas pessoas que vêm do mesmo meio cultural que o nosso sem dúvida são diferentes das hordas nativas animalizadas". Esse tipo de consciência que, nas raras vezes em que se rebelou, indignava-se contra o assassinato de gente "do mesmo meio cultural que o nosso" sobreviveu ao regime de Hitler; ainda hoje, existe entre os alemães o insistente "equívoco" de que "só" foram massacrados *Ostjuden*, judeus da Europa Oriental.

Essa maneira de pensar, que distingue entre o assassinato de povos "primitivos" e povos "cultos", não é tampouco monopólio do povo alemão. Harry Mulisch relata que o testemunho do professor Salo W. Baron sobre as conquistas culturais e espirituais do povo judeu fez surgir em sua mente as seguintes perguntas: "A morte dos judeus teria sido um mal menor se eles fossem um povo sem cultura, como os ciganos, que também foram exterminados? Eichmann está sendo julgado porque é um destruidor de seres humanos ou porque é um destruidor de cultura? Um assassino de seres humanos é mais culpado quando destrói também uma cultura no mesmo processo?". E quando fez essas perguntas ao procurador-geral, a resposta foi: "Ele [Hausner] acha que sim, eu acho que não". E a dificuldade de se descartar o assunto e enterrar a pergunta perturbadora junto com o passado é coisa que voltou à tona no recente filme *Dr. Strangelove*, onde um estranho amante da bomba — caracterizado, é verdade, como um tipo nazista — propõe que diante do desastre iminente se escolham algumas centenas de milhares de pessoas para viver em abrigos subterrâneos. E quem serão os felizes sobreviventes? Aqueles de Q. I. mais alto!

Essa questão de consciência, tão incômoda em Jerusalém, não foi absolutamente ignorada no regime nazista. Ao contrário, uma vez que os participantes da conspiração anti-Hitler, de julho de 1944, só raramente mencionaram os massacres maciços do Leste em sua correspondência ou nas declarações que prepararam para a eventualidade de o ataque contra Hitler ser bem-sucedido, grande é a tentação de concluir que os nazistas superestimavam muito a importância prática do problema. Podemos deixar de lado aqui os primeiros estágios da oposição alemã a Hitler, quando o movimento ainda era antifascista e inteiramente de esquerda, tendo por princípio não atribuir nenhuma significação a questões morais e menos ainda à perseguição dos judeus — um mero "desvio" da luta de classes, que na opinião da esquerda determinava todo o panorama político. Além disso, essa oposição praticamente desapareceu durante o período em questão — destruída pelo horrível terror das tropas SA nos campos de concentração e nos porões da Gestapo, desestabilizada pelo nível pleno de emprego possibilitado pelo rearmamento, desmoralizada pela tática do Partido Comunista de juntar fileiras com o partido de Hitler a fim de se instalar nele como um "cavalo de Troia". O que sobrou dessa oposição no começo da guerra — alguns líderes sindicais, alguns intelectuais da "esquerda desabrigada" que não sabiam, nem podiam saber se havia alguma coisa por trás deles — só ganhou importância com a conspiração que acabou levando ao 20 de julho. (Evidentemente é inadmissível medir a força da resistência alemã pelo número daqueles que passaram pelos campos de concentração. Antes da eclosão da guerra, os detentos pertenciam a um grande número de categorias, muitas das quais não tinham nada a ver com resistência de qualquer tipo: havia aqueles que eram inteiramente "inocentes", como os judeus; os "associais", como os criminosos e homossexuais comprovados; os nazistas considerados culpados de uma coisa ou outra etc. Durante a guerra, os campos foram povoados por lutadores da resistência de todos os países da Europa ocupada.)

A maioria dos conspiradores de julho era de fato ex-nazista ou havia ocupado altos postos no Terceiro Reich. O que detonou sua oposição não foi a questão judaica, mas o fato de Hitler estar preparando a guerra, e os infindáveis conflitos e crises de consciência que os assolavam giravam quase exclusivamente em torno do problema da alta traição e da violação do juramento de lealdade a Hitler. Além disso, eles se viam a braços com um dilema que era realmente insolúvel: nos dias dos triunfos de Hitler, sentiam que nada poderiam fazer porque o povo não compreenderia, e nos anos de derrotas da Alemanha temiam nada mais do que um outro mito da "punhalada pelas costas". Até o final, sua maior preocupação era como conseguir evitar o caos e afastar o perigo da guerra civil. E a solução foi que os Aliados deviam ser "razoáveis" e concordar com uma "moratória" até a restauração da ordem — e junto com ela, é claro, a capacidade do Exército alemão de oferecer resistência. Eles tinham o conhecimento mais preciso daquilo que estava acontecendo no Leste, mas não resta a menor dúvida de que nenhum deles teria ousado sequer pensar que a melhor coisa que podia acontecer à Alemanha seria a rebelião aberta e a guerra civil. A resistência ativa na Alemanha veio principalmente da direita, mas em vista da história pregressa dos social-democratas alemães é de se duvidar que a situação pudesse ser muito diferente se a esquerda houvesse desempenhado um papel maior entre os conspiradores. Seja como for, a questão é acadêmica, porque não existia nenhuma "resistência socialista organizada" na Alemanha durante os anos de guerra — conforme o historiador alemão Gerhard Ritter corretamente apontou.

Na realidade, a situação era tão simples quanto desesperada: a esmagadora maioria do povo alemão acreditava em Hitler — mesmo depois do ataque à Rússia e da temida guerra em dois fronts, mesmo depois de os Estados Unidos terem entrado na guerra, na verdade mesmo depois de Stalingrado, da derrota da Itália, e dos desembarques na França. Contra essa sólida maioria, ficava um número indeterminado de indivíduos isolados, completamente conscientes da catástrofe nacional e moral; eles podiam ocasionalmente se conhecer e confiar um no outro, havia amizade entre eles e trocas de opinião, mas nenhum plano nem intenção de revolta. Havia, finalmente, o grupo daqueles que mais tarde ficaram conhecidos como conspiradores, mas eles jamais conseguiram chegar a um acordo sobre nada, nem mesmo sobre a própria questão da conspiração. Seu líder era Carl Friedrich Goerdeler, ex-prefeito de Leipzig, que servira três anos sob os nazistas como controlador de preços, mas logo renunciara, em 1936. Ele defendia a instauração de uma monarquia constitucional, e Wilhelm Leuschner, um representante da esquerda, ex-líder sindical e socialista, dizia garantir "apoio das massas"; no círculo Kreisau, sob a influência de Helmuth von Moltke, surgiram queixas ocasionais de que o domínio das leis estava "agora pisoteado", mas a maior preocupação nesse círculo era a reconciliação das duas Igrejas cristãs e a sua "sagrada missão no Estado secular", ao lado de uma posição declaradamente favorável ao federalismo. (Sobre a bancarrota política do movimento de resistência como um todo desde 1933 existe um estudo bem documentado e imparcial, a dissertação de doutorado de George K. Romoser, a ser publicada em breve.)

Com a continuação da guerra e a derrota cada vez mais certa, as diferenças políticas devem ter passado a importar menos e a ação política tornou-se mais urgente, porém Gerhard Ritter parece acertar também aí: "Se não fosse a determinação de [conde Klaus von] Stauffenberg, o movimento de resistência teria encalhado numa inatividade mais ou menos desamparada". O que unia esses homens era a visão de Hitler como um "trapaceiro", um "diletante", que "sacrificava exércitos inteiros contrariando a opinião de entendidos", um "louco" e um "demônio", "a encarnação do mal", que no contexto alemão significava, mais ou menos, chamá-lo de "criminoso e tolo", como o faziam ocasionalmente. Mas ter essas opiniões sobre Hitler nessa época tardia "não impedia de forma alguma que se fosse membro da ss ou do Partido, ou que se tivesse um posto no governo" (Fritz Hesse), e portanto não excluía do círculo de conspiradores um bom número de homens profundamente implicados nos crimes do regime — como, por exemplo, o conde Helldorf, então comissário de polícia de Berlim, que teria sido chefe da Polícia Alemã se o golpe de Estado tivesse dado certo (de acordo com uma das listas de possíveis ministros de Goerdeler); ou Arthur Nebe, do RSHA, ex-comandante de uma das unidades móveis de extermínio no Leste! No verão de 1943, quando o programa de extermínio dirigido por Himmler havia atingido seu clímax, Goerdeler estava considerando Himmler e Goebbels como aliados em potencial, "já que esses dois homens entenderam que haviam perdido prestígio com Hitler". (Himmler passou a ser realmente um "aliado potencial" — embora Goebbels não — e foi inteiramente informado dos planos; ele só agiu contra os conspiradores depois de seu fracasso.) Essas citações foram tiradas do rascunho de uma carta de Goerdeler para o marechal de campo Von Kluge; mas essas estranhas alianças não podem ser explicadas como "considerações táticas" necessárias junto aos comandantes do Exército, pois, ao contrário, Kluge e Rommel é que haviam dado "ordens especiais para que aqueles dois monstros [Himmler e Göring] fossem eliminados" (Ritter) — isso sem contar o fato de Ritter, biógrafo de Goerdeler, insistir que a carta citada acima "representa a expressão mais apaixonada de seu ódio contra o regime de Hitler".

Sabidamente, esses homens que se opuseram a Hitler, mesmo tardiamente, pagaram com a vida e sofreram a mais terrível das mortes; a coragem de muitos deles foi admirável, mas não foi inspirada por indignação moral ou por aquilo que sabiam que outras pessoas tinham sofrido; eles foram motivados quase exclusivamente por sua certeza da iminente derrota e ruína da Alemanha. Não é o caso de negar que alguns deles, como o conde York von Wartenburg, podem ter partido para a oposição política por causa da "revoltante agitação contra os judeus em novembro de 1938" (Ritter). Mas esse foi o mês em que as sinagogas arderam em chamas e toda a população parecia estar nas garras de algum medo: casas de Deus haviam sido incendiadas, e tanto os crentes quanto os supersticiosos acreditavam numa vingança de Deus. Sem dúvida, o corpo de altos oficiais ficou perturbado quando a ordem fatal de Hitler foi expedida em maio de 1941, quando ficaram sabendo que, na próxima campanha contra a Rússia, todos os funcionários soviéticos e naturalmente todos os judeus deviam ser simplesmente massacrados. Nesses círculos, havia, evidentemente, certa preocupação com o fato de que, como disse Goerdeler, "nas áreas ocupadas e contra os judeus são praticadas técnicas de eliminação de seres humanos e perseguições religiosas [...] que ficarão para sempre como uma pesada mácula em nossa história". Mas parece nunca ter ocorrido a eles que isso significava algo além, e mais horrendo, do que "tornar nossa posição [de negociar um tratado de paz com os Aliados] enormemente difícil" e representar "uma mancha no bom nome da Alemanha", além de minar a moral do Exército. "O que eles fizeram com o orgulhoso exército das Guerras de Libertação [contra Napoleão em 1814] e de Wilhelm I [na Guerra Franco-Prussiana de 1870]", Goerdeler protestou ao ouvir o relato de um homem da SS que "disse tranquilamente que 'não era exatamente bonito atirar com metralhadora numa cova cheia de milhares de judeus e depois jogar terra nos corpos ainda se retorcendo'." Nem lhes ocorreu que essas atrocidades podiam estar de alguma forma ligadas à exigência de rendição incondicional feita pelos Aliados, que eles se permitiram qualificar de "nacionalista" e de "pouco razoável", inspirada pelo ódio cego. Em 1943, quando a derrota final da Alemanha era quase uma certeza, e de fato mesmo depois disso, eles ainda acreditavam que tinham o direito de negociar com seus inimigos "como iguais" por uma "paz justa", embora soubessem muito bem como era injusta e totalmente não provocada a guerra iniciada por Hitler. Mais surpreendentes ainda são seus critérios de "paz justa". Goerdeler os formulou repetidamente em inúmeros memorandos: "o restabelecimento das fronteiras nacionais de 1914 [o que queria dizer a anexação da Alsácia-Lorena], ao lado do acréscimo da Áustria e dos Sudetos"; e também a "posição de liderança da Alemanha no Continente" e talvez a reconquista do Sul do Tirol!

A partir de declarações que prepararam, sabemos também como eles pretendiam apresentar suas razões ao povo. Existe, por exemplo, um rascunho de proclamação ao Exército, feito pelo general Ludwig Beck, que deveria ser chefe de Estado, no qual ele discorre sobre a "obstinação", a "incompetência e falta de moderação" do regime de Hitler, sua "arrogância e vaidade". Mas o ponto crucial, o "ato mais inescrupuloso" do regime, era a pretensão nazista de "responsabilizar os líderes das Forças Armadas" pelas calamidades da derrota iminente; ao que Beck acrescentava que haviam sido cometidos crimes "que são uma mancha na honra da nação alemã e uma vilificação da boa reputação conquistada aos olhos do mundo". E qual seria o próximo passo depois de Hitler ser liquidado? O Exército alemão continuaria lutando "até que se garantisse uma conclusão honrosa da guerra" — o que significava a anexação da Alsácia-Lorena, da Áustria e dos Sudetos. Existem mesmo boas razões para se concordar com o amargo julgamento desses homens feito pelo romancista alemão Friedrich P. Reck-Malleczewen, morto num campo de concentração na noite do colapso e que não participou da conspiração anti-Hitler. Em seu quase desconhecido *Diário de um homem desesperado* [*Tagebuch eines Verzweifelten*, 1947], Reck-Malleczewen escreveu o seguinte, depois de saber do fracasso do atentado contra a vida de Hitler, que ele evidentemente lamentou: "Um pouco tarde demais, senhores, vocês que construíram esse arquidestruidor da Alemanha e correram atrás dele, enquanto tudo parecia estar bem; vocês que [...] sem comoção fizeram todos os juramentos exigidos de vocês e se reduziram a desprezíveis lacaios desse criminoso, culpado pelo assassinato de centenas de milhares, que despertou o lamento e a maldição do mundo inteiro; agora vocês o traíram [...] Agora, quando o desastre não pode mais ser escondido, eles traem a casa que ruiu, a fim de estabelecer um álibi político para si próprios — os mesmos homens que traíram tudo o que estava no caminho de seu desejo de poder".

Não há provas, nem é provável que Eichmann tenha tido contato pessoal com os homens de 20 de julho, e sabemos que mesmo na Argentina ele ainda os considerava traidores e patifes. Porém, se tivesse tido a oportunidade de conhecer as ideias "originais" de Goerdeler sobre a questão judaica, poderia descobrir alguns pontos de concordância. Sem dúvida, Goerdeler propunha "pagar indenização aos judeus alemães por suas perdas e maus-tratos" — isso em 1942, numa época em que não estavam em questão apenas os judeus *alemães*, e em que estes estavam não apenas sendo roubados e maltratados, mas sendo mortos por gás; só que, além dessas tecnicalidades, ele tinha algo mais construtivo em mente, ou seja, uma "solução permanente", que "salvaria [todos os judeus europeus] de sua insustentável posição como uma 'nação hóspede' mais ou menos indesejável na Europa". (No jargão de Eichmann, isso era chamado dar a eles "um solo sob os pés".) Para isso, Goerdeler pensava num "Estado independente num país colonial" — Canadá ou América do Sul —, uma espécie de Madagascar, sobre o qual devia ter ouvido falar, com certeza. Ele fazia algumas concessões; nem todos os judeus seriam expulsos. Bem alinhado com os estágios iniciais do regime nazista e as categorias privilegiadas que eram então correntes, ele estava preparado a "não negar a cidadania alemã àqueles judeus que pudessem fornecer provas de sacrifício militar pela Alemanha ou que pertencessem a famílias de tradição bem estabelecida". Bem, qualquer que fosse essa "solução permanente para a questão judaica" de Goerdeler, ela não era exatamente "original", como a chamou o professor Ritter em 1954, cheio de admiração por seu herói, e Goerdeler poderia encontrar muitos "aliados potenciais" para essa parte de seu programa dentro das alas do Partido e mesmo da ss.

Na carta ao marechal de campo Von Kluge citada acima, Goerdeler apelou para a "voz da consciência" de Kluge. Mas tudo o que queria dizer era que até mesmo um general deveria entender que "continuar a guerra sem possibilidade de vitória era um crime óbvio". Das provas acumuladas só podemos concluir que a consciência enquanto tal parecia ter se perdido na Alemanha, e isso a tal ponto que as pessoas dificilmente se lembravam dela e tinham parado de perceber que o surpreendente "novo conjunto de valores alemães" não tinha seguidores no mundo exterior. Isso, com certeza, não é toda a verdade. Pois havia na Alemanha indivíduos que desde o começo do regime e sem jamais fraquejar se opuseram a Hitler; ninguém sabe quantos eram — talvez 100 mil, talvez muito mais, talvez muito menos — porque suas vozes nunca foram ouvidas. Podiam ser encontrados por toda parte, em todos os estratos da sociedade, entre as pessoas simples, assim como entre os educados, em todos os partidos, talvez mesmo nas alas do NSDAP. Pouquíssimos eram conhecidos publicamente, como o já mencionado Reck-Malleczewen ou o filósofo Karl Jaspers. Alguns eram verdadeira e profundamente piedosos, como um artesão que conheço, que preferiu ver sua existência independente destruída, transformando-se num simples trabalhador de uma fábrica para não ter de passar pela "pequena formalidade" de entrar para o Partido Nazista. Poucos ainda levavam a sério um juramento e preferiam, por exemplo, renunciar a uma carreira acadêmica a jurar em nome de Hitler. Um grupo mais numeroso era de trabalhadores, principalmente em Berlim, e de intelectuais socialistas que tentaram ajudar os judeus que conheciam. Houve, finalmente, os dois rapazes camponeses cuja história é relatada em *Der lautlose Aufstand* (1953), de Günther Weisenborn, que foram convocados pela ss no final da guerra e se recusaram a assinar os papéis; os dois foram condenados à morte, e no dia de sua execução escreveram uma última carta a suas famílias: "Preferimos morrer do que carregar em nossas consciências coisas tão terríveis. Sabemos o que a ss tem de fazer". A posição dessa gente, que nada fez em termos práticos, era completamente diferente da dos conspiradores. Sua habilidade de distinguir o certo do errado permanecia intacta, e eles nunca tiveram nenhuma "crise de consciência". Pode ter havido pessoas assim entre os membros da resistência, mas dificilmente eles seriam mais numerosos nas fileiras dos conspiradores do que entre as pessoas em geral. Não eram nem santos, nem heróis, e mantiveram total silêncio. Só numa ocasião, num gesto único, desesperado, esse elemento mudo e inteiramente isolado se manifestou publicamente: foi quando os Scholl, dois estudantes da Universidade de Munique, irmão e irmã, sob a influência do professor Kurt Huber, distribuíram os famosos folhetos em que afinal chamaram Hitler daquilo que era de fato — "assassino de massa".

Porém, se examinarmos os documentos e declarações preparados pela chamada "outra Alemanha" que deveria suceder a Hitler se a conspiração de 20 de julho tivesse obtido sucesso, só podemos ficar assombrados com a vastidão da distância que a separava do resto do mundo. De que outra maneira explicar as ilusões de Goerdeler, em particular, e o fato de Himmler, por incrível que pareça, e também Ribbentrop, terem começado a sonhar, durante os últimos meses da guerra, com um novo e magnífico papel como negociadores de uma Alemanha derrotada frente aos Aliados. E se Ribbentrop certamente não era idiota, Himmler, fosse o que fosse, não era nenhum tolo.

O membro da hierarquia nazista mais dotado para resolver problemas de consciência era Himmler. Ele cunhava slogans, como aquele famoso lema da ss, tirado do discurso de Hitler diante da ss em 1931 — "Minha Honra é minha Lealdade" —, frases de efeito que Eichmann chamava de "palavras aladas" e os juízes chamavam de "fala vazia", e divulgava-as, como Eichmann se lembrava, "por volta da passagem do ano", presumivelmente junto com um bônus de Natal. Eichmann lembrava só uma dessas frases, que ficava repetindo: "Estas batalhas as futuras gerações não terão mais de lutar", referindo-se às "batalhas" contra as mulheres, crianças, velhos, e outras "bocas inúteis". Há outras frases assim, tiradas de discursos que Himmler fez aos comandantes dos *Einsatzgruppen* e aos comandantes superiores da ss e da polícia, como por exemplo: "Ter chegado ao topo e, a não ser pelas exceções causadas pela fraqueza humana, ter permanecido decentes, isso é o que nos enrijeceu. Esta é uma página gloriosa de nossa história que nunca foi escrita e jamais será reescrita". Ou: "A ordem para resolver a questão judaica, essa foi a ordem mais assustadora que uma organização jamais recebeu". Ou: "Sabemos que o que esperamos de você é 'sobretudo', é ser 'sobre-humanamente desumano'". Tudo o que se pode dizer é que suas expectativas não foram frustradas. Vale a pena notar, porém, que Himmler quase nunca tentava se justificar em termos ideológicos e, se o fazia, aparentemente esquecia-se depressa. O que afetava as cabeças desses homens que tinham se transformado em assassinos era simplesmente a ideia de estar envolvidos em algo histórico, grandioso, único ("uma grande tarefa que só ocorre uma vez em 2 mil anos"), o que, portanto, deve ser difícil de aguentar. Isso era importante, porque os assassinos não eram sádicos ou criminosos por natureza; ao contrário, foi feito um esforço sistemático para afastar todos aqueles que sentiam prazer físico com o que faziam. As tropas dos *Einsatzgruppen* tinham sido convocadas da ss Armada, uma unidade militar que não tinha em seu histórico nada além da cota normal de crimes de qualquer unidade comum do Exército alemão, e seus comandantes foram escolhidos por Heydrich entre a elite da ss, gente com diplomas acadêmicos. Por isso o problema era como superar não tanto a sua consciência, mas sim a piedade animal que afeta todo homem normal em presença do sofrimento físico. O truque usado por Himmler — que aparentemente sofria muito fortemente com essas reações instintivas — era muito simples e provavelmente muito eficiente; consistia em inverter a direção desses instintos, fazendo com que apontassem para o próprio indivíduo. Assim, em vez de dizer "Que coisas horríveis eu fiz com as pessoas!", os assassinos poderiam dizer "Que coisas horríveis eu tive de ver na execução dos meus deveres, como essa tarefa pesa sobre os meus ombros!".

A memória deficiente de Eichmann em relação às frases engenhosas de Himmler pode ser indicação de que havia outros métodos, mais eficazes, para resolver o problema de consciência. Acima de tudo estava, como Hitler previra acertadamente, o simples fato da guerra. Eichmann insistiu muitas vezes na "atitude pessoal diferente" diante da morte quando "se viam mortos por toda parte", e quando todo mundo olhava a própria morte com indiferença: "Não nos importava se morreríamos hoje ou só amanhã, e havia momentos em que amaldiçoávamos a manhã que nos encontrava ainda vivos". Nessa atmosfera de morte violenta era especialmente eficiente o fato de a Solução Final, em seus últimos estágios, não ser efetuada por fuzilamento, portanto por meio da violência, mas nos pavilhões de gás que, do começo ao fim, estavam intimamente ligados ao "programa de eutanásia", ordenado por Hitler nas primeiras semanas da guerra e aplicado aos doentes mentais da Alemanha, até a invasão da Rússia. O programa de extermínio que começou no outono de 1941 corria, por assim dizer, em dois trilhos inteiramente diferentes. Um deles levava aos pavilhões de gás, o outro aos *Einsatzgruppen*, cujas operações na retaguarda do Exército, especialmente na Rússia, eram justificadas com o pretexto da guerra de guerrilha, e cujas vítimas não eram de forma alguma apenas judeus. Além dos guerrilheiros de verdade, eles cuidavam dos funcionários russos, dos ciganos, dos associais, dos doentes mentais e dos judeus. Os judeus eram incluídos como "inimigos potenciais" e, infelizmente, passaram-se meses antes que os judeus russos entendessem isso, e então já era tarde demais para escapar. (A velha geração se lembrava da Primeira Guerra Mundial, quando o Exército alemão havia sido saudado como libertador; mas nem os jovens, nem os velhos tinham ouvido nada sobre a maneira "como os judeus eram tratados na Alemanha, ou em Varsóvia"; eles eram "incrivelmente mal informados", como relatou o Serviço de Inteligência alemão da Rússia Branca (Hilberg). O mais notável é que até judeus alemães chegavam a essas regiões com a ilusão de estar sendo enviados como "pioneiros" do Terceiro Reich.) Essas unidades móveis de assassinato, das quais havia apenas quatro, cada uma do tamanho de um batalhão, com não mais de 3 mil homens, precisavam obter e obtinham a cooperação próxima das Forças Armadas; na verdade, as relações entre eles eram em geral "excelentes" e em alguns casos "afetuosas" (*herzlich*). Os generais demonstravam uma "atitude surpreendentemente boa quanto aos judeus"; eles não só entregavam os judeus para os *Einsatzgruppen* como muitas vezes emprestavam seus próprios homens, soldados comuns, para ajudar nos massacres. O número total de suas vítimas judaicas é estimado por Hilberg em torno de 1 milhão e meio, mas não foi resultante da ordem do Führer para exterminar fisicamente todo o povo judeu. Foi resultado de uma ordem anterior, que Hitler passou a Himmler em março de 1941, de preparar a SS e a polícia para "desempenhar serviços especiais na Rússia".

A ordem do Führer para exterminar todos os judeus, não só russos e poloneses, embora passada mais tarde, pode ser localizada desde muito antes. Teve origem não no RSHA, nem em nenhum outro departamento de Heydrich ou Himmler, mas na Chancelaria do Führer, no departamento pessoal de Hitler. Não tinha nada a ver com a guerra, e nunca usou como pretexto necessidades militares. Um dos grandes méritos de *The Final Solution*, de Gerald Reitlinger, foi demonstrar, com provas documentais indubitáveis, que o programa de extermínio dos pavilhões de gás do Leste brotou do programa de eutanásia de Hitler, e é deplorável que o julgamento de Eichmann, tão preocupado com a "verdade histórica", não tenha prestado atenção a essa conexão factual. Isso poderia ter lançado alguma luz na questão muito debatida de saber se Eichmann, do RSHA, estava envolvido em *Gasgeschichten*. É improvável que estivesse, embora um de seus homens, Rolf Günther, possa ter se interessado pelo assunto por vontade própria. Globocnik, por exemplo, que preparou as instalações de gás na área de Lublin, e que Eichmann visitou, não se dirigia a Himmler, nem a nenhuma outra autoridade policial ou da SS, quando precisava de mais gente; ele escrevia para Viktor Brack, da Chancelaria do Führer, que então passava o pedido para Himmler.

A primeira câmara de gás foi construída em 1939, para implementar o decreto de Hitler datado de 1º de setembro daquele ano, que dizia que "pessoas incuráveis devem receber uma morte misericordiosa". (Foi provavelmente essa origem "médica" da morte por gás que inspirou a surpreendente convicção do dr. Servatius de que a morte por gás devia ser considerada "assunto médico".) A ideia em si era consideravelmente mais antiga. Já em 1935, Hitler havia dito ao médico-chefe do Reich, Gerhard Wagner, que "se a guerra viesse, ele englobaria e resolveria a questão da eutanásia, porque era mais fácil fazê-lo em tempo de guerra". O decreto foi cumprido imediatamente no que dizia respeito aos doentes mentais, e entre dezembro de 1939 e agosto de 1941, cerca de 50 mil alemães foram mortos com monóxido de carbono em instituições cujas salas de execução eram disfarçadas exatamente como seriam depois em Auschwitz — como salas de duchas e banhos. O programa foi um fracasso. Era impossível manter a eliminação por gás em segredo da população alemã circundante; houve protestos de todos os lados, de pessoas que aparentemente ainda não tinham atingido a visão "objetiva" da natureza da medicina e da função de um médico. A eliminação por gás no Leste — ou, para usar a linguagem dos nazistas, "a maneira humana" de matar "dando às pessoas uma morte misericordiosa" — começou quase no mesmo dia em que cessou na Alemanha. Os homens que haviam sido empregados no programa de eutanásia na Alemanha foram então mandados para o Leste para construir as novas instalações para o extermínio de todo um povo — e esses homens saíram ou da Chancelaria de Hitler ou do Departamento de Saúde do Reich e só então foram postos sob a autoridade administrativa de Himmler.

Nenhuma das várias "regras de linguagem" cuidadosamente inventadas para enganar e camuflar teve efeito mais decisivo na mentalidade dos assassinos do que este primeiro decreto de guerra de Hitler, no qual a palavra "assassinato" era substituída pela expressão "dar uma morte misericordiosa". Quando o interrogador da polícia perguntou a Eichmann se a diretiva de evitar "sofrimento desnecessário" não era um pouco irônica, uma vez que o destino dessas pessoas era a morte certa, ele nem mesmo entendeu a pergunta, tão fortemente enraizada em sua mente estava a ideia de que o pecado imperdoável não era matar pessoas, mas provocar sofrimento desnecessário. Durante o julgamento, ele mostrou sinais inconfundíveis de sincera indignação quando testemunhas falavam de crueldades e atrocidades cometidas por homens da ss — embora a corte e boa parte da plateia deixasse de perceber esses sinais, porque o esforço obsessivo de Eichmann para manter o autocontrole levou--as a pensar que ele era "impassível" e indiferente —, e não foi a acusação de ter mandado milhões de pessoas para a morte que o deixou agitado, mas só a acusação (negada pela corte) de uma testemunha que disse que ele havia espancado um menino judeu até a morte. Sem dúvida, ele chegou a mandar pessoas para a área dos *Einsatzgruppen*, que não aplicavam "uma morte misericordiosa" (eles sempre fuzilavam), mas provavelmente ficou aliviado quando, em estágios posteriores da operação, isso passou a ser desnecessário em vista da capacidade crescente das câmaras de gás. Ele devia achar também que o novo método indicava uma decisiva melhora na atitude do governo nazista com os judeus, uma vez que no começo do programa de eliminação por gás declarara-se expressamente que os benefícios da eutanásia estariam reservados aos verdadeiros alemães. Com a continuação da guerra, com a morte violenta e horrenda grassando a toda volta — no front da Rússia, nos desertos da África, na Itália, nas praias da França, nas ruínas das cidades alemãs —, os centros de asfixia em Auschwitz e Chelmno, em Majdanek e Belzek, em Treblinka e Sobibor, devem ter realmente parecido uma "Fundação Caritativa para Assistência Institucional", como os chamavam os especialistas em morte misericordiosa. Além disso, a partir de janeiro de 1942, havia equipes de eutanásia em operação no Leste para ajudar os "feridos na neve e no gelo", e embora esse assassinato de soldados feridos fosse também "altamente confidencial", era conhecido por muita gente e certamente pelos executores da Solução Final.

Muitas vezes se disse que a asfixia dos doentes mentais teve de ser suspensa na Alemanha por causa dos protestos da população e de uns poucos dignitários corajosos das Igrejas; no entanto, nenhum protesto desse tipo foi feito quando o programa voltou-se para a asfixia de judeus, embora alguns dos centros de extermínio estivessem localizados no que era então território alemão, cercados por populações alemãs. Aqueles protestos, porém, ocorreram no começo da guerra; não se levando em conta os efeitos da "educação na eutanásia", a atitude em relação à "morte indolor por asfixia de gás" muito provavelmente se alterou no curso da guerra. Esse tipo de coisa é difícil de provar; não há documentos de apoio, por causa do segredo de todo o empreendimento, e nenhum dos criminosos de guerra mencionou a questão, nem mesmo os defensores no Julgamento dos Doutores em Nuremberg, cheios de citações tiradas da literatura internacional sobre o assunto. Talvez eles tivessem esquecido o clima da opinião pública em que matavam, talvez nunca tenham se interessado em saber, uma vez que sentiam, erroneamente, que sua atitude "objetiva e científica" era muito mais avançada que as opiniões das pessoas comuns. Porém, umas poucas histórias inestimáveis, encontradas em diários de guerra de homens confiáveis, inteiramente conscientes do fato de que sua reação de choque não era mais partilhada por seus vizinhos, sobreviveram à decadência moral de toda uma nação.

Reck-Malleczewen, que mencionei antes, conta de uma mulher da Baviera, uma "líder" que fazia discursos animadores aos camponeses no verão de 1944. Ela parecia não perder muito tempo com "armas milagrosas" e com a vitória, encarando francamente a perspectiva de derrota, que não devia preocupar nenhum bom alemão porque o Führer *"em sua grande bondade preparou para todo o povo alemão uma suave morte por asfixia de gás no caso de a guerra ter um final infeliz*". E o escritor acrescenta: "Oh, não, não estou imaginando coisas, essa bela dama não é uma miragem, eu a vi com meus próprios olhos: uma mulher de pele amarela beirando os quarenta, com olhos enlouquecidos [...] E o que aconteceu? Os camponeses bávaros pelo menos a jogaram no lago local para esfriar sua entusiástica prontidão para a morte? Eles não fizeram nada disso. Foram para casa, sacudindo as cabeças".

Minha próxima história é ainda mais adequada, uma vez que fala de alguém que não era "líder", talvez não fosse nem membro do Partido. Aconteceu em Königsberg, na Prússia Oriental, um canto inteiramente diferente da Alemanha, em janeiro de 1945, poucos dias antes de os russos destruírem a cidade, ocuparem suas ruínas e anexarem toda a província. Essa história é contada pelo conde Hans von Lehnsdorff, em seu *Ostpreussisches Tagebuch* (1961). Ele havia ficado na cidade como médico para cuidar de soldados feridos que não podiam ser evacuados e foi chamado a um dos vastos centros de refugiados do campo, que já estava ocupado pelo Exército Vermelho. Lá, foi perseguido por uma mulher que lhe mostrou uma veia varicosa que tinha havia anos e que queria tratar agora, porque tinha tempo. "Tentei explicar que seria mais importante para ela sair de Königsberg e deixar o tratamento para depois. 'Aonde você quer ir?', perguntei a ela. Ela não sabe, mas sabe que serão todos levados para o Reich. E acrescenta, surpreendentemente: *'Os russos nunca vão nos pegar. O Führer nunca vai permitir. Antes disso ele nos põe na câmara de gás'*. Olho em volta, disfarçando, mas ninguém parece achar a frase fora do comum." Dá para sentir que a história, como toda história verdadeira, está incompleta. Devia haver uma outra voz, de preferência feminina, que, suspirando profundamente, respondesse: "E agora todo aquele gás tão bom e tão caro é desperdiçado com judeus!".

VII
A CONFERÊNCIA DE WANNSEE, OU PÔNCIO PILATOS

Meu relato sobre a consciência de Eichmann seguiu até agora provas que ele próprio havia esquecido. Em sua apresentação da questão, o ponto de virada veio não quatro semanas, mas quatro meses depois, em janeiro de 1942, durante a Conferência dos *Staatssekretäre* (subsecretários de Estado), como os nazistas costumavam chamá-la, ou Conferência de Wannsee, como é chamada agora, porque Heydrich convidou os cavalheiros para uma casa que ficava nesse subúrbio de Berlim. Como bem indica o formalismo do nome da conferência, a reunião tinha se tornado necessária porque a Solução Final, se fosse mesmo aplicada em toda a Europa, exigia mais do que aceitação tácita por parte do aparelho estatal do Reich; precisaria da cooperação de todos os ministérios e de todo o serviço público. Os ministros, nove anos depois da ascensão de Hitler ao poder, eram todos velhos membros do Partido — aqueles que nos estágios iniciais do regime haviam meramente se "coordenado", por melhor que fosse essa acomodação, tinham sido substituídos. Mesmo assim, a maioria deles não merecia confiança total, uma vez que poucos deviam suas carreiras inteiramente aos nazistas, como Heydrich ou Himmler; e aqueles que deviam, como Joachim von Ribbentrop, chefe do Ministério das Relações Exteriores, antigo vendedor de champanhe, tendiam a ser insignificantes. O problema era muito mais agudo, porém, em relação aos homens de carreira superior do serviço público, sob as ordens diretas dos ministros, pois esses homens, espinha dorsal de toda a administração governamental, não eram fáceis de substituir, e Hitler os tinha tolerado, assim como Adenauer iria tolerá-los na medida em que não fossem comprometidos demais. Consequentemente, os subsecretários, os peritos legais e outros especialistas dos vários ministérios muitas vezes nem eram membros do Partido, e era bem compreensível a apreensão de Heydrich em saber se conseguiria convocar ajuda ativa dessa gente nos assassinatos em massa. Como disse Eichmann, Heydrich "esperava as maiores dificuldades". Bem, ele não poderia estar mais equivocado.

O objetivo da conferência era coordenar todos os esforços na implementação da Solução Final. A discussão voltou-se primeiro para as "complicadas questões legais", como o tratamento a ser dispensado aos que eram meio ou um quarto judeus: eles deviam ser mortos ou apenas esterilizados? Em seguida, houve uma discussão franca sobre os "vários tipos de solução possível para o problema", o que queria dizer os vários métodos de matar, e aqui também houve mais que "alegre concordância entre os participantes"; a Solução Final foi recebida com "extraordinário entusiasmo" por todos os presentes, particularmente pelo dr. Wilhelm Stuckart, subsecretário do Ministério do Interior, conhecido por ser bastante reticente e hesitante diante das medidas "radicais" do Partido, e que se revelou, segundo o testemunho do dr. Hans Globke em Nuremberg, um firme partidário da Lei. Houve certas dificuldades, porém. O subsecretário Josef Bühler, segundo no comando do Governo-Geral da Polônia, ficou chocado com a perspectiva de judeus serem evacuados do Ocidente para o Leste, porque isso significava mais judeus na Polônia, e ele propôs que essas evacuações fossem proteladas e que "a Solução Final começasse no Governo-Geral, onde não havia problema de transporte". Os cavalheiros das Relações Exteriores apresentaram seu próprio memorando, cuidadosamente elaborado, expressando "os desejos e ideias do Ministério das Relações Exteriores a respeito da solução total da questão judaica na Europa", e todos prestaram muita atenção. O ponto principal, como Eichmann corretamente observou, era que os membros dos diversos ramos do serviço público não se limitaram a expressar opiniões, mas fizeram propostas concretas. A reunião não durou mais do que uma hora, uma hora e meia, depois do que foram servidos drinques e todo mundo almoçou

— "uma íntima reuniãozinha social", destinada a fortalecer os contatos pessoais necessários. Para Eichmann, foi uma ocasião importante, pois nunca antes havia tido contato próximo com tantos "altos personagens"; ele era de longe o que estava em posição oficial e social mais baixa entre todos os presentes. Tinha enviado os convites e preparado algum material estatístico (cheio de erros incríveis) para o discurso introdutório de Heydrich — 11 milhões de judeus tinham de ser mortos, um empreendimento de certa magnitude — e mais tarde haveria de preparar as atas. Em resumo, Eichmann funcionou como secretário da reunião. Por isso teve permissão, depois que os dignitários partiram, de se sentar perto da lareira junto com seu chefe, Müller, e Heydrich, "e foi essa a primeira vez que vi Heydrich fumar e beber". Eles não falaram de trabalho, "mas gozaram de um descanso depois de longas horas de trabalho", muito satisfeitos, principalmente Heydrich, que estava excitado.

Havia outra razão para esse dia da conferência ser inesquecível para Eichmann. Embora estivesse dando o melhor de si para ajudar na Solução Final, ele ainda tinha algumas dúvidas a respeito de "uma solução sangrenta por meio da violência", e essas dúvidas agora haviam sido dissipadas. "Ali, naquela conferência, as pessoas mais importantes tinham falado, os papas do Terceiro Reich." Agora ele podia ver com os próprios olhos e ouvir com os próprios ouvidos não apenas Hitler, não apenas Heydrich ou a "esfinge" Müller, não apenas a ss e o Partido, mas a elite do bom e velho serviço público disputando e brigando entre si pela honra de assumir a liderança dessa questão "sangrenta". "Naquele momento, eu tive uma espécie de sensação de Pôncio Pilatos, pois me senti livre de toda culpa." *Quem haveria de ser o juiz?* Quem era ele para "ter suas próprias ideias sobre o assunto"? Bem, ele não era o primeiro nem o último a ser corrompido pela modéstia.

O que veio a seguir, como relembrava Eichmann, fluiu mais ou menos serenamente e logo se tornou rotineiro. Ele logo se transformou num perito de "evacuação forçada", como já havia sido um perito em "emigração forçada". Em país após país, os judeus tinham de se registrar, eram reunidos e deportados, sendo os vários carregamentos dirigidos para um ou outro centro de extermínio no Leste, dependendo da capacidade relativa de cada um no momento; quando um trem carregado de judeus chegava a um centro, os mais fortes eram escolhidos para trabalhar, muitas vezes operando a máquina de extermínio, e todos os outros eram imediatamente mortos. Ocorriam problemas, mas pequenos. O Ministério das Relações Exteriores mantinha contato com as autoridades dos países estrangeiros que não estavam ocupados nem eram aliados dos nazistas, para pressioná-los a deportar seus judeus ou, conforme o caso, impedir que os evacuassem para o Leste desordenadamente, fora de sequência e sem a devida consideração pela capacidade de absorção dos centros de extermínio. (Era assim que Eichmann se lembrava da coisa; na verdade, não era tão simples.) Os peritos legais elaboraram a legislação necessária para tornar apátridas as vítimas, o que era importante sob dois aspectos: tornava impossível para qualquer país inquirir sobre o destino deles, e permitia que o Estado em que residiam confiscasse sua propriedade. O Ministério das Finanças e o Reichsbank se prepararam para receber um vasto butim de toda a Europa, inclusive relógios e dentes de ouro. Tudo isso era classificado no Reichsbank e depois mandado para a Casa da Moeda prussiana. O Ministério dos Transportes providenciava os vagões ferroviários necessários, geralmente trens de carga, mesmo em tempos de grande escassez de equipamentos, e providenciava para que os horários de deportação não entrassem em conflito com o horário de outros trens. Eichmann e seus homens informavam aos Conselhos de Anciãos Judeus quantos judeus eram necessários para encher cada trem, e eles elaboravam a lista de deportados. Os judeus se registravam, preenchiam inúmeros formulários, respondiam páginas e páginas de questionários referentes a suas propriedades, de forma que pudessem ser tomadas mais facilmente; depois se reuniam nos pontos de coleta e embarcavam nos trens. Os poucos que tentavam se esconder ou escapar eram recapturados por uma força policial judaica especial. No entender de Eichmann, ninguém protestou, ninguém se recusou a cooperar. *"Immerzu fahren hier die Leute zu ihrem eigenen Begräbnis"* (Dia após dia, as pessoas aqui partem para seu próprio funeral), como disse um observador judeu em Berlim, em 1943.

A mera aquiescência não seria suficiente nem para uniformizar as enormes dificuldades de uma operação que logo abarcaria a totalidade da Europa ocupada ou aliada, nem para acalmar as consciências dos operadores que, afinal de contas, tinham sido criados com o mandamento "Não matarás" e conheciam o versículo da Bíblia "Mataste e herdaste", tão adequadamente citado no julgamento da Corte Distrital de Jerusalém. Aquilo que Eichmann chamou de "turbilhão de morte", que se abateu sobre a Alemanha depois das imensas perdas de Stalingrado — os bombardeios incessantes de cidades alemãs, desculpa usual de Eichmann para o morticínio de civis, e ainda em curso na Alemanha — tornando corriqueira a visão de coisas diferentes das atrocidades relatadas em Jerusalém, mas não menos horríveis, pode bem ter contribuído para abater, ou melhor, extinguir a consciência, se é que sobrava ainda alguma consciência quando isso aconteceu; contudo, não era isso o que a evidência empírica indicava. A máquina de extermínio havia sido planejada e aperfeiçoada em todos os detalhes muito antes do horror da guerra atingir a própria Alemanha, e sua intrincada burocracia funcionou com a mesma impassível precisão tanto nos anos de vitória fácil como naqueles de derrota previsível. No começo, quando as pessoas podiam ter ainda alguma consciência, quase não ocorreram deserções entre a elite governante e os comandantes superiores da SS; essas defecções se fizeram notar só quando ficou evidente que a Alemanha ia perder a guerra. Além disso, essas perdas nunca foram sérias a ponto de desequilibrar a máquina; elas consistiam em atos individuais não de misericórdia, mas de corrupção, inspirados não pela consciência, mas pelo desejo de guardar algum dinheiro ou alguns contatos para os dias sombrios que estavam por vir. A ordem de suspender o extermínio e desmontar as instalações dos pavilhões da morte, dada por Himmler no outono de 1944, brotou de sua absurda, mas sincera convicção de que os poderes aliados saberiam como apreciar esse gesto de atenção; ele contou a um incrédulo Eichmann que com isso ele poderia negociar uma *Hubertusburger-Frieden* — alusão ao Tratado de Paz de Hubertusburg que encerrou a Guerra dos Sete Anos de Frederico II da Prússia, em 1763, e permitiu que a Prússia retivesse a Silésia, apesar de ter perdido a guerra.

Eichmann contou que o fator mais potente para acalmar a sua própria consciência foi o simples fato de não ver ninguém, absolutamente ninguém, efetivamente contrário à Solução Final. Ele encontrou uma exceção, porém, que mencionou diversas vezes e que deve tê-lo impressionado muito. Foi na Hungria, quando ele estava negociando com o dr. Kastner a oferta de Himmler de libertar 1 milhão de judeus em troca de 10 mil caminhões. Kastner, aparentemente fortalecido pelo novo rumo das coisas, pediu a Eichmann que parasse "os moinhos de morte de Auschwitz", e Eichmann respondeu que o faria "com o maior prazer" (*herzlich gern*), mas que infelizmente isso estava fora de sua alçada e fora da alçada de seus superiores, como de fato estava. Evidentemente, ele não esperava que os judeus compartilhassem o entusiasmo geral por sua destruição, mas esperava mais que complacência. Esperava — e recebeu, a um ponto verdadeiramente extraordinário — a cooperação deles. Isso era "evidentemente a pedra angular" de tudo o que fazia, como havia sido a pedra angular de suas atividades em Viena. Não fosse a ajuda judaica no trabalho administrativo e policial — o agrupamento dos judeus de Berlim foi, como já mencionei, feito inteiramente pela polícia judaica —, teria ocorrido ou o caos absoluto ou uma drenagem extremamente significativa do potencial humano alemão. ("Não há dúvida de que, sem a cooperação das vítimas, dificilmente teria sido possível para uns poucos milhares de pessoas, a maioria das quais, além de tudo, trabalhava em escritórios, liquidar muitas centenas de milhares de pessoas [...] Ao longo de todo o caminho para as suas mortes, os judeus poloneses não viam mais que um punhado de alemães." Assim se expressa R. Pendorf na publicação mencionada acima. Isso se aplica em medida ainda maior aos judeus que foram transportados à Polônia para lá morrer.) Daí que o estabelecimento de governos de fachada em territórios ocupados fosse sempre acompanhado pela organização de um escritório judeu central; e como veremos mais tarde, nos lugares onde os nazistas não conseguiram estabelecer um governo marionete, fracassou também a obtenção da cooperação dos judeus. Mas enquanto os membros dos governos de fachada eram geralmente escolhidos entre os partidos de oposição, os membros dos Conselhos Judeus eram, como regra, os líderes judeus regionalmente reconhecidos, a quem os nazistas davam enormes poderes — até eles também serem deportados para Theresienstadt ou Bergen-Belsen, se eram da Europa Central ou Oriental, ou para Auschwitz, se eram da comunidade da Europa Ocidental.

Para um judeu, o papel desempenhado pelos líderes judeus na destruição de seu próprio povo é, sem nenhuma dúvida, o capítulo mais sombrio de toda uma história de sombras. Isso já era sabido antes, mas agora foi exposto pela primeira vez em todos os seus patéticos e sórdidos detalhes por Raul Hilberg, cuja obra *The Destruction of the European Jews* já mencionei antes. Na questão da cooperação, não havia diferença entre as comunidades altamente assimiladas da Europa Central e Ocidental e as massas falantes do iídiche no Leste. Em Amsterdã assim como em Varsóvia, em Berlim como em Budapeste, os funcionários judeus mereciam toda confiança ao compilar as listas de pessoas e de suas propriedades, ao reter o dinheiro dos deportados para abater as despesas de sua deportação e extermínio, ao controlar os apartamentos vazios, ao suprir forças policiais para ajudar a prender os judeus e conduzi-los aos trens, e até, num último gesto, ao entregar os bens da comunidade judaica em ordem para o confisco final. Eles distribuíam os emblemas da Estrela Amarela e, às vezes, como em Varsóvia, "a venda de braçadeiras tornou-se um negócio normal; havia as faixas comuns de pano e as faixas especiais de plástico que eram laváveis". Nos manifestos que publicavam, inspirados pelos nazistas, mas não ditados pelos nazistas, ainda se pode perceber o quanto gostavam de seus novos poderes — "O Conselho Judeu Central foi brindado com o direito de dispor absolutamente de toda riqueza espiritual e material dos judeus e de toda força de trabalho judaica", como dizia o primeiro anúncio do Conselho de Budapeste. Sabemos o que sentiam os funcionários judeus quando se transformaram em instrumentos de assassinatos: como capitães "cujos navios estavam a ponto de afundar e que conseguiam levá-lo em segurança até o porto atirando ao mar parte de sua preciosa carga"; como salvadores que "com cem vítimas salvam mil pessoas, com mil salvavam 10 mil". A verdade era ainda mais terrível. O dr. Kastner, da Hungria, por exemplo, salvou exatamente 1684 pessoas entre cerca de 476 mil vítimas. A fim de não deixar a seleção a cargo do "destino cego", eram necessários "princípios realmente sagrados como força guia para a fraca mão humana que registra no papel o nome de uma pessoa desconhecida e com isso decide sua vida ou sua morte". E quem esses "princípios sagrados" selecionavam para salvação? Aqueles "que haviam trabalhado toda a vida pela *zibur* [comunidade]" — isto é, os funcionários — e os "judeus mais importantes", como diz Kastner em seu relato.

Ninguém se dava ao trabalho de fazer os funcionários judeus jurar segredo; eles eram "portadores de segredos" voluntários, fosse para garantir a calma e evitar pânico, como no caso do dr. Kastner, fosse por considerações "humanas" — pois "viver na expectativa da morte por gás só podia ser pior", como pensava o dr. Leo Baeck, ex-rabino-chefe de Berlim. Durante o julgamento de Eichmann, uma testemunha falou das consequências infelizes desse tipo de "humanidade" — as pessoas se apresentavam voluntariamente para a deportação de Theresienstadt para Auschwitz e denunciavam como "insanas" aquelas que tentavam lhes dizer a verdade. Conhecemos muito bem o perfil dos líderes judeus durante o período nazista; eles variavam desde Chaim Rumkowski, Ancião dos Judeus de Lódz, chamado Chaim I, que expediu cédulas de dinheiro com sua assinatura e selos de correio com seu retrato, e andava numa velha carruagem puxada a cavalo; até Leo Baeck, educado, de boas maneiras, altamente ilustrado, que acreditava que policiais judeus seriam "mais gentis e atenciosos" e iriam "aliviar a carga" (quando, de fato, eles eram evidentemente mais brutais e menos corruptíveis, uma vez que para eles havia muito mais em jogo); até, finalmente, uns poucos que cometeram suicídio — como Adam Czerniakow, presidente do Conselho Judeu de Varsóvia, que não era rabino, e sim um descrente engenheiro judeu de língua polonesa, mas que devia ainda lembrar o dito rabínico: "Deixe que matem você, mas não cruze a linha".

Era quase evidente que a acusação em Jerusalém, tão cuidadosa em não atravancar a administração Adenauer, devia ter evitado, por razões maiores e mais evidentes, trazer à baila esse capítulo da história. (Essas questões, porém, foram discutidas muito abertamente e com surpreendente franqueza nos livros escolares israelenses — como se pode depreender do artigo *"Young Israelis and Jews Abroad — A Study of Selected History Textbooks"*, de Mark M. Krug, em *Comparative Education Review*, outubro de 1963.) O capítulo teve de ser incluído ali, porque esclarecia certas lacunas inexplicáveis na documentação de um caso em geral superdocumentado. Os juízes mencionaram um desses exemplos, a ausência do livro *Theresienstadt 1941-1945* (1955), de H. G. Adler, que a acusação, um tanto embaraçada, admitiu ser "autêntico, baseado em fontes irrefutáveis". A razão da omissão é clara. O livro descreve em detalhes como as temidas "listas de transporte" eram elaboradas pelo Conselho Judeu de Theresienstadt depois que a ss fornecia diretivas gerais, estipulando quantos deviam ser enviados, de que idade, sexo, profissão e país de origem. A acusação teria enfraquecido seu argumento se fosse forçada a admitir que a escolha dos indivíduos mandados para o fim era, com poucas exceções, tarefa da administração judaica. E o Procurador do Estado, sr. Ya'akov Baror, que acompanhou a intervenção da bancada, de certa forma indicou isso ao dizer: "Estou tentando trazer à baila coisas que de certa forma se referem ao acusado sem prejudicar o quadro em seu todo". O quadro teria sido realmente muito prejudicado com a inclusão do livro de Adler, uma vez que ele teria contrariado o testemunho dado pela principal testemunha de Theresienstadt, que disse que o próprio Eichmann fazia essas seleções individuais. Mais importante ainda, o quadro geral da acusação traçando uma nítida divisão entre perseguidores e vítimas teria sido muito prejudicado. Revelar provas que não servem para a acusação é, em geral, tarefa da defesa, e é difícil responder porque o dr. Servatius, que chegou a perceber pequenas contradições no testemunho, não se valeu dessa documentação bem conhecida e tão fácil de obter. Ele podia ter apontado o fato de Eichmann, logo depois de ser transformado de perito em emigração em perito em "evacuação", ter nomeado seus velhos colaboradores judeus no negócio da emigração — o dr. Paul Eppstein, que tinha sido encarregado da emigração em Berlim, e o rabino Benjamin Murmelstein, que tinha o mesmo posto em Viena — como "Anciãos Judeus" em Theresienstadt. Isso teria feito mais para demonstrar a atmosfera em que Eichmann trabalhava do que toda a conversa desagradável e muitas vezes diretamente ofensiva sobre juramentos, lealdade, e as virtudes da obediência inquestionada.

O testemunho da sra. Charlotte Salzberger sobre Theresienstadt, do qual fiz citações acima, nos permitiu olhar pelo menos de relance esse canto negligenciado daquilo que a acusação chamava sempre de "quadro geral". O juiz presidente não gostou do termo e não gostou do quadro. Ele disse diversas vezes ao Procurador-Geral que "aqui não estamos desenhando quadros", aqui temos "um indiciamento e esse indiciamento é a base de nosso julgamento", que a corte "tinha sua própria opinião sobre esse julgamento, de acordo com o indiciamento" e que "a acusação tem de se adequar ao que a corte estabelece" — admoestações admiráveis para um processo criminal, nenhuma das quais foi atendida. A acusação não apenas as desdenhou como simplesmente se recusou a interrogar ativamente suas testemunhas — se a corte ficava muito insistente, fazia-lhes algumas perguntas ao acaso, sem o menor rigor, resultando disso que as testemunhas se comportavam como se fossem oradores numa reunião patrocinada pelo Procurador-Geral, que as apresentava à plateia antes que tomassem seu lugar. Elas podiam falar quase tanto quanto quisessem, e era raro que lhes fizessem uma pergunta específica.

Essa atmosfera, não de um julgamento-espetáculo, mas de uma reunião de massa, na qual orador após orador faz o que pode para comover a plateia, foi especialmente notável quando a acusação chamou testemunha após testemunha para fazer declarações sobre o levante no gueto de Varsóvia e outras tentativas semelhantes em Vilna e Kovno — assuntos que não tinham nenhuma relação com os crimes do acusado. O testemunho dessas pessoas teria contribuído com alguma coisa para o julgamento se elas tivessem falado das atividades dos Conselhos Judeus, que desempenharam um papel tão grande e desastroso naqueles esforços heroicos. Evidentemente, houve menções a isso: ao se falar dos "homens da ss e seus ajudantes", algumas testemunhas disseram incluir entre estes últimos "a polícia do gueto, que também era um instrumento nas mãos dos assassinos nazistas", além do *Judenrat*, mas não "elaboravam" esse lado da história, preferindo mudar a discussão para o papel dos verdadeiros traidores, que eram poucos, e que eram "gente sem nome, desconhecidos do público judeu", e em cujas mãos sofreram todos os clandestinos que lutaram contra os nazistas. (Enquanto essas testemunhas falavam, a plateia mudara de novo; era agora constituída de *Kibutznikim*, membros dos assentamentos comunais israelenses aos quais pertenciam os oradores.) O relato mais puro e claro foi feito por Zivia Lubetkin Zuckerman, então uma mulher de cerca de quarenta anos, ainda muito bonita, completamente desprovida de sentimentalismo ou autoindulgência. Seus fatos eram bem organizados e sempre bastante pertinentes ao que ela queria demonstrar. Legalmente, as declarações dessas testemunhas eram irrelevantes — o sr. Hausner não mencionou nenhuma delas em seu discurso de encerramento —, a não ser na medida em que constituíam prova de contatos próximos entre guerrilheiros judeus e combatentes clandestinos poloneses e russos, coisa que, além de contradizer outros testemunhos ("Tínhamos toda a população contra nós"), podia ter sido útil para a defesa, uma vez que oferecia uma justificativa melhor para a execução em massa de civis do que a insistente alegação de Eichmann de que "Weizmann havia declarado guerra à Alemanha em 1939". (Isso era bobagem pura. Tudo o que Chaim Weizmann disse, no encerramento do último congresso sionista antes da guerra, foi que a guerra das democracias ocidentais "é nossa guerra, sua luta é nossa luta". A tragédia, como Hausner apontou corretamente, era precisamente que os judeus não eram reconhecidos como beligerantes pelos nazistas, porque se o fossem teriam sobrevivido em campos de prisioneiros de guerra ou de internamento de civis.) Se o dr. Servatius tivesse feito essa observação, a acusação teria sido forçada a admitir que esses grupos de resistência eram miseravelmente pequenos e essencialmente inofensivos — e, além disso, pouco representavam a população judaica, que em certo ponto chegou a pegar em armas contra eles.

Se ficava dolorosamente clara a morosa irrelevância legal de todos esses testemunhos, também não era difícil de adivinhar a intenção política do governo israelense ao apresentá-los. O sr. Hausner (ou o sr. Ben-Gurion) provavelmente queria demonstrar que toda resistência que pudesse ter havido vinha sempre dos sionistas, como se entre todos os judeus apenas os sionistas soubessem que, quando não se pode salvar a própria vida, talvez possa ainda valer a pena salvar a honra, como afirmou a sra. Zuckerman; queria demonstrar que o pior que podia acontecer a um ser humano em tais circunstâncias era ser e continuar "inocente", como ficou claro pelo teor e tendência do testemunho da sra. Zuckerman. No entanto, essas intenções "políticas" saíram pela culatra, pois as testemunhas eram sinceras e disseram à corte que todas as organizações e partidos judaicos haviam desempenhado seu papel na resistência, de forma que a verdadeira distinção não devia ser entre sionistas e não sionistas, mas entre povo organizado e desorganizado e, ainda mais importante, entre os jovens e os de meia-idade. Sem dúvida, os que resistiram foram minoria, uma minúscula minoria, mas nessas circunstâncias "o milagre era existir essa minoria", como disse uma das testemunhas.

Deixando de lado as considerações legais, o comparecimento ao banco de testemunhas de ex-combatentes da resistência judaica era bem-vindo. Dissiparia o espectro da cooperação universal, dissiparia a atmosfera sufocante, envenenada, que havia circundado a Solução Final. O fato bem conhecido de que o trabalho direto dos centros de extermínio ficava usualmente nas mãos de comandos judeus foi justa e cabalmente estabelecido pelas testemunhas de acusação — como eles trabalhavam nas câmaras de gás e nos crematórios, como eles arrancavam os dentes de ouro e cortavam o cabelo dos mortos, como eles cavavam os túmulos e os desenterravam de novo para eliminar os traços do assassinato em massa; como técnicos judeus haviam construído as câmaras de gás em Theresienstadt, onde a "autonomia" dos judeus havia sido levada tão longe que até o carrasco era judeu. Mas isso era simplesmente horrível, não era um problema moral. A seleção de classificação de trabalhadores nos campos era feita pela ss, que demonstrava nítida predileção pelos elementos criminosos; e, de toda forma, só podia mesmo ser uma seleção pelos piores critérios. (Isso era especialmente verdadeiro na Polônia, onde os nazistas exterminaram uma vasta proporção da intelligentsia judaica, ao mesmo tempo que mataram intelectuais poloneses e membros de profissões liberais — em forte contraste, diga-se de passagem, com sua política para a Europa Ocidental, onde tendiam a salvar os judeus importantes para trocá-los por civis alemães internos ou prisioneiros de guerra; Bergen-Belsen foi originalmente um campo de "troca de judeus".) O problema moral estava em quanto de verdade havia na descrição que Eichmann fez da cooperação judaica, mesmo sob as condições da Solução Final: "A formação do Conselho Judeu [em Theresienstadt] e a distribuição de negócios foi deixada à discrição do Conselho, exceto na escolha do presidente, quem seria o presidente, que dependia de nós, claro. Essa escolha, porém, não tinha a forma de uma decisão ditatorial. Os funcionários com quem mantínhamos contato constante — bem, eles tinham de ser tratados com luvas de pelica. Eles não recebiam ordens, pela simples razão de que os funcionários principais tinham sido informados de que fazer as coisas na forma de "você tem de", "você precisa", não ajudaria nada. Se a pessoa em questão não gosta do que está fazendo, todo o trabalho sofre [...] Fizemos o possível para tornar tudo palatável". Sem dúvida que fizeram; o problema é saber como puderam ter sucesso.

Assim, a omissão mais grave do "quadro geral" ocorria quando uma testemunha falava sobre a cooperação entre os governantes nazistas e as autoridades judaicas, e com isso dava oportunidade a que se fizesse a pergunta: "Por que você cooperou com a destruição de seu próprio povo e com sua própria ruína?". A única testemunha que havia sido membro importante de um *Judenrat* foi Pinchas Freudiger, ex-barão Philip von Freudiger, de Budapeste, e durante seu testemunho ocorreram os únicos incidentes sérios na plateia; pessoas gritaram com a testemunha em húngaro e em iídiche, e a corte teve de interromper a sessão. Freudiger, um judeu ortodoxo de considerável dignidade, ficou abalado: "Existem aqui pessoas que dizem que não foram aconselhadas a fugir. Mas 50% das pessoas que fugiram foram capturadas e mortas" — em contraste com os 95% entre as que não fugiram. "Para onde poderiam ter ido? Onde poderiam ter se abrigado?" — ele mesmo escapou para a Romênia, porque era rico e Wisliceny o ajudou. "O que poderíamos ter feito? O que poderíamos ter feito?" E a única resposta para isso veio do juiz presidente: "Não acho que isso seja resposta a uma pergunta" — a pergunta feita pela galeria, não pela corte.

A questão da cooperação foi mencionada duas vezes pelos juízes; o juiz Yitzak Raveh arrancou de uma das testemunhas da resistência a admissão de que a "polícia do gueto" era um "instrumento nas mãos dos assassinos" e conseguiu também o reconhecimento da "política de cooperação dos *Judenrat* com os nazistas"; e no segundo interrogatório, o juiz Halevi descobriu com Eichmann que os nazistas tinham visto essa cooperação como a pedra angular de sua política para os judeus. Mas a pergunta que o promotor fazia regularmente a cada testemunha, exceto aos combatentes, pergunta que soava tão natural àqueles que nada sabiam dos antecedentes do julgamento, a pergunta "Por que você não se rebelou?", serviu na verdade de cortina de fumaça para a pergunta que não foi feita. E assim ocorreu que todas as respostas à pergunta irrespondível que o sr. Hausner fez a suas testemunhas eram bem menos do que "a verdade, toda a verdade e nada mais que a verdade". A verdade era que o povo judeu não era um todo organizado, que não possuía território, governo, nem exército em sua hora de maior precisão, não tinha um governo no exílio para representá-lo entre os Aliados (a Agência Judaica para a Palestina, presidida pelo dr. Weizmann, era na melhor das hipóteses um substituto miserável), nem um esconderijo de armas, nem uma juventude com treinamento militar. Mas a verdade integral é que existiam organizações comunitárias judaicas e organizações recreativas e assistenciais tanto em nível local como internacional. Onde quer que vivessem judeus, havia líderes judeus reconhecidos, e essa liderança, quase sem exceção, cooperou com os nazistas de uma forma ou de outra, por uma ou outra razão. A verdade integral era que, se o povo judeu estivesse desorganizado e sem líderes, teria havido caos e muita miséria, mas o número total de vítimas dificilmente teria ficado entre 4 milhões e meio e 6 milhões de pessoas. (Pelos cálculos de Freudiger, metade delas estaria salva se não tivesse seguido as instruções dos Conselhos Judeus. Isso, evidentemente, é uma mera estimativa, que no entanto quase coincide com os números bastante confiáveis que temos da Holanda e que devo ao dr. L. de Jong, chefe do Instituto de Estado dos Países Baixos para a Documentação de Guerra. Na Holanda, onde os *Joodsche Raad*, assim como todas as autoridades holandesas, logo se transformaram em "instrumentos dos nazistas", 103 mil judeus foram deportados para os campos de extermínio e cerca de 5 mil para Theresienstadt da maneira usual, isto é, com a cooperação do Conselho Judeu. Apenas 519 judeus voltaram dos campos de extermínio. Em contraste com esse número, sobreviveram 10 mil dos 25 mil judeus que escaparam dos nazistas — e também do Conselho Judeu — e partiram para a clandestinidade; mais uma vez, de 40% a 50%. A maioria dos judeus mandada para Theresienstadt voltou para a Holanda.)

    Detive-me sobre esse capítulo do caso, que o tribunal de Jerusalém deixou de apresentar aos olhos do mundo em suas verdadeiras dimensões, porque ele oferece uma visão notável da totalidade do colapso moral que os nazistas provocaram na respeitável sociedade europeia — não apenas na Alemanha, mas em quase todos os países, não só entre os perseguidores, mas também entre as vítimas. Ao contrário de outros elementos do movimento nazista, Eichmann sempre se deslumbrou com a "boa sociedade", e a polidez que demonstrava com funcionários judeus que falassem alemão era em grande parte resultado de sua suposição de que estava lidando com gente que lhe era socialmente superior. Ele não era de forma alguma o que uma das testemunhas disse que era, um "*Landsknechtnatur*", um mercenário, que só queria escapar para regiões onde não existem os Dez Mandamentos e onde um homem pode fazer o que bem entender. Ele acreditava fervorosamente e até o fim no sucesso, padrão principal da "boa sociedade" conforme ele a conhecia. Muito típica disso foi sua última palavra sobre o assunto Hitler — a quem ele e seu camarada Sassen haviam combinado "deixar de fora" em sua entrevista; Hitler, disse ele, "pode ter estado errado do começo ao fim, mas uma coisa está acima de qualquer dúvida: esse homem conseguiu abrir seu caminho de cabo lanceiro do Exército alemão até Führer de um povo de quase 80 milhões [...] Bastava o seu sucesso para me provar que eu devia me subordinar a esse homem". Sua consciência ficou efetivamente tranquila quando ele viu o zelo e o empenho com que a "boa sociedade" de todas as partes reagia ao que ele fazia. Ele não precisava "cerrar os ouvidos para a voz da consciência", como diz o preceito, não porque ele não tivesse nenhuma consciência, mas porque sua consciência falava com "voz respeitável", com a voz da sociedade respeitável a sua volta.

Uma das alegações de Eichmann era que nenhuma voz se levantara no mundo exterior para despertar sua consciência, e que era tarefa da acusação provar que não era assim, que havia vozes que ele poderia ter ouvido e que, de toda forma, fizera seu trabalho com um zelo muito além do chamado do dever. Esse ponto se mostrou verdadeiro, ainda que, por estranho que pareça, seu empenho assassino não fosse inteiramente desligado da ambiguidade das vozes daqueles que, em um ou outro momento, tentaram detê-lo. Basta mencionar aqui, de passagem, a chamada "emigração interna" da Alemanha — aquelas pessoas que muitas vezes tinham postos, até altos postos, no Terceiro Reich e que, depois do fim da guerra, disseram a si mesmas e ao mundo em geral que tinham sido sempre "internamente opostas" ao regime. A questão aqui não é saber se estão ou não dizendo a verdade; a questão é, ao contrário, que nenhum segredo, na atmosfera cheia de segredos do regime de Hitler, foi tão bem guardado quanto essa "oposição interna". Isso era quase de se esperar nas condições do terror nazista; como me disse um conhecido "emigrante interno", que certamente acreditava na própria sinceridade, eles tinham de parecer "externamente" mais nazistas que o nazista comum a fim de manter seu segredo. (Isso talvez possa explicar por que os poucos protestos conhecidos contra o programa de extermínio não tenham vindo dos comandantes do Exército, mas de velhos membros do Partido.) A única maneira possível de viver no Terceiro Reich e não agir como nazista consistia em não aparecer de forma alguma: "retirar-se de toda participação significativa na vida pública" era, de fato, o único critério pelo qual era possível medir a culpa individual, como observou Otto Kirchheimer em seu recente *Political Justice* (1961). Se o termo faz algum sentido, o "emigrante interno" só podia ser alguém que vivia "como náufrago entre seu próprio povo, em meio às massas crédulas", como disse o professor Hermann Jahreiss em sua "Declaração dos Advogados de Defesa", diante do tribunal de Nuremberg. Pois a oposição era "inteiramente sem sentido" na ausência de toda e qualquer organização. É verdade que havia alemães que viveram doze anos nesse "frio exterior", mas seu número era insignificante, mesmo entre os membros da Resistência. Em anos recentes, a palavra de ordem da "emigração interna" se transformou numa espécie de piada (o próprio termo tem um sabor definitivamente equívoco, uma vez que pode indicar tanto uma emigração para as regiões internas da alma como uma forma de se portar como um emigrante). O sinistro dr. Otto Bradfisch, ex-membro de um dos *Einsatzgruppen*, que coordenou o assassinato de pelo menos 15 mil pessoas, contou a uma corte alemã que sempre tinha sido "internamente oposto" ao que estava fazendo. Talvez a morte de 15 mil pessoas fosse necessária para lhe fornecer um álibi aos olhos dos "verdadeiros nazistas". (O mesmo argumento foi usado, embora com resultado bem menos satisfatório, num tribunal polonês, pelo ex-*Gauleiter* do Warthegau, Arthur Greisen: só a sua "alma oficial" havia cometido os crimes pelos quais foi enforcado em 1946; sua "alma privada" sempre fora contra eles.)

Eichmann pode não ter nunca encontrado um "emigrante interno", mas deve ter conhecido muitos daqueles numerosos funcionários públicos que hoje afirmam ter ficado em seus postos por nenhuma outra razão senão "mitigar" as coisas e impedir que os "nazistas de verdade" se apoderassem de seus postos. Já mencionamos o famoso caso do dr. Hans Globke, subsecretário de Estado e chefe da divisão de pessoal da Chancelaria da Alemanha Ocidental de 1953 a 1963. Como ele foi o único funcionário público de sua categoria a ser mencionado durante o julgamento, talvez valha a pena examinar suas atividades mitigantes. O dr. Globke era empregado do Ministério do Interior prussiano antes da ascensão de Hitler ao poder, e lá demonstrou um interesse bastante prematuro na questão judaica. Foi ele quem formulou a primeira diretiva a exigir "prova de ascendência ariana", neste caso de pessoas que pediam permissão para mudar de nome. Essa circular de dezembro de 1932 — expedida num momento em que a subida de Hitler ao poder ainda não era uma certeza, mas uma forte possibilidade — antecipa, estranhamente, os "decretos altamente confidenciais", ou seja, a norma tipicamente totalitária que utiliza leis que não são levadas à atenção do público, como o regime de Hitler faria muito depois, advertindo a seus destinatários que "estas diretivas não devem ser publicadas". O dr. Globke, como mencionei, manteve seu interesse por nomes. O "Comentário às Leis de Nuremberg" que ele redigiu em 1935 era consideravelmente mais áspero que a interpretação anterior da *Rassenschande* pelo perito em assuntos judaicos do Ministério do Interior, dr. Bernhardt Lösener, velho membro do Partido, e por isso pode-se até acusar Globke de ter tornado as coisas piores do que eram com os "nazistas de verdade". Mas mesmo se acreditarmos em todas as suas boas intenções, é difícil entender o que ele poderia ter feito naquelas circunstâncias para melhorar as coisas. Recentemente, porém, um jornal alemão, depois de muito pesquisar, topou com a resposta para essa intrigante pergunta. Encontraram um documento, decididamente assinado pelo dr. Globke, que determinava que as noivas tchecas de soldados alemães teriam de fornecer fotos de si mesmas em maiô para conseguir a licença de casamento. E o dr. Globke explicou: "Com essa determinação confidencial, um escândalo que já durava três anos foi até certo ponto *mitigado*"; pois, até a sua intervenção, as noivas tchecas tinham de fornecer fotografias que as mostrassem inteiramente nuas.

Conforme explicou em Nuremberg, o dr. Globke teve a sorte de trabalhar sob as ordens de outro "mitigador", o *Staatssekretär* (sub-secretário de Estado) Wilhelm Stuckart, que já encontramos como um dos empenhados membros da Conferência de Wannsee. As atividades atenuantes de Stuckart diziam respeito aos meio-judeus, que ele propunha esterilizar. (A corte de Nuremberg, de posse das atas da Conferência de Wannsee, pode não ter acreditado que ele não sabia nada sobre o programa de extermínio, mas condenou-o a uma pena de prisão que ele não precisou cumprir em virtude de sua saúde debilitada. Um tribunal alemão de desnazificação impôs-lhe uma multa de quinhentos marcos e declarou-o "membro nominal do Partido" — um *Mitläufer* —, muito embora se soubesse que Stuckart pertencia à "velha-guarda" do Partido e tinha se filiado cedo à ss, como membro honorário.) Evidentemente, as histórias dos "mitigadores" nos escritórios de Hitler faz parte dos contos de fadas do pós-guerra, e podemos descartá-las também como vozes que pudessem ter chegado à consciência de Eichmann.

A questão das "vozes" tornou-se séria em Jerusalém quando apareceu no tribunal o pastor Heinrich Grüber, um ministro protestante que foi a única testemunha alemã para a acusação e, a não ser pelo juiz Michael Musmanno dos Estados Unidos, o único não judeu. (As testemunhas alemãs para a defesa foram excluídas de início, visto que estariam se expondo a prisão e julgamento em Israel pela mesma legislação que agora julgava Eichmann.) O pastor Grüber pertencera ao grupo numericamente pequeno e politicamente irrelevante de pessoas que se opuseram a Hitler por princípio, e não por considerações nacionalistas, e cuja posição na questão judaica era inequívoca. Ele prometia ser uma esplêndida testemunha, uma vez que Eichmann havia negociado com ele diversas vezes, e sua mera aparição na corte criou uma espécie de sensação. Infelizmente, seu testemunho foi vago; ele não se lembrava, depois de tantos anos, de quando tinha falado com Eichmann, nem sobre o quê — o que era mais sério. Tudo o que lembrava claramente era que tinha uma vez pedido um carregamento de pães sem fermento para a Páscoa na Hungria, e que havia viajado até a Suíça durante a guerra para contar aos seus amigos cristãos como a situação era perigosa e insistir para que houvesse mais oportunidades de emigração. (As negociações devem ter ocorrido antes da implementação da Solução Final, que coincidiu com o decreto de Himmler proibindo toda emigração; elas ocorreram provavelmente antes da invasão da Rússia.) Ele conseguiu seu pão sem fermento, e foi e voltou da Suíça em segurança. Seus problemas começaram depois, quando tiveram início as deportações. O pastor Grüber e seu grupo de clérigos protestantes intervieram primeiro "em favor de pessoas que foram feridas na Primeira Guerra Mundial e daqueles que receberam altas condecorações militares; em favor dos velhos e das viúvas dos que morreram na Primeira Guerra Mundial". Essas categorias correspondiam àquelas que tinham sido originalmente isentadas pelos próprios nazistas. Agora, Grüber era informado que o que estava fazendo "contrariava a política do governo", mas nada sério aconteceu com ele. Porém, logo depois disso, o pastor Grüber fez algo realmente extraordinário: tentou chegar ao campo de concentração de Gurs, no Sul da França, onde a França de Vichy havia internado, junto com refugiados judeus alemães, cerca de 7500 judeus de Baden e do Saarpfalz que Eichmann havia contrabandeado pela fronteira franco-alemã no outono de 1940 e que, segundo a informação do pastor Grüber, estavam em condições ainda piores do que os judeus deportados para a Polônia. Como resultado dessa tentativa, ele foi detido e posto num campo de concentração — primeiro em Sachsenhausen, depois em Dachau. (Destino semelhante teve o arcebispo católico Bernhard Lichtenberg, da Catedral de Santa Hedwig em Berlim; ele não só ousou rezar em público por todos os judeus, batizados ou não — o que era consideravelmente mais perigoso do que intervir em "casos especiais" —, como também solicitou autorização para se juntar aos judeus em sua viagem para o Leste. Morreu a caminho do campo de concentração.)

Além de atestar a existência de uma "outra Alemanha", o pastor Grüber não contribuiu muito para o significado legal ou histórico do julgamento. Ele estava cheio de preconceitos sobre Eichmann — ele era como "um bloco de gelo", como "mármore", um *Landsknechtsnatur*", um "ciclista" (expressão idiomática alemã para alguém que abaixa a cabeça para seus superiores e chuta seus subordinados) —, com os quais mostrava não ser um bom psicólogo; além disso, a acusação de "ciclista" era desmentida por provas que mostravam que Eichmann era bem decente com seus subordinados. De toda forma, eram interpretações e conclusões que normalmente seriam descartadas em qualquer tribunal, mas que em Jerusalém se encaixaram no julgamento. Sem elas o testemunho do pastor Grüber teria fortalecido a defesa, pois Eichmann nunca deu uma resposta direta a Grüber, sempre pediu que voltasse depois, porque tinha de pedir instruções. Mais importante, o dr. Servatius, pelo menos dessa vez, tomou a iniciativa e fez à testemunha uma pergunta altamente pertinente: "O senhor tentou influenciá-lo? Tentou, como religioso, apelar para os sentimentos dele, fazer um sermão para ele, e lhe dizer que sua conduta era contrária à moralidade?". Evidentemente o bravo pastor não tinha feito nada do tipo, e suas respostas foram altamente embaraçosas. Ele disse que "atos são mais eficazes que palavras", e que "palavras teriam sido inúteis"; expressou-se com clichês que não tinham nada a ver com a realidade da situação, na qual "meras palavras" teriam sido atos, e onde teria sido talvez dever de um sacerdote desafiar "a inutilidade das palavras".

Ainda mais pertinente que a pergunta do dr. Servatius foi o que Eichmann disse sobre esse episódio em seu último depoimento: "Ninguém veio até mim e me censurou por nada no desempenho de meus deveres, nem o pastor Grüber disse uma coisa dessas", ele repetiu. E acrescentou: "Ele veio até mim e pediu alívio para o sofrimento, mas não objetou de fato ao desempenho de meus deveres enquanto tais". Pelo depoimento do pastor Grüber parecia que ele buscava não tanto o "alívio do sofrimento" quanto a isenção para algumas categorias bem estabelecidas anteriormente pelos nazistas. Essas categorias haviam sido aceitas sem protestos pelo judaísmo alemão desde o começo. E a aceitação de categorias privilegiadas — judeus alemães acima de judeus poloneses, judeus veteranos de guerra e condecorados acima de judeus comuns, famílias cujos ancestrais eram nascidos na Alemanha acima de cidadãos naturalizados recentemente etc. — fora o começo do colapso moral da respeitável sociedade judaica. (Hoje em dia, quando há uma tendência a relegar esses temas como se houvesse uma lei da natureza humana que levasse todo mundo a perder a dignidade em face do desastre, podemos relembrar a atitude dos veteranos de guerra judeus franceses, a quem seu governo ofereceu os mesmos privilégios e que responderam: "Declaramos solenemente que recusamos todo benefício excepcional que possamos gozar por nossa condição de ex-combatentes" [*American Jewish Yearbook*, 1945].) Nem é preciso dizer que os próprios nazistas nunca levaram a sério essas distinções. Para eles um judeu era um judeu, mas as categorias desempenharam certo papel até o final, uma vez que ajudaram a acalmar certa inquietação entre a população alemã: só os judeus poloneses foram deportados, só as pessoas que haviam fugido do serviço militar, e assim por diante. Para aqueles que não queriam fechar os olhos, deve ter ficado claro desde o começo que "era prática geral permitir certas exceções a fim de conseguir manter a regra geral com maior facilidade" (nas palavras de Louis de Jong num esclarecedor artigo sobre "*Jews and Non-Jews in Nazi-Occupied Holland*").

Moralmente, o mais desastroso na aceitação dessas categorias privilegiadas era que todos os que pediam uma "exceção" para o seu caso reconheciam implicitamente a regra, mas esse ponto aparentemente nunca foi percebido por esses "bons homens", judeus e gentios, que se ocupavam com esses "casos especiais" para os quais pediam tratamento preferencial. Talvez a obra que deixe mais claro até que ponto mesmo as vítimas judaicas aceitaram os padrões da Solução Final seja o chamado Relatório Kastner (disponível em alemão, *Der Kastner-Bericht über Eichmanns Menschenhandel in Ungarn*, 1961). Mesmo depois do final da guerra, Kastner orgulhava-se do seu sucesso em salvar "judeus importantes", uma categoria inventada pelos nazistas em 1942, como se também para ele nem fosse preciso dizer que um judeu famoso tinha mais direito de permanecer vivo do que um comum; assumir essas "responsabilidades" — ajudar os nazistas em seus esforços de selecionar pessoas "famosas" em meio à massa anônima, era disso que se tratava — "exigia mais coragem do que enfrentar a morte". Mas se os solicitantes judeus e gentios de "casos especiais" não tinham consciência de sua involuntária cumplicidade, esse reconhecimento implícito da regra, que significava morte para todos os casos não especiais, deve ter sido muito óbvio para aqueles que estavam envolvidos no negócio do assassinato. Eles devem ter sentido, pelo menos, que ao receber pedidos de exceções e ao atender alguns ocasionalmente, conquistando assim gratidão, estavam convencendo seus oponentes da legalidade do que faziam.

Além disso, o pastor Grüber e a corte de Jerusalém estavam errados ao achar que os pedidos de exceção provinham apenas dos oponentes do regime. Ao contrário, como Heydrich afirmou explicitamente na Conferência de Wannsee, o estabelecimento de Theresienstadt como gueto para categorias privilegiadas foi motivado pelo grande número dessas intervenções vindas de todos os lados. Theresienstadt tornou-se depois um showroom para visitantes estrangeiros e serviu para enganar o mundo exterior, mas essa não foi a sua *raison d'être* original. O horrível processo de esvaziamento que ocorria regularmente nesse "paraíso" — "diferente dos outros campos como o dia da noite", como Eichmann observou corretamente — era necessário porque nunca havia espaço suficiente para atender todos os privilegiados, e sabemos de uma diretiva expedida por Ernst Kaltenbrunner, chefe do RSHA, determinando que "se tome especial cuidado em não deportar judeus com ligações e relações importantes no mundo exterior". Em outras palavras, os judeus menos "famosos" eram constantemente sacrificados em prol daqueles cujo desaparecimento no Leste levantaria perguntas desagradáveis. As "relações no mundo exterior" não viviam necessariamente fora da Alemanha; segundo Himmler, existiam "80 milhões de bons alemães, e cada um deles tem o seu judeu decente. Claro, os outros são porcos, mas este judeu particular é de primeira classe" (Hilberg). Conta-se que o próprio Hitler conhecia 340 "judeus de primeira classe" que ele fez assimilar ao status de alemães ou a quem concedeu privilégios de meio-judeus. Milhares de meio-judeus tinham sido eximidos de todas as restrições, o que pode explicar o papel de Heydrich na SS e o papel do *Generalfeldmarschall* Erhard Milch na Força Aérea de Göring, pois era de conhecimento geral que Heydrich e Milch eram meio-judeus. (Dos principais criminosos de guerra, apenas dois se arrependeram diante da morte: Heydrich, durante os nove dias que levou para morrer dos ferimentos provocados por patriotas tchecos, e Hans Frank, em sua cela de morte em Nuremberg. Esse fato incomoda, porque é difícil não desconfiar que Heydrich se arrependeu não pelo assassinato, mas pela traição a seu próprio povo.) Quando as intervenções em favor de judeus "importantes" provinham de gente "importante", elas quase sempre eram bem-sucedidas. Assim, Sven Hedin, um dos mais ardentes admiradores de Hitler, interveio em favor de um conhecido geógrafo, um certo professor Philippsohn de Bonn, que estava "vivendo em condições indignas em Theresienstadt"; numa carta a Hitler, Hedin ameaçava dizendo que "sua atitude em relação à Alemanha dependia do destino de Philippsohn", diante do que o sr. Philippsohn imediatamente recebeu melhores acomodações (segundo o livro de H. G. Adler sobre Theresienstadt).

Na Alemanha de hoje, essa ideia de judeus "importantes" ainda não foi esquecida. Veteranos e outros grupos privilegiados não são mais mencionados, mas o destino de judeus "famosos" ainda é deplorado à custa de todos os outros. Não são poucos, principalmente entre a elite cultural, os que ainda lamentam publicamente o fato de a Alemanha ter despachado Einstein, sem perceber que era um crime muito maior matar o pequeno Hans Cohn da esquina, mesmo que ele não fosse nenhum gênio.

VIII
DEVERES DE UM CIDADÃO RESPEITADOR DAS LEIS

Assim sendo, eram muitas as oportunidades de Eichmann se sentir como Pôncio Pilatos, e à medida que passavam os meses e os anos, ele perdeu a necessidade de sentir fosse o que fosse. Era assim que as coisas eram, essa era a nova lei da terra, baseada nas ordens do Führer; tanto quanto podia ver, seus atos eram os de um cidadão respeitador das leis. Ele cumpria o seu *dever*, como repetiu insistentemente à polícia e à corte; ele não só obedecia *ordens*, ele também obedecia à *lei*. Eichmann tinha uma vaga noção de que isso podia ser uma importante distinção, mas nem a defesa nem os juízes jamais insistiram com ele sobre isso. As moedas bem gastas das "ordens superiores" versus os "atos de Estado" circulavam livremente; haviam dominado toda a discussão desses assuntos durante os julgamentos de Nuremberg, pura e simplesmente por dar a ilusão de que algo absolutamente sem precedentes podia ser julgado de acordo com precedentes e seus padrões. Eichmann, com seus dotes mentais bastante modestos, era certamente o último homem na sala de quem se podia esperar que viesse a desafiar essas ideias e agir por conta própria. Como além de cumprir aquilo que ele concebia como deveres de um cidadão respeitador das leis, ele também agia sob ordens — sempre o cuidado de estar "coberto" —, ele acabou completamente confuso e terminou frisando alternativamente as virtudes e os vícios da obediência cega, ou a "obediência cadavérica" (*kadavergehorsam*), como ele próprio a chamou.

A primeira indicação de que Eichmann tinha uma vaga noção de que havia mais coisas envolvidas nessa história toda do que a questão do soldado que cumpre ordens claramente criminosas em natureza e intenção apareceu no interrogatório da polícia, quando ele declarou, de repente, com grande ênfase, que tinha vivido toda a sua vida de acordo com os princípios morais de Kant, e particularmente segundo a definição kantiana do dever. Isso era aparentemente ultrajante, e também incompreensível, uma vez que a filosofia moral de Kant está intimamente ligada à faculdade de juízo do homem, o que elimina a obediência cega. O oficial interrogador não forçou esse ponto, mas o juiz Raveh, fosse por curiosidade, fosse por indignação pelo fato de Eichmann ter a ousadia de invocar o nome de Kant em relação a seus crimes, resolveu interrogar o acusado. E, para surpresa de todos, Eichmann deu uma definição quase correta do imperativo categórico: "O que eu quis dizer com minha menção a Kant foi que o princípio de minha vontade deve ser sempre tal que possa se transformar no princípio de leis gerais" (o que não é o caso com roubo e assassinato, por exemplo, porque não é concebível que o ladrão e o assassino desejem viver num sistema legal que dê a outros o direito de roubá-los ou matá-los). Depois de mais perguntas, acrescentou que lera a *Crítica da razão pura*, de Kant. E explicou que, a partir do momento em que fora encarregado de efetivar a Solução Final, deixara de viver segundo os princípios kantianos, que sabia disso e que se consolava com a ideia de que não era mais "senhor de seus próprios atos", de que era incapaz de "mudar qualquer coisa". O que não referiu à corte foi que "nesse período de crime legalizado pelo Estado", como ele mesmo disse, descartara a fórmula kantiana como algo não mais aplicável. Ele distorcera seu teor para: aja como se o princípio de suas ações fosse o mesmo do legislador ou da legislação local — ou, na formulação de Hans Frank para o "imperativo categórico do Terceiro Reich", que Eichmann deve ter conhecido: "Aja de tal modo que o Führer, se souber de sua atitude, a aprove" (*Die Technik des Staates*, 1942, pp. 15-6). Kant, sem dúvida, jamais pretendeu dizer nada desse tipo; ao contrário, para ele todo homem é um legislador no momento em que começa a agir: usando essa "razão prática" o homem encontra os princípios que poderiam e deveriam ser os princípios da lei. Mas é verdade que a distorção inconsciente de Eichmann está de acordo com aquilo que ele próprio chamou de versão de Kant "para uso doméstico do homem comum". No uso doméstico, tudo o que resta do espírito de Kant é a exigência de que o homem faça mais que obedecer à lei, que vá além do mero chamado da obediência e identifique sua própria vontade com o princípio que está por trás da lei — a fonte de onde brotou a lei. Na filosofia de Kant, essa fonte é a razão prática; no uso doméstico que Eichmann faz dela, seria a vontade do Führer. Grande parte do minucioso empenho na execução da Solução Final — um empenho que geralmente atinge o observador como tipicamente alemão, ou característico do perfeito burocrata — pode ser atribuída à estranha noção, efetivamente muito comum na Alemanha, de que ser respeitador das leis significa não apenas obedecer às leis, mas agir como se fôssemos os legisladores da lei que obedecemos. Daí a convicção de que é preciso ir além do chamado do dever.

Seja qual for o papel de Kant na formação da mentalidade do "homem comum" da Alemanha, não existe a menor dúvida de que Eichmann efetivamente seguia os preceitos de Kant: uma lei era uma lei, não havia exceções. Em Jerusalém, ele admitiu apenas duas dessas exceções durante a época em que "80 milhões de alemães" tinham cada um o "seu judeu decente": ele havia ajudado um primo meio-judeu e um casal judeu em Viena por quem seu tio interviera. Essa incoerência ainda o deixava um tanto incomodado, e quando foi interrogado a esse respeito, ficou abertamente apologético: ele havia "confessado seus pecados" a seus superiores. Essa atitude intransigente em relação ao desempenho de seus deveres assassinos condenou-o mais do que qualquer outra coisa aos olhos dos juízes, o que era compreensível, mas a seus próprios olhos era exatamente ela que o justificava, assim como antes silenciara a consciência que pudesse lhe restar. Sem exceções — essa era a prova de que ele havia agido sempre contra seus "pendores", fossem eles sentimentais ou inspirados por interesse, em prol do cumprimento do "dever".

Cumprir seu "dever" acabou fazendo com que entrasse em conflito aberto com as ordens de seus superiores. Durante o último ano da guerra, mais de dois anos depois da Conferência de Wannsee, ele experimentou sua última crise de consciência. Com a aproximação da derrota, ele se viu confrontado com homens de seu próprio escalão que lutavam mais e mais insistentemente por exceções e até pela cessação da Solução Final. Foi o momento em que sua cautela se rompeu e ele começou, mais uma vez, a tomar iniciativas — por exemplo, ele organizou as marchas a pé dos judeus de Budapeste até a fronteira da Áustria depois que o bombardeio aliado arrasou com o sistema de transporte. Era o outono de 1944, e Eichmann sabia que Himmler havia ordenado o desmantelamento das instalações de extermínio em Auschwitz e que o jogo acabara. Por volta dessa época, Eichmann teve uma de suas raras entrevistas pessoais com Himmler, no curso da qual este último teria gritado para ele: "Se você até agora esteve ocupado liquidando judeus, de agora em diante, estou ordenando, vai cuidar muito bem dos judeus, vai ser enfermeira deles. Lembre-se de que fui eu — e não o *Gruppenführer* Müller ou você — que fundou o RSHA em 1933; sou eu que dou as ordens aqui!". A única testemunha que poderia confirmar essas palavras era o suspeitíssimo sr. Kurt Becher; Eichmann negou que Himmler tivesse gritado com ele, mas não negou que essa entrevista aconteceu. Himmler não pode ter dito exatamente essas palavras, pois ele sabia que o RSHA havia sido fundado em 1939 e não em 1933, e não só por ele, mas também por Heydrich, com seu endosso. Mesmo assim, algo desse tipo deve ter acontecido, porque Himmler estava nessa época dando ordens a torto e a direito para que tratasse bem os judeus — eles eram seu "investimento mais seguro" —, o que deve ter sido uma experiência chocante para Eichmann.

A última crise de consciência de Eichmann começou com suas missões na Hungria em março de 1944, quando o Exército Vermelho estava se movimentando nos montes Cárpatos em direção à fronteira húngara. A Hungria havia aderido à guerra do lado de Hitler em 1941, simplesmente a fim de receber mais alguns territórios dos países vizinhos — Eslováquia, Romênia e Iugoslávia. O governo húngaro era abertamente antissemita mesmo antes disso, e agora começava a deportar todos os judeus apátridas para os territórios recém-adquiridos. (Em quase todos os países, as ações antijudaicas começavam com pessoas sem nacionalidade.) Isso não fazia parte da Solução Final e, na verdade, não se encaixava nos complexos planos então em preparação de "passar um pente-fino de Leste a Oeste" na Europa, de forma que a Hungria era pouco prioritária na ordem das operações. Os judeus apátridas tinham sido despachados pela polícia húngara para a parte mais próxima da Rússia, e as autoridades de ocupação alemãs no local protestaram contra a sua chegada; os húngaros pegaram de volta alguns milhares de homens capazes e deixaram que o resto fosse fuzilado por tropas húngaras sob a orientação de unidades da polícia alemã. Mas o almirante Horthy, governante fascista do país, não quis prosseguir — provavelmente devido à influência restritiva de Mussolini e do fascismo italiano —, e nos anos seguintes a Hungria, como a Itália, tornou-se um abrigo de judeus, para o qual até refugiados da Polônia e da Eslováquia ainda podiam escapar. A anexação do território e o fluxo de refugiados que entravam aumentou o número de judeus na Hungria de 500 mil antes da guerra para aproximadamente 800 mil em 1944, quando Eichmann foi para lá.

Como sabemos hoje, a segurança desses 300 mil judeus recém-adquiridos pela Hungria era devida mais à relutância dos alemães em dar início a uma ação separada contra um número limitado do que à disposição húngara de oferecer asilo. Em 1942, sob pressão do Ministério das Relações Exteriores (que sempre deixou muito claro para os aliados da Alemanha que a pedra de toque de sua confiabilidade era sua ajuda não em ganhar a guerra, mas em "resolver a questão judaica"), a Hungria propôs entregar todos os refugiados judeus. O Ministério das Relações Exteriores queria aceitar isso como um passo na direção certa, mas Eichmann objetou: por razões técnicas, ele achava "preferir retardar essa ação até a Hungria estar pronta para incluir os judeus húngaros"; seria muito oneroso "movimentar toda a máquina de evacuação" para uma única categoria, sem fazer, portanto, "nenhum progresso na solução do problema judeu na Hungria". Agora, em 1944, a Hungria estava "pronta", porque em 19 de março duas divisões do Exército alemão ocuparam o país. Com elas veio o novo plenipotenciário do Reich, o *Standartenführer* da ss dr. Edmund Veesenmayer, agente de Himmler nas Relações Exteriores, e o *Obergruppenführer* da ss Otto Winkelmann, um dos comandantes superiores da ss e da polícia e portanto sob comando direto de Himmler. O terceiro oficial da ss a chegar ao país foi Eichmann, perito em evacuação e deportação de judeus, que estava sob o comando de Müller e Kaltenbrunner no RSHA. O próprio Hitler não havia deixado dúvidas do que significava a chegada desses três senhores; numa famosa entrevista, anterior à ocupação do país, ele disse a Horthy que "a Hungria ainda não adotou os passos necessários para resolver a questão judaica", e acusou-o de "não ter permitido que os judeus fossem massacrados" (Hilberg).

A missão de Eichmann era clara. Todo o seu departamento foi transferido para Budapeste (em termos de carreira, isso era uma "descida"), para lhe permitir que todos os "passos necessários" fossem tomados. Ele não tinha ideia do que poderia acontecer; seu pior medo dizia respeito à possível resistência de parte dos húngaros, coisa com que não teria condições de lidar, porque não tinha pessoal para isso nem conhecimento das condições locais. Esses temores mostraram-se infundados. A gendarmeria húngara estava mais do que disposta a fazer tudo o que fosse necessário, e o novo secretário de Estado para Assuntos Políticos (Judeus) no Ministério do Interior húngaro, László Endre, era um homem "bem versado no problema judeu" e tornou-se um amigo íntimo com quem Eichmann podia passar boa parte de seu tempo livre. Tudo caminhava "como um sonho", como ele repetia sempre que lembrava desse episódio; não havia nenhuma dificuldade. A menos, é claro, que se chamem dificuldades umas poucas pequenas diferenças entre suas ordens e os desejos de seus novos amigos; por exemplo: provavelmente devido à aproximação do Exército Vermelho do Leste, suas ordens estipulavam que o país devia ser "varrido de Leste a Oeste", o que significava que os judeus de Budapeste não seriam evacuados durante as primeiras semanas ou meses — coisa que os húngaros lamentaram, porque desejavam que sua capital assumisse a liderança, tornando-se *judenrein*. (O "sonho" de Eichmann era um incrível pesadelo para os judeus: em nenhum outro lugar tantas pessoas foram deportadas e exterminadas num período tão curto. Em menos de dois meses, 147 trens, levando 434 351 pessoas em vagões de carga lacrados, cem pessoas por vagão, deixaram o país, e as câmaras de gás de Auschwitz mal conseguiram dar conta dessa multidão.)

As dificuldades vieram de outro lado. Não só um, mas três homens tinham ordens especificando que deviam ajudar na "solução do problema judeu"; cada um deles pertencia a uma seção diferente e ficava numa cadeia diferente de comando. Tecnicamente, Winkelmann era superior a Eichmann, mas os comandantes superiores da ss e da polícia não estavam sob o comando do RSHA, ao qual Eichmann pertencia. E Veesenmayer, das Relações Exteriores, era independente de ambos. De toda forma, Eichmann se recusou a receber ordens de qualquer um dos outros, e ressentia-se de sua presença. Mas o maior problema veio de um quarto homem, que Himmler havia encarregado de uma "missão especial" no único país da Europa que ainda abrigava não apenas um número considerável de judeus, mas de judeus ainda em posição econômica importante. (De um total de 110 mil estabelecimentos comerciais e empresas industriais na Hungria, 40 mil estavam em mãos de judeus.) Esse homem era o *Obersturmbannführer*, depois *Standartenführer*, Kurt Becher.

Becher, velho inimigo de Eichmann, hoje um próspero comerciante em Bremen, foi chamado, por estranho que pareça, como testemunha da defesa. Ele não podia vir a Jerusalém por razões óbvias, e prestou depoimento em sua cidade natal, na Alemanha. Seu testemunho teve de ser descartado, uma vez que ele foi informado com muita antecedência sobre as perguntas que iria responder sob juramento. Foi uma grande pena não ter sido possível confrontar Eichmann e Becher, e não apenas por razões jurídicas. Esse confronto teria revelado outra parte do "quadro geral" que, mesmo legalmente, estava longe de ser irrelevante. Segundo seu próprio depoimento, Becher era filiado à ss porque "desde 1932 até hoje sempre estive ativamente envolvido com equitação". Trinta anos atrás, esse era um esporte praticado apenas pela classe alta europeia. Em 1934, seu instrutor o convencera a entrar para um regimento de cavalaria da ss, que naquele momento era exatamente o que devia fazer todo homem que quisesse juntar-se ao "movimento" e ao mesmo tempo preservar sua posição social. (Nunca se soube por que Becher enfatizou tanto a equitação em seu depoimento: o tribunal de Nuremberg excluíra a *Reiter-SS* de sua lista de organizações criminosas.) Durante a guerra, Becher prestou serviços no front, não como membro do Exército, mas da ss Armada, de que era oficial de ligação com os comandantes do Exército. Em pouco tempo ele deixou o front para tornar-se o principal comprador de cavalos do departamento pessoal da ss, cargo que lhe valeu quase todas as condecorações então existentes.

Becher alega que foi mandado à Hungria apenas para comprar 20 mil cavalos para a ss; isso é improvável, uma vez que logo depois de chegar ele deu início a uma série de negociações com os diretores de grandes negócios judeus. Suas relações com Himmler eram excelentes, podia vê-lo quando quisesse. Sua "missão especial" era bem clara. Devia conseguir o controle de grandes empresas judaicas pelas costas do governo húngaro e, em troca, fornecer aos proprietários passe livre para fora do país, mais uma boa quantia em moeda estrangeira. Sua transação mais importante foi com o conglomerado Manfred Weiss, uma empresa gigantesca, com 30 mil trabalhadores, que produzia tudo, desde aviões, caminhões e bicicletas até comida enlatada, alfinetes e agulhas. O resultado foi que 45 membros da família Weiss emigraram para Portugal, enquanto o sr. Becher se tornava presidente da empresa familiar. Quando Eichmann soube dessa *Schweinerei*, ficou indignado; o acordo ameaçava comprometer suas boas relações com os húngaros, que naturalmente esperavam tomar posse das propriedades judaicas confiscadas em seu próprio território. Ele tinha alguma razão para essa indignação, uma vez que esses acordos contrariavam a política nazista usual, que fora bastante generosa. Por sua ajuda na resolução da questão judaica de cada país, os alemães não exigiam receber parte das propriedades dos judeus, apenas o custo da deportação e do extermínio, e esses custos variavam muito de país para país — os eslovacos deviam pagar entre trezentos e quinhentos *Reichmarks* por judeu, os croatas apenas trinta, os franceses setecentos, e os belgas 250. (Parece que ninguém nunca pagou, exceto os croatas.) Na Hungria, nesse estágio final da guerra, os alemães estavam solicitando pagamento em bens — carregamentos de comida para o Reich, em quantidades calculadas sobre quantidade de comida que os judeus deportados teriam consumido.

O caso Weiss foi só o começo, e as coisas ficaram consideravelmente piores do ponto de vista de Eichmann. Becher era um empresário nato, e onde Eichmann via apenas enormes tarefas de organização e administração, ele via possibilidades quase ilimitadas de fazer dinheiro. A única coisa que atravancava seu caminho eram criaturas subordinadas de mente estreita como Eichmann, que levavam a sério suas funções. Os projetos do *Obersturmbannführer* Becher logo o levaram a uma íntima cooperação com os esforços de resgate do dr. Rudolf Kastner. (Becher devia sua liberdade ao testemunho de Kastner em Nuremberg anos mais tarde. Sendo um velho sionista, Kastner mudou-se para Israel depois da guerra, onde ocupava um alto posto até que um jornalista publicou uma matéria sobre sua colaboração com a ss; Kastner levou-o à Justiça. Seu testemunho em Nuremberg pesou muito contra ele, e quando o caso foi apresentado à Corte Distrital de Jerusalém, o juiz Halevi, um dos três juízes do julgamento de Eichmann, disse a Kastner que ele "tinha vendido a alma para o diabo". Em março de 1957, pouco antes do recurso de sua sentença ser encaminhado à Suprema Corte de Israel, Kastner foi assassinado; aparentemente, nenhum dos assassinos era húngaro. Na audiência que se seguiu, o veredicto foi repelido e Kastner inteiramente reabilitado.) Os acordos feitos por Becher por intermédio de Kastner eram muito mais simples que as complexas negociações com os magnatas dos negócios; consistiam em fixar um preço pela vida de cada judeu a ser resgatado. Houve considerável barganha sobre os preços e ao que parece Eichmann também esteve envolvido em algumas das discussões preliminares. Como era de se esperar, seu preço era o mais baixo, meros duzentos dólares por judeu — claro, não porque ele quisesse salvar mais judeus, mas simplesmente porque não estava acostumado a pensar grande. O preço a que se chegou afinal foi de mil dólares, e um grupo de 1684 judeus, incluindo a família do dr. Kastner, deixou efetivamente a Hungria rumo ao campo de troca de Bergen-Belsen, do qual acabou passando à Suíça. Um acordo semelhante, por meio do qual Becher e Himmler esperavam conseguir 20 milhões de francos suíços do Comitê Conjunto de Distribuição Norte-Americano para a compra de mercadorias de todo tipo, manteve todo mundo ocupado até os russos libertarem a Hungria, e não deu em nada.

Não há dúvida de que as atividades de Becher tinham aprovação total de Himmler e iam de encontro às ordens "radicais" que ainda chegavam a Eichmann por intermédio de Müller e Kaltenbrunner, seus superiores imediatos no RSHA. Do ponto de vista de Eichmann, pessoas como Becher eram corruptas, mas a corrupção não pode ter causado sua crise de consciência, porque embora aparentemente não fosse suscetível a esse tipo de tentação, por essa época ele devia estar cercado de corrupção fazia muitos anos. É difícil (mas não impossível) imaginar que ele não soubesse que seu amigo e subordinado *Hauptsturmführer* Dieter Wisliceny havia, ainda em 1942, embolsado 50 mil dólares de um Comitê de Assistência Judaica em Bratislava para retardar as deportações da Eslováquia; mas ele não pode ter ignorado que Himmler, no outono de 1942, viu-se tentado a vender permissões de saída para judeus eslovacos, em troca de moeda estrangeira suficiente para pagar o recrutamento de uma nova divisão da SS. Mas agora, em 1944 e na Hungria, tudo era diferente, não porque Himmler estivesse envolvido em "negócios", mas porque os negócios agora eram a política oficial; não era mais mera corrupção.

No começo, Eichmann tentou entrar no jogo e obedecer suas regras; foi quando se envolveu nas fantásticas negociações de "sangue por mercadorias" — 1 milhão de judeus por 10 mil caminhões para o arruinado Exército alemão —, que com certeza não foram iniciadas por ele. A maneira como, em Jerusalém, explicou seu papel na história demonstra claramente como ele um dia justificou tudo aquilo para si mesmo: uma necessidade militar que lhe traria o benefício de um novo papel importante nos negócios das emigrações. O que provavelmente nunca admitiu para si mesmo foi que as crescentes dificuldades de todos os lados faziam com que a cada dia fosse mais provável que logo estivesse desempregado (efetivamente isso aconteceu, alguns meses depois), a menos que conseguisse encontrar algum ponto de apoio na nova corrida pelo poder que acontecia a sua volta. Quando o projeto de troca chegou ao previsível fracasso, já era de conhecimento geral que Himmler, apesar de suas constantes vacilações, devidas ao justificado medo físico de Hitler, decidira encerrar toda a Solução Final — a despeito dos negócios, a despeito da necessidade militar, tão somente em vista das ilusões sobre seu futuro papel como pacificador da Alemanha. Foi nesse momento que uma "ala moderada" da ss passou a existir, congregando todos aqueles suficientemente obtusos para acreditar que um assassino que consegue provar que não matou tanta gente quanto poderia ter matado tem em mãos um álibi maravilhoso, e aqueles suficientemente espertos para prever uma volta às "condições normais", quando o dinheiro e os bons contatos teriam novamente suprema importância.

Eichmann nunca se ligou à "ala moderada" e é duvidoso que fosse admitido se tentasse. Ele não só era muito comprometido e, devido a seus constantes contatos com funcionários judeus, muito conhecido, como também era primitivo demais para aqueles bem-educados "cavalheiros" da classe média alta, contra os quais alimentou o mais violento ressentimento até o final. Era capaz de mandar milhões de pessoas para a morte, mas não era capaz de falar sobre isso da maneira adequada se não lhe fornecessem a "regra de linguagem" condizente. Em Jerusalém, sem regra nenhuma, falou livremente em "matar", e em "assassinato" e "crimes legalizados pelo Estado"; falou com franqueza, ao contrário do advogado de defesa, cujo sentimento de superioridade social diante de Eichmann se evidenciou mais de uma vez. (O assistente de Servatius, dr. Dieter Wechtenbruch, discípulo de Carl Schmitt, que compareceu às primeiras semanas do julgamento e posteriormente foi enviado à Alemanha para interrogar testemunhas da defesa, reapareceu para a última semana, em agosto, e estava sempre disponível para os repórteres fora do tribunal, parecendo menos chocado com os crimes de Eichmann do que com sua falta de gosto e educação. "Arraia miúda", disse. "Vamos ver como fazemos para que saia dessa" — *wie wir das Würstchen über die Runden bringen*. O próprio Servatius havia declarado, antes mesmo do julgamento, que a personalidade de seu cliente era a de "um carteiro comum".)

Quando Himmler se tornou "moderado", Eichmann começou a sabotar suas ordens o máximo que ousava, pelo menos até o ponto em que sentia que estaria "coberto" por seus superiores imediatos. "Como Eichmann ousa sabotar as ordens de Himmler?", Kastner perguntou uma vez a Wisliceny — nesse caso, a ordem de suspender as marchas a pé, no outono de 1944. E a resposta foi: "Provavelmente ele pode mostrar algum telegrama. Deve ter cobertura de Müller e Kaltenbrunner". É bem possível que Eichmann tivesse algum plano confuso para liquidar Theresienstadt antes da chegada do Exército Vermelho, embora saibamos disso somente por intermédio do dúbio testemunho de Dieter Wisliceny (que já muitos meses antes do fim, talvez anos, começou a preparar cuidadosamente um álibi para si mesmo à custa de Eichmann, que mais tarde brindou à corte de Nuremberg, onde foi testemunha de acusação; não lhe valeu de nada, uma vez que foi extraditado para a Tchecoslováquia, julgado e executado em Praga, onde não tinha ligações e onde o dinheiro não podia ajudá-lo). Outras testemunhas disseram que Rolf Günther, um dos homens de Eichmann, é que tinha planejado isso, e que havia uma ordem escrita de Eichmann no sentido contrário, de que o gueto fosse deixado intacto. De toda forma, não há dúvida de que, em abril de 1945, quando praticamente todo mundo tinha se tornado bem "moderado", Eichmann tirou partido da visita que o sr. Paul Dunan, da Cruz Vermelha Internacional, fez a Theresienstadt para declarar que não aprovava a nova linha de Himmler em relação aos judeus.

Em todos os momentos, Eichmann fez o máximo para tornar final a Solução Final — isso não estava em discussão. A questão era apenas se isso constituía prova de seu fanatismo, seu ódio ilimitado aos judeus, e se ele havia mentido à polícia e cometido perjúrio no tribunal ao afirmar que sempre obedecera a ordens. Nenhuma outra explicação ocorreu aos juízes, que tanto se esforçaram para entender o acusado e o trataram com uma consideração, com uma humanidade autêntica e radiante tais como ele provavelmente jamais encontrou na vida. (O dr. Wechtenbruch disse aos repórteres que Eichmann tinha "muita confiança no juiz Landau", como se Landau pudesse arranjar as coisas para ele, e atribuiu essa confiança à necessidade de autoridade que Eichmann tinha. Qualquer que fosse a sua base, essa confiança tornou-se visível em todo o julgamento, e pode ter sido a razão da grande decepção de Eichmann com o resultado; ele confundiu humanidade com frouxidão.) Seu fracasso em entendê-lo pode ser prova da "bondade" desses três homens, de sua fé inabalável e ligeiramente antiquada nos fundamentos morais de sua profissão. Pois a verdade triste e muito incômoda da questão era provavelmente que não o fanatismo, mas sim sua própria consciência é que levara Eichmann a adotar sua atitude inflexível no último ano da guerra, como já o havia levado a se movimentar na direção oposta três anos antes. Eichmann sabia que as ordens de Himmler iam diretamente contra a ordem do Führer. Para tanto, ele não precisava saber detalhes factuais, embora tais detalhes pudessem vir em seu apoio; conforme a acusação enfatizou nos procedimentos diante da Suprema Corte, quando Hitler ficou sabendo, por intermédio de Kaltenbrunner, das negociações para trocar judeus por caminhões, "a posição de Himmler ficou completamente comprometida aos olhos de Hitler". E umas poucas semanas antes de Himmler suspender o extermínio em Auschwitz, Hitler, evidentemente desinformado das últimas movimentações de Himmler, mandou um ultimato a Horthy, dizendo que "esperava que as medidas contra os judeus em Budapeste fossem tomadas sem maiores delongas pelo governo húngaro". Quando a ordem de Himmler para suspender a evacuação de judeus húngaros chegou a Budapeste, Eichmann ameaçou, segundo um telegrama de Veesenmayer, "pedir novas ordens ao Führer", e esse telegrama o tribunal considerou "mais danoso do que cem testemunhas poderiam ser".

    Eichmann perdeu a briga contra a "ala moderada", encabeçada pelo *Reichsführer-SS* e Chefe da Polícia Alemã. A primeira indicação de sua derrota veio em janeiro de 1945, quando o *Obersturmbannerführer* Kurt Becher foi promovido a *Standartenführer*, patente com a qual Eichmann havia sonhado durante toda a guerra. (A história de que não havia patente mais elevada para alguém de seu escalão era uma meia-verdade; ele podia ter sido chefe de departamento IV-B, em vez de ocupar a pasta de IV-B-4, o que seria uma promoção automática. A verdade, provavelmente, é que gente como Eichmann, que havia subido das fileiras, nunca progredia além de tenente-coronel, exceto no front.) Nesse mesmo mês, a Hungria foi libertada e Eichmann foi chamado de volta a Berlim. Ali, Himmler nomeara seu inimigo Becher *Reichssonderkomissar* encarregado de todos os campos de concentração, e Eichmann foi transferido do departamento encarregado de "Assuntos Judeus" para outro inteiramente insignificante que se ocupava da "Luta Contra as Igrejas", sobre a qual, ademais, ele nada entendia. A rapidez de seu declínio durante os últimos meses da guerra é um sinal muito revelador da medida em que Hitler tinha razão ao declarar, em seu bunker de Berlim, em abril de 1945, que a ss não era mais confiável.

Em Jerusalém, confrontado com provas documentais de sua extraordinária lealdade a Hitler e à ordem do Führer, Eichmann tentou muitas vezes explicar que durante o Terceiro Reich "as palavras do Führer tinham força de lei" (*Führerworte haben Gesetzskraft*), o que significava, entre outras coisas, que uma ordem vinda diretamente de Hitler não precisava ser escrita. Ele tentou explicar que, por isso, nunca havia pedido uma ordem escrita a Hitler (nenhum documento relativo à Solução Final jamais foi encontrado; provavelmente nunca existiu nenhum), mas havia pedido para ver uma ordem escrita de Himmler. Sem dúvida era um estado de coisas fantástico, e bibliotecas inteiras de comentários jurídicos "abalizados" foram escritas demonstrando que as *palavras* do Führer, seus pronunciamentos orais, eram a lei do mundo. Dentro desse panorama "legal", toda ordem contrária em letra ou espírito à palavra falada por Hitler era, por definição, ilegal. A posição de Eichmann, portanto, demonstrava uma semelhança muito desagradável com aquela do muito citado soldado que, agindo dentro de um quadro legal normal, se recusa a executar ordens que contrariam a sua experiência normal de legalidade e que podem ser reconhecidas por ele como criminosas. A extensa literatura sobre o assunto geralmente baseia suas afirmações no sentido comum equívoco da palavra "lei", que neste contexto significa às vezes a lei local — ou seja, a lei positiva e constituída — e às vezes a lei que supostamente fala ao coração de todos os homens com a mesma voz. Em termos práticos, porém, para serem desobedecidas, as ordens têm de ser "manifestamente ilegais", e a ilegalidade tem de "pairar como uma bandeira negra acima [delas] como um aviso de 'Proibido!'" — conforme o tribunal indicou. E num regime criminoso essa "bandeira negra" com seu "aviso" paira "manifestante" acima do que é normalmente uma ordem legal — por exemplo, não matar pessoas inocentes só porque são judeus — da mesma forma como paira sobre uma ordem criminosa em circunstâncias normais. Acreditar numa inequívoca voz da consciência — ou, na linguagem ainda mais vaga dos juristas, num "sentimento geral de humanidade" (Oppenheim-Lauterpacht em *International Law*, 1952) — é não só fugir da questão como significa uma recusa deliberada em perceber os fenômenos morais, legais e políticos mais importantes do nosso século.

Sem dúvida, não era meramente a convicção de Eichmann de que Himmler estava dando ordens "criminosas" que determinou suas ações. Mas o elemento pessoal indubitavelmente envolvido não era fanatismo, era a sua genuína, "ilimitada e imoderada admiração por Hitler" (como disse uma das testemunhas da defesa) — por um homem que tinha conseguido subir de "cabo dos lanceiros a chanceler do Reich". Seria perda de tempo tentar entender o que era mais forte nele, sua admiração por Hitler ou sua determinação em continuar sendo um cidadão respeitador das leis do Terceiro Reich num momento em que a Alemanha já estava em ruínas. Ambos os motivos entraram em jogo uma vez mais durante os últimos dias da guerra, quando ele estava em Berlim e viu com violenta indignação como todo mundo a sua volta estava muito razoavelmente se arranjando com documentos falsos antes da chegada dos russos ou dos norte--americanos. Poucas semanas depois, Eichmann também começou a viajar com nome falso, mas então Hitler já estava morto, a "lei local" não existia mais e ele, conforme disse, não estava mais preso a seu juramento. Pois o juramento feito pelos membros da ss era diferente do juramento militar dos soldados, na medida em que os ligava a Hitler e não à Alemanha.

O caso de consciência de Adolf Eichmann, que é realmente complicado, mas de modo nenhum único, não é comparável ao caso dos generais alemães, um dos quais, quando lhe perguntaram, em Nuremberg, "Como é possível que todos vocês, honrados generais, tenham continuado a servir um assassino com lealdade tão inquestionável?", respondeu que "não era tarefa de um soldado agir como juiz de seu comandante supremo. Que a história se encarregue disso, ou Deus no céu". (Era o general Alfred Jodl, enforcado em Nuremberg.) Eichmann, muito menos inteligente e sem nenhuma formação, percebeu pelo menos vagamente que não era uma ordem, mas a própria lei que os havia transformado a todos em criminosos. Uma ordem diferia da palavra do Führer porque a validade desta última não era limitada no tempo e no espaço — a característica mais notável da primeira. Essa é também a verdadeira razão pela qual a ordem do Führer para a Solução Final foi seguida por uma tempestade de regulamentos e diretivas, todos elaborados por advogados peritos e conselheiros legais, não por meros administradores; essa ordem, ao contrário de ordens comuns, foi tratada como uma lei. Nem é preciso acrescentar que a parafernália legal resultante, longe de ser um mero sintoma do pedantismo ou empenho alemão, serviu muito eficientemente para dar a toda a coisa a sua aparência de legalidade.

E assim como a lei de países civilizados pressupõe que a voz da consciência de todo mundo dita "Não matarás", mesmo que o desejo e os pendores do homem natural sejam às vezes assassinos, assim a lei da terra de Hitler ditava à consciência de todos: "Matarás", embora os organizadores dos massacres soubessem muito bem que o assassinato era contra os desejos e os pendores normais da maioria das pessoas. No Terceiro Reich, o Mal perdera a qualidade pela qual a maior parte das pessoas o reconhecem — a qualidade da tentação. Muitos alemães e muitos nazistas, provavelmente a esmagadora maioria deles, deve ter sido tentada a *não* matar, a *não* roubar, a *não* deixar seus vizinhos partirem para a destruição (pois eles sabiam que os judeus estavam sendo transportados para a destruição, é claro, embora muitos possam não ter sabido dos detalhes terríveis), e a *não* se tornarem cúmplices de todos esses crimes tirando proveito deles. Mas Deus sabe como eles tinham aprendido a resistir à tentação.

IX

DEPORTAÇÕES DO REICH — ALEMANHA, ÁUSTRIA E O PROTETORADO

Entre a Conferência de Wannsee em janeiro de 1942, quando Eichmann se sentiu como Pôncio Pilatos e lavou as mãos inocentes, e as ordens de Himmler no verão e no outono de 1944, quando pelas costas de Hitler a Solução Final foi abandonada como se os massacres não tivessem sido mais que um erro lamentável, Eichmann não se perturbou com questões de consciência. Sua cabeça estava inteiramente tomada pelo gigantesco trabalho de organização e administração, não apenas em meio a uma guerra, mas — e isso era muito mais importante para ele — em meio a inúmeras intrigas e disputas sobre as esferas de autoridade entre os vários departamentos do Estado e do Partido envolvidos em "resolver a questão judaica". Seus maiores concorrentes eram os comandantes superiores da ss e da polícia, que estavam sob comando direto de Himmler, tinham fácil acesso a ele e sempre superavam Eichmann. Havia também o Ministério das Relações Exteriores, que sob o novo subsecretário de Estado, dr. Martin Luther, protegido de Ribbentrop, havia se tornado muito ativo em assuntos judeus. (Luther tentou destronar Ribbentrop com uma complicada intriga em 1943, fracassou e foi mandado para um campo de concentração; sob as ordens de seu sucessor, o *Legionsrat* Eberhard von Thadden, testemunha de defesa no julgamento de Jerusalém, passou a ser *Referent* em assuntos judeus.) A entidade ocasionalmente expedia ordens de deportação a serem cumpridas por seus representantes estrangeiros, que por razões de prestígio prefeririam trabalhar junto aos comandantes superiores da ss e da polícia. Havia, além disso, os comandantes do Exército nos territórios orientais ocupados, que gostavam de resolver problemas "na hora", isto é, fuzilando; os militares em países ocidentais, por outro lado, sempre relutavam em cooperar e em emprestar suas tropas para o agrupamento e prisão de judeus. Finalmente, havia os *Gauleiters*, os líderes regionais, cada um dos quais queria ser o primeiro a declarar seu território *judenrein*, e que ocasionalmente deram início a processos de deportação próprios.

Eichmann tinha de coordenar todos esses "esforços", impor alguma ordem naquilo que descrevia como "completo caos", onde "todo mundo dava suas próprias ordens" e "fazia o que bem entendia". E ele de fato conseguiu, embora não completamente, adquirir uma posição-chave em todo o processo, porque seu departamento organizava os meios de transporte. Segundo o dr. Rudolf Mildner, chefe da Gestapo na Silésia Superior (onde Auschwitz estava localizado) e depois chefe da Polícia de Segurança na Dinamarca, que testemunhou para a acusação em Nuremberg, Himmler passava ordens escritas para Kaltenbrunner, chefe do RSHA, que por sua vez as transmitia oralmente para seu funcionário na IV-B-4 — isto é, Eichmann. Himmler também expedia ordens para os comandantes superiores da SS e da polícia e informava Kaltenbrunner concomitantemente. Questões como o que fazer com os deportados judeus, quantos deviam ser exterminados e quantos poupados para trabalhos forçados eram também decididas por Himmler, e suas ordens nessa área iam para a WVHA de Pohl, que as comunicava a Richard Glücks, inspetor dos campos de concentração e extermínio, que por sua vez as passava para os comandantes dos campos. A acusação ignorou esses documentos dos julgamentos de Nuremberg, uma vez que eles contradiziam a teoria do extraordinário poder que Eichmann detinha; a defesa mencionou os depoimentos de Mildner, mas sem muito propósito. O próprio Eichmann, "depois de consultar Poliakoff e Reitlinger", apresentou dezessete tabelas multicoloridas que pouco contribuíram para uma melhor compreensão da intrincada máquina burocrática do Terceiro Reich, embora sua descrição geral — "tudo estava sempre em um estado de fluxo contínuo, de corrente incessante" — soasse plausível para os estudiosos do totalitarismo, que sabem como a qualidade monolítica dessa forma de governo é um mito. Ele ainda lembrava vagamente como seus homens, seus conselheiros para assuntos judeus em todos os países ocupados ou semi-independentes, lhe relatavam "qual ação era inteiramente praticável", como, a partir daí, ele preparava "relatórios que depois eram aprovados ou rejeitados", e como Müller então expedia suas diretivas; "na prática isso podia significar que uma proposta que vinha de Paris ou de Haia voltava para Paris ou para Haia sob a forma de uma diretiva aprovada pelo RSHA". A posição de Eichmann era a de elo mais importante em toda a operação, porque sempre dependia dele e de seus homens a quantidade de judeus a transportar de uma determinada área, e era sempre por intermédio de seu departamento que se encaminhava uma carga a seu destino final, embora esse destino não fosse determinado por ele. Mas a dificuldade em sincronizar as partidas e chegadas, a infinita preocupação de arrancar fundos das autoridades ferroviárias e do Ministério dos Transportes, de fixar horários e direcionar trens para centros com suficiente "capacidade de absorção", de ter reunido um número adequado de judeus no momento certo para que os trens não fossem "desperdiçados", de obter ajuda das autoridades em países ocupados ou aliados para efetuar as prisões, de seguir as regras e diretivas com respeito às várias categorias de judeus, estabelecidas separadamente para cada país e sempre variáveis — tudo isso se tornava uma rotina cujos detalhes ele havia esquecido muito antes de ser levado para Jerusalém.

Aquilo que para Hitler, o único e solitário arquiteto da Solução Final (jamais uma conspiração, se tal fosse, precisou de menos conspiradores e mais executores), estava entre os principais objetivos da guerra, cuja implementação era de máxima prioridade, a despeito de considerações econômicas e militares, e que para Eichmann era um trabalho, com sua rotina diária, seus altos e baixos, era, para os judeus, bastante literalmente, o fim do mundo. Durante centenas de anos eles se haviam acostumado a entender a própria história, correta ou incorretamente, como uma longa história de sofrimento, como o promotor muito bem descreveu em seu discurso de abertura no julgamento; mas por trás dessa atitude houve, durante muito tempo, uma convicção triunfante de que *Am Yisrael Chai*, o povo de Israel viverá; indivíduos judeus, famílias judaicas inteiras podiam morrer em pogroms, comunidades inteiras podiam ser eliminadas, mas o povo viveria. Eles nunca haviam se confrontado com o genocídio. Além disso, o velho consolo, de alguma forma, não funcionava mais, pelo menos na Europa Ocidental. Desde a Antiguidade romana, ou seja, desde o início da história europeia, os judeus fizeram parte, para bem ou para mal, na miséria ou no esplendor, da comunidade europeia de nações; mas os últimos 150 anos estavam entre os melhores, e as ocasiões de esplendor foram tão numerosas que na Europa Central e Ocidental elas pareciam ser a norma. Daí a confiança de que o povo no fim sobreviveria não ter mais grande significação para vastos setores das comunidades judaicas; eles não podiam mais imaginar uma vida judaica fora dos quadros da civilização europeia, como não podiam imaginar uma Europa *judenrein*.

O fim do mundo, embora executado com notável monotonia, assumiu tantas formas e aparências quantos eram os países da Europa. Isso não será surpresa para o historiador familiarizado com o desenvolvimento das nações europeias e com o desenvolvimento do sistema Estado-nação, mas foi uma grande surpresa para os nazistas, que estavam genuinamente convencidos de que o antissemitismo poderia se tornar o denominador comum a unificar toda a Europa. Esse foi um erro grande e custoso. Logo se percebeu que, na prática, mesmo que não tanto na teoria, havia grandes diferenças entre os antissemitas de vários países. O mais incômodo, embora facilmente previsível, era que a variedade "radical" alemã só era inteiramente apreciada pelos povos do Leste — ucranianos, estonianos, letões, lituanos e, até certo ponto, os romenos —, que os nazistas haviam decidido considerar como hordas bárbaras subumanas. Notavelmente deficientes em hostilidade contra os judeus eram as nações escandinavas (Knut Hamsun e Sven Hedin eram exceções), que segundo os nazistas eram países irmãos de sangue da Alemanha.

O fim do mundo começou, é claro, no Reich alemão, que na época compreendia não apenas a Alemanha, mas a Áustria, a Morávia e a Boêmia, o Protetorado Tcheco e as Regiões Ocidentais polonesas anexadas. Na última destas, a chamada Warthegau, os judeus, junto com os poloneses, foram deportados para o Leste desde o começo da guerra, no primeiro grande programa de reassentamento no Leste — "uma migração organizada de nações", como o chamou o julgamento da Corte Distrital de Jerusalém —, enquanto os poloneses de origem alemã (*Volksdeutsche*) eram despachados para o Oeste "de volta para o Reich". Himmler, em seu posto de Comissário pelo Fortalecimento do Povo Alemão do Reich, havia encarregado Heydrich dessa "emigração e evacuação", e em janeiro de 1940 foi fundado o primeiro departamento oficial de Eichmann no RSHA, a Seção IV-D-4. Embora essa posição viesse a resultar administrativamente num trampolim para seu emprego posterior na Seção IV-B-4, o trabalho de Eichmann aí não era mais que uma espécie de aprendizado, transição entre seu velho trabalho de fazer as pessoas emigrar e seu futuro trabalho de deportá-las. Seus primeiros trabalhos de deportação não pertenciam à Solução Final; ocorreram antes da ordem oficial de Hitler. Em vista do que aconteceu depois, podem ser vistos como testes, como experimentos da catástrofe. O primeiro foi a deportação de 1300 judeus de Stettin, efetuada numa única noite, 13 de fevereiro de 1940. Foi a primeira deportação de judeus alemães, e Heydrich a ordenou com o pretexto de que "seus apartamentos eram urgentemente necessários por razões ligadas à economia de guerra". Eles foram levados, sob condições excepcionalmente atrozes, para a área de Lublin, na Polônia. A segunda deportação ocorreu no outono do mesmo ano: todos os judeus de Baden e do Saarpfalz — cerca de 7500 homens, mulheres e crianças — foram despachados, como mencionei antes, para a França não ocupada, o que, naquele momento, era um truque e tanto, uma vez que nada no acordo de Armistício Franco-Alemão estipulava que a França de Vichy pudesse se tornar um depósito de judeus. Eichmann teve de acompanhar pessoalmente o trem a fim de convencer o chefe de estação francês na fronteira de que se tratava de um "transporte militar" alemão.

    Essas duas operações não tinham absolutamente nada das posteriores e complexas elaborações legais. Nenhuma lei havia ainda sido promulgada privando as pessoas de sua nacionalidade no momento em que eram deportadas do Reich, e em vez dos muitos formulários que os judeus acabariam tendo de preencher para arranjar o confisco de sua propriedade, os judeus de Stettin simplesmente assinaram um documento de renúncia, cobrindo tudo o que possuíam. Evidentemente, essas operações não pretendiam testar o aparelho administrativo. O objetivo parece ter sido um teste das condições políticas gerais — se era possível fazer os judeus marcharem para seu fim pelos próprios pés, levando suas próprias malinhas, no meio da noite, sem nenhuma notificação prévia; qual seria a reação de seus vizinhos quando descobrissem os apartamentos vazios de manhã; e por último, mas não menos importante, no caso dos judeus de Baden, como um governo estrangeiro iria reagir ao se ver repentinamente presenteado com milhares de "refugiados" judeus. No entender dos nazistas, tudo saiu satisfatoriamente. Na Alemanha, houve um bom número de intervenções em prol de "casos especiais" — pelo poeta Alfred Mombert, por exemplo, membro do círculo de Stefan George, que teve permissão de partir para a Suíça — mas a população em geral evidentemente não podia ter se importado menos. (Foi provavelmente nesse momento que Heydrich se deu conta da importância de separar os judeus bem relacionados das massas anônimas, e decidiu, com a concordância de Hitler, estabelecer Theresienstadt e Bergen-Belsen.) Na França, algo ainda melhor aconteceu: o governo de Vichy internou todos os 7500 judeus de Baden no famoso campo de concentração de Gurs, no sopé dos Pireneus, originalmente construído para o Exército Republicano Espanhol e ocupado, desde maio de 1940, pelos chamados "*réfugiés provenant d'Allemagne*", a grande maioria dos quais era, evidentemente, de judeus. (Quando a Solução Final foi posta em prática na França, os internos do campo de Gurs foram todos mandados para Auschwitz.) Os nazistas, sempre ansiosos por generalizar, pensaram ter demonstrado que os judeus eram "indesejáveis" em toda parte e que todo não-judeu era um antissemita real ou em potencial. Por que, então, alguém haveria de se importar se eles tratavam esse problema "radicalmente"? Ainda sob o fascínio dessas generalizações, Eichmann afirmou insistentemente em Jerusalém que nenhum país se dispôs a aceitar os judeus, que isso, e apenas isso, havia provocado a grande catástrofe. (Como se aqueles Estados-nação europeus estritamente organizados fossem reagir de outra forma se de repente um outro grupo qualquer de estrangeiros surgisse em hordas — sem dinheiro, sem passaportes, incapazes de falar a língua do país!) No entanto, para imensa surpresa dos funcionários nazistas, mesmo os antissemitas professos em países estrangeiros não se mostravam dispostos a ser "coerentes" e demonstravam uma deplorável tendência a se furtar às medidas "radicais". Poucos se exprimiram tão diretamente como um membro da Embaixada espanhola em Berlim — "Se pelo menos se pudesse ter certeza de que eles não seriam liquidados", disse ele a respeito de 6 mil judeus de ascendência espanhola que receberam passaportes espanhóis, apesar de nunca terem estado na Espanha, e que o governo Franco gostaria muito de ver transferidos para a jurisdição alemã — mas a maioria deles pensava exatamente nessa mesma linha.

Depois desses primeiros experimentos, houve uma parada nas deportações, e já vimos como Eichmann usou sua inatividade forçada para brincar com a ideia de Madagascar. Mas em março de 1941, durante a preparação para a guerra contra a Rússia, Eichmann foi repentinamente encarregado de uma nova subseção, ou melhor, o nome de sua subseção foi mudado de Emigração e Evacuação para Assuntos Judeus — Evacuação. Daí em diante, embora ainda não estivesse informado sobre a Solução Final, ele devia saber não só que a emigração havia chegado definitivamente ao fim, mas que a deportação tomaria seu lugar. Eichmann, porém, não era homem para entender insinuações, e como ninguém havia alterado nada, ele continuou a pensar em termos de emigração. Assim, em uma reunião com representantes do Ministério das Relações Exteriores, em outubro de 1940, durante a qual foi proposto o cancelamento da cidadania de todos os judeus alemães no estrangeiro, Eichmann protestou vigorosamente que "esse passo poderia influenciar outros países que ainda hoje estavam prontos a abrir suas portas aos imigrantes judeus e a expedir permissões de entrada". Ele sempre pensou dentro dos estreitos limites da lei ou decreto que fosse válido num determinado momento, e a tempestade de nova legislação antissemita só caiu sobre os judeus do Reich depois que as ordens de

Hitler para a Solução Final foram oficialmente entregues àqueles que deviam implementá-las. Ao mesmo tempo, decidira-se que o Reich devia ter prioridade absoluta, seus territórios deviam ficar *judenrein* a toda pressa; é surpreendente que a tarefa tenha levado ainda dois anos para ser realizada. Os regulamentos preparatórios, que logo serviriam de modelo para todos os outros países, consistiam, primeiro, na introdução da faixa amarela (1º de setembro de 1941); segundo, numa mudança na lei de nacionalidade, estabelecendo que um judeu não poderia ser considerado cidadão alemão se vivesse fora das fronteiras do Reich (de onde, evidentemente, seria deportado); terceiro, num decreto determinando que toda propriedade de judeus alemães que perdessem sua nacionalidade fosse confiscada pelo Reich (25 de novembro de 1941). Os preparativos culminaram com um acordo entre Otto Thierack, ministro da Justiça, e Himmler, por meio do qual o primeiro renunciava à jurisdição sobre "poloneses, russos, judeus e ciganos" em favor da SS, uma vez que "o Ministério da Justiça só pode dar uma pequena contribuição ao extermínio [sic] desses povos". (Essa linguagem aberta, numa carta do ministro da Justiça para Martin Bormann, chefe da Chancelaria do Partido, datada de outubro de 1942, é excepcional.) Diretivas ligeiramente diferentes tiveram de ser expedidas para cobrir aqueles que eram deportados para Theresienstadt porque, como Theresienstadt ficava em território do Reich, os judeus deportados para lá não haviam se tornado automaticamente apátridas. No caso dessas "categorias privilegiadas", uma velha lei de 1933 permitia que o governo confiscasse propriedade que tivesse sido usada para atividades "hostis à nação e ao Estado". Esse tipo de confisco era costumeiro no caso de prisioneiros políticos nos campos de concentração, e embora os judeus não pertencessem a essa categoria — todos os campos de concentração na Alemanha e na Áustria tinham se tornado *judenrein* por volta do outono de 1942 — foi preciso apenas mais um regulamento, publicado em março de 1942, para estabelecer que todos os judeus deportados eram "hostis à nação e ao Estado". Os nazistas levavam a sério sua legislação, e embora falassem entre eles do "gueto de Theresienstadt" ou do "gueto dos velhos", Theresienstadt era oficialmente classificado como um campo de concentração, e as únicas pessoas que não sabiam disso — ninguém queria ferir seus sentimentos, visto que esse "local de residência" era reservado a "casos especiais" — eram os internos. E para se certificar de que os judeus mandados para lá não se tornariam suspeitos, a Associação Judaica de Berlim (a *Reichsvereinigung*) recebeu ordens de redigir um acordo com cada deportado para a "aquisição de residência" em Theresienstadt. O candidato transferia toda sua propriedade para a Associação Judaica, com o que a Associação lhe garantia acomodação, alimentação, roupa e cuidados médicos para toda a vida. Quando, finalmente, os últimos funcionários da *Reichsvereinigung* foram eles próprios mandados a Theresienstadt, o Reich simplesmente confiscou uma considerável soma de dinheiro então no tesouro da Associação.

Todas as deportações do Oeste para o Leste foram organizadas e coordenadas por Eichmann e seus associados na Seção IV-B-4 do RSHA — fato que nunca foi questionado durante o julgamento. Mas para embarcar os judeus nos trens ele precisava da ajuda de unidades de polícia comuns; na Alemanha, a Polícia da Ordem guardava os trens e designava escoltas, e no Leste a Polícia de Segurança (não confundir com o Serviço de Segurança ou SD de Himmler) ficava de prontidão nos locais de destino para receber os trens e entregar os internos para as autoridades dos centros de extermínio. A corte de Jerusalém seguiu a definição de "organizações criminosas" estabelecida em Nuremberg; isso significava que nem a Polícia da Ordem nem a Polícia de Segurança eram jamais mencionadas, embora seu ativo envolvimento na implementação da Solução Final estivesse amplamente consubstanciado nessa época. Mas mesmo que todas as unidades da polícia fossem somadas às quatro organizações reconhecidas como "criminosas" — o corpo de liderança do Partido Nazista, a Gestapo, o SD e a SS —, as distinções de Nuremberg seriam inadequadas e inaplicáveis à realidade do Terceiro Reich. Pois o cerne da questão é que não havia uma única organização ou instituição pública na Alemanha, pelo menos durante os anos de guerra, que não tenha sido envolvida em ações e transações criminosas.

Depois que a problemática questão das intervenções pessoais foi resolvida com a fundação de Theresienstadt, duas coisas continuavam atravessadas no caminho de uma solução "radical" e "final". Uma era o problema dos meio-judeus, que os radicais queriam deportar junto com os judeus puros e que os "moderados" queriam esterilizar — porque se se permitisse que os meio-judeus fossem mortos, abandonava-se "aquela metade do sangue deles que é alemã", como disse Stuckart, do Ministério do Interior, na Conferência de Wannsee. (Na verdade, nunca se fez nada sobre os *Mischlinge*, os judeus que tinham casamentos mistos; "uma selva de dificuldades", nas palavras de Eichmann, os cercava e protegia — seus parentes não judeus, de um lado, e de outro o decepcionante fato de que os médicos nazistas, apesar de todas as suas promessas, nunca descobriram um meio rápido de esterilização em massa.) O segundo problema era a presença na Alemanha de alguns milhares de judeus estrangeiros, que a Alemanha não podia privar de sua nacionalidade por meio da deportação. Algumas centenas de judeus norte-americanos e ingleses foram internados e detidos para fins de troca, mas os métodos elaborados para lidar com os cidadãos de países neutros ou de aliados da Alemanha são interessantes a ponto de merecer registro, principalmente porque desempenharam certo papel no julgamento. Foi em relação a essas pessoas que Eichmann foi acusado de ter demonstrado zelo inaudito, em seu esforço para que nem um único judeu lhe escapasse. Esse zelo ele repartia, como diz Reitlinger, com os "burocratas profissionais das Relações Exteriores, [para quem] os poucos judeus que escapavam à tortura e à morte lenta eram questão da maior preocupação" e que ele tinha de consultar em todos esses casos. No que diz respeito a Eichmann, a solução mais simples e mais lógica era deportar todos os judeus, fosse qual fosse sua nacionalidade. De acordo com as diretivas da Conferência de Wannsee, realizada no auge das vitórias de Hitler, a Solução Final devia ser aplicada a todos os judeus europeus, cujo número era estimado em 11 milhões, e coisas como nacionalidade ou direitos de países aliados ou neutros com respeito a seus cidadãos não deviam nem ser mencionadas. Mas como a Alemanha, mesmo nos dias mais brilhantes da guerra, dependia da boa vontade local e da cooperação em toda parte, essas pequenas formalidades não podiam ser desdenhadas. Era função dos experientes diplomatas do

Ministério das Relações Exteriores encontrar saídas para essa "selva de dificuldades", e a mais engenhosa delas consistia em usar os judeus estrangeiros no território da Alemanha para testar a atmosfera geral em seus países de origem. O método para fazer isso, embora simples, era um tanto sutil, e ficava bem além do alcance mental e da capacidade de apreensão política de Eichmann. (Isso foi confirmado por provas documentais; cartas que seu departamento endereçou ao Ministério das Relações Exteriores sobre esses assuntos eram assinadas por Kaltenbrunner e Müller.) O Ministério das Relações Exteriores escrevia para as autoridades de outros países, dizendo que o Reich alemão estava em processo de se tornar *judenrein* e que, portanto, era imperativo que os judeus estrangeiros fossem chamados de volta a sua terra, se não quisessem ser incluídos nas medidas antijudaicas. Esse ultimato tem mais implicações do que parece. Esses judeus estrangeiros, como regra geral, eram ou cidadãos naturalizados de seus respectivos países ou, para sua desgraça, eram apátridas que tinham obtido passaportes por meio de algum método altamente dúbio, que funcionava bem na condição de que seu portador permanecesse no estrangeiro. Isso era especialmente verdadeiro para os países da América Latina, cujos cônsules no exterior vendiam passaportes para judeus bastante abertamente; os felizes donos desses passaportes tinham todos os direitos, inclusive a alguma proteção consular, exceto o direito de jamais entrar em sua "terra natal". Daí que o ultimato do Ministério das Relações Exteriores tentasse conseguir que governos estrangeiros concordassem com a aplicação da Solução Final pelo menos àqueles judeus que eram apenas nominalmente seus cidadãos. Não seria lógico acreditar que um governo que não se mostrara disposto a oferecer asilo a umas poucas centenas ou uns poucos milhares de judeus — os quais de toda forma não tinham condições de estabelecer ali residência permanente — dificilmente levantaria muitas objeções no dia que toda essa população judaica fosse expulsa ou exterminada? Talvez fosse lógico, mas não era razoável, como veremos em seguida.

Em 30 de junho de 1943, bem mais tarde do que Hitler esperava, o Reich — Alemanha, Áustria e o Protetorado — foi declarado *judenrein*. Não existem números exatos de quantos judeus foram efetivamente deportados dessa área, mas sabemos que das 265 mil pessoas que, segundo as estatísticas alemãs, foram deportadas ou eram passíveis de deportação em janeiro de 1942, poucas escaparam; talvez algumas centenas, na melhor das hipóteses alguns milhares, conseguiram se esconder e sobreviver à guerra. A facilidade com que se aplacava a consciência dos vizinhos dos judeus é mais bem ilustrada pela explicação oficial das deportações dada numa circular da Chancelaria do Partido no outono de 1942: "É da natureza das coisas que esses problemas, tão difíceis sob certos aspectos, só possam ser resolvidos no interesse da segurança permanente de nosso povo por meio de uma *dureza impiedosa*" (*rücksichtslose Härte*, grifo meu).

X

DEPORTAÇÕES DA EUROPA OCIDENTAL — FRANÇA, BÉLGICA, HOLANDA, DINAMARCA, ITÁLIA

A "dureza impiedosa", qualidade tida em alta estima pelos governantes do Terceiro Reich, é uma característica frequente do pós--guerra na Alemanha, que desenvolveu um verdadeiro talento para o subterfúgio ao indicar seu passado nazista como *ungut* — desprovido de bem —, como se não houvesse nada de errado com aqueles que são dotados dessa qualidade a não ser uma deplorável falha em agir de acordo com os exigentes padrões da caridade cristã. De toda forma, os homens enviados pelo departamento de Eichmann para outros países como "conselheiros para assuntos judeus" — a serem anexados às missões diplomáticas regulares, ou ao corpo militar, ou ao comando local da Polícia de Segurança — eram todos escolhidos porque possuíam essa virtude no mais alto grau. No começo, durante o outono e o inverno de 1941-42, sua tarefa principal parecia ser o estabelecimento de relações satisfatórias com os outros funcionários alemães nos países em questão, principalmente com as embaixadas alemãs em países só nominalmente independentes e com os comissários do Reich em territórios ocupados; em ambos os casos, havia um conflito perpétuo sobre a jurisdição na questão dos assuntos judeus.

Em junho de 1942, Eichmann convocou seus conselheiros na França, Bélgica e Holanda a fim de estabelecer planos para deportação nesses países. Himmler ordenara que a França recebesse prioridade absoluta na "varredura da Europa de Oeste a Leste", em parte por causa da importância inerente da *nation par excellence*, em parte porque o governo de Vichy havia demonstrado uma "compreensão" realmente surpreendente do problema judaico e introduzira, por iniciativa própria, uma boa dose de legislação antijudaica; havia até fundado um Departamento de Assuntos Judeus especial, chefiado primeiro por Xavier Vallant e, um pouco mais tarde, por Darquier de Pellepoix, ambos antissemitas notórios. Como concessão ao tipo francês de antissemitismo, intimamente ligado a uma xenofobia chauvinista forte e generalizada em todos os estratos da população, a operação devia começar com os judeus estrangeiros, e como em 1942 mais de metade dos judeus estrangeiros na França era de apátridas — refugiados e emigrados da Rússia, Alemanha, Áustria, Polônia, Romênia e Hungria, isto é, de áreas sob domínio alemão ou que haviam aprovado alguma legislação antijudaica antes do início da guerra —, decidiu-se começar pela deportação de um número estimado em 100 mil judeus apátridas. (O total da população judaica do país estava, então, bem acima dos 300 mil; em 1939, antes do influxo de refugiados da Bélgica e da Holanda na primavera de 1940, havia cerca de 270 mil judeus, dos quais pelo menos 170 mil eram estrangeiros ou nascidos no estrangeiro.) Cinquenta mil deveriam ser evacuados a toda pressa tanto da Zona Ocupada como da França de Vichy. Era um empreendimento considerável, que precisava não só da concordância do governo de Vichy, como da ajuda ativa da polícia francesa, que deveria fazer o trabalho executado na Alemanha pela Polícia da Ordem. De início, não houve nenhuma dificuldade, uma vez que, conforme apontou Pierre Laval, ministro do marechal Pétain, "esses judeus estrangeiros sempre foram um problema para a França", e consequentemente "o governo francês estava satisfeito porque a mudança de atitude dos alemães dava à França a oportunidade de livrar-se deles". Acrescente-se que Laval e Pétain pensavam que esses judeus seriam reassentados no Leste; ainda não sabiam o que "reassentamento" queria dizer.

Dois incidentes em particular atraíram a atenção da corte de Jerusalém, ambos ocorridos no verão de 1942, poucas semanas depois que a operação começou. O primeiro dizia respeito a um trem que devia deixar Bordeaux em 15 de julho, e cuja viagem foi preciso cancelar porque só foram encontrados 150 judeus apátridas na cidade — insuficientes para lotar o trem, que Eichmann obtivera com grande dificuldade. Tenha ou não reconhecido esse fato como um primeiro indício de que as coisas talvez não fossem tão fáceis como todo mundo se sentia no direito de acreditar, Eichmann ficou muito exaltado com isso, dizendo a seus subordinados que era uma "questão de prestígio" — não aos olhos dos franceses, mas aos do Ministério dos Transportes, que podia tirar conclusões erradas sobre a eficiência de sua equipe — e que ele teria de "considerar se a França não deveria ser inteiramente abandonada, no que dizia respeito à evacuação", caso o incidente se repetisse. Em Jerusalém, essa ameaça foi levada muito a sério, no sentido de comprovar o poder de Eichmann; se ele quisesse, poderia "abandonar a França". Na verdade, era uma das ridículas gabolices de Eichmann, prova de sua "ambição", mas dificilmente "prova de [...] seu status aos olhos dos subordinados", a não ser na medida em que simplesmente os ameaçara de perder seus confortáveis empregos de guerra. Mas se o incidente de Bordeaux foi uma comédia de erros, o segundo serviu de base para uma das inúmeras histórias horripilantes que corriam em Jerusalém. Trata-se do episódio de 4 mil crianças separadas dos pais, já a caminho de Auschwitz. As crianças haviam sido abandonadas no ponto de embarque francês, o campo de concentração de Drancy, e em 10 de julho o representante francês de Eichmann, *Hauptsturmführer* Theodor Dannecker, telefonou a Eichmann para saber o que fazer com as crianças. Eichmann levou dez dias para decidir, depois ligou para Dannecker dizendo que "assim que os transportes pudessem ser novamente enviados para a área do Governo-Geral [da Polônia] ocorreria o transporte das crianças". O dr. Servatius observou que todo o incidente realmente demonstrava que as "pessoas afetadas não foram escolhidas nem pelo acusado, nem por nenhum membro de seu departamento". Mas o que, infelizmente, ninguém mencionou foi que Dannecker informara Eichmann de que o próprio Laval sugerira que crianças com menos de dezesseis anos fossem incluídas nas deportações; isso significava que todo o horrendo episódio não decorria de "ordens superiores", mas era consequência de um acordo entre a França e a Alemanha, negociado no mais alto escalão.

Durante o verão e o outono de 1942, 27 mil judeus apátridas — 18 mil de Paris e 9 mil de Vichy — foram deportados para Auschwitz. Em seguida, quando restavam 70 mil judeus apátridas em toda a França, os alemães cometeram seu primeiro erro. Convencidos de que àquela altura os franceses já estavam a tal ponto habituados à deportação de judeus que não se importariam com a coisa, pediram permissão para incluir também os judeus franceses — simplesmente para facilitar as questões administrativas. Isso provocou uma virada completa; os franceses foram taxativos em sua recusa a entregar seus judeus aos alemães. E Himmler, ao ser informado da situação — não por Eichmann ou seus homens, incidentalmente, mas por um dos comandantes superiores da ss e da polícia —, imediatamente cedeu e prometeu poupar os judeus franceses. Mas já era tarde demais. Os primeiros boatos sobre os "reassentamentos" já haviam chegado à França, e mesmo que os antissemitas franceses — e os demais também — gostassem da ideia de ver os judeus estrangeiros assentados em outro país, nem mesmo os antissemitas estavam dispostos a ser cúmplices de assassinato em massa. Daí os franceses se recusarem a dar um passo que haviam considerado tão empenhadamente pouco antes, isto é, revogar as naturalizações concedidas aos judeus depois de 1927 (ou depois de 1933), o que tornaria cerca de outros 50 mil judeus passíveis de deportação. Além disso, começaram a apresentar tantas dificuldades à deportação de judeus apátridas e outros judeus estrangeiros que todos os ambiciosos planos de evacuação dos judeus da França tiveram de ser "abandonados". Dezenas de milhares de pessoas apátridas foram para a clandestinidade, enquanto milhares de outras fugiram para a zona francesa ocupada pela Itália, a Côte d'Azur, onde os judeus estavam seguros, qualquer que fosse sua origem ou nacionalidade. No verão de 1943, quando a Alemanha foi declarada *judenrein* e os Aliados já haviam desembarcado na Sicília, não mais do que 52 mil judeus, certamente menos do que 20% do total, haviam sido deportados, e desses não mais do que 6 mil possuíam nacionalidade francesa. Nem mesmo os prisioneiros de guerra judeus do Exército francês nos campos de internação alemães foram escolhidos para receber "tratamento especial". Em abril de 1944, dois meses depois que os Aliados aportaram na França, ainda havia 250 mil judeus no país, e todos sobreviveram à guerra. Os nazistas, afinal, não possuíam nem o pessoal, nem a força de vontade para manter a "dureza" quando encontravam oposição determinada. A verdade é que, como veremos, até os membros da Gestapo e da ss podiam combinar dureza e frouxidão.

Na reunião de junho de 1942 em Berlim, os levantamentos de candidatos a deportação imediata feitos pela Bélgica e pela Holanda apresentavam totais bastante baixos, provavelmente devido ao fato de que o total relativo à França era alto. Não mais de 10 mil judeus na Bélgica e 15 mil na Holanda deveriam ser capturados e deportados no futuro imediato. Em ambos os casos, os números foram depois ampliados significativamente, decerto em decorrência das dificuldades encontradas na operação francesa. A situação na Bélgica foi especial sob certos aspectos. O país era governado exclusivamente por autoridades militares alemãs e, como observava um relatório belga apresentado à corte, a influência da polícia "sobre os outros serviços administrativos alemães era menor do que em outros lugares". (O governador belga, general Alexander von Falkenhauser, envolveu-se mais tarde na conspiração contra Hitler de julho de 1944.) Somente em Flandres havia uma colaboração significativa; o movimento fascista entre os valões de língua francesa, chefiados por Degrelle, tinha pouca influência. A polícia belga não cooperava com os alemães, e os ferroviários belgas não mereciam confiança nem para cuidar dos trens de deportação. Eles conspiravam para deixar portas abertas ou organizar emboscadas para que os judeus escapassem. Era muito peculiar a composição da população judaica. Antes da eclosão da guerra havia 90 mil judeus, dos quais cerca de 30 mil eram alemães refugiados, enquanto outros 50 mil vinham de diferentes países europeus. No final de 1940 cerca de 40 mil judeus tinham fugido do país, e entre os 50 mil que ficaram havia no máximo 5 mil cidadãos belgas nativos. Além disso, entre aqueles que haviam fugido estavam todos os líderes judeus mais importantes, a maioria dos quais era estrangeira, de forma que o Conselho Judeu não exercia nenhuma autoridade entre os judeus nativos. Com essa "falta de entendimento" de todos os lados, não é de surpreender que pouquíssimos judeus belgas tenham sido deportados. Porém os judeus recém-naturalizados e os apátridas — de origem tcheca, polonesa, russa e alemã, muitos dos quais recém-chegados — eram fáceis de reconhecer e muito difíceis de esconder, naquele país pequeno e completamente industrializado. No final de 1942, 15 mil deles haviam sido despachados para Auschwitz, e no outono de 1944, quando os Aliados libertaram o país, 25 mil deles haviam sido assassinados. Eichmann tinha seu "conselheiro" na Bélgica, mas o conselheiro parece não ter sido muito ativo nessas operações. Elas acabaram sendo realizadas pela administração militar, sob crescente pressão do Ministério das Relações Exteriores.

Assim como em praticamente todos os outros países, as deportações na Holanda começaram com os judeus apátridas, que neste caso consistiam quase inteiramente de refugiados da Alemanha, os quais o governo pré-guerra holandês declarara oficialmente "indesejáveis". Havia cerca de 35 mil judeus estrangeiros numa população judaica total de 140 mil pessoas. Ao contrário da Bélgica, a Holanda foi posta sob administração civil e, ao contrário da França, o país não tinha governo próprio, uma vez que o gabinete fugira junto com a família real para Londres. A pequena nação estava inteiramente à mercê dos alemães e da SS. O "conselheiro" de Eichmann na Holanda era um certo Willi Zöpf (preso recentemente na Alemanha, enquanto o conselheiro francês, muito mais eficiente, o sr. Dannecker, continua em liberdade), mas ele aparentemente tinha muito pouco a dizer e mal podia fazer algo além de manter informado o departamento em Berlim. As deportações e tudo o que estava ligado a elas eram trabalho para o advogado Erich Rajakowitsch, antigo conselheiro legal de Eichmann em Viena e Praga, admitido na SS por recomendação de Eichmann. Heydrich o mandou para a Holanda em abril de 1941, onde devia prestar contas não ao RSHA de Berlim, mas ao chefe local do Serviço de Segurança em Haia, dr. Wilhelm Harsten, que por sua vez estava sob o comando do *Obergruppenführer* Hans Rauter, um dos comandantes superiores da SS e da polícia, e de seu assistente para assuntos judeus, Ferdinand aus der Fünten. (Rauter e Fünten foram condenados à morte por um tribunal holandês; Rauter foi executado e a sentença de Fünten, aparentemente depois de uma intervenção especial de Adenauer, foi comutada para prisão perpétua. Harsten também foi julgado na Holanda, sentenciado a doze anos de prisão, e libertado em 1957, quando entrou para o serviço público do governo bávaro. As autoridades holandesas estão considerando a possibilidade de agir contra Rajakowitsch, que parece estar vivendo na Suíça ou na Itália. Todos esses detalhes vieram à tona no último ano por meio da publicação de documentos holandeses e da reportagem de E. Jacob, correspondente holandês do *Basler Nationalzeitung*, um jornal suíço.) A acusação em Jerusalém, em parte porque queria piorar a situação de Eichmann a todo custo, em parte porque ficou genuinamente perdida nos labirintos da burocracia alemã, alegou que todos aqueles funcionários cumpriam ordens de Eichmann. Mas os comandantes superiores da SS e da polícia só recebiam ordens de Himmler, e é altamente improvável que Rajakowitsch ainda estivesse recebendo ordens de Eichmann naquela época, principalmente em vista do que estava ocorrendo na Holanda. A sentença, sem embarcar em polêmicas, corrigiu discretamente um grande número de erros cometidos pela acusação — embora provavelmente não todos — e expôs a constante competição existente entre o RSHA, os comandantes superiores da SS e da polícia e outros departamentos — as "tenazes, eternas, infindáveis negociações", como disse Eichmann.

Eichmann ficou especialmente aborrecido com os arranjos da Holanda porque evidentemente era o próprio Himmler quem o estava colocando em seu lugar, além do fato de que o zelo dos cavalheiros enviados para lá criava grandes dificuldades para a organização dos transportes e geralmente zombava do "centro coordenador" de Berlim. Por isso, logo de início foram deportados 20 mil judeus, e não 15 mil, e o sr. Zöpf, de patente e posição bem inferior à de todos os outros presentes, foi quase obrigado a apressar as deportações em 1943. Os conflitos sobre a jurisdição desses assuntos haveria de infernizar Eichmann em todos os momentos, e em vão ele explicaria a quem quisesse ouvir que "seria ir contra a ordem do *Reichsführer-SS* [isto é, Himmler], além de ilógico, que àquela altura outras autoridades ficassem encarregadas de lidar com o problema judeu". O último confronto, na Holanda, aconteceu em 1944, e dessa vez até Kaltenbrunner tentou intervir, em prol da uniformidade. Na Holanda, os judeus sefardins, de origem espanhola, haviam sido eximidos, embora judeus dessa origem houvessem sido enviados de Salônica para Auschwitz. O julgamento errou ao afirmar que o RSHA "venceu aquela disputa" — sabe Deus por que razão, cerca de 370 judeus sefardins ficaram incólumes em Amsterdã.

A razão de Himmler preferir trabalhar, na Holanda, por intermédio dos comandantes superiores da SS e da polícia era simples. Esses homens sabiam orientar-se no país, e o problema apresentado pela população holandesa não era, de forma nenhuma, fácil. A Holanda foi o único país em toda a Europa em que estudantes entraram em greve quando professores judeus foram despedidos, e onde uma onda de greves explodiu como reação à primeira deportação de judeus para campos de concentração — e essa deportação, ao contrário daquelas para campos de extermínio, era uma medida meramente punitiva, tomada muito antes de a Solução Final ter chegado à Holanda. (Os alemães, como diz De Jong, aprenderam a lição. Daí em diante, "a perseguição era feita não com os cassetetes das tropas de assalto nazistas [...] mas com decretos publicados no *Verordeningenblad* [...] que o *Joodsche Weekblad* era forçado a publicar". Não houve mais patrulhas policiais nas ruas e não houve greves por parte da população.) No entanto, a hostilidade generalizada da Holanda contra as medidas antissemitas se confrontava com dois fatores que acabaram mostrando-se fatais para os judeus. Primeiro, existia um movimento nazista muito forte na Holanda, que se encarregava de medidas policiais como capturar judeus, localizar seus esconderijos e assim por diante; segundo, havia entre os judeus nativos uma tendência extremamente forte a manter uma distinção entre eles e os recém-chegados, provavelmente resultado da atitude muito pouco amigável do governo holandês para com os refugiados da Alemanha e também, provavelmente, do antissemitismo na Holanda, que, assim como na França, era focalizado nos judeus estrangeiros. Isso tornou relativamente fácil para os nazistas formar seu primeiro

Conselho Judeu, o *Joodsche Raad*, que durante muito tempo manteve a convicção de que só os judeus alemães e outros judeus estrangeiros seriam vítimas das deportações, e também permitiu à ss convocar, além das unidades policiais holandesas, a ajuda de uma força policial judaica. O resultado foi uma catástrofe sem paralelo em nenhum país ocidental, somente comparável à extinção dos judeus poloneses, ocorrida em condições muitíssimo diferentes e, desde o começo, completamente desesperadas. Muito embora, ao contrário da Polônia, a atitude do povo holandês tivesse permitido que um grande número de judeus se escondesse — entre 20 e 25 mil, número muito elevado para país tão pequeno —, um número extraordinariamente alto de judeus vivendo na clandestinidade (pelo menos metade deles) foi encontrado, sem dúvida graças ao empenho de informantes profissionais e ocasionais. Em julho de 1944, 113 mil judeus haviam sido deportados, a maioria deles para Sobibor, um campo na área de Lublin, na Polônia, às margens do rio Bug, onde nunca houve seleção de trabalhadores capacitados. Três quartos de todos os judeus que viviam na Holanda foram mortos, cerca de dois terços deles judeus holandeses nativos. Os últimos carregamentos partiram no outono de 1944, quando as patrulhas aliadas já estavam na fronteira holandesa. Dos 10 mil judeus que sobreviveram escondidos, cerca de 75% eram estrangeiros — porcentagem que confirma a pouca disposição dos judeus holandeses a encarar a realidade.

Na Conferência de Wannsee, Martin Luther, do Ministério das Relações Exteriores, alertou sobre grandes dificuldades nos países escandinavos, principalmente na Noruega e na Dinamarca. (A Suécia nunca foi ocupada, e a Finlândia, embora apoiasse o Eixo na guerra, foi o único país que os nazistas não chegaram sequer a abordar a propósito da questão judaica. Essa surpreendente exceção da Finlândia, com seus quase 2 mil judeus, pode ser devida à grande estima de Hitler pelos finlandeses, que talvez não quisesse submeter a ameaças e chantagens humilhantes.) Luther propôs postergar até segunda ordem as evacuações da Escandinávia, o que era óbvio no caso da Dinamarca, uma vez que o país mantinha seu governo independente, sendo respeitado como Estado neutro até o outono de 1943, embora tivesse sido, tal como a Noruega, invadido pelo Exército alemão em abril de 1940. Não existia na Dinamarca nenhum movimento fascista ou nazista digno de nota, e portanto não havia colaboradores. Na Noruega, porém, os alemães tinham conseguido encontrar apoio entusiasmado; na verdade, Vidkun Quisling, líder do partido norueguês pró-nazista e antissemita, emprestou seu nome ao que depois se tornou conhecido como "governo quisling [governo de fachada]". O grosso dos 1700 judeus da Noruega era de apátridas, refugiados da Alemanha; eles foram capturados e aprisionados em operações relâmpago em outubro e novembro de 1942. Quando o departamento de Eichmann ordenou que fossem deportados para Auschwitz, alguns dos próprios homens de Quisling renunciaram a seus postos no governo. Isso pode não ter sido uma surpresa para o sr. Luther e o Ministério das Relações Exteriores, mas o que foi muito mais sério, e sem dúvida totalmente inesperado, foi que a Suécia imediatamente ofereceu asilo, e em determinados casos até mesmo a nacionalidade sueca, a todos os perseguidos. Ernst von Weizsäcker, subsecretário de Estado do Ministério das Relações Exteriores, que recebeu a proposta, recusou-se a discuti-la, mas mesmo assim o oferecimento ajudava. Em certa medida, é fácil sair ilegalmente de um país — mas é quase impossível entrar no local de refúgio sem autorização e evitar as autoridades da imigração. Assim, cerca de novecentas pessoas, pouco mais de metade da pequena comunidade norueguesa, puderam entrar clandestinamente na Suécia.

Foi na Dinamarca, porém, que os alemães descobriram o quanto eram justificadas as apreensões do Ministério das Relações Exteriores. A história dos judeus dinamarqueses é sui generis, e o comportamento do povo dinamarquês e de seu governo foi único entre todos os países da Europa — ocupada, associada ao Eixo, neutra ou verdadeiramente independente. É forte a tentação de recomendar a leitura obrigatória desse episódio da ciência política para todos os estudantes que queiram aprender alguma coisa sobre o enorme potencial de poder inerente à ação não violenta e à resistência a um oponente detentor de meios de violência vastamente superiores. Sem dúvida alguns outros países na Europa eram desprovidos de um adequado "conhecimento da questão judaica", e na verdade a maioria deles se opôs às soluções "radical" e "final". Assim como a Dinamarca, a Suécia, a Itália e a Bulgária provaram ser quase imunes ao antissemitismo, mas dos três países na esfera de influência alemã, só os dinamarqueses ousaram falar do assunto com seus senhores alemães. A Itália e a Bulgária sabotavam as ordens alemãs e se permitiam um complicado jogo de negociação e trapaça, salvando seus judeus graças a um tour de force de pura criatividade, mas jamais contestaram a política enquanto tal. Os dinamarqueses fizeram uma coisa completamente diferente. Quando os alemães os abordaram, bastante cautelosamente, quanto à introdução do emblema amarelo, eles simplesmente disseram que o rei seria o primeiro a usá-lo, e os funcionários governamentais dinamarqueses tiveram o cuidado de esclarecer que medidas antijudaicas de qualquer ordem provocariam sua imediata renúncia. Muito decisivo na questão toda foi o fato de os alemães não conseguirem determinar nem mesmo — o que era vitalmente importante para eles — quem eram os dinamarqueses nativos de origem judaica (cerca de 6400) e quem eram os 1400 judeus alemães refugiados que haviam encontrado asilo no país antes da guerra, agora declarados apátridas pelo governo alemão. Essa recusa deve ter sido uma infinita surpresa para os alemães, visto que parecia "ilógico" um governo proteger pessoas a quem havia recusado categoricamente naturalização e mesmo permissão de trabalho. (Legalmente, a situação pré-guerra dos refugiados da Dinamarca não era diferente da dos refugiados da França, a não ser pela corrupção generalizada dos funcionários públicos da Terceira República, que permitiu que alguns deles obtivessem papéis de naturalização por meio de subornos ou "ligações", e pelo fato de que a maioria dos refugiados da França podia trabalhar ilegalmente, sem permissão. Mas a Dinamarca, como a Suíça, não era país *pour se débrouiller*.) Os dinamarqueses, porém, explicaram aos funcionários alemães que uma vez que os refugiados apátridas não eram mais cidadãos alemães, os nazistas não podiam mais requisitá-los sem o consentimento dinamarquês. Esse foi um dos poucos casos em que a falta de pátria acabou sendo um privilégio, embora, evidentemente, não tenha sido a falta de Estado per se que salvou os judeus, mas, ao contrário, o fato de o governo dinamarquês decidir protegê-los. Dessa forma, nenhum dos movimentos preparatórios, tão importantes para a burocracia do assassinato, pôde ser levado a cabo, e as operações foram adiadas até depois do outono de 1943.

O que aconteceu então foi realmente surpreendente; comparado ao que aconteceu em outros países europeus, tudo resultou numa grande trapalhada. Em agosto de 1943 — depois do fracasso da ofensiva alemã na Rússia, da rendição do Afrika Korps na Tunísia e da invasão aliada na Itália — o governo sueco cancelou o acordo de 1940 com a Alemanha, permitindo que as tropas alemãs atravessassem seu território. Diante disso, os trabalhadores dinamarqueses decidiram que podiam ajudar um pouco a acelerar as coisas; irromperam tumultos nos estaleiros dinamarqueses e os trabalhadores das docas se recusaram a consertar navios alemães, entrando em greve em seguida. O comandante militar alemão decretou estado de emergência e impôs a lei marcial, e Himmler achou que aquele era o momento adequado para tocar na questão judaica, cuja "solução" estava muito atrasada. O que não estava em seus cálculos — sem contar a resistência dinamarquesa — foi que os funcionários alemães que viviam havia anos no país não eram mais os mesmos. Não só o general Von Hannecken, comandante militar, recusou-se a pôr tropas à disposição do plenipotenciário do Reich, dr. Werner Best, como também as unidades especiais da ss (*Einsatzkommandos*) alocadas na Dinamarca muitas vezes objetaram às medidas que os organismos centrais ordenavam que fossem tomadas — segundo o testemunho de Best em Nuremberg. E o próprio Best, um velho homem da Gestapo e antigo conselheiro legal de Heydrich, autor de um livro famoso sobre a polícia e que trabalhara para o governo militar em Paris satisfazendo plenamente a seus superiores, já não merecia confiança, embora não se saiba ao certo se Berlim chegou a tomar conhecimento disso. De toda forma, desde o princípio ficou claro que as coisas não estavam indo bem, e o departamento de Eichmann mandou um de seus melhores homens à Dinamarca —

Rolf Günther, que ninguém jamais acusara de não ter a necessária "dureza impiedosa". Günther não impressionou seus colegas de Copenhague e Hannecken se recusou até mesmo a baixar um decreto exigindo que todos os judeus se apresentassem para trabalhar.

Best foi para Berlim e conseguiu uma promessa de que os judeus da Dinamarca seriam mandados para Theresienstadt fosse qual fosse sua categoria — concessão muito importante do ponto de vista nazista. Foi escolhida a noite de 1º de outubro para sua captura e partida imediata — os navios já estavam prontos no porto —, e como não se podia confiar nem nos dinamarqueses, nem nos judeus, nem nas tropas alemãs estacionadas na Dinamarca, chegaram da Alemanha unidades da polícia para realizar uma busca de porta em porta. No último momento, Best lhes disse que não podiam invadir apartamentos, porque nesse caso a polícia dinamarquesa poderia interferir, e que não deviam entrar em choque com os dinamarqueses. Em decorrência, só conseguiram capturar os judeus que abriram suas portas voluntariamente. De um total de mais de 7800 pessoas, encontraram exatamente 477 que estavam em casa e dispostas a deixá-los entrar. Poucos dias antes da data fatídica, um agente de transporte alemão, Georg F. Duckwitz, provavelmente a partir de informações fornecidas pelo próprio Best, revelou todo o plano aos funcionários governamentais dinamarqueses, que por sua vez informaram rapidamente os cabeças da comunidade judaica. Estes, em marcante contraste com líderes judeus de outros países, deram a notícia abertamente nas sinagogas, por ocasião dos serviços de Ano-Novo. Os judeus tiveram tempo suficiente para sair de seus apartamentos e esconder-se, o que era muito fácil na Dinamarca porque, nas palavras da sentença, "todos os setores do povo dinamarquês, desde o rei até os simples cidadãos", estavam prontos para recebê-los.

Talvez fosse necessário que ficassem na clandestinidade até o final da guerra se os dinamarqueses não tivessem a sorte de ter a Suécia como vizinha. Pareceu razoável embarcar os judeus para a Suécia, e isso foi feito com a ajuda da frota pesqueira dinamarquesa. O custo do transporte para as pessoas sem meios — cerca de cem dólares por pessoa — foi pago em grande parte por cidadãos dinamarqueses ricos, e talvez seja esse o fato mais assombroso, uma vez que na época a praxe era os judeus pagarem sua própria deportação, com os ricos gastando fortunas em permissões de saída (na Holanda, na Eslováquia e depois na Hungria), fosse subornando as autoridades locais, fosse negociando "legalmente" com a ss, que só aceitava moedas fortes e vendia permissões de saída da Holanda ao preço de 5 ou 10 mil dólares por pessoa. Mesmo em lugares onde os judeus encontravam simpatia e sincera disposição para ajudar, tinham de pagar por isso, e a probabilidade de os pobres conseguirem fugir eram nulas.

Levou-se a maior parte do mês de outubro para transportar os judeus ao longo das cinco a quinze milhas marítimas que separam a Dinamarca da Suécia. Os suecos receberam 5919 refugiados, dos quais pelo menos mil eram de origem alemã, 1310 eram meio-judeus, e 686 não-judeus casados com judeus. (Quase metade dos judeus dinamarqueses parece ter ficado no país, sobrevivendo à guerra na clandestinidade.) Os judeus não dinamarqueses ficaram melhor do que antes, e todos receberam permissão de trabalho. As poucas centenas de judeus que a polícia alemã conseguiu prender foram mandadas para Theresienstadt. Eram velhos ou pobres que não haviam recebido a notícia a tempo ou que não conseguiram entender seu significado. No gueto, gozavam de privilégios maiores do que os de qualquer outro grupo, devido ao "espalhafato" infinito que faziam instituições e indivíduos dinamarqueses. Quarenta e oito pessoas morreram, número não particularmente alto, em vista da média de idade do grupo. Quando tudo terminou, na opinião abalizada de Eichmann, "por várias razões a ação contra os judeus na Dinamarca foi um fracasso", enquanto o curioso dr. Best declarou que "o objetivo da operação não era capturar um número grande de judeus, mas limpar a Dinamarca dos judeus, e esse objetivo foi alcançado".

Política e psicologicamente, o aspecto mais interessante desse incidente é talvez o papel desempenhado pelas autoridades alemãs na Dinamarca, sua evidente sabotagem das ordens de Berlim. É o único caso que conhecemos em que os nazistas encontraram resistência nativa *declarada*, e o resultado parece ter sido que os que foram expostos a ela mudaram de ideia. Aparentemente eles mesmos haviam deixado de ver com naturalidade o extermínio de todo um povo. Quando encontraram resistência baseada em princípios, sua "dureza" se derreteu como manteiga ao sol, e eles foram capazes até mesmo de demonstrar um tímido começo de coragem genuína. O ideal de "dureza", exceto talvez para uns poucos brutos semiloucos, não passava de um mito de autoengano, escondendo um desejo feroz de conformidade a qualquer preço, e isso foi claramente revelado nos julgamentos de Nuremberg, onde os réus se acusavam e traíam mutuamente e juravam ao mundo que sempre "haviam sido contra aquilo", ou diziam, como faria Eichmann, que seus superiores haviam feito mau uso de suas melhores qualidades. (Em Jerusalém, ele acusou "os poderosos" de ter feito mau uso de sua "obediência". "O cidadão de um bom governo tem sorte, o cidadão de um mau governo é azarado. Eu não tive sorte.") A atmosfera mudara, e embora a maior parte deles deva ter percebido que estava condenada, nem um único teve a coragem de defender a ideologia nazista. Werner Best alegou em Nuremberg que desempenhara um complicado papel duplo, e que graças a ele os funcionários dinamarqueses haviam sido avisados da catástrofe iminente; provas documentais demonstraram, ao contrário, que ele próprio havia proposto a operação dinamarquesa em Berlim. Segundo Best, isso era parte do jogo. Extraditado para a Dinamarca, foi ali condenado à morte, mas apelou da sentença, com resultados surpreendentes; devido a "nova prova", sua sentença foi comutada para cinco anos de prisão, da qual foi libertado logo depois. Deve ter conseguido provar à corte dinamarquesa que realmente se esforçara.

A Itália era o único aliado real da Alemanha na Europa, tratada como igual e respeitada como Estado soberano independente. A aliança repousava, em princípio, nos mais altos interesses comuns, ligando duas novas formas de governo similares, se não idênticas, e a verdade é que Mussolini foi muito admirado nos círculos nazistas alemães. Mas quando a guerra eclodiu e a Itália, depois de alguma hesitação, juntou-se ao empreendimento alemão, aquilo ficou sendo coisa do passado. Os nazistas sabiam muito bem que tinham mais em comum com a versão stalinista de comunismo do que com o fascismo italiano, e Mussolini, por sua vez, não tinha muita confiança na Alemanha nem muita admiração por Hitler. Tudo isso, no entanto, pertencia aos segredos dos superiores, principalmente na Alemanha, e as profundas e decisivas diferenças entre as formas totalitária e fascista de governo nunca foram inteiramente compreendidas pelo mundo em geral. Em nenhuma outra área elas foram mais conspicuamente reveladas do que no tratamento dispensado à questão judaica.

Antes do golpe de Estado de Badoglio, no verão de 1943, e da ocupação alemã de Roma e do Norte da Itália, Eichmann e seus homens não tinham permissão para agir no país. Eles se confrontavam com a maneira italiana de *não* resolver nada nas zonas ocupadas pela Itália na França, na Grécia e na Iugoslávia, porque os judeus continuavam fugindo para essas zonas, onde tinham certeza de obter asilo temporário. Em níveis muito mais altos do que os de Eichmann, a sabotagem italiana à Solução Final assumiu proporções sérias, principalmente devido à influência de Mussolini sobre outros governos fascistas da Europa — a França de Pétain, a Hungria de Horthy, a Romênia de Antonescu e até mesmo a Espanha de Franco. Se a Itália conseguiu não matar seus judeus, os países satélites alemães poderiam tentar fazer o mesmo. Por isso Dome Sztojai, o primeiro-ministro húngaro que os alemães forçaram Horthy a aceitar, sempre quis saber, em relação a todas as medidas antijudaicas, se os mesmos regulamentos se aplicavam à Itália. O chefe de Eichmann, *Gruppenführer* Müller, escreveu uma longa carta sobre o assunto para o Ministério das Relações Exteriores apontando isso tudo, mas os cavalheiros das Relações Exteriores não podiam fazer muita coisa a respeito, porque sempre se depararam com a mesma resistência sutilmente velada, as mesmas promessas nunca cumpridas. A sabotagem era ainda mais enfurecedora por ser declarada, quase zombeteira. As promessas eram feitas pelo próprio Mussolini ou por outros funcionários de alto escalão, e se os generais simplesmente deixavam de cumpri-las, Mussolini os desculpava com base em sua "formação intelectual diferente". Só ocasionalmente os nazistas se depararam com uma recusa direta, como quando o general

Roatta declarou ser "incompatível com a honra do Exército italiano" entregar os judeus do território de ocupação italiana na Iugoslávia às autoridades alemãs competentes.

Sempre que os italianos pareciam estar cumprindo as promessas, a situação podia ficar bem pior. Um exemplo disso ocorreu depois do desembarque dos Aliados no Norte da África francesa, quando toda a França estava ocupada pelos alemães exceto a zona italiana no Sul, onde cerca de 50 mil judeus haviam encontrado segurança. Sob considerável pressão alemã, foi fundado um "Comissariado de Assuntos Judeus" italiano, cuja única função era registrar todos os judeus da região e expulsá-los da costa mediterrânea. Vinte e dois mil judeus foram efetivamente capturados e removidos para o interior da zona italiana, com o resultado, segundo Reitlinger, de que "mil judeus da classe mais pobre passaram a viver nos melhores hotéis de Isère e Savoie". Eichmann então mandou Alois Brunner, um de seus homens mais duros, para Nice e Marselha, mas, quando ele chegou, a polícia francesa destruíra todas as listas de judeus registrados. No outono de 1943, quando a Itália declarou guerra à Alemanha, o Exército alemão conseguiu finalmente ocupar Nice, e o próprio Eichmann correu para a Côte d'Azur. Ali lhe disseram — e ele acreditou — que entre 10 e 20 mil judeus viviam na clandestinidade em Mônaco (o minúsculo principado com um total de cerca de 25 mil residentes cujo território, como disse o *New York Times Magazine*, "caberia confortavelmente no Central Park"), o que fez o RSHA dar início a uma espécie de programa de busca. Parece uma piada tipicamente italiana. Os judeus, de todo jeito, não estavam mais lá; haviam fugido para a Itália propriamente dita, e os que ainda estavam escondidos nas montanhas circundantes conseguiram passar para a Suíça ou para a Espanha. O mesmo aconteceu quando os italianos tiveram de abandonar sua zona na Iugoslávia; os judeus partiram com o Exército italiano e encontraram refúgio em Fiume.

Nunca faltou um elemento de farsa, nem mesmo quando a Itália fez seus esforços mais sérios para se ajustar ao amigo e aliado poderoso. Quando Mussolini, por pressão alemã, introduziu uma legislação antijudaica no final dos anos 1930, estipulou as exceções costumeiras — veteranos de guerra, judeus com altas condecorações e similares — mas acrescentou uma categoria mais, ou seja, ex-membros do Partido Fascista junto com seus pais e avós, suas esposas e filhos e netos. Não conheço nenhuma estatística a esse respeito, mas o resultado deve ter sido a isenção da maioria dos judeus italianos. Dificilmente existiria uma família judaica sem pelo menos um membro filiado ao Partido Fascista, e isso ocorreu numa época em que os judeus, como outros italianos, vinham aderindo havia vinte anos ao movimento fascista, porque os cargos do serviço público só estavam abertos para seus membros. E os poucos judeus que tinham se oposto ao fascismo por princípio, principalmente os socialistas e os comunistas, já não estavam no país. Mesmo os antissemitas italianos convictos pareciam incapazes de levar a coisa a sério, e Roberto Farinacci, chefe do movimento antissemita italiano, tinha um secretário judeu a seu serviço. Sem dúvida essas coisas também haviam acontecido na Alemanha; Eichmann mencionou, e não há por que duvidar dele, que havia judeus até entre os homens da ss, mas a origem judaica de gente como Heydrich, Milch e outros era assunto altamente confidencial, conhecido apenas por um punhado de pessoas, enquanto na Itália essas coisas eram feitas abertamente e, por assim dizer, inocentemente. A chave para o enigma era, claro, que a Itália era um dos poucos países da Europa onde as medidas antijudaicas foram decididamente impopulares desde que, nas palavras de Ciano, "levantaram um problema que felizmente não existia".

A assimilação, essa palavra tão mal usada, era um fato moderado na Itália, que tinha uma comunidade de não mais do que 50 mil judeus nativos, cuja história recuava até os tempos do Império Romano. A assimilação não era uma ideologia, algo em que as pessoas acreditassem, como em todos os países de língua alemã, ou um mito e um autoengano óbvio, como na França. Para não ser sobrepujado pela "dureza impiedosa", o fascismo italiano tentara livrar o país dos judeus estrangeiros e apátridas antes da eclosão da guerra. A medida nunca obtivera grande sucesso devido à pouca inclinação generalizada dos pequenos funcionários italianos para "endurecer", e quando as coisas se tornaram questão de vida ou morte eles se recusaram, sob pretexto de manter sua soberania, a abandonar aquela parte de sua população judaica; em vez disso, internaram-nos em campos italianos, onde eles ficaram em segurança até os alemães ocuparem o país. Essa conduta dificilmente pode ser explicada apenas por condições objetivas — a ausência de uma "questão judaica" —, pois evidentemente aqueles estrangeiros criavam um problema na Itália, assim como em todo Estado-nação europeu baseado na homogeneidade étnica e cultural de sua população. O que na Dinamarca foi resultado de um sentido autenticamente político, numa compreensão inata das exigências e responsabilidades da cidadania e da independência — "para os dinamarqueses [...] a questão judaica era política, não humanitária" (Leni Yahil) —, na Itália foi decorrência da humanidade geral quase automática de um povo antigo e civilizado.

A humanidade italiana, além disso, passou no teste do terror que baixou sobre seu povo durante o último ano e meio da guerra. Em dezembro de 1943, o Ministério das Relações Exteriores alemão dirigiu a Müller, patrão de Eichmann, um pedido formal de ajuda: "Em vista da falta de zelo demonstrada nos últimos meses pelos funcionários italianos na implementação das medidas antijudaicas recomendadas pelo Duce, nós, das Relações Exteriores, consideramos urgente e necessário que a implementação [...] seja supervisionada por funcionários alemães". Diante disso, famosos matadores de judeus da Polônia, como Odilo Globocnik, dos campos de extermínio da área de Lublin, foram despachados para a Itália. Nem o chefe da administração militar pertencia ao Exército: ele era um antigo governador da Galícia polonesa, *Gruppenführer* Otto Wächter. Aquilo acabou com as brincadeiras. O departamento de Eichmann expediu uma circular a suas filiais determinando que "os judeus de nacionalidade italiana" fossem imediatamente sujeitos às "medidas necessárias", e o primeiro golpe seria desfechado sobre 8 mil judeus de Roma, que deviam ser presos pelos regimentos da polícia alemã, uma vez que a polícia italiana não merecia confiança. Eles foram avisados a tempo, muitas vezes por antigos fascistas, e 7 mil escaparam. Diante disso, os alemães, cedendo como sempre que encontravam resistência, aceitaram que os judeus italianos, mesmo não pertencendo às categorias isentas, não fossem sujeitos à deportação, mas meramente concentrados em campos italianos; essa "solução" deveria ser suficientemente "final" para a Itália. Aproximadamente 35 mil judeus do Norte da Itália foram capturados e presos em campos de concentração próximos da fronteira austríaca. Na primavera de 1944, quando o Exército Vermelho ocupou a Romênia e os Aliados estavam a ponto de entrar em Roma, os alemães quebraram sua promessa e começaram a despachar judeus da Itália para Auschwitz — cerca de 7500 pessoas, das quais não mais de seiscentas regressaram. Mesmo assim, isso totalizava muito menos do que 10% de todos os judeus que na época viviam na Itália.

XI
DEPORTAÇÕES DOS BÁLCÃS — IUGOSLÁVIA, BULGÁRIA, GRÉCIA, ROMÊNIA

Para quem acompanhou a promotoria e leu a sentença, que reorganizou o "quadro geral" confuso e enganador, foi uma surpresa não haver nenhuma menção à linha que distinguia nitidamente os territórios controlados por nazistas no Leste e Sudeste do sistema de Estados-nação da Europa Central e Ocidental. O cinturão de populações que se estende desde o mar Báltico ao Norte até o Adriático ao Sul, toda a área que hoje fica em sua maior parte atrás da Cortina de Ferro, consistia então dos chamados Estados Sucessores, fundados pelos poderes vitoriosos depois da Primeira Guerra Mundial. Uma nova ordem política havia sido brindada aos numerosos grupos étnicos que viveram por séculos sob o domínio de impérios — o Império Russo no Norte, o Império Austro-Húngaro no Sul, e o Império Turco no Sudeste. Os Estados-nação resultantes não possuíam nada próximo da homogeneidade étnica das velhas nações europeias que haviam servido de modelo para suas constituições políticas. O resultado foi que cada um desses países continha grandes grupos étnicos violentamente hostis ao governo em exercício porque suas próprias aspirações nacionais frustraram-se em favor de vizinhos só ligeiramente superiores numericamente. Se houvesse necessidade de alguma prova da instabilidade política desses Estados recém-fundados, o caso da Tchecoslováquia a fornecia de sobra. Quando Hitler marchou sobre Praga, em março de 1939, foi entusiasticamente recebido não só pelos *Sudetendeutschen*, a minoria alemã, mas também pelos eslovacos, que ele "liberou" oferecendo-lhes um Estado "independente". Exatamente a mesma coisa aconteceu depois na Iugoslávia, quando a maioria sérvia, antiga senhora do país, foi tratada como inimiga, e a minoria croata recebeu seu próprio governo nacional. Além disso, como as populações dessas regiões eram flutuantes, não havia fronteiras naturais ou históricas, e as que foram estabelecidas pelos Tratados de Trianon e St. Germain eram bastante arbitrárias. Por isso a Hungria, a Romênia e a Bulgária se tornaram parceiras do Eixo em troca de generosas ampliações de seus territórios, e os judeus dessas áreas recém-anexadas jamais receberam o status de cidadãos; eles se tornaram automaticamente apátridas e portanto tiveram a mesma sorte que os refugiados da Europa Ocidental — foram invariavelmente os primeiros a ser deportados e liquidados.

O que também foi decisivo durante esses anos foi o elaborado sistema de tratados de minorias por meio dos quais os Aliados haviam tentado em vão resolver um problema que, dentro do panorama político de um Estado-nação, era insolúvel. Os judeus eram uma minoria oficialmente reconhecida em todos os Estados Sucessores, e esse status não foi forçado sobre eles, mas era resultado de solicitações encaminhadas e negociações conduzidas por seus próprios delegados na Conferência de Paz de Versalhes. Isso marcou um importante ponto de virada na história judaica, porque foi a primeira vez que os judeus ocidentais, ou assimilados, não foram reconhecidos como porta-vozes de todo o povo judeu. Para surpresa, e às vezes tristeza, de judeus "notáveis" de formação ocidental, uma grande maioria do povo desejou algum tipo de autonomia social e cultural, mesmo que não política. Legalmente, o status dos judeus europeus orientais era igual ao de qualquer outra minoria, mas politicamente — e isso viria a ser decisivo — eram o único grupo étnico na região sem uma "pátria", isto é, sem um território em que constituíssem a maioria da população. Eles, porém, não viviam em nenhum tipo de dispersão como seus irmãos na Europa Ocidental e Central, e enquanto lá, antes de Hitler, fora um indício de antissemitismo chamar um judeu de judeu, os judeus da Europa Oriental eram reconhecidos por amigos e inimigos como um povo distinto. Isso era muito importante para o status dos judeus do Leste que *eram*

201

assimilados, o que os diferenciava absolutamente dos judeus do Ocidente, onde a assimilação de uma forma ou de outra havia sido regra. O grande corpo dos judeus de classe média, tão característico da Europa Ocidental e Central, não existia no Leste; em sua esteira encontramos uma fina camada de famílias de classe média alta que efetivamente pertencia às classes dominantes e cuja assimilação à sociedade gentia — por meio do dinheiro, do batismo, ou do casamento misto — era infinitamente maior do que a da maioria dos judeus do Ocidente.

Um dos primeiros países em que os executores da Solução Final se viram confrontados com essas condições foi o Estado títere da Croácia, na Iugoslávia, cuja capital era Zagreb. O governo croata, chefiado pelo dr. Ante Pavelic, introduziu com todo empenho uma legislação antijudaica três semanas depois de seu estabelecimento, e quando lhe perguntaram o que havia de ser feito com algumas dezenas de judeus croatas moradores da Alemanha, mandou dizer que "apreciaria que fossem deportados para o Leste". O ministro do Interior do Reich pediu que o país estivesse *judenrein* em fevereiro de 1942, e Eichmann mandou o *Hauptsturmführer* Franz Abromeit trabalhar com o adido da polícia alemã em Zagreb. As deportações deviam ser efetuadas pelos próprios croatas, principalmente os membros do forte movimento fascista, o Ustashe, e os croatas pagaram aos nazistas trinta marcos para cada judeu deportado. Em troca, receberam toda a propriedade dos deportados. Isso estava de acordo com o "princípio territorial" oficial dos alemães, aplicável a todos os países europeus, pelo qual o Estado herdava as propriedades de todo judeu assassinado que residisse dentro de suas fronteiras, fosse qual fosse sua nacionalidade. (Os nazistas nem sempre respeitaram o "princípio territorial"; havia muitas maneiras de contorná-lo se parecesse valer a pena. Os empresários alemães podiam comprar diretamente dos judeus antes de eles serem deportados, e o *Einsatzstab* Rosenberg, inicialmente capacitado para confiscar todos os bens hebraicos e judeus para centros de pesquisa antissemitas, logo ampliou suas atividades para incluir valiosas mobílias e obras de arte.) O prazo original de fevereiro de 1942 não pôde ser cumprido porque os judeus conseguiram escapar da Croácia para o território ocupado pela Itália, mas depois do golpe de Badoglio, Hermann Krumey, outro homem de Eichmann, chegou a Zagreb, e no outono de 1943 30 mil judeus haviam sido deportados para os centros de extermínio. Só então os alemães compreenderam que o país ainda não estava *judenrein*. Na legislação antijudaica inicial, eles haviam observado um curioso parágrafo que transformava em "arianos honorários" todos os judeus que fizessem contribuições à "causa croata". O número desses judeus tinha, evidentemente, aumentado muito durante os anos intermediários. Em outras palavras, os muito ricos que entregavam voluntariamente sua propriedade eram eximidos. Ainda mais interessante era o fato de o Serviço de Inteligência da ss (sob comando do *Sturmbannführer* Wilhelm Höttl, primeiro chamado como testemunha de defesa em Jerusalém, mas cuja declaração foi depois usada pela acusação) ter descoberto que quase metade dos membros da camarilha dominante na Croácia, do chefe do governo ao líder do Ustashe, casara-se com mulheres judias. Os quinhentos judeus sobreviventes dessa área — 5%, de acordo com um relatório governamental iugoslavo — eram claramente membros desse grupo judeu altamente assimilado e extraordinariamente rico. E como a porcentagem de judeus assimilados entre as massas no Leste foi sempre estimada em 5%, é tentador concluir que essa camada no Leste, quando possível, tinha uma probabilidade muito maior de sobreviver do que no resto da Europa.

As coisas eram muito diferentes no território vizinho da Sérvia, onde o exército de ocupação alemão, quase desde o seu primeiro dia ali, teve de lutar um tipo de guerra de guerrilha que pode ser comparado apenas à que ocorreu na Rússia por trás do front. Mencionei antes o único incidente que ligava Eichmann à liquidação de judeus na Sérvia. A sentença admitia que "as linhas normais de comando no tratamento dos judeus da Sérvia não ficam bem claras", e a explicação é que o departamento de Eichmann não teve nenhum envolvimento nessa área porque nenhum judeu foi deportado. O "problema" foi solucionado todo no local. Com o pretexto de executar reféns, o Exército fuzilou toda a população judaica masculina; mulheres e crianças foram entregues ao comandante da Polícia de Segurança, um certo dr. Emanuel Schäfer, protegido especial de Heydrich, que os executou em caminhões de gás. Em agosto de 1942, o *Staatsrat* Harald Turner, chefe do ramo civil do governo militar, informou orgulhosamente que a Sérvia era "o único país onde os problemas tanto dos judeus quanto dos ciganos estavam resolvidos", e levou os caminhões de gás de volta para Berlim. Estima-se em 5 mil os judeus que se juntaram aos guerrilheiros, e essa era a única via de escape. Schäfer teve de enfrentar julgamento numa corte criminal alemã depois da guerra. Pela morte por gás de 6280 mulheres e crianças ele foi sentenciado a seis anos e seis meses de prisão. O governador militar da região, general Franz Böhme, cometeu suicídio, mas o *Staatsrat* Turner foi entregue ao governo da Iugoslávia e condenado à morte. É a mesma história que se repete: os que escaparam dos julgamentos de Nuremberg e não foram extraditados para os países onde cometeram seus crimes nunca foram levados à justiça, ou encontraram nas cortes alemãs a maior "compreensão" possível. Vem à lembrança a infeliz República de Weimar, cuja especialidade era endossar o assassinato político se o assassino pertencia a um dos grupos violentamente antirrepublicanos da direita.

A Bulgária teve mais razão do que qualquer outro país balcânico para sentir gratidão para com a Alemanha nazista em razão do considerável aumento territorial que recebeu a expensas da Romênia, da Iugoslávia e da Grécia. E no entanto a Bulgária não foi grata, e nem seu governo e seu povo foram suficientemente brandos para tornar factível a política de "dureza impiedosa". Isso aparecia não apenas na questão judaica. A monarquia búlgara não tinha razão para se preocupar com o movimento fascista nativo, o Ratnizi, numericamente pequeno e politicamente sem influência, e o Parlamento continuava sendo um corpo altamente respeitado, que trabalhava muito bem com o rei. Por isso, eles ousaram se recusar a declarar guerra à Rússia e nunca mandaram nem mesmo uma força expedicionária de "voluntários" para o front do Leste. Porém o mais surpreendente, no cinturão de populações mistas onde o antissemitismo florescia entre todos os grupos étnicos e havia se tornado política oficial dos governos muito antes da chegada de Hitler, os búlgaros não tinham a menor "compreensão do problema judeu". É verdade que o Exército búlgaro havia concordado em deportar todos os judeus — um total de cerca de 1500 pessoas — dos territórios recém--anexados, que estavam sob governo militar e cuja população era antissemita; mas é duvidoso que eles soubessem o que queria dizer de fato "reassentamento no Leste". Um pouco antes, em janeiro de 1941, o governo havia concordado também em introduzir legislação antissemita, a qual, do ponto de vista nazista, era simplesmente ridícula: cerca de 6 mil homens capacitados foram mobilizados para trabalhos forçados; todos os judeus batizados, independentemente da data de sua conversão, estavam isentos, e o resultado disso foi uma epidemia de conversões; outros 5 mil judeus — de um total de aproximadamente 50 mil — receberam privilégios especiais; e foi introduzido um *numerus clausus* para médicos e empresários judeus que era bastante alto, uma vez que tomava por base os judeus das cidades, em vez dos do campo em geral. Quando essas medidas foram postas em prática, os funcionários do governo búlgaro declararam publicamente que as coisas estavam agora estabilizadas para satisfação de todos. Era claro que os nazistas iam ter não apenas de esclarecê-los sobre as exigências da "solução do problema judeu", como também ensiná-los que a estabilidade legal e o movimento totalitário não podiam ser conciliados.

As autoridades alemãs deviam ter alguma suspeita das dificuldades que havia à frente. Em janeiro de 1942, Eichmann escreveu uma carta ao Ministério das Relações Exteriores na qual declarava que "havia suficientes possibilidades para a recepção dos judeus na Bulgária"; ele propôs que o governo búlgaro fosse abordado, e garantiu ao Ministério das Relações Públicas que o adido policial em Sófia cuidaria "da implementação técnica da deportação". (Esse adido de polícia parece não ter sido também muito entusiasta em seu trabalho, pois logo depois Eichmann mandou um de seus próprios homens, Theodor Dannecker, de Paris para Sófia como "conselheiro".) É muito interessante observar que essa carta ia diretamente contra a notificação que Eichmann havia mandado à Sérvia poucos meses antes, declarando que nenhuma instalação para a recepção dos judeus havia ainda sido providenciada e que nem mesmo judeus do Reich poderiam ser deportados. A alta prioridade dada à tarefa de tornar a Bulgária *judenrein* só pode ser explicada se supusermos que Berlim recebeu informações precisas de que era preciso agir rapidamente para conseguir o que quer que fosse. Bem, os búlgaros foram abordados pela embaixada alemã, mas só seis meses depois é que deram o primeiro passo na direção de medidas "radicais" — a introdução do emblema judeu. Para os nazistas, isso resultou numa grande decepção. Em primeiro lugar, como relataram aplicadamente, o emblema era uma "estrela muito pequena"; segundo, a maioria dos judeus simplesmente não a usava; e, terceiro, aqueles que efetivamente a usaram receberam "tantas manifestações de apoio da população desorientada que acabaram orgulhosos de seu emblema" — como Walter Schellenberg, chefe da Contrainteligência do RSHA, escreveu num relatório transmitido ao Ministério das Relações Exteriores em novembro de 1942. Diante disso, o governo búlgaro revogou o decreto. Sob pressão alemã, o governo búlgaro finalmente decidiu expulsar todos os judeus de Sófia para as áreas rurais, mas essa medida definitivamente não foi o que os alemães exigiam, uma vez que dispersava os judeus em vez de concentrá-los.

Essa expulsão efetivamente marcou um importante ponto de virada em toda a situação, porque a população de Sófia tentou impedir que os judeus fossem para a estação ferroviária e em seguida fez uma manifestação diante do palácio do rei. Os alemães achavam que o rei Boris era em parte responsável por manter em segurança os judeus da Bulgária, e é quase certo que agentes da Inteligência alemã o mataram. Mas nem a morte do monarca, nem a chegada de Dannecker, no começo de 1943, mudou em nada a situação porque tanto o Parlamento como a população continuaram claramente do lado dos judeus. Dannecker conseguiu chegar a um acordo com o Comissário de Assuntos Judeus búlgaro para deportar 6 mil "judeus importantes" para Treblinka, mas nenhum desses judeus jamais deixou o país. O acordo em si é digno de nota porque demonstra que os nazistas não tinham esperança de convocar a liderança judaica para seus propósitos. O Rabino-Chefe de Sófia não foi encontrado, escondido que estava pelo Metropolita Stephan de Sófia, que havia declarado publicamente que "Deus havia determinado a sorte dos judeus, e os homens não tinham o direito de torturar judeus e persegui-los" (Hilberg) — o que era consideravelmente mais do que o Vaticano jamais fez. Finalmente, aconteceu na Bulgária a mesma coisa que aconteceria na Dinamarca meses depois — os funcionários alemães locais ficaram inseguros e não mais mereciam confiança. Isso era verdade tanto para o adido de polícia, membro da ss, que deveria agrupar e prender os judeus, quanto para o embaixador alemão em Sófia, Adolf Beckerle, que em junho de 1943 havia alertado o Ministério das Relações Exteriores para a situação sem esperanças, porque "os búlgaros conviviam havia muito com povos como o armênio, o grego e o cigano para conseguir avaliar o problema judeu" — o que, evidentemente, era uma tolice total, visto que o mesmo podia ser dito, mutatis mutandis, de todos os países da Europa Oriental e do Sudeste. Foi Beckerle também quem informou o RSHA, em tom claramente irritado, que nada mais podia ser feito. E o resultado foi que nem um único judeu búlgaro havia sido deportado ou tinha morrido de causa não natural quando, em agosto de 1944, com a aproximação do Exército Vermelho, as leis antijudaicas foram revogadas.

Não conheço nenhuma tentativa de explicar a conduta do povo búlgaro, que é única no cinturão de populações mistas. Mas vem à mente Georgi Dimitrov, o comunista búlgaro que estava por acaso na Alemanha quando os nazistas subiram ao poder e que eles resolveram acusar pelo *Reichstagsbrand*, o incêndio misterioso do Parlamento de Berlim em 27 de fevereiro de 1933. Ele foi julgado pela Suprema Corte alemã e confrontou-se com Göring, que o interrogou como se estivesse encarregado do julgamento; e foi graças a ele que todos aqueles acusados, exceto Van der Lubbe, tiveram de ser absolvidos. Foi tal a sua conduta que ele conquistou a admiração do mundo inteiro, da Alemanha inclusive. "Sobrou um homem na Alemanha", as pessoas costumavam dizer, "e ele é búlgaro."

* * *

A Grécia, ocupada ao Norte pelos alemães e ao Sul pelos italianos, não apresentava problemas especiais e podia, portanto, esperar sua vez para ficar *judenrein*. Em fevereiro de 1943, dois especialistas de Eichmann, os *Hauptsturmführers* Dieter Wisliceny e Alois Brunner, chegaram para preparar tudo para a deportação dos judeus de Salônica, onde se concentravam dois terços dos judeus gregos, cerca de 55 mil pessoas. Isso estava de acordo com o plano "dentro do quadro da Solução Final do problema judeu na Europa", como dizia sua carta de indicação da IV-B-4. Trabalhando em íntima colaboração com um certo *Kriegsverwaltungsrat* dr. Max Merten, que representava o governo militar da região, eles imediatamente estabeleceram um Conselho Judeu, com o Rabino-Chefe Koretz no comando. Wisliceny, que chefiava o *Sonderkommando für Judenangelegenheiten* em Salônica, introduziu o emblema amarelo, e logo fez saber que não seriam toleradas exceções. O dr. Merten mudou toda a população judaica para um gueto, do qual podia ser facilmente removida, uma vez que ficava perto da estação ferroviária. As únicas categorias privilegiadas foram os judeus com passaportes estrangeiros e, como sempre, o pessoal do *Judenrat* — não mais que poucas centenas de pessoas, que acabaram despachadas para o campo de troca de Bergen-Belsen. Não havia meio de escape a não ser a fuga para o Sul, onde os italianos, como em outras partes, se recusavam a entregar os judeus para os alemães, mas a segurança da zona italiana duraria pouco. A população grega era, na melhor das hipóteses, indiferente, e até mesmo alguns grupos guerrilheiros viam a operação "com aprovação". Dentro de dois meses, toda a comunidade havia sido deportada, os trens partindo para Auschwitz quase diariamente, levando de 2 mil a 2500 judeus cada um, em vagões de carga. No outono do mesmo ano, quando o Exército italiano já entrara em colapso, completou-se rapidamente a evacuação de cerca de 13 mil judeus da parte Sul da Grécia, inclusive Atenas e as ilhas gregas.

Em Auschwitz, muitos judeus gregos foram empregados nos chamados comandos de morte, que operavam as câmaras de gás e o crematório, e ainda estavam vivos em 1944, quando os judeus húngaros foram exterminados e o gueto de Lódz foi liquidado. No final daquele verão, quando corria o boato de que a execução por gás seria interrompida e as instalações desmontadas, eclodiu uma das raríssimas revoltas do campo; os comandos de morte tinham certeza de que agora eles também seriam eliminados. A revolta foi um desastre completo — sobrou apenas um sobrevivente para contar a história.

Parece que a indiferença dos gregos para com o destino de seus judeus de alguma forma sobreviveu a sua libertação. O dr. Merten, testemunha da defesa no julgamento de Eichmann, afirma hoje, com certa inconsistência, que não sabia de nada e que salvou judeus do destino que ignorava. Ele voltou tranquilamente à Grécia depois da guerra como representante de uma agência de viagens; foi preso, mas logo solto e recebeu permissão de voltar à Alemanha. Seu caso é talvez único, uma vez que julgamentos de crimes de guerra em outros países que não a Alemanha sempre resultaram em severas punições. E seu testemunho pela defesa, que ele prestou em Berlim na presença de representantes tanto da defesa quanto da acusação, certamente foi único. Ele afirmou que Eichmann tinha sido muito prestativo numa tentativa de salvar cerca de 20 mil mulheres e crianças em Salônica, e que todo o mal vinha de Wisliceny. No entanto, acabou afirmando que antes de prestar testemunho ele havia sido procurado pelo irmão de Eichmann, um advogado de Linz, e por uma organização alemã de ex-membros da ss. O próprio Eichmann negou tudo — ele nunca estivera em Salônica, e jamais tinha prestado auxílio ao dr. Merten.

Eichmann afirmou mais de uma vez que seu talento organizacional, a coordenação de evacuações e deportações obtidas por seu departamento, havia de fato ajudado suas vítimas, havia facilitado seu destino. Se essa coisa tinha de ser feita, argumentava ele, era melhor que fosse feita em boa ordem. Durante o julgamento, ninguém, nem mesmo o advogado de defesa, prestou atenção a essa alegação, que era evidentemente da mesma categoria que sua tola e teimosa afirmação de ter salvado as vidas de centenas de milhares de judeus por meio da "emigração forçada". E no entanto, à luz do que ocorreu na Romênia, a coisa é de se pensar. Aí também foi tudo uma mixórdia, mas não como na Dinamarca, onde até os homens da Gestapo começaram a sabotar as ordens de Berlim; na Romênia, até a SS ficou perplexa, e às vezes assustada, com os horrores dos pogroms espontâneos, antiquados, de escala gigantesca; muitas vezes eles intervieram para salvar judeus da mais pura barbárie, para que o assassinato pudesse ser feito de maneira que, segundo eles, era civilizada.

Não chega a ser exagero afirmar que a Romênia foi o país mais antissemita da Europa pré-guerra. Já no século XIX, o antissemitismo romeno era um fato bem conhecido; em 1878, os grandes poderes tinham tentado intervir, por meio do Tratado de Berlim, para fazer o governo romeno reconhecer os habitantes judeus como cidadãos — mesmo que continuassem de segunda classe. Não obtiveram sucesso, e no fim da Primeira Guerra Mundial todos os judeus romenos — com exceção de algumas centenas de famílias sefardins e de alguns judeus de origem alemã — ainda eram estrangeiros residentes. Foi preciso todo o esforço dos Aliados, durante as negociações de paz, para "persuadir" o governo romeno a aceitar um tratado de minoria que garantisse cidadania à minoria judaica. Essa concessão à opinião mundial foi suspensa em 1937 e 1938, quando, confiando no poder da Alemanha hitlerista, os romenos sentiram que podiam denunciar os tratados de minoria como uma imposição a sua "soberania", privando assim de cidadania várias centenas de milhares de judeus, aproximadamente um quarto da população judaica total. Dois anos depois, em agosto de 1940, alguns meses antes de a Romênia entrar na guerra do lado da Alemanha de Hitler, o marechal Ion Antonescu, chefe da nova ditadura da Guarda de Ferro, declarou apátridas todos os judeus romenos, com exceção de algumas centenas de famílias cujos membros eram cidadãos romenos antes dos tratados de paz. Nesse mesmo mês, ele instituiu também a legislação antijudaica mais severa da Europa, sem excluir a Alemanha. As categorias privilegiadas, de veteranos de guerra e judeus que eram romenos antes de 1918, compreendiam não mais de 10 mil pessoas, pouco mais de 1% de todo o grupo. O próprio

Hitler tinha consciência do risco de ser superado pela Romênia, e reclamou com Goebbels em agosto de 1941, poucas semanas depois de ter ordenado a Solução Final, dizendo que "um homem como Antonescu procede nesses assuntos de maneira bem mais radical do que nós procedemos até o presente".

A Romênia entrou na guerra em fevereiro de 1941, e a Legião Romena tornou-se uma força militar relevante na iminente invasão da Rússia. Só em Odessa, os soldados romenos foram responsáveis pelo massacre de 60 mil pessoas. Ao contrário dos governos de outros países balcânicos, o governo romeno estava muito bem informado desde o começo sobre os massacres de judeus no Leste, e soldados romenos, mesmo depois que a Guarda de Ferro foi despejada do governo, no verão de 1941, embarcaram num programa de massacres e deportações que chegou a "apequenar a violência promovida pela Guarda de Ferro em Bucareste" em janeiro do mesmo ano — um programa de horror sem paralelo em todos os registros de atrocidades (Hilberg). O estilo romeno de deportação consistia em juntar quinhentas pessoas em vagões de carga e deixá-las morrer por sufocação enquanto o trem viajava pelo campo sem destino nem objetivo durante dias e dias; um dos fechos preferidos para essas operações assassinas era expor os corpos em açougues judeus. Além disso, os horrores dos campos de concentração romenos, fundados e administrados pelos próprios romenos porque a deportação para o Leste era impraticável, eram mais elaborados e atrozes do que qualquer coisa que se conheça na Alemanha. Quando Eichmann enviou o usual conselheiro para assuntos judeus, *Hauptsturmführer* Gustav Richter, para Bucareste, Richter relatou que Antonescu agora queria despachar para liquidação 110 mil judeus para "duas florestas do outro lado do rio Bug", ou seja, em território russo dominado pela Alemanha. Os alemães ficaram horrorizados e todo mundo interveio: os comandantes do Exército, o Ministério para os Territórios Ocupados do Leste, de Rosenberg; o Ministério das Relações Exteriores de Berlim, o ministro para Bucareste, *Frei herr* Manfred von Killinger — este último, um ex-alto oficial da SA, amigo pessoal de Röhm e, portanto, suspeito aos olhos da SS, foi provavelmente espionado por Richter, que o "aconselhava" em assuntos judeus. Sobre essa questão, porém, estavam todos de acordo. O próprio Eichmann implorou ao Ministério das Relações Exteriores, em carta datada de abril de 1942, que detivesse esses esforços romenos "de se livrar dos judeus", prematuros e desorganizados nesse momento; era preciso dar a entender aos romenos que "a evacuação de judeus alemães, que já está a pleno vapor", tinha prioridade, e concluiu ameaçando pôr "em ação a Polícia de Segurança".

Por mais relutantes que os alemães estivessem em conceder à Romênia a mais alta prioridade na Solução Final jamais planejada originalmente para qualquer país balcânico, eles teriam de intervir se quisessem impedir que a situação deteriorasse em caos sangrento, e, por mais que Eichmann tenha gostado de ameaçar com o uso da Polícia de Segurança, seu treinamento não era exatamente voltado para salvar judeus. Por isso, em meados de agosto — quando os romenos já haviam matado quase 300 mil de seus judeus praticamente sem ajuda alemã — o Ministério das Relações Exteriores concluiu um acordo com Antonescu "para a evacuação dos judeus da Romênia por meio de unidades alemãs", e Eichmann começou negociações com as ferrovias alemãs para obter vagões suficientes para transportar 200 mil judeus para os campos de extermínio da área de Lublin. Mas agora, com tudo pronto e essas grandes concessões feitas, os romenos repentinamente deram meia-volta. Como um raio em céu limpo, chegou a Berlim uma carta do confiável sr. Richter, dizendo que o marechal Antonescu havia mudado de ideia; como informava o embaixador Killinger, o marechal agora queria se livrar dos judeus "de maneira confortável". O que os alemães não tinham levado em conta era de que se tratava não só de um país com uma porcentagem extremamente alta de simples assassinos: a Romênia era também o país mais corrupto dos Bálcãs. Lado a lado com os massacres, surgira um florescente negócio de venda de exceções, no qual cada ramo da burocracia, nacional e municipal, havia se envolvido alegremente. A especialidade do próprio governo eram as taxas gigantescas, baixadas ao acaso sobre certos grupos ou comunidades inteiras de judeus. Descobriu-se então que era possível vender judeus no exterior, em moeda forte, de forma que os romenos se tornaram adeptos fervorosos da emigração judaica — a

1300 dólares por cabeça. Foi assim que a Romênia veio a ser uma das poucas vias de escape para a emigração judaica para a Palestina durante a guerra. E com a aproximação do Exército Vermelho, Antonescu ficou ainda mais "moderado" e disposto a deixar os judeus partirem sem nenhuma compensação.

Fato curioso é que Antonescu, do começo ao fim, não era mais "radical" que os nazistas (como pensava Hitler), mas estava simplesmente um passo à frente das medidas alemãs. Ele foi o primeiro a privar os judeus de uma nacionalidade, ele começou os massacres em larga escala abertamente e sem vergonha numa época em que os nazistas ainda estavam ocupados com seus primeiros experimentos. Ele teve a ideia de vender judeus mais de um ano antes de Himmler oferecer "sangue em troca de caminhões", e foi ele que, como Himmler também faria, acabou suspendendo a coisa toda como se não passasse de uma piada. Em agosto de 1944, a Romênia rendeu-se ao Exército Vermelho, e Eichmann, especialista em evacuação, foi mandado imediatamente para a área a fim de salvar alguns "alemães étnicos", sem sucesso. Cerca de metade dos 850 mil judeus da Romênia sobreviveu, grande número dos quais — várias centenas de milhares — encontrou seu destino em Israel. Ninguém sabe quantos judeus restam hoje no país. Os assassinos romenos foram todos devidamente executados, e Killinger cometeu suicídio antes que os russos conseguissem pôr as mãos nele; só o *Hauptsturmführer* a. D. Richter, que na verdade nunca teve oportunidade de entrar na dança, viveu pacificamente na Alemanha até 1961, quando se tornou uma vítima tardia do julgamento de Eichmann.

XII
DEPORTAÇÕES DA EUROPA CENTRAL — HUNGRIA E ESLOVÁQUIA

A Hungria, mencionada antes em relação à problemática questão da consciência de Eichmann, era constitucionalmente um reino sem rei. O país, embora sem acesso para o mar e não possuindo nem marinha nem frota mercante, era governado — ou melhor, administrado em nome do rei inexistente — por um almirante, o regente ou *Reichsverweser* Nikolaus von Horthy. O único sinal visível de realeza era uma abundância de *Hofräte*, conselheiros da corte inexistente. Outrora, o Sacro Imperador Romano fora rei da Hungria, e mais recentemente, depois de 1806, a *kaiserlichkönigliche Monarchie* do Danúbio fora precariamente mantida pelos Habsburgo, que eram imperadores (*Kaiser*) da Áustria e reis da Hungria. Em 1918, o Império Habsburgo fora dissolvido em Estados Sucessores, e a Áustria era agora uma república à espera do *Anschluss*, a união com a Alemanha. Otto von Habsburgo estava no exílio, e nunca seria aceito como rei da Hungria pelos magiares ferozmente nacionalistas; uma realeza autenticamente húngara, por outro lado, não existia nem como lembrança histórica. De forma que nem o almirante Horthy saberia dizer qual a situação da Hungria em termos de formas reconhecidas de governo.

Por trás das ilusões de grandeza realesca havia uma estrutura feudal herdada, com maior miséria entre os camponeses sem terra e maior luxo entre as poucas famílias aristocratas, que literalmente possuíam o país, do que em qualquer outro desses territórios vitimados pela pobreza, os enteados da Europa. Era esse pano de fundo de questões sociais não resolvidas e atraso geral que dava à sociedade de Budapeste o seu sabor específico, como se os húngaros fossem um grupo de ilusionistas que tivessem vivido durante tanto tempo à base de autoengano que haviam perdido todo senso de incongruência. No começo da década de 1930, sob influência do fascismo italiano, eles haviam fabricado um importante movimento fascista, os chamados homens da Cruz de Flecha, e em 1938 imitaram os italianos passando sua primeira legislação antijudaica; a despeito da forte influência da Igreja católica no país, as regras se aplicavam também aos judeus batizados convertidos depois de 1919, e mesmo os convertidos antes dessa data foram incluídos três anos depois. E mesmo quando o antissemitismo absoluto, baseado na raça, se tornou política oficial do governo, onze judeus continuavam como membros da câmara alta do Parlamento, e a Hungria foi o único país do Eixo a mandar tropas judaicas — 130 mil em serviço auxiliar, mas com fardas húngaras — para o front Oriental. A explicação para essas incongruências é que os húngaros, apesar de sua política oficial, eram ainda mais enfáticos do que outros países na distinção entre judeus nativos e *Ostjuden*, entre os judeus "magiarizados" da "Hungria Trianônica" (estabelecida, como outros Estados Sucessores, pelo Tratado de Trianon) e aqueles dos territórios recentemente anexados. A soberania húngara foi respeitada pelo governo nazista até março de 1944, e o resultado disso foi que o país se tornou para os judeus uma ilha de segurança num "oceano de destruição". Com o Exército Vermelho se aproximando pelos montes Cárpatos e o governo húngaro tentando desesperadamente seguir o exemplo da Itália e firmar um armistício separado, era compreensível que o governo alemão tivesse decidido ocupar o país, mas é quase incrível que a essa altura do jogo ainda estivesse "na ordem do dia resolver o problema judeu", cuja "liquidação" era "pré-requisito para envolver a Hungria na guerra" como disse Veesenmayer num relatório ao Ministério das Relações Exteriores de dezembro de 1943. Pois a "liquidação" desse "problema" compreendia a evacuação de 800 mil judeus, mais um grupo estimado em 100 ou 150 mil judeus convertidos.

Seja como for, como eu disse antes, dada a grandeza e a urgência da tarefa, Eichmann chegou em Budapeste em março de 1944, com seu pessoal completo, que ele podia reunir com facilidade, uma vez que o trabalho já estava terminado em todos os outros lugares. Ele chamou Wisliceny e Brunner da Eslováquia e da Grécia, Abromeit da Iugoslávia, Dannecker de Paris e da Bulgária, Siegfried Seidl de seu posto de comandante de Theresienstadt, e Hermann Krumey de Viena, o qual se tornou seu representante na Hungria. De Berlim, ele trouxe todos os membros mais importantes de seu pessoal de escritório: Rolf Günther, que era seu representante principal; Franz Novak, seu oficial de deportação; e Otto Hunsche, seu perito legal. Assim, ao estabelecer seu quartel-general em Budapeste, o *Sondereinsatzkommando* Eichmann (Unidade de Operação Especial Eichmann) consistia em cerca de dez homens, mais alguns assistentes administrativos. Na própria noite de chegada, Eichmann e seus homens convidaram os líderes judeus para uma reunião, para convencê-los a formar um Conselho Judeu por meio do qual poderiam dar ordens e ao qual dariam, em troca, jurisdição absoluta sobre todos os judeus da Hungria. Não era um truque fácil nesse momento e nesse lugar. Era uma época, nas palavras do núncio papal, em que "o mundo todo sabia o que a deportação significava na prática"; em Budapeste, além disso, os judeus "tiveram uma oportunidade única de observar o destino do judaísmo europeu. Sabíamos muito bem do trabalho dos *Einsatzgruppen*. Sabíamos mais do que o necessário sobre Auschwitz", como testemunharia o dr. Kastner em Nuremberg. Claramente, era preciso mais do que os pretensos "poderes hipnóticos" de Eichmann para convencer qualquer um de que os nazistas iriam respeitar a sagrada distinção entre judeus "magiarizados" e judeus orientais; seria preciso que o autoengano se transformasse em grande arte para permitir que os líderes judeus húngaros acreditassem naquele momento que "aquilo não pode acontecer aqui" — "Como podem mandar os judeus da Hungria para fora da Hungria?" — e continuassem acreditando nisso mesmo quando as realidades contrariavam essa crença todos os dias da semana. A maneira como isso foi conseguido veio à luz em uma das mais notáveis incongruências pronunciadas por uma testemunha na tribuna: os futuros membros do Comitê Judeu Central (nome do Conselho Judeu na Hungria) tinham ouvido da vizinha Eslováquia que Wisliceny, que agora estava negociando com eles, aceitava dinheiro prontamente, e sabiam também que apesar de todas as propinas ele "havia deportado todos os judeus da Eslováquia [...]". Disso o sr. Freudiger concluiu: "Compreendi que era preciso achar meios e maneiras de estabelecer relações com Wisliceny".

O truque mais esperto de Eichmann nessas difíceis negociações foi cuidar para que ele e seus homens agissem como se fossem corruptos. O presidente da comunidade judaica, *Hofrat* Samuel Stern, membro do Conselho Particular de Horthy, foi tratado com excepcional cortesia e concordou em chefiar o Conselho Judeu. Ele e os outros membros do Conselho sentiram-se seguros quando lhes pediram para fornecer máquinas de escrever e espelhos, lingerie feminina e água-de-colônia, Watteaus originais e oito pianos — sete dos quais foram graciosamente devolvidos pelo *Hauptsturmführer* Novak, que disse: "Mas, senhores, eu não quero abrir uma loja de piano. Quero apenas tocar piano". O próprio Eichmann visitou a Biblioteca Judaica e o Museu Judaico, e garantiu a todos que todas as medidas seriam temporárias. E a corrupção, inicialmente simulada como truque, logo se tornou bem real, embora não tomasse a forma que os judeus esperavam. Em nenhum outro lugar os judeus gastaram tanto dinheiro sem nenhum resultado. Nas palavras do estranho sr. Kastner: "Um judeu que teme por sua vida e pela de sua família perde todo senso do dinheiro". (sic!) Isso foi prontamente confirmado durante o julgamento por meio do testemunho dado por Philip von Freudiger, mencionado acima, e também do testemunho de Joel Brand, que representava o corpo judeu rival na Hungria, o Comitê de Assistência e Resgate Sionista. Krumey recebeu nada menos do que 250 mil dólares de Freudiger em abril de 1944, e o Comitê de Resgate pagou 20 mil dólares meramente pelo privilégio de se encontrar com Wisliceny e alguns homens do serviço de Contrainteligência da ss. Nessa reunião, cada um dos presentes recebeu uma propina adicional de mil dólares, e Wisliceny tornou a mencionar o assim chamado Plano Europa, que ele havia proposto em vão em 1942 e segundo o qual Himmler estaria preparado para poupar todos os judeus, exceto os da Polônia, por um resgate de 2 ou 3 milhões de dólares. Na esperança dessa proposta, que havia sido engavetada muito antes, os judeus agora começaram a pagar prestações a Wisliceny. Até mesmo o "idealismo" de Eichmann se rendeu a essa terra de abundância nunca vista. A acusação, embora não pudesse provar que Eichmann houvesse se beneficiado financeiramente de sua função, enfatizou acertadamente o seu alto padrão de vida em Budapeste, onde pôde ficar hospedado num dos melhores hotéis, era conduzido por um chofer num carro anfíbio, presente inesquecível de seu futuro inimigo Kurt Becher, participava de caçadas e passeios a cavalo, e gozava todo tipo de luxos antes desconhecidos sob a tutela de seus novos amigos no governo húngaro.

Existia, porém, no país, um grupo considerável de judeus cujos líderes pelo menos não se permitiam tal dose de autoengano. O movimento sionista sempre foi particularmente forte na Hungria, e agora tinha sua própria representação no Comitê de Assistência e Resgate (o *Vaadat Ezra va Hazalah*) recentemente formado que, mantendo contato próximo com o Departamento Palestino, havia ajudado refugiados da Polônia e da Eslováquia, da Iugoslávia e da Romênia; o comitê estava em contato constante com o Comitê Conjunto de Distribuição norte-americano, que financiava seu trabalho, e tinha conseguido também levar alguns judeus para a Palestina, legal ou ilegalmente. Agora que a catástrofe havia chegado a seu país, eles passaram a forjar "documentos cristãos", certificados de batismo, cujos portadores tinham maiores facilidades para passar à clandestinidade. Os líderes sionistas podiam ser qualquer coisa, mas sabiam que estavam fora da lei e agiam condizentemente. Joel Brand, o infeliz emissário a quem caberia, no meio da guerra, apresentar aos Aliados a proposta de Himmler de entregar 1 milhão de judeus vivos em troca de 10 mil caminhões, era um dos membros mais importantes do Comitê de Assistência e Resgate e veio a Jerusalém depor sobre suas relações com Eichmann, assim como seu antigo rival na Hungria, Philip von Freudiger. Freudiger, de quem, incidentalmente, Eichmann não se lembrava absolutamente, lembrou a grosseria com que foi tratado nessas entrevistas, enquanto o testemunho de Brand confirmou grande parte do relato do próprio

Eichmann sobre como havia negociado com os sionistas. Brand, um "judeu idealista", estava agora falando com um "alemão idealista" — dois inimigos honrados se encontrando como iguais durante uma pausa da batalha. Eichmann disse a ele: "Amanhã talvez estejamos de novo no campo de batalha". Evidentemente, tratava-se de uma horrível comédia, mas serviu para demonstrar como a queda de Eichmann por frases animadoras sem sentido real não era uma pose fabricada expressamente para o julgamento de Jerusalém. O mais interessante, não se pode deixar de notar, é que nessa reunião com os sionistas nem Eichmann, nem nenhum outro membro do *Sondereinsatzkommando* empregou a tática da mentira pura que haviam usado em benefício dos senhores do Conselho Judeu. Até mesmo as "regras de linguagem" foram suspensas, e a maior parte do tempo falou-se em termos diretos. Além disso, quando a questão era de negociações sérias — sobre a quantia de dinheiro que poderia comprar uma permissão de saída, sobre o Plano Europa, sobre a troca de vidas por caminhões — não só Eichmann, mas todos os envolvidos, Wisliceny, Becher, os cavalheiros do serviço de Contrainteligência que Joel Brand costumava encontrar toda manhã num café, todos eles dirigiam-se aos sionistas como coisa natural. A razão disso era que o Comitê de Assistência e Resgate possuía os contatos internacionais necessários e podia apresentar moeda estrangeira com facilidade, enquanto os membros do Conselho Judeu não tinham nenhum apoio além da dúbia proteção do regente Horthy. Ficou claro também que os funcionários sionistas na Hungria tinham recebido maiores privilégios do que a costumeira imunidade temporária de prisão e deportação brindada aos membros do Conselho Judeu. Os sionistas tinham liberdade de ir e vir praticamente como quisessem, estavam isentos de usar a estrela amarela, recebiam permissão para visitar campos de concentração na Hungria e, um pouco depois, o dr. Kastner, fundador do Comitê de Assistência e Resgate, podia até viajar pela Alemanha nazista sem nenhum documento de identificação revelando que era judeu.

Para Eichmann, com toda a sua experiência de Viena, Praga e Berlim, a organização do Conselho Judeu foi uma questão de rotina, que não tomou mais de duas semanas. A questão agora era se ele próprio conseguiria atrair a ajuda de funcionários húngaros para uma operação dessa magnitude. Para ele, isso era algo novo. No curso normal dos eventos, a coisa seria tratada pelo Ministério das Relações Exteriores e seus representantes, neste caso, pelo novo plenipotenciário indicado pelo Reich, dr. Edmund Veesenmayer, a quem Eichmann teria mandado um "conselheiro judeu". Eichmann não tinha nenhum pendor para desempenhar o papel de conselheiro, um posto que em nenhum lugar levou além da patente de *Hauptsturmführer*, ou capitão, enquanto ele era *Obersturmbannführer*, tenente-coronel, duas patentes acima. Seu maior triunfo na Hungria consistiu em estabelecer contatos próprios. Havia três homens em questão, primordialmente: László Endre, que, graças a um antissemitismo que até Horthy considerava "insano", havia sido recentemente escolhido para secretário de Estado Encarregado de Assuntos Políticos (Judeus) no Ministério do Interior; Lászlo Baky, também subsecretário no Ministério do Interior, encarregado da *Gendarmeria*, a polícia húngara; e o oficial de polícia tenente-coronel Ferenczy, diretamente encarregado das deportações. Com a ajuda deles, Eichmann podia ter certeza que tudo, a expedição dos decretos necessários e a concentração dos judeus nas províncias, seria providenciado com a "velocidade da luz". Em Viena foi realizada uma conferência especial com os funcionários da Ferrovia Estatal Alemã, uma vez que esse assunto implicava o transporte de cerca de meio milhão de pessoas. Höss, em Auschwitz, foi informado dos planos por seu próprio superior, o general Richard Glücks, da WVHA, e ordenou que fosse construído um novo ramal da ferrovia, levando os vagões a poucos metros dos crematórios; o número dos comandos de morte encarregados das câmaras de gás foi aumentado de 224 para 860, de forma que estava tudo pronto para matar entre 6 e 12 mil pessoas por dia. Quando os trens começaram a chegar em maio de 1944, pouquíssimos "homens capacitados" foram selecionados para trabalhos forçados, e esses poucos foram trabalhar na fábrica de detonadores da Krupp em Auschwitz. (A fábrica da Krupp recém-construída perto de Breslau, na Alemanha, a Berthawerk, arrebanhava trabalhadores judeus onde os pudesse encontrar e mantinha esses homens em condições que não eram superadas nem pelos grupos de trabalhos dos campos de extermínio.)

Toda a operação na Hungria durou menos de dois meses e foi interrompida subitamente no começo de julho. Graças principalmente aos sionistas, ela foi mais bem noticiada do que todas as outras fases da catástrofe judaica, e Horthy recebeu um dilúvio de protestos dos países neutros e do Vaticano. O núncio papal, porém, achou adequado explicar que o protesto do Vaticano não brotava de "um falso senso de compaixão" — frase que provavelmente se tornará um monumento duradouro àquilo que o trato contínuo e o desejo de tudo conceder aos homens que pregavam o evangelho da "dureza impiedosa" fez com a mentalidade dos altos dignitários da Igreja. A Suécia mais uma vez liderou a tomada de medidas práticas, distribuindo permissões de entrada, e Suíça, Espanha e Portugal seguiram seu exemplo, de forma que no final 33 mil judeus estavam vivendo em casas especiais em Budapeste sob proteção dos países neutros. Os Aliados receberam e publicaram uma lista de setenta homens que sabiam ser os principais culpados, e Roosevelt mandou um ultimato, ameaçando que "o destino da Hungria não será igual ao de nenhuma outra nação civilizada [...] caso não parem as deportações". E deu a entender que falava a verdade com um bombardeio aéreo excepcionalmente pesado sobre Budapeste em 2 de julho. Assim pressionado de todos os lados, Horthy deu ordem de suspender as deportações, e uma das provas mais prejudiciais para Eichmann foi o fato bastante óbvio de que ele não obedeceu à ordem "daquele velho tolo"; em meados de julho, deportou mais 1500 judeus que estavam à mão num campo de concentração perto de Budapeste. Para impedir que os funcionários judeus informassem Horthy, ele reuniu os membros dos dois corpos representativos em seu escritório, onde o dr. Hunsche os deteve, sob vários pretextos, até saber que o trem havia deixado o território húngaro. Em Jerusalém, Eichmann não se lembrava desse episódio, e embora os juízes estivessem "convencidos de que o acusado se recorda muito bem de sua vitória sobre Horthy" isso é duvidoso, uma vez que, para Eichmann, Horthy não era um personagem tão importante.

Esse parece ter sido o último trem a deixar a Hungria para Auschwitz. Em agosto de 1944, o Exército Vermelho estava na Romênia. Eichmann foi mandado para lá em sua missão esdrúxula. Quando voltou, o regime de Horthy reunira coragem suficiente para pedir a retirada do comando de Eichmann, e o próprio Eichmann pediu a Berlim para voltar com seus homens, uma vez que "eram supérfluos". Mas Berlim não fez nada disso, e acertadamente, porque em meados de outubro a situação mais uma vez mudou abruptamente. Com os russos a 150 quilômetros de Budapeste, os nazistas conseguiram derrubar o governo de Horthy e apontar o líder da Cruz de Flecha, Ferenc Szalasi, como chefe de Estado. Nenhum outro transporte pôde ser mandado para Auschwitz, porque as instalações de extermínio estavam para ser desmontadas, e ao mesmo tempo a falta de braços alemã era desesperadora. Agora era Veesenmayer, o plenipotenciário do Reich, que negociava com o Ministério do Interior húngaro a permissão de mandar 50 mil judeus — homens entre dezesseis e sessenta anos e mulheres com menos de quarenta — para o Reich; em seu relatório ele acrescentou que Eichmann pretendia mandar mais 50 mil. Como não existiam mais instalações ferroviárias, isso levou às marchas a pé em novembro de 1944, que só foram interrompidas com uma ordem de Himmler. Os judeus mandados nessas marchas haviam sido presos ao acaso pela polícia húngara, a despeito das exceções às quais muitos deles tinham agora direito, a despeito também dos limites de idade especificados nas diretivas originais. Os caminhantes eram escoltados por homens da Cruz de Flecha, que os roubavam e tratavam com a mais absoluta brutalidade. E esse foi o fim. Da população original de 800 mil, cerca de 160 mil devem ter continuado no gueto de Budapeste — o campo já estava *judenrein* —, e dezenas de milhares desses foram vítimas de pogroms espontâneos. Em 13 de fevereiro de 1945, o país se rendeu ao Exército Vermelho.

Os principais culpados húngaros pelo massacre foram levados a julgamento, condenados à morte e executados. Nenhum dos responsáveis alemães, exceto Eichmann, pagou com mais que alguns anos de prisão.

A Eslováquia, assim como a Croácia, foi uma invenção do Ministério das Relações Exteriores alemão. Os eslovacos foram a Berlim negociar sua "independência" antes mesmo de os alemães ocuparem a Tchecoslováquia, em março de 1939, e nessa época eles haviam prometido a Göring que seguiriam fielmente os alemães em sua condução da questão judaica. Mas isso foi no inverno de 1938-39, quando ninguém tinha ainda ouvido falar de algo como a Solução Final. O minúsculo país, com uma pobre população camponesa de cerca de 2 milhões e meio de pessoas, compreendendo 90 mil judeus, era primitivo, atrasado e profundamente católico. Era governado nessa época por um padre católico, Josef Tiso. Até mesmo seu movimento fascista, a Guarda Hlinka, tinha feições católicas, e o veemente antissemitismo desses fascistas clericais ou clérigos fascistas era diferente tanto em estilo quanto em conteúdo do racismo ultramoderno de seus senhores alemães. Havia apenas um antissemita moderno no governo eslovaco, e esse era o bom amigo de Eichmann Sano Mach, ministro do Interior. Todos os outros eram cristãos, ou achavam que eram, enquanto os nazistas eram, em princípio, tão anticristãos quanto eles eram antijudeus. O fato de os eslovacos serem cristãos significava não só que eles se sentiam obrigados a enfatizar o que os nazistas consideravam uma distinção "obsoleta" entre judeus batizados e não batizados, mas também que eles pensavam toda a questão em termos medievais. Para eles a "solução" consistia em expulsar os judeus e herdar suas propriedades, mas não no sistemático "extermínio", embora não se importassem com um assassinato ocasional. O maior "pecado" dos judeus não era pertencer a uma "raça" estranha, mas ter riqueza. Os judeus da Eslováquia não eram ricos para os padrões ocidentais, mas quando 52 mil deles tiveram de declarar suas posses porque possuíam bens com valor superior a duzentos dólares, e sua propriedade total somou 100 milhões de dólares, cada um deles deve ter parecido a encarnação de Creso para os eslovacos.

Durante seu primeiro ano e meio de "independência", os eslovacos estiveram ocupados resolvendo a questão judaica segundo suas próprias luzes. Eles transferiram as empresas judaicas maiores para não-judeus, encenaram certa legislação antijudaica que, segundo os alemães, tinha o "defeito básico" de isentar os judeus batizados convertidos antes de 1918, planejaram estabelecer guetos "seguindo o exemplo do Governo-Geral", e mobilizaram os judeus para trabalhos forçados. Muito cedo, em setembro de 1940, eles receberam um conselheiro judeu; o *Hauptsturmführer* Dieter Wisliceny, antes superior e amigo de Eichmann no Serviço Secreto, muito admirado por Eichmann (seu filho mais velho chamava-se Dieter), e agora seu igual em patente, foi anexado à legação alemã em Bratislava. Wisliceny não se casou e, portanto, não podia ser mais promovido, de forma que um ano depois foi superado por Eichmann e passou a ser seu subordinado. Eichmann achou que isso devia tê-lo indisposto, o que ajudaria a explicar por que Wisliceny havia dado provas tão danosas contra ele nos julgamentos de Nuremberg, chegando a se oferecer para descobrir onde Eichmann se escondia. Mas isso é duvidoso. Wisliceny provavelmente só estava interessado em salvar a própria pele, sendo radicalmente diferente de Eichmann. Ele pertencia ao estrato educado da ss, vivia entre livros e discos, fazia-se chamar de "barão" pelos judeus da Hungria e, no geral, estava muito mais interessado em dinheiro do que em sua carreira; consequentemente, foi um dos primeiros membros da ss a desenvolver tendências "moderadas".

Quase nada aconteceu na Eslováquia durante esses primeiros anos, até março de 1942, quando Eichmann apareceu em Bratislava para negociar a evacuação de 20 mil "judeus jovens e fortes para o trabalho". Quatro semanas depois, o próprio Heydrich veio ver o primeiro-ministro, Vojtek Tuka, e o convenceu a permitir que todos os judeus fossem reassentados no Leste, inclusive os judeus convertidos que até então estavam isentos. O governo, com um padre em sua chefia, não se importou nada em corrigir o "defeito básico" da distinção entre cristãos e judeus com base em religião ao saber que "os alemães não reclamavam nenhuma parte da propriedade desses judeus, a não ser o pagamento de quinhentos *Reichsmarks* em troca de cada judeu recebido"; ao contrário, o governo pediu ao Ministério das Relações Exteriores alemão maiores garantias de que "os judeus removidos da Eslováquia e recebidos [pelos alemães] permaneceriam nas áreas orientais para sempre, e não teriam a oportunidade de voltar à Eslováquia". Com a finalidade de acompanhar essas negociações no nível mais alto, Eichmann fez uma segunda visita a Bratislava, que coincidiu com o assassinato de Heydrich, e em junho de 1942 52 mil judeus foram deportados pela polícia eslovaca para os centros de extermínio na Polônia.

Ainda restavam 35 mil judeus no país, e todos pertenciam às categorias originalmente isentas — judeus convertidos e seus parentes, membros de certas profissões, jovens dos batalhões de trabalhos forçados, alguns empresários. Foi nesse momento, quando a maioria dos judeus já havia sido "reassentada", que o Comitê Judeu de Assistência e Resgate de Bratislava, corpo irmão do grupo sionista húngaro, conseguiu subornar Wisliceny, que prometeu ajudar diminuindo o ritmo das deportações e que propôs também o chamado Plano Europa, que haveria de evocar de novo em Budapeste. É pouco provável que Wisliceny fizesse qualquer outra coisa além de ler livros e ouvir música, e, é claro, aceitar tudo o que pudesse receber. Mas foi justamente nesse momento que o Vaticano informou ao clero católico o verdadeiro sentido da palavra "reassentamento". Daí em diante, como relatou o embaixador alemão Hans Elard Ludin ao Ministério das Relações Exteriores em Berlim, as deportações ficaram muito impopulares, e o governo eslovaco começou a pressionar os alemães para conseguir permissão de visitar os centros de "reassentamento" — coisa que, evidentemente, nem Wisliceny nem Eichmann podiam conceder, uma vez que os judeus "reassentados" não estavam mais entre os vivos. Em dezembro de 1943, o dr. Edmund Veesenmayer foi a Bratislava para ver o padre Tiso; ele foi enviado por Hitler e suas ordens diziam especificamente que devia dizer a Tiso "para descer à terra" (*Fraktur mit ihm reden*). Tiso prometeu internar entre 16 e 18 mil judeus em campos de concentração e abrir um campo especial para cerca de 10 mil judeus batizados, mas não concordou com as deportações. Em junho de 1944, Veesenmayer, agora plenipotenciário do Reich na Hungria, apareceu de novo e exigiu que os judeus restantes do país fossem incluídos nas operações húngaras. Tiso recusou de novo.

Em agosto de 1944, com a aproximação do Exército Vermelho, uma grande revolta eclodiu na Eslováquia, e os alemães ocuparam o país. Por essa época, Wisliceny estava na Hungria, e provavelmente já não merecia mais confiança. O RSHA mandou Alois Brunner a Bratislava para prender e deportar os judeus restantes. Brunner primeiro prendeu e deportou os funcionários do Comitê de Assistência e Resgate, e depois, dessa vez com a ajuda de unidades da SS alemã, deportou mais 12 ou 14 mil pessoas. Em 4 de abril de 1945, quando os russos entraram em Bratislava, talvez 20 mil judeus tivessem sobrevivido à catástrofe.

XIII

OS CENTROS DE EXTERMÍNIO NO LESTE

Quando os nazistas falavam do Leste, eles queriam dizer uma imensa área que abarcava a Polônia, os Estados Bálticos e o território russo ocupado. Estava dividido em quatro unidades administrativas: o Warthegau, que consistia das Regiões Polonesas Ocidentais, anexadas ao Reich, sob domínio do *Gauleiter* Artur Greisler; a Ostland, que compreendia a Lituânia, a Letônia e a Estônia, e uma área bastante indefinida da Rússia Branca, com Riga como sítio de operações das autoridades de ocupação; o Governo-Geral da Polônia central, chefiado por Hans Frank; e a Ucrânia, sob o poder do Ministério dos Territórios Orientais Ocupados de Alfred Rosenberg. Esses foram os primeiros países sobre os quais foram apresentados testemunhos da acusação, e os últimos a serem tratados na sentença.

Sem dúvida tanto a acusação como os juízes tiveram excelentes razões para suas decisões opostas. O Leste era o cenário central do sofrimento judeu, terminal de horrores de todas as deportações, lugar de onde não havia escapatória e onde o número de sobreviventes raramente chegava a mais de 5%. O Leste, além disso, fora o centro da população judaica na Europa antes da guerra; mais de 3 milhões de judeus tinham vivido na Polônia, 260 mil nos Estados Bálticos, e mais de metade dos estimados 3 milhões de judeus russos na Rússia Branca, Ucrânia e Crimeia. Como a acusação estava interessada primordialmente no sofrimento do povo judeu e nas "dimensões do genocídio" contra ele praticado, era lógico começar daí, e depois ver o quanto de responsabilidade específica por esse inferno sem trégua podia ser atribuído ao acusado. O problema era que as provas ligando Eichmann ao Leste eram "escassas", e a culpa estaria no fato de que os arquivos da Gestapo, particularmente os arquivos sobre a seção de Eichmann, haviam sido destruídos pelos nazistas. A escassez de provas documentais deu à acusação um pretexto talvez bem-vindo de chamar uma procissão infindável de testemunhas para depor sobre os acontecimentos do Leste, embora isso dificilmente tenha sido a única razão para tanto. Conforme se insinuou durante o julgamento e se descreveu integralmente (em boletim especial divulgado em abril de 1962 pelo Yad Vashem, o arquivo israelense sobre o período nazista), a acusação estivera sob considerável pressão dos sobreviventes israelenses, que constituíam cerca de 20% da população atual do país. Eles se dirigiam espontaneamente às autoridades do tribunal e também ao Yad Vashem, que recebeu a encomenda oficial de preparar alguma prova documental, para se oferecer como testemunhas. Os casos piores de "forte imaginação", pessoas que tinham "visto Eichmann em vários lugares onde ele nunca esteve", foram descartados, mas 56 "testemunhas do sofrimento do povo judeu", como foram denominadas pelas autoridades, foram finalmente chamadas ao banco, em vez das quinze ou vinte "testemunhas de fundo", conforme planejado originalmente; 23 sessões, de um total de 121, foram dedicadas inteiramente ao "pano de fundo", o que quer dizer que não tinham nenhuma ligação aparente com o caso. Embora as testemunhas de acusação dificilmente tenham sido reinterrogadas seja pela defesa, seja pelos juízes, o tribunal não aceitou provas que pesassem contra Eichmann a menos que recebessem alguma corroboração. (Por isso os juízes se recusaram a acusar Eichmann do assassinato do menino judeu na Hungria; ou de ter instigado a *Kristallnacht* na Alemanha e na Áustria, sobre a qual ele certamente nada soube na época e, mesmo em Jerusalém, sabia consideravelmente menos do que o menos informado dos estudiosos da época; ou do assassinato de 93 crianças de Lidice, as quais, depois do assassinato de Heydrich, foram deportadas para Lódz, visto que "ainda não ficou provado além de toda dúvida, segundo as provas diante de nós, que tenham sido assassinadas"; nem de responsabilidade pelas hediondas operações da Unidade 1005, "uma das partes mais horrorizantes entre todas as provas apresentadas pela acusação", que tinha o encargo de abrir os túmulos coletivos no Leste e sumir com os corpos a fim de eliminar os vestígios de assassinato, e que foi comandada pelo *Standartenführer* Paul Blobel, o qual, segundo seu próprio testemunho em Nuremberg, recebia ordens de Müller, chefe da Seção IV do RSHA; nem pelas horríveis condições em que os judeus que sobreviveram aos campos de extermínio foram evacuados para os campos de concentração alemães, principalmente para Bergen-Belsen, durante os últimos meses da guerra.) A essência do depoimento das testemunhas de fundo sobre as condições dos guetos poloneses nunca foi contestada; ao contrário, não havia quase nada no que disseram que já não se soubesse antes. Se o nome de Eichmann alguma vez era mencionado, era evidente que se tratava de boatos, "rumores", portanto sem nenhuma validade legal. O depoimento de todas as testemunhas que o tinham "visto com seus próprios olhos" desmoronava no momento que uma pergunta era dirigida a elas, e o tribunal concluiu que "o centro de gravidade das atividades dele estava dentro do próprio Reich, do Protetorado e dos países da Europa Ocidental, do Norte, Sul, Sudeste e Centro" — isto é, em toda parte, menos no Leste. Por que, então, a corte não abreviou esses depoimentos, que se arrastaram por semanas e meses sem fim? Ao discutir essa questão, a sentença é um tanto apologética, e acaba dando uma explicação curiosamente inconsistente: "Uma vez que o acusado negou todas as acusações", os juízes não podiam dispensar as "provas do pano de fundo factual". O acusado, porém, nunca negou esses fatos na acusação, ele só negou que fosse responsável por eles "no sentido da acusação".

 Na verdade, os juízes se depararam com um dilema muito desagradável. Bem no começo do julgamento, o dr. Servatius impugnou a imparcialidade dos juízes; em sua opinião, nenhum judeu estava qualificado para julgar os implementadores da Solução Final, e o juiz presidente respondeu: "Somos juízes profissionais, acostumados a pesar as provas apresentadas diante de nós e a realizar nosso trabalho sob os olhos do público e sujeitos à crítica pública [...] Quando a corte se dispõe a julgar, os juízes que a compõem são seres humanos, são carne e sangue, são sentidos e sentimentos. Não sendo assim, nenhum juiz teria capacidade de processar um criminoso quando se sentisse horrorizado [...] Não se pode negar que a lembrança do holocausto nazista comove cada judeu, mas enquanto este caso estiver sendo julgado diante de nós, é nosso dever refrear esses sentimentos, e esse dever haveremos de honrar". O que era bom e justo, a menos que o dr. Servatius quisesse dizer que os judeus não possuíam uma compreensão adequada do problema que sua presença causava no meio das nações do mundo, e portanto não seriam capazes de avaliar a "solução final" a eles aplicada. Mas a ironia da situação era que, no caso de ele tender a usar esse argumento, poder-se-ia responder que o acusado, segundo seu próprio testemunho, enfaticamente repetido, havia aprendido tudo o que sabia sobre a questão judaica com autores judeus sionistas, a partir dos "livros básicos" de Theodor Herzl e Adolf Böhm. Quem, portanto, poderia estar mais bem qualificado para julgá-lo senão esses três homens que eram todos sionistas desde a mais tenra juventude?

Não era, portanto, com respeito ao acusado, mas com respeito às testemunhas de fundo que era agudo e perturbador o judaísmo dos juízes, o fato de viverem em um país em que uma em cada cinco pessoas era um sobrevivente. O sr. Hausner havia reunido uma "trágica multidão" de sofredores, todos ansiosos por não perder essa oportunidade única, todos convencidos de seu direito a um dia na corte. Os juízes podiam (como fizeram) discutir com o promotor se era sábio ou mesmo apropriado usar a ocasião para "pintar quadros gerais", mas uma vez que a testemunha subia ao banco, era de fato muito difícil interrompê-la, abreviar seu depoimento, "pela honra da testemunha e por causa dos assuntos sobre os quais falava", como disse o juiz Landau. Quem eram eles, humanamente falando, para negar a qualquer dessas pessoas seu dia na corte? E quem teria tido a coragem, humanamente falando, de questionar a veracidade do que diziam quando elas "abriam seus corações ao subir ao banco das testemunhas", mesmo que o que diziam só pudesse ser "considerado como subproduto do tribunal"?

Havia uma dificuldade mais. Em Israel, como na maioria dos países, uma pessoa que se apresenta na corte é considerada inocente até prova em contrário. Mas no caso de Eichmann isso era uma evidente ficção. Se ele não fosse considerado culpado antes de aparecer em Jerusalém, culpado além de toda dúvida, os israelenses jamais teriam ousado, nem desejado, raptá-lo; o primeiro-ministro Ben-Gurion, explicando ao presidente da Argentina, em carta datada de 3 de junho de 1960, por que Israel havia cometido uma "violação formal da lei argentina", afirmou que "foi Eichmann quem organizou o assassinato em massa [de 6 milhões de pessoas do nosso povo], numa escala gigantesca e sem precedentes, em toda a Europa". Ao contrário das prisões de casos criminosos comuns, em que a suspeita de culpa tem de ter provas substanciais e razoáveis, mas não além de toda dúvida — isso é tarefa do julgamento subsequente —, a captura ilegal de Eichmann podia ser justificada, e foi justificada aos olhos do mundo, tão somente pelo fato de o resultado do julgamento poder ser seguramente antecipado. Seu papel na Solução Final, como se descobria agora, havia sido extremamente exagerado — em parte devido a sua própria bazófia, em parte porque os acusados em Nuremberg e em outros tribunais pós-guerra tentaram se livrar das próprias culpas à custa dele, e principalmente porque ele tinha estado em contato próximo com funcionários judeus, uma vez que era o oficial alemão "perito em assuntos judaicos" e em nada mais. A acusação, baseando seu caso em sofrimento que não era nem um pouco exagerado, exagerou o exagero além do que se podia imaginar — ou pelo menos assim se pensava até ser entregue a sentença da Corte de Apelação, na qual se pode ler: "É fato que o acusado não havia recebido nenhuma 'ordem superior'. Ele era seu próprio superior, e deu todas as ordens em questões que diziam respeito aos assuntos judeus". Esse havia sido exatamente o argumento da acusação, que os juízes da Corte Distrital não aceitaram, mas que, por mais perigosa tolice que fosse, a Corte de Apelação endossou inteiramente. (Apoiada principalmente pelo testemunho do magistrado Michael A. Musmanno, autor de *Ten Days to Die* [1950] e juiz em Nuremberg, que viera dos Estados Unidos para ser testemunha da acusação. O sr. Musmanno foi um dos juízes do julgamento dos administradores dos campos de concentração e dos membros das unidades de extermínio móveis do Leste; e embora o nome de Eichmann tenha vindo à baila nas sessões, ele o mencionou apenas uma vez em sua sentença. Ele havia, porém, entrevistado os acusados em sua prisão em Nuremberg. E lá Ribbentrop lhe dissera que Hitler teria sido uma boa pessoa se não tivesse sido influenciado por Eichmann. Bem, o sr. Musmanno não acreditou em tudo o que ouviu, mas acreditou que Eichmann havia recebido sua função do próprio Hitler e que seu poder "vinha por intermédio de Himmler e Heydrich". Algumas sessões depois, o sr. Gustave M. Gilbert, professor de psicologia na Universidade de Long Island e autor de *Nuremberg Diary* [1947], apareceu como testemunha de acusação. Ele foi mais cauteloso que o magistrado Musmanno, que ele apresentara aos acusados em Nuremberg. Gilbert atestou que "Eichmann [...] não era considerado grande coisa pelos grandes criminosos de guerra nazistas [...] na época", e também que Eichmann, que ambos supunham morto, não fora mencionado em discussões dos crimes de guerra entre ele e Musmanno.) Os juízes da Corte Distrital, portanto, visto que enxergavam além dos exageros da acusação e não queriam fazer Eichmann superior de Himmler e inspirador de Hitler, se viram na posição de ter de defender o acusado. A tarefa, além de desagradável, não tinha nenhuma consequência nem sobre o julgamento nem sobre a sentença, pois "a responsabilidade legal e moral daquele que manda suas vítimas para a morte é, em nossa opinião, nada menor e talvez maior do que a culpa daquele que faz a vítima morrer".

A saída dos juízes para todas essas dificuldades foi o compromisso. A sentença se divide em duas partes, e a parte maior consiste de uma nova versão da acusação. Os juízes indicam sua abordagem, fundamentalmente diferente ao começar com a Alemanha e terminar com o Leste, o que significa que eles pretenderam se concentrar no que foi feito e não no que os judeus sofreram. Em aberta rejeição à acusação, eles dizem explicitamente que sofrimentos em escala tão gigantesca estavam "acima da compreensão humana", matéria para os "grandes escritores e poetas", que não cabem numa sala de tribunal, enquanto os atos e motivos que os causaram não estavam nem além de compreensão, nem além de julgamento. Eles chegaram a afirmar que usariam por base de suas conclusões a sua própria versão da acusação, e de fato ter-se-iam perdido senão tivessem realizado a enorme quantidade de trabalho que isso implicava. Compreenderam com clareza a intrincada burocracia da máquina nazista de destruição, de forma que a posição do acusado pôde ser compreendida. Em contraste com o discurso introdutório do sr. Hausner, que já foi publicado em forma de livro, a sentença pode ser estudada com proveito por aqueles que têm interesses históricos nesse período. Mas a sentença, tão agradavelmente despida de oratória barata, teria destruído inteiramente a argumentação da acusação se os juízes não tivessem encontrado razão para atribuir alguma responsabilidade a Eichmann pelos crimes do Leste, em acréscimo ao crime principal, que ele confessou, isto é, o envio de pessoas para a morte plenamente consciente do que estava fazendo.

Estavam em disputa quatro pontos principais. Havia, em primeiro lugar, a questão da participação de Eichmann no assassinato em massa levado a cabo no Leste pelos *Einsatzgruppen*, fundados por Heydrich numa reunião realizada em março de 1941, na qual Eichmann estava presente. Porém, como os comandantes dos *Einsatzgruppen* eram membros da elite intelectual da ss, enquanto suas tropas eram ou de criminosos ou de soldados comuns convocados em dever punitivo — ninguém seria voluntário —, Eichmann estava ligado a essa fase importante da Solução Final só na medida em que recebia relatórios dos assassinos, que tinha de resumir para seus superiores. Esses relatórios, embora "altamente secretos", eram mimeografados e encaminhados para cinquenta ou setenta outros departamentos do Reich, em cada um dos quais havia, evidentemente, algum *Oberregierungsrat* que os resumia para seus superiores. Havia, além disso, o testemunho do magistrado Musmanno, que afirmava que Walter Schellenberg, que havia redigido o rascunho do acordo entre Heydrich e o general Walter von Brauchitsch, do comando militar, especificando que os *Einsatzgruppen* deviam gozar de total liberdade na "execução de seus planos referentes à população civil", isto é, no assassinato de civis, afirmara numa conversa em Nuremberg que Eichmann "controlava essas operações", que as "supervisionava pessoalmente". Os juízes, "por razões de cautela", não quiseram depender de uma afirmação não corroborada de Schellenberg, e descartaram essa prova. Schellenberg devia ter uma péssima opinião sobre os juízes de Nuremberg e sua capacidade de se situar na labiríntica estrutura administrativa do Terceiro Reich. Por isso, tudo o que sobrou foi a prova de que Eichmann estava bem informado sobre os acontecimentos do Leste, o que nunca esteve em discussão; por fim, a sentença conclui, surpreendentemente, que essa prova era suficiente para incriminá-lo por participação efetiva.

O segundo ponto, que trata da deportação dos judeus dos guetos poloneses para os centros de extermínio próximos, parecia mais relevante. Era de fato "lógico" concluir que o perito em transporte estaria em atividade no território do Governo-Geral. No entanto, sabemos de muitas outras fontes que os comandantes superiores da ss e da polícia estavam encarregados do transporte em toda essa área — para tristeza do grande chefe do Governo-Geral, Hans Frank, que em seu diário reclama infindavelmente da interferência nesse assunto, sem nunca mencionar o nome de Eichmann. Franz Novak, oficial de transporte de Eichmann, ao testemunhar pela defesa, corroborou a versão de Eichmann: ocasionalmente, é claro, eles tinham de negociar com o gerente da Ostbahn, a Ferrovias Orientais, porque os carregamentos vindos das regiões ocidentais da Europa tinham de ser coordenados com operações locais. (Wisliceny fez um bom relato dessas operações em Nuremberg. Novak costumava entrar em contato com o Ministério dos Transportes, que por sua vez tinha de conseguir autorização do Exército para que os trens entrassem no palco da guerra. O Exército podia vetar transportes. O que Wisliceny não contou, e que é talvez mais interessante, é que o Exército usava esse direito de veto só nos anos iniciais, quando as tropas alemães estavam na ofensiva; em 1944, quando as deportações da Hungria congestionavam as linhas de retirada de todos os exércitos alemães em fuga desesperada, nenhum veto ocorreu.) Mas quando, por exemplo, o gueto de Varsóvia foi evacuado em 1942, à razão de 5 mil pessoas por dia, o próprio Himmler conduziu as negociações com as autoridades ferroviárias, e Eichmann e seu departamento não tinham nada a ver com isso. A sentença finalmente aceitou o depoimento dado por uma testemunha no julgamento de Höss, afirmando que alguns judeus da área do Governo-Geral haviam chegado a Auschwitz junto com os judeus de Bialystok, uma cidade polonesa incorporada a uma província alemã da Prússia oriental, dentro, portanto, da jurisdição de Eichmann. No entanto, nem no Warthegau, que estava em território do Reich, era o RSHA, mas o *Gauleiter* Greiser, que estava encarregado do extermínio e da deportação. E embora em janeiro de 1944 Eichmann tenha visitado o gueto de Lódz — o maior do Leste e o último a ser liquidado —, mais uma vez foi o próprio Himmler que, um mês depois, foi ver Greiser e ordenou a liquidação de Lódz. A menos que se aceite a ridícula alegação da acusação de que Eichmann tinha sido capaz de inspirar ordens de Himmler, o mero fato de Eichmann despachar judeus para Auschwitz não podia de forma alguma provar que todos os judeus que chegaram lá haviam sido enviados por ele. Em vista da insistente negativa de Eichmann e da completa falta de provas corroborativas, as conclusões do julgamento sobre esse ponto pareceram, infelizmente, constituir um caso de *in dubio contra reum*.

O terceiro ponto a ser considerado era a culpa de Eichmann pelo que acontecia nos campos de extermínio, nos quais, segundo a acusação, ele gozava de grande autoridade. O fato de os juízes terem descartado todos os depoimentos acumulados das testemunhas sobre esses assuntos denota o alto grau de independência e justiça dos juízes. Seu argumento aqui era sólido e demonstrava plena compreensão de toda a situação. Eles começaram explicando que havia duas categorias de judeus nos campos, os chamados "judeus em transporte" (*Transportjuden*), que constituíam o grosso da população e que nunca haviam cometido um crime, mesmo aos olhos dos nazistas, e os judeus "sob custódia" (*Schutzhaftjuden*), mandados para os campos de concentração alemães por alguma transgressão e que, sob o princípio totalitário de dirigir o terror do regime contra os "inocentes", viviam consideravelmente melhor do que os outros mesmo quando mandados para o Leste a fim de tornar *judenrein* os campos de concentração do Reich. (Nas palavras de sra. Raja Kagan, uma excelente testemunha sobre Auschwitz, esse era "o grande paradoxo de Auschwitz. Os que eram capturados cometendo algum crime eram mais bem tratados que os outros". Não ficavam sujeitos à seleção e, como regra, sobreviveram.) Eichmann nada tinha a ver com os *Schutzhaftjuden*; mas os *Transportjuden*, sua especialidade, eram, por definição, condenados à morte, exceto 25% dos indivíduos especialmente fortes, que podiam ser selecionados para trabalhos forçados em alguns campos. Na versão apresentada pelo julgamento, porém, essa questão não era mais levada em conta. Eichmann sabia, claro, que a esmagadora maioria de suas vítimas era condenada à morte; mas uma vez que a seleção para trabalhos era feita por médicos da ss no local, e como as listas de deportados eram geralmente feitas pelos Conselhos Judeus dos países nativos ou pela Polícia da Ordem, mas nunca por Eichmann e seus homens, a verdade é que ele não tinha autoridade para dizer quem ia morrer ou quem ia viver; talvez ele nem tivesse como saber. A questão é se Eichmann mentiu ao dizer: "Nunca matei nenhum judeu ou, no final das contas, nunca matei nenhum não-judeu [...] Nunca dei ordens para matar judeu nenhum, nem para matar não-judeu nenhum". A acusação, incapaz de entender um assassino de massa que nunca matara (e que no caso específico não devia nem ter coragem para isso), tentava o tempo inteiro provar assassinatos individuais.

Isso nos leva à quarta e última questão referente à autoridade geral de Eichmann sobre os territórios orientais — a questão de sua responsabilidade pelas condições de vida nos guetos, pela indizível miséria vivida ali, e pela liquidação final, que foi o assunto do depoimento da maioria das testemunhas. Mais uma vez, Eichmann estava plenamente informado, mas nada disso tinha a ver com seu trabalho. A acusação fez um grande esforço para provar que tinha, com base no fato de Eichmann ter admitido abertamente que de vez em quando tinha de decidir, com base nas sempre mutáveis diretivas sobre esse assunto, o que fazer com judeus de nacionalidade estrangeira que estavam retidos na Polônia. Isso, disse ele, era uma questão de "importância nacional", envolvendo o Ministério das Relações Exteriores, e estava "além do horizonte" das autoridades locais. A respeito desses judeus, havia duas tendências diferentes em todos os departamentos alemães: a tendência "radical" de ignorar todas as distinções — judeu era judeu, ponto final — e a tendência "moderada", que achava melhor deixar esses judeus "no gelo" para fins de troca. (A ideia de trocar judeus parece ter sido de Himmler. Depois que os Estados Unidos entraram na guerra, ele escreveu a Müller, em dezembro de 1942, que "todos os judeus com relações importantes nos Estados Unidos devem ser postos em um campo especial [...] e mantidos vivos", acrescentando: "esses judeus são para nós reféns preciosos. O número que tenho em mente é 10 mil".) Nem é preciso dizer, Eichmann era da tendência "radical", posicionando-se contra todas as exceções, por razões administrativas e também "idealistas".

Mas quando, em abril de 1942, escreveu ao Ministério das Relações Exteriores que "no futuro cidadãos estrangeiros seriam incluídos nas medidas tomadas pela Polícia de Segurança dentro do gueto de Varsóvia", onde judeus com passaportes estrangeiros haviam, antes, sido cuidadosamente eliminados, ele dificilmente estava agindo como "um tomador de decisões em favor do RSHA" no Leste, e certamente não possuía "poderes executivos" lá. Menos ainda podiam tais poderes de autoridade derivar do fato de ele ter sido usado ocasionalmente por Heydrich e Himmler para transmitir certas ordens aos comandantes locais.

Em certo sentido, o cerne da questão era ainda pior do que a corte de Jerusalém pensava ser. A sentença argumentava que Heydrich havia recebido autoridade central sobre a implementação da Solução Final, sem nenhuma limitação territorial, portanto Eichmann, seu delegado-chefe nesse campo, era alguém igualmente responsável em todas as partes. Isso era bem verdade para o quadro geral da Solução Final, mas embora Heydrich tivesse chamado para a Conferência de Wannsee, com finalidade de coordenação, um representante do Governo-Geral de Hans Frank, o subsecretário de Estado dr. Josef Bühler, a Solução Final não se aplicava de fato aos territórios orientais ocupados, pela simples razão de que o destino dos judeus de lá nunca pesou na balança. O massacre dos judeus poloneses foi decidido por Hitler não em maio ou junho de 1941, data da ordem para a Solução Final, mas em setembro de 1939, como os juízes descobriram pelo testemunho prestado em Nuremberg por Erwin Lahousen, da Contrainteligência alemã: "Já em setembro de 1939, Hitler havia decidido matar os judeus poloneses". (Consequentemente, a estrela judaica foi introduzida pelo

Governo-Geral imediatamente depois da ocupação do território, em novembro de 1939, só sendo introduzida no Reich alemão em 1941, na época da Solução Final.) Os juízes tinham diante deles também as minutas das duas conferências do começo da guerra, uma das quais convocada por Heydrich em 21 de setembro de 1939, como reunião de "chefes de departamento e comandantes de unidades móveis de extermínio" e na qual Eichmann, então ainda um mero *Hauptsturmführer*, havia representado o Centro para a Emigração Judaica de Berlim; a outra teve lugar em 30 de janeiro de 1940, tratando de "questões de evacuação e reassentamento". Em ambas as reuniões, foi discutido o destino de populações nativas inteiras dos territórios ocupados — isto é, a "solução" dos poloneses assim como a "questão judaica".

Já nessa data, a "solução do problema polonês" estava bem adiantada: relatórios revelavam que não restara mais que 3% da "liderança política", e para "tornar inofensivos esses 3%", eles teriam de "ser mandados para campos de concentração". O nível médio da intelligentsia polonesa tinha de ser registrado e aprisionado — "professores, clero, nobreza, legionários, oficiais fora de serviço etc." —, enquanto os "poloneses primitivos" deviam ser anexados ao contingente alemão de "trabalhadores migratórios" e "evacuados" de suas pátrias. "O objetivo é: o polonês tem de se tornar o trabalhador eternamente sazonal e migratório, sua residência permanente deve ser na região de Cracóvia." Os judeus tinham de ser reunidos em centros urbanos e "acomodados em guetos onde possam ser facilmente controlados e de onde convenientemente evacuados mais tarde". Esses territórios orientais que haviam sido incorporados ao Reich — Warthegau, Prússia ocidental, Dantzig, a província de Poznan e a Silésia Superior — tinham de ser imediatamente limpos de todos os judeus; junto com 30 mil ciganos eles deveriam ser enviados em trens de carga para o Governo-Geral. Com sua autoridade de "Comissário do Reich para o Fortalecimento do Povo Alemão", Himmler finalmente deu ordens para a evacuação de grandes porções da população polonesa desses territórios recentemente anexados ao Reich. A implementação dessa "migração organizada de povos", como a chamou a sentença, foi atribuída a Eichmann como chefe da Subseção IV-D-4 no RSHA, cuja tarefa consistia em "emigração, evacuação". (É importante lembrar que essa "política demográfica negativa" não era de forma nenhuma improvisada como resultado das vitórias alemãs no Leste. Ela havia sido delineada, já em novembro de 1937, no discurso secreto dirigido por Hitler aos membros do Alto-Comando alemão — veja-se o chamado Protocolo Hössbach. Hitler havia dito que rejeitava todas as ideias de conquistar nações estrangeiras, que o que ele queria era um "espaço vazio" [*volkloser Raum*] no Leste para o assentamento de alemães. Seu público — Blomberg, Fritsch e Räder, entre outros — sabia muito bem que não existia esse "espaço vazio", portanto devem ter entendido que uma vitória alemã no Leste resultaria automaticamente na "evacuação" de toda a população nativa. As medidas contra os judeus orientais não foram apenas resultado de antissemitismo, mas parte de uma política demográfica abrangente, no curso da qual, se a Alemanha tivesse vencido a guerra, os poloneses teriam sofrido a mesma sorte que os judeus — genocídio. Não se trata de simples conjectura: os poloneses da Alemanha já estavam sendo forçados a usar um emblema distintivo no qual a letra P substituía a estrela judaica, e essa, como vimos, era sempre a primeira medida a ser tomada pela polícia ao instituir o processo de destruição.)

Uma carta expressa, mandada para os comandantes das unidades móveis de extermínio depois da reunião de setembro, estava entre os documentos apresentados ao tribunal e foi de especial interesse. Ela se refere apenas à "questão judaica nos territórios ocupados" e distingue entre o "objetivo final", que devia ser mantido secreto, e as "medidas preliminares" para chegar a ele. Entre estas últimas, o documento menciona expressamente a concentração de judeus na vizinhança das linhas férreas. É característico que a expressão "Solução Final da questão judaica" não apareça; o "objetivo final" era provavelmente a destruição dos judeus poloneses, evidentemente bem conhecida para aqueles presentes à reunião; novo era somente o fato de os judeus que viviam nas províncias recém-anexadas ao Reich terem de ser evacuados para a Polônia, pois isso era efetivamente o primeiro passo na direção de uma Alemanha *judenrein*, portanto na direção da Solução Final.

No que diz respeito a Eichmann, os documentos mostravam claramente que mesmo nesse estágio ele não tinha quase nada a ver com o que acontecia no Leste. Aí também seu papel era o de um perito em "transporte" e "emigração"; no Leste, não era preciso nenhum "perito judeu", nenhuma "diretiva" especial, e não existiam categorias privilegiadas. Até mesmo os membros dos Conselhos Judeus eram invariavelmente exterminados quando os guetos eram liquidados. Não havia exceções, pois o destino dos trabalhadores escravos era apenas uma forma diferente, mais lenta, de morte. Portanto a burocracia judaica, cujo papel nesses massacres administrativos foi considerado tão essencial que a instituição dos "Conselhos de Anciãos Judeus" foi imediatamente decidida, não desempenhou nenhum papel na captura e concentração de judeus. Todo o episódio aponta para o desfecho dos loucos fuzilamentos em massa na retaguarda dos exércitos. Parece que os comandantes do Exército protestaram contra os massacres de civis, e que Heydrich chegou a um acordo com o Alto-Comando alemão, estabelecendo o princípio de uma limpeza completa e definitiva de judeus, da intelligentsia polonesa, do clero católico e da nobreza, mas determinando que, dada a magnitude de uma operação em que 2 milhões de judeus seriam "limpados", eles fossem primeiro concentrados em guetos.

Se os juízes tivessem absolvido Eichmann inteiramente dessas acusações ligadas às histórias horripilantes repetidas insistentemente pelas testemunhas do julgamento, eles não teriam chegado a um julgamento diferente de culpado, e Eichmann não teria escapado da pena capital. O resultado teria sido o mesmo. Mas eles teriam destruído inteiramente, e sem nenhum compromisso, o caso tal qual apresentado pela acusação.

XIV
PROVAS E TESTEMUNHAS

Durante as últimas semanas da guerra, a burocracia da ss ficou ocupada principalmente com a falsificação de documentos e com a destruição de montanhas de papel que atestavam seus anos de assassinato sistemático. O departamento de Eichmann, mais bem-sucedido que outros, queimou seus arquivos, o que, evidentemente, não lhe valeu de muito porque toda a sua correspondência havia sido endereçada a outros departamentos do Estado e do Partido, cujos arquivos caíram nas mãos dos Aliados. Sobraram documentos mais do que suficientes para contar a história da Solução Final, a maioria deles já conhecida dos julgamentos em Nuremberg e de outros julgamentos subsequentes. A história foi confirmada por testemunhos jurados e não jurados, dados geralmente por testemunhas e acusados de processos anteriores e frequentemente por pessoas que não estavam mais vivas. (Tudo isso, assim como uma boa dose de testemunhos baseados em boatos, foi admitido como prova de acordo com a Seção 15 da lei sob a qual Eichmann foi julgado, e que estipula que a corte "pode se desviar das regras de prova" contanto que "registre as razões que levaram" a esse desvio.) As provas documentais foram suplementadas por depoimentos tomados no estrangeiro, em tribunais alemães, austríacos e italianos da parte de dezesseis testemunhas que não podiam ir a Jerusalém porque o Procurador-Geral havia anunciado que "tencionava submetê-las a julgamento por crimes contra o povo judeu". Embora durante a primeira sessão ele tenha declarado que "se a defesa tiver pessoas prontas a vir e testemunhar, não impedirei, não imporei obstáculo algum", ele depois se recusou a dar imunidade a essas pessoas. (Essa imunidade dependia inteiramente da boa vontade do governo; a acusação sob a Lei [Punitiva] dos Nazistas e dos Colaboradores dos Nazistas não é obrigatória.) Como era altamente improvável que qualquer um dos dezesseis cavalheiros viesse a Israel sob qualquer circunstância — sete deles estavam presos —, essa questão meramente técnica foi de considerável importância. Serviu para refutar a alegação israelense de que a corte de Israel era, pelo menos tecnicamente, a "mais adequada para um julgamento contra os implementadores da Solução Final", porque os documentos e testemunhas eram ali "mais abundantes que em qualquer outro país"; e a alegação sobre os documentos era duvidosa de qualquer modo, uma vez que o arquivo israelense Yad Vashem foi fundado em data comparativamente recente e não é de forma alguma superior a outros arquivos. O que logo se comprovou é que Israel era o único país do mundo em que testemunhas da defesa não podiam ser ouvidas, e onde certas testemunhas de acusação, aquelas que já haviam dado declarações em julgamentos anteriores, não podiam ser interrogadas pela defesa. E isso era mais sério ainda porque o acusado e seu advogado não estavam, de fato, "em posição de obter seus próprios documentos de defesa". (O dr. Servatius havia apresentado 110 documentos contra quinhentos apresentados pela acusação, mas dos primeiros apenas cerca de uma dúzia eram originais da defesa, e consistiam em sua maior parte de excertos dos livros de Poliakov e Reitlinger; todo o resto, com exceção das dezessete tabelas traçadas por Eichmann, havia sido escolhido do abundante material reunido pela acusação e pela polícia de Israel. Evidentemente, a defesa recebeu as migalhas da mesa do rico.) Na verdade, não tinha nem "os meios nem o tempo" de conduzir adequadamente a questão, não tinha a sua disposição "os arquivos do mundo e os instrumentos do governo". A mesma censura havia sido feita contra os julgamentos de Nuremberg, onde a desigualdade de status entre acusação e defesa era ainda mais gritante. A principal limitação da defesa em Nuremberg, assim como em Jerusalém, era que lhe faltava o pessoal de assistentes de pesquisa necessários para examinar a massa de documentos e encontrar qualquer coisa que pudesse ser útil para o caso. Ainda hoje, dezoito anos depois da guerra, nosso conhecimento do imenso material de arquivo do regime nazista limita-se em grande parte à seleção feita com propósito de acusação. Ninguém podia estar mais consciente dessa decisiva desvantagem para a defesa do que o dr. Servatius, que fora um dos advogados de defesa em Nuremberg. O que, evidentemente, tornava ainda mais intrigante a oferta voluntária de seus serviços. Ele respondia que para ele isso era "uma mera questão de negócios" e que ele queria "ganhar dinheiro", mas ele devia saber, desde sua experiência em Nuremberg, que a soma a ser paga pelo governo israelense — 20 mil dólares, como ele mesmo estipulou — era ridiculamente inadequada, mesmo com a família de Eichmann em Linz pagando a ele mais 15 mil marcos. Ele começou reclamando do pagamento baixo quase desde o primeiro dia do julgamento, e logo depois expressou abertamente a esperança de poder vender qualquer "memória" que Eichmann pudesse ter escrito na prisão "para as futuras gerações". Deixando de lado a questão de ser ou não adequado esse arranjo de negócios, suas esperanças foram frustradas quando o governo de Israel confiscou todos os papéis escritos por Eichmann na cadeia. (Eles agora foram depositados no Arquivo Nacional.) Eichmann havia escrito um "livro" no intervalo entre o recesso da corte em agosto e o pronunciamento da sentença em dezembro, e a defesa ofereceu o trabalho como "nova prova factual" na revisão do processo diante da Corte de Apelação — coisa que o livro recém-escrito evidentemente não era.

Quanto à posição do acusado, a corte podia confiar no depoimento detalhado que ele prestou à polícia israelense, suplementado por muitas notas manuscritas que ele entregou durante os onze meses necessários para os preparativos do julgamento. Nunca se levantou nenhuma dúvida de que essas declarações fossem voluntárias; a maioria delas não havia sequer brotado de perguntas. Eichmann confrontou-se com seiscentos documentos, alguns dos quais devia ter visto antes, porque haviam sido mostrados a ele na Argentina durante sua entrevista com Sassen, que o sr. Hausner, com certa razão, chamou de "ensaio geral". Mas ele só começou a trabalhar seriamente nas memórias em Jerusalém, e quando foi chamado ao banco das testemunhas, ficou logo evidente que não perdera tempo: ele agora sabia ler documentos, algo que não soubera fazer durante o exame da polícia, e o fazia melhor do que seu advogado. O testemunho de Eichmann à corte veio a ser a prova mais importante do caso. Seus advogados o puseram no banco em 20 de junho, durante a septuagésima quinta sessão, e o interrogaram quase ininterruptamente durante catorze sessões, até 7 de julho. Nesse mesmo dia, durante a octogésima oitava sessão, começou o interrogatório da acusação, que durou mais dezessete sessões, até o dia 20 de julho. Houve poucos incidentes: Eichmann uma vez ameaçou "confessar tudo" no estilo dos processos de Moscou, e ele uma vez reclamou que tinha sido "frito até o bife queimar", mas era usualmente bastante calmo e não falou a sério quando ameaçou se recusar a responder a qualquer outra pergunta. Ele contou ao juiz Halevi como estava "contente com essa oportunidade de separar a verdade das inverdades que haviam sido despejadas em cima dele durante quinze anos" e como estava orgulhoso de ser submetido a um interrogatório mais longo que qualquer outro conhecido antes. Depois de um breve interrogatório por seu advogado, que levou menos de uma sessão, ele foi examinado pelos três juízes, e eles conseguiram arrancar mais dele em duas e meia breves sessões do que a acusação conseguira em dezessete.

Eichmann ocupou o banco de 20 de junho a 24 de julho, um total de 33 sessões e meia. Quase o dobro desse número de sessões, 62 de um total de 121, foram gastas com cem testemunhas de acusação que, país após país, contaram suas histórias de horror. Esses testemunhos duraram de 24 de abril a 12 de junho, sendo todo o tempo intermediário usado para a apresentação de documentos, a maioria dos quais o procurador-geral lia para registro dos procedimentos da corte, e eram apresentados à imprensa todos os dias. Apenas um punhado das testemunhas era de cidadãos de Israel, selecionados entre centenas e centenas de voluntários. (Noventa eram sobreviventes no sentido estrito da palavra, que haviam superado a guerra em uma ou outra modalidade de cativeiro nazista.) Como teria sido mais inteligente resistir inteiramente às pressões (isso foi feito até certo ponto, pois não foi chamada para depor nenhuma das testemunhas em potencial mencionadas no livro *Minister of Death*, escrito por Quentin Reynolds com base no material fornecido por dois jornalistas israelenses e publicado em 1960) e procurar aquelas que não se apresentaram voluntariamente! Como para comprovar esse ponto, a acusação chamou um escritor, bem conhecido de ambos os lados do Atlântico, sob o nome de K-Zemik — palavra de gíria que quer dizer interno de campo de concentração —, como autor de diversos livros sobre Auschwitz que tratavam de bordéis, homossexuais e outras "histórias de interesse humano". Ele começou, como fazia em muitas de suas aparições públicas, com uma explicação do nome que adotou. Não era um pseudônimo artístico, disse ele. "Carregarei este nome enquanto o mundo não despertar depois da crucifixão de um povo [...] da mesma forma que a humanidade se levantou depois da crucifixão de um homem." Ele prosseguiu com uma breve incursão pela astrologia: a estrela que "influencia nosso destino da mesma forma que a estrela de cinzas de Auschwitz continua lá, encarando nosso planeta, irradiando para o nosso planeta". E quando ele chegou ao "poder antinatural sobre a Natureza que o havia mantido até então", e fez uma primeira pausa para respirar, até o sr. Hausner sentiu que era preciso tomar alguma atitude quanto a esse "testemunho" e, muito tímido, muito polido, interrompeu: "Será que eu poderia fazer algumas perguntas, se o senhor concordar?". Diante do que o juiz presidente resolveu aproveitar a oportunidade: "Sr. Dinoor, *por favor*, *por favor*, escute o que o sr. Hausner e eu vamos dizer". Em resposta, a decepcionada testemunha, talvez profundamente magoada, desmaiou e não respondeu a mais nenhuma pergunta.

Se essa foi uma exceção à regra da normalidade, não mostrou ser exceção quanto à simplicidade ou à capacidade de contar uma história, muito menos a rara capacidade de distinguir entre coisas que aconteceram com o narrador mais de dezesseis, algumas vezes vinte, anos antes, e tudo o que havia lido e ouvido e imaginado entrementes. Essas dificuldades não puderam ser evitadas, mas sem dúvida não foram minoradas com a predileção da acusação por testemunhas de alguma projeção, muitas das quais haviam publicado livros sobre sua experiência, e que agora contavam o que tinham escrito antes, ou o que haviam contado e recontado muitas vezes. A procissão começou, numa inútil tentativa de proceder em ordem cronológica, com oito testemunhas da Alemanha, todas elas sóbrias, mas que não eram "sobreviventes"; haviam sido funcionários judeus de alto escalão na Alemanha e eram agora importantes na vida pública de Israel, tendo abandonado a Alemanha antes da eclosão da guerra. Em seguida, vieram cinco testemunhas de Praga e depois apenas uma testemunha da Áustria, país sobre o qual a acusação apresentou valiosos depoimentos do falecido dr. Löwenherz, escritos durante e logo depois da guerra. Compareceram com uma testemunha cada um a França, Holanda, Dinamarca, Noruega, Luxemburgo, Itália, Grécia e Rússia Soviética; da Iugoslávia vieram duas; três da Romênia e três da Eslováquia; e treze da Hungria. Mas o grosso das testemunhas, 53, veio da Polônia e da Lituânia, onde a competência e autoridade de Eichmann eram quase nulas. (A Bélgica e a Bulgária foram os únicos países não cobertos por testemunhas.) Essas foram as "testemunhas de fundo", assim como os dezesseis homens e mulheres que contaram à corte sobre Auschwitz (dez) e Treblinka (quatro), sobre Chelmno e Majdanek. Foi diferente com os que testemunharam sobre Theresienstadt, o velhíssimo gueto em território do Reich, único campo em que o poder de Eichmann foi realmente considerável; havia quatro testemunhas para Theresienstadt e uma para o campo de troca de Bergen-Belsen.

No final dessa procissão, "o direito das testemunhas à irrelevância", como colocou o Yad Vashem ao resumir o testemunho em seu *Boletim*, estava tão firmemente estabelecido que foi uma mera formalidade que o sr. Hausner, durante a septuagésima terceira sessão, pedisse a permissão da corte para "completar seu quadro", e que o juiz Landau, que umas cinquenta sessões antes havia protestado tão insistentemente contra essa "pintura de quadros", concordasse imediatamente com o comparecimento de um antigo membro da Brigada Judaica, a força de combate dos judeus da Palestina que havia sido anexada ao Oitavo Exército britânico durante a guerra. Essa última testemunha de acusação, sr. Aharon Hoter-Yishai, agora um advogado israelense, havia recebido a tarefa de coordenar todos os esforços de busca de sobreviventes judeus na Europa, sob os auspícios da Aliyah Beth, organização responsável pelos arranjos de imigração ilegal para a Palestina. Os judeus sobreviventes estavam dispersos entre cerca de 8 milhões de pessoas deslocadas por toda a Europa, uma massa humana flutuante que os Aliados queriam repatriar o mais rápido possível. O perigo era que esses judeus também fossem devolvidos a seus lares anteriores. O sr. Hoter-Yishai contou como ele e seus camaradas foram recebidos quando se apresentaram como membros da "nação combatente judaica" e como "bastava desenhar com tinta uma estrela de davi num pedaço de papel e espetá--la num pau de vassoura" para sacudir dessas pessoas a perigosa apatia da inanição iminente. Ele contou também como alguns deles "caminharam de volta para casa dos campos de prisioneiros", para se verem em outro campo, pois seu "lar" era, por exemplo, uma pequena cidade polonesa onde, dos 6 mil habitantes judeus anteriores, haviam sobrevivido quinze, e onde quatro desses sobreviventes foram mortos pelos poloneses ao regressar. Ele descreveu como ele e os outros tentaram retardar as tentativas de repatriação dos Aliados e como muitas vezes chegaram tarde demais: "Em Theresienstadt havia 32 mil sobreviventes. Depois de algumas semanas, encontramos apenas 4 mil. Cerca de 28 mil tinham voltado ou sido devolvidos. Desses 4 mil que encontramos lá — bem, evidentemente nenhum deles voltou a seu lugar de origem, porque nesse ínterim foi-lhes apontada a estrada" — isto é, a estrada para o que era então a Palestina e logo se transformaria em Israel. Esse testemunho cheirava mais a propaganda do que qualquer coisa ouvida antes, e a apresentação dos fatos era efetivamente equívoca. Em novembro de 1944, depois que o último carregamento deixou Theresienstadt com destino a Auschwitz, só sobravam cerca de 10 mil dos internos originais. Em fevereiro de 1945, chegaram mais 6 ou 8 mil pessoas, os cônjuges judeus de casamentos mistos, que os nazistas despacharam para Theresienstadt num momento em que todo o sistema de transporte alemão já estava em colapso. Todos os outros — em torno de 15 mil — foram despejados em vagões de carga abertos ou enviados a pé em abril de 1945, depois que o campo foi tomado pela Cruz Vermelha. Havia sobreviventes em Auschwitz, membros dos grupos de trabalho originários principalmente da Polônia e da Hungria. Quando os russos libertaram o campo, em 9 de maio de 1945, muitos judeus tchecos que haviam estado em Theresienstadt desde o início deixaram o campo imediatamente e partiram para casa; estavam em seu próprio país. Quando foi suspensa a quarentena determinada pelos russos em razão das epidemias, a maioria partiu por iniciativa própria. De forma que os remanescentes encontrados pelos emissários palestinos consistiam provavelmente de pessoas que não podiam voltar por diversas razões — os doentes, os idosos, indivíduos que haviam sobrado de famílias e que não sabiam para onde voltar. E no entanto o sr. Hoter-Yishai contou a verdade pura e simples: os que sobreviveram aos guetos e campos, que saíram vivos do pesadelo do desamparo e abandono absolutos — como se o mundo inteiro fosse uma selva e eles a presa —, tinham apenas um desejo, ir para onde nunca mais vissem um não-judeu. Precisavam dos emissários do povo judeu na Palestina a fim de saber que podiam vir, legal ou ilegalmente, a torto e a direito, e que seriam bem-vindos; não precisavam deles para se convencer.

Assim, muito ocasionalmente, era possível ficar contente de o juiz Landau ter perdido sua batalha, e o primeiro desses momentos aconteceu antes mesmo de a batalha começar. Pois a primeira testemunha de fundo do sr. Hausner não parecia ter se oferecido. Era um velho, usando na cabeça o tradicional solidéu judeu, pequeno, muito frágil, com cabelos brancos ralos e barba comprida, de porte muito ereto; seu nome, em certo sentido, era "famoso", e dava para entender por que a acusação queria começar o quadro com ele. Era Zindel Grynszpan, pai de Herschel Grynszpan, que em 7 de novembro de 1938, com a idade de dezessete anos, tinha ido até a embaixada alemã em Paris e assassinado com um tiro o terceiro secretário, o jovem *Legationsrat* Ernst vom Rath. O assassinato detonou os pogroms na Alemanha e na Áustria, a chamada *Kristallnacht* de 9 de novembro, que foi efetivamente o prelúdio da Solução Final, mas Eichmann não teve nada a ver com a preparação disso. Os motivos do ato de Grynszpan nunca foram esclarecidos, e seu irmão, que a acusação também mandou para o banco das testemunhas, foi especialmente relutante em falar sobre o assunto. A corte concluiu que foi um ato de vingança pela expulsão do território alemão de cerca de 17 mil judeus poloneses, entre eles a família Grynszpan, nos últimos dias de outubro de 1938, mas todo mundo sabe que essa explicação é improvável. Herschel Grynszpan era um psicopata incapaz de terminar a escola, que durante anos vadiou em Paris e Bruxelas, sendo expulso de ambos os lugares. Seu advogado na corte francesa que o processou apresentou uma confusa história de relações homossexuais, e os alemães, que depois conseguiram sua extradição, nunca o levaram a julgamento. (Havia boatos de que ele sobrevivera à guerra — como para confirmar o "paradoxo de Auschwitz", onde os judeus que haviam cometido crimes eram poupados.) Vom Rath era uma vítima especialmente inadequada, deixado na sombra pela Gestapo devido a suas posições abertamente antinazistas e sua simpatia pelos judeus; a história de sua homossexualidade foi provavelmente fabricada pela Gestapo. Grynszpan pode ter agido como um instrumento insensato para os agentes da Gestapo em Paris, que podem ter pretendido matar dois coelhos com uma cajadada só — criando um pretexto para os pogroms da Alemanha e livrando-se de um oponente do regime nazista — sem perceber que não se podia ter ambas as coisas, ou seja, era possível caluniar Vom Rath como homossexual por ter tido relações com garotos judeus e ao mesmo tempo fazer dele um mártir e vítima do "judaísmo mundial".

Seja como for, o fato é que o governo polonês decretou no outono de 1938 que todos os judeus poloneses residentes na Alemanha perderiam a nacionalidade em 29 de outubro; provavelmente o governo polonês já estava de posse da informação de que o governo alemão pretendia expulsar todos esses judeus para a Polônia e queria impedir isso. É mais do que duvidoso que gente como o sr. Zindel Grynszpan tenha sabido que o decreto existia. Ele havia chegado à Alemanha em 1911, um jovem de 25 anos, e abrira uma quitanda em Hannover, onde teve oito filhos. Em 1938, quando a catástrofe o derrubou, ele já vivia na Alemanha havia 27 anos e, como tanta gente assim, jamais tinha se dado ao trabalho de mudar seus documentos ou pedir naturalização. Agora ele vinha contar sua história, respondendo cuidadosamente às perguntas feitas pelo promotor; falava com clareza, firme, sem bordados, usando um mínimo de palavras.

"No dia 27 de outubro de 1938, uma quinta-feira, à noite, às oito horas, o policial veio e mandou que fôssemos para a Região (delegacia) Onze. Ele disse assim: 'Vocês vão voltar imediatamente; não levem nada com vocês, apenas os passaportes'." Grynszpan foi com sua família, um filho, uma filha e a mulher. Quando chegaram à delegacia, viram "um grande número de pessoas, alguns sentados, alguns em pé, gente chorando. Eles [os policiais] gritavam, 'Assine, assine, assine' [...] Tive de assinar, todos tiveram. Um de nós não assinou, o nome dele, acho, era Gershon Silber, e ele teve de ficar de pé no canto durante 24 horas. Nos levaram para a sala de concertos e [...] tinha gente da cidade inteira, umas seiscentas pessoas. Lá ficamos até sexta-feira à noite, cerca de 24 horas, é, até sexta à noite [...] Eles então nos levaram em caminhões da polícia, em carros de prisioneiros, uns vinte homens por carro, até a estação de trens. As ruas estavam pretas de gente gritando: '*Juden raus* para a Palestina!' [...] Eles nos levaram de trem para Neubenschen, na fronteira alemã-polonesa. Era a manhã do Shabat quando chegamos lá, às seis horas da manhã. Vinham trens de todos os lugares, de Leipzig, de Colônia, Düsseldorf, Essen, Biederfeld, Bremen. Éramos umas 12 mil pessoas [...] Era Shabat, 29 de outubro [...] Quando chegamos na fronteira fomos revistados para ver se alguém tinha dinheiro, e quem tivesse mais de dez marcos tinha o excedente confiscado. Essa era a lei alemã, não se podia sair da Alemanha com mais de dez marcos. Os alemães disseram: 'Não trouxe dinheiro nenhum quando veio, não pode levar nenhum'". Tiveram de andar quase dois quilômetros até a fronteira polonesa, uma vez que os alemães tencionavam fazê-los entrar clandestinamente em território polonês. "Os homens da ss nos chicoteavam, os que demoravam eles batiam, e sangue correndo na estrada. Eles arrancaram de nós as nossas malas, nos trataram da maneira mais brutal, foi a primeira vez que vi a louca brutalidade dos alemães. Eles gritavam com a gente: 'Corra! Corra!'. Bateram em mim e caí numa vala. Meu filho me ajudou, e disse: 'Corra, pai, corra, senão vai morrer!'. Quando chegamos na fronteira aberta [...] as mulheres entraram primeiro. Os poloneses não sabiam de nada. Chamaram um general polonês e alguns oficiais para examinar nossos documentos e viram que éramos cidadãos poloneses, que tínhamos passaportes especiais. Foi decidido que nos deixariam entrar. Eles nos levaram para uma aldeia de umas 6 mil pessoas, e éramos 12 mil. Chovia forte, as pessoas estavam desmaiando — de todo lado se viam velhos e mulheres. Era grande o nosso sofrimento. Não tinha comida, desde quinta-feira não se comia nada [...]." Foram levados para um campo militar e instalados em "estábulos, porque não havia outro lugar [...] Acho que foi no nosso segundo dia [na Polônia]. No primeiro dia, um caminhão de pão veio de Poznan, isso foi no domingo. E depois eu escrevi uma carta para a França [...] para meu filho: 'Não escreva mais nenhuma carta para a Alemanha. Agora estamos em Zbaszyn'".

Essa história não levou mais de dez minutos para ser contada, e quando terminou — a destruição sem sentido, sem necessidade, de 27 anos em menos de 24 horas — era de se pensar que todo mundo, todo mundo devia ter o seu dia na corte. Mas logo se descobriu, nas sessões intermináveis que se seguiram, como era difícil contar uma história, como — pelo menos fora do reino transformador da poesia — era necessário ter uma pureza de alma, uma irrefletida inocência de coração e mente que só os justos possuíam. Ninguém, nem antes, nem depois, igualou a brilhante honestidade de Zindel Grynszpan.

Ninguém podia alegar que o testemunho de Grynszpan criara algo remotamente parecido com um "momento dramático". Mas esse momento chegou umas semanas depois, inesperadamente, justamente quando o juiz Landau estava fazendo um esforço quase desesperado para conduzir os procedimentos dentro dos padrões de uma corte de julgamento normal. No banco estava Abba Kovner, "poeta e autor", que não prestou testemunho exatamente, mas sim se dirigiu à plateia com a facilidade de alguém acostumado a falar em público e que não gosta de interrupções. O juiz presidente pediu que fosse breve, o que ele evidentemente não gostou, e o sr. Hausner, ao defender sua testemunha, ouviu que não podia "reclamar da falta de paciência da corte", coisa que ele também não gostou. Nesse momento ligeiramente tenso, a testemunha mencionou o nome de Anton Schmidt, um *Feldwebel*, sargento, do Exército alemão — nome que não era inteiramente desconhecido para aquela plateia, pois o

Yad Vashem havia publicado a história de Schmidt alguns anos antes no *Boletim* hebraico, e diversos jornais iídiches norte-americanos a reproduziram. Anton Schmidt estava encarregado de uma patrulha na Polônia, recolhendo soldados alemães que haviam ficado isolados de suas unidades. No curso de sua missão, ele cruzou com membros da clandestinidade judaica, inclusive o sr. Kovner, um membro importante, e ajudou os guerrilheiros judeus fornecendo-lhes documentos falsificados e caminhões militares. O mais importante de tudo: "Ele não fez isso por dinheiro". Isso continuou acontecendo durante cinco meses, de outubro de 1941 a março de 1942, quando Anton Schmidt foi preso e executado. (A acusação tinha descartado a história porque Kovner declarou que tinha ouvido o nome de Eichmann pela primeira vez da boca de Schmidt, que lhe contou os boatos que circulavam no Exército, segundo os quais Eichmann é que "arranjava tudo".)

Essa não era absolutamente a primeira vez que se mencionava ajuda do mundo exterior, não judeu. O juiz Halevi perguntava às testemunhas: "Os judeus receberam alguma ajuda?" com a mesma regularidade com que a acusação perguntava: "Por que não se rebelou?". As respostas tinham sido variadas e inconclusivas — "Toda a população estava contra nós", "dava para contar nos dedos de uma mão" os judeus escondidos por famílias cristãs, talvez cinco ou seis de um total de 13 mil — mas no geral a situação, surpreendentemente, fora melhor na Polônia do que em qualquer país da Europa Oriental. (Não havia, como eu já disse, nenhuma testemunha da Bulgária.) Um judeu, agora casado com uma mulher polonesa e morando em Israel, contou como sua mulher o tinha escondido junto com outros doze judeus durante toda a guerra; outro tinha um amigo cristão antes da guerra para cuja casa ele correu ao escapar de um campo e que o ajudou até ser mais tarde executado pela ajuda que prestou aos judeus. Uma testemunha disse que a resistência polonesa tinha fornecido armas a muitos judeus e salvado milhares de crianças abrigando-as com famílias polonesas. Os riscos eram proibitivos; havia a história de uma família polonesa inteira que foi executada da maneira mais brutal por ter adotado uma menina judia de seis anos. Mas essa história sobre Schmidt era a primeira e a última sobre um alemão, pois o único outro incidente envolvendo um alemão só foi mencionado em um documento: um oficial do Exército havia ajudado indiretamente sabotando certas ordens da polícia; nada aconteceu com ele, mas a questão foi considerada suficientemente séria para ser mencionada na correspondência entre Himmler e Bormann.

Durante os poucos minutos que Kovner levou para contar sobre a ajuda recebida de um sargento alemão, baixou um silêncio sobre o tribunal; era como se a multidão tivesse espontaneamente decidido observar os costumeiros dois minutos de silêncio em honra de um homem chamado Anton Schmidt. E nesses dois minutos, que eram como uma explosão de luz em meio à impenetrável, insondável escuridão, um único pensamento se recortava claro, irrefutável, além de qualquer questão — como tudo seria tão absolutamente diferente nesse tribunal, em Israel, na Alemanha, em toda a Europa, e talvez em todos os países do mundo, se mais dessas histórias pudessem ser contadas.

Evidentemente havia explicações para essa devastadora carência, e elas foram repetidas muitas vezes. Darei aqui a essência delas nas palavras de uma das poucas memórias de guerra subjetivamente sinceras publicadas na Alemanha. Peter Bamm, um médico alemão do Exército que serviu no front russo, narra em *Die Unsichtbare Flagge* (1952) o assassinato de judeus em Sebastopol. Eles eram capturados pelos "outros", como ele chama as unidades móveis de assassinato da SS, para distingui-las dos soldados comuns, cuja decência é louvada no livro, e eram colocados na parte fechada de uma prisão que havia sido da GPU, contígua às acomodações dos oficiais, onde a unidade de Bamm estava aquartelada. Eles eram então forçados a embarcar num caminhão de gás, dentro do qual morriam em poucos minutos, depois do que o motorista transportava os corpos para fora da cidade e os descarregava em fossas. "Sabíamos disso. Não fizemos nada. Qualquer um que protestasse seriamente ou fizesse alguma coisa contra a unidade de assassinato teria sido preso em 24 horas e desaparecido. Faz parte dos refinamentos dos governos totalitários de nosso século que eles não permitam que seus oponentes morram a morte grandiosa, dramática dos mártires. O Estado totalitário deixa seus oponentes desaparecerem em silencioso anonimato. É certo que qualquer um que tivesse ousado morrer para não tolerar silenciosamente o crime teria sacrificado sua vida em vão. Isso não quer dizer que tal sacrifício teria sido moralmente sem sentido. Teria apenas sido praticamente inútil. Nenhum de nós tinha convicções tão profundas a ponto de tomar para si um sacrifício praticamente inútil em prol de um sentido moral superior." Nem é preciso dizer que o autor não se dá conta do vazio de sua enfática "decência" na ausência do que chama de "sentido moral superior".

Mas o vazio da respeitabilidade — pois a decência nessas circunstâncias não é mais do que respeitabilidade — não era o que vinha à tona no exemplo do sargento Anton Schmidt. Era mais a falha trágica do argumento em si, que de início soava tão desesperadamente plausível. É verdade que a dominação totalitária tentou estabelecer esses buracos de esquecimento nos quais todos os feitos, bons e maus, desapareceriam, mas assim como estavam fadadas ao fracasso todas as tentativas nazistas, feitas de junho de 1942 em diante, de eliminar os vestígios dos massacres — por meio da cremação, da queima em poços abertos, do uso de explosivos e lança-chamas e máquinas trituradoras de ossos —, assim também todos os esforços de fazer seus oponentes "desaparecerem em silencioso anonimato" foram em vão. Os buracos de esquecimento não existem. Nada humano é tão perfeito, e simplesmente existem no mundo pessoas demais para que seja possível o esquecimento. Sempre sobra um homem para contar a história. Portanto, nada pode ser "praticamente inútil", pelo menos a longo prazo. Seria de grande utilidade prática para a Alemanha de hoje, não meramente para o seu prestígio no estrangeiro, mas para a sua condição interna tristemente confusa, se houvesse mais dessas histórias para contar. Pois a lição dessas histórias é simples e está ao alcance de todo mundo. Politicamente falando, a lição é que em condições de terror, a maioria das pessoas se conformará, mas *algumas pessoas não*, da mesma forma que a lição dos países aos quais a Solução Final foi proposta é que ela "poderia acontecer" na maioria dos lugares, mas *não aconteceu em todos os lugares*. Humanamente falando, não é preciso nada mais, e nada mais pode ser pedido dentro dos limites do razoável, para que este planeta continue sendo um lugar próprio para a vida humana.

XV
JULGAMENTO, APELAÇÃO E EXECUÇÃO

Eichmann passou os últimos meses da guerra esperando em Berlim, sem nada para fazer, segregado pelos outros chefes de departamento do RSHA que almoçavam juntos todos os dias no edifício onde ele tinha seu escritório, mas nem uma vez convidaram-no a se juntar a eles. Ele se mantinha ocupado com as instalações de defesa, para estar pronto para a "última batalha" de Berlim, e como único dever oficial prestava visitas ocasionais a Theresienstadt, onde servia de guia para os delegados da Cruz Vermelha. Justamente com eles Eichmann abriu a alma sobre a nova "linha humana" de Himmler em relação aos judeus, que compreendia uma firme determinação de, "na próxima vez", fazer campos de concentração de "modelo inglês". Em abril de 1945, Eichmann teve a última de suas raras entrevistas com Himmler, que lhe ordenou selecionar "de cem a duzentos judeus importantes em Theresienstadt", transportá-los para a Áustria, e instalá-los em hotéis, de forma que Himmler pudesse usá-los como "reféns" nas negociações com Eisenhower. O absurdo desse encargo parece não ter ficado claro para Eichmann; ele foi, "com dor no coração, porque tinha de abandonar minhas instalações de defesa", mas nunca chegou a Theresienstadt porque todas as estradas estavam bloqueadas pelos exércitos russos que chegavam. Em vez disso, ele acabou em Alt-Aussee, na Áustria, onde Kaltenbrunner havia se refugiado. Kaltenbrunner não tinha nenhum interesse nos "judeus importantes" de Himmler, e mandou Eichmann organizar um comando de guerrilha nas montanhas austríacas. Eichmann respondeu com o maior entusiasmo: "Isso era alguma coisa que valia a pena fazer, uma tarefa de que gostei". Mas assim que ele reuniu algumas centenas de homens mais ou menos incapacitados, a maioria dos quais nunca tinha visto um rifle, e se apossou de um arsenal de armas abandonadas de todos os tipos, recebeu a última ordem de Himmler: "Não abrir fogo contra ingleses e norte-americanos". Era o fim. Ele mandou os homens para casa e entregou um pequeno cofre contendo papel-moeda e moedas de ouro para seu advogado de confiança, *Regierungsrat* Hunsche: "Porque, pensei comigo, ele é um homem do alto serviço civil, haverá de ser correto na administração de fundos, abaterá suas despesas [...] pois eu ainda acreditava que algum dia ainda se pediria uma prestação de contas".

Com essas palavras, Eichmann teve de concluir a autobiografia que fez espontaneamente ao examinador da polícia. Levou apenas alguns dias e encheu não mais de 315 das 3564 páginas transcritas do gravador. Ele teria gostado de continuar, e evidentemente contou o resto da história para a polícia, mas as autoridades do julgamento, por várias razões, decidiram não admitir nenhum testemunho referente ao tempo posterior ao encerramento da guerra. Porém, a partir das declarações prestadas em Nuremberg e, mais importante, de uma indiscrição muito comentada da parte de um antigo funcionário público israelense, Moshe Pearlman, cujo livro *The Capture of Adolf Eichmann* foi publicado em Londres quatro semanas depois de iniciado o julgamento, é possível completar a história; a narrativa do sr. Pearlman era evidentemente baseada em material do Bureau 06, o departamento policial encarregado dos preparativos do julgamento. (A versão do sr. Pearlman era que, como tinha se aposentado do serviço público três semanas antes de Eichmann ser raptado, havia escrito o livro como "indivíduo", o que não é muito convincente, porque a polícia israelense deve ter sabido da iminente captura meses antes dessa aposentadoria.) O livro causou algum embaraço em Israel, não só porque o sr. Pearlman divulgou prematuramente informações sobre importantes documentos da acusação e afirmou que as autoridades judiciais já tinham se decidido sobre a inveridicidade do testemunho de Eichmann, como também porque um relato confiável de como Eichmann foi capturado em Buenos Aires era, evidentemente, a última coisa que elas queriam ver publicada

A história contada pelo sr. Pearlman era consideravelmente menos excitante do que os inúmeros boatos que serviram de base para histórias anteriores. Eichmann nunca esteve no Oriente Médio, não tinha nenhuma ligação com nenhum país árabe, não voltou da Argentina para a Alemanha, nunca esteve em nenhum outro país latino-americano, não desempenhou nenhum papel em atividades ou organizações nazistas depois da guerra. No final da guerra, ele tentou falar mais uma vez com Kaltenbrunner, que ainda estava em Alt-Aussce, jogando paciência, mas seu antigo chefe não estava com vontade de recebê-lo, porque "não via mais nenhuma possibilidade para esse homem". (As possibilidades do próprio Kaltenbrunner também não eram lá muito boas. Ele foi enforcado em Nuremberg.) Quase imediatamente depois, Eichmann foi capturado por soldados norte-americanos e levado para um campo para homens da ss, onde numerosos interrogatórios não conseguiram descobrir sua identidade, embora fosse sabida por alguns de seus colegas prisioneiros. Ele foi cauteloso e não escreveu para a família, deixando que acreditassem que tinha morrido; sua esposa tentou conseguir um atestado de óbito, mas fracassou quando se descobriu que a única "testemunha ocular" da morte de seu marido era seu cunhado. Ela havia sido deixada sem tostão, mas a família de Eichmann em Linz sustentou a ela e aos três filhos.

Em novembro de 1945, começaram em Nuremberg os julgamentos dos grandes criminosos de guerra, e o nome de Eichmann começou a aparecer com incômoda regularidade. Em janeiro de 1946, Wisliceny apareceu como testemunha da acusação e entregou suas provas danosas, diante do que Eichmann resolveu que era melhor desaparecer. Escapou do campo, com a ajuda de prisioneiros, e foi para o Lüneburger Heide, uma charneca cerca de oitenta quilômetros ao sul de Hamburgo, onde o irmão de um de seus colegas de prisão arrumou-lhe trabalho como lenhador. Durante quatro anos ele ficou ali, com o nome de Otto Heninger, e provavelmente quase morreu de tédio. No começo de 1950, conseguiu entrar em contato com a ODESSA, uma organização clandestina de veteranos da ss, e em maio desse ano atravessou a Áustria até a Itália, onde um padre franciscano, perfeitamente informado sobre sua identidade, arrumou-lhe um passaporte de refugiado com o nome de Richard Klement e o mandou para Buenos Aires. Ele chegou em meados de julho, e sem nenhuma dificuldade obteve documentos de identificação e uma permissão de trabalho como Ricardo Klement, católico, solteiro, apátrida, 37 anos de idade — sete a menos do que sua idade real.

Ainda era cauteloso, mas escreveu à mulher com sua caligrafia e contou a ela que "o tio de seus filhos" estava vivo. Trabalhou em diversos empregos avulsos — representante de vendas, funcionário de lavanderia, operário numa fazenda de coelhos —, todos mal pagos, mas no verão de 1952 trouxe a mulher e os filhos para viver com ele. (A sra. Eichmann conseguiu um passaporte em Zurique, na Suíça, embora fosse residente da Áustria nessa época, e em seu nome verdadeiro, como divorciada de um certo Eichmann. Como isso aconteceu continua sendo um mistério, e o arquivo que contém sua solicitação desapareceu do consulado alemão de Zurique.) Quando ela chegou à Argentina, Eichmann conseguiu seu primeiro emprego estável, na fábrica da Mercedes-Benz em Suárez, um subúrbio de Buenos Aires, primeiro como mecânico, depois como chefe de turma, e quando nasceu seu quarto filho, ele tornou a casar com sua esposa, sob o nome de Klement. Isso é pouco provável, porém, porque a criança foi registrada como Ricardo Francisco (talvez como tributo ao padre italiano) Klement *Eichmann*, e esse foi apenas um dos muitos indícios que Eichmann semeava de sua identidade à medida que os anos passavam. Parece ser verdade, porém, que ele disse a seus filhos que era irmão de Adolf Eichmann, embora as crianças, bem familiarizadas com os avós e tios de Linz, não devam ter acreditado; seu filho mais velho, pelo menos, que tinha nove anos quando viu o pai pela última vez, devia ser capaz de reconhecê-lo sete anos depois, na Argentina. A carteira de identidade argentina da sra. Eichmann, além disso, nunca foi mudada (dizia "Veronika Liebl de Eichmann"), e em 1959, quando morreu a madrasta de Eichmann, e um ano depois, quando morreu seu pai, os anúncios nos jornais de Linz traziam o nome da sra. Eichmann entre os sobreviventes, contradizendo todas as histórias de divórcio e recasamento. No começo de 1960, poucos meses antes de sua captura, Eichmann e seus filhos mais velhos terminaram de construir uma primitiva casa de tijolos num dos subúrbios pobres de Buenos Aires — sem eletricidade, sem água encanada —, onde a família foi morar. Deviam ser muito pobres, e Eichmann devia levar uma vida seca, que nem as crianças conseguiam compensar, pois não demonstravam "absolutamente nenhum interesse em estudar, e nem tentavam desenvolver seus pretensos talentos".

A única compensação de Eichmann consistia em conversas intermináveis com a grande colônia nazista, à qual ele admitiu prontamente sua identidade. Em 1955, isso levou finalmente à entrevista com o jornalista holandês Willem S. Sassen, ex-membro da ss Armada, que trocara sua nacionalidade holandesa por um passaporte alemão durante a guerra e mais tarde fora condenado à morte in absentia na Bélgica, como criminoso de guerra. Eichmann fez copiosas anotações para a entrevista, que foi gravada em fita e depois transcrita por Sassen, com consideráveis embelezamentos; as anotações na caligrafia de Eichmann foram descobertas e aceitas como prova em seu julgamento, embora a declaração como um todo não tenha sido aceita. A versão de Sassen apareceu de forma abreviada primeiro na revista ilustrada alemã *Der Stern*, em julho de 1960, e depois em novembro e dezembro como uma série de artigos na *Life*. Mas Sassen, evidentemente com o consentimento de Eichmann, havia oferecido a história quatro anos antes para um correspondente da *Time-Life* em Buenos Aires, e mesmo que seja verdade que o nome de Eichmann foi omitido, o conteúdo do material não deixava dúvidas sobre a fonte da informação. A verdade é que Eichmann havia feito várias tentativas de romper seu anonimato, e é bem estranho que o Serviço Secreto israelense tenha levado vários anos — até agosto de 1959 — para descobrir que Adolf Eichmann estava vivendo na Argentina com o nome de Ricardo Klement. Israel nunca divulgou a fonte de sua informação, e hoje pelo menos doze pessoas afirmam ter encontrado Eichmann, enquanto "círculos bem informados" da Europa insistem que foi o Serviço de Inteligência russo quem deu a notícia. Seja como for, o enigma não está em saber como foi possível descobrir o esconderijo de Eichmann, mas, ao contrário, como foi possível não descobrir antes — dado que, evidentemente, os israelenses estivessem procurando ao longo dos anos. O que, em vista dos fatos, parece duvidoso.

Não existe, porém, nenhuma dúvida quanto à identidade dos raptores. Tudo o que se disse sobre "vingadores" particulares foi desmentido de início pelo próprio Ben-Gurion, que em 23 de maio de 1960 anunciou a um Knesset israelense loucamente entusiasmado que Eichmann tinha sido "localizado pelo Serviço Secreto de Israel". O dr. Servatius mencionou a declaração de Ben-Gurion e tentou insistentemente e sem sucesso, primeiro junto à Corte Distrital e depois diante da Corte de Apelação, chamar como testemunhas Zvi Tohar, piloto-chefe do avião da El-Al que tirou Eichmann do país, e Yad Shimoni, um funcionário da linha aérea na Argentina; o procurador-geral, porém, afirmou que o primeiro-ministro havia "admitido apenas que Eichmann tinha sido *localizado* pelo Serviço Secreto", não que havia sido também raptado por agentes governamentais. Bem, na realidade, parece que foi ao contrário: os homens do Serviço Secreto não o localizaram, mas apenas o capturaram, depois de fazer alguns testes preliminares para ter certeza de que eram verdadeiras as informações que receberam. E nem isso foi feito com muita habilidade, pois Eichmann estava bem consciente de que estava sendo seguido: "Acho que contei isso meses atrás, quando me perguntaram se eu sabia que tinha sido descoberto, e na época poderia ter dado razões precisas [isto é, na parte do exame policial que não foi divulgada à imprensa] [...] Descobri que pessoas da minha vizinhança tinham feito perguntas sobre compra de imóveis e et cetera e tal para a construção de uma fábrica de máquinas de costura — coisa que era impossível porque não existe nem eletricidade, nem água corrente naquela área. Além disso, fui informado que essas pessoas eram judeus da América do Norte. Eu podia facilmente ter desaparecido, mas não desapareci, simplesmente continuei como sempre e deixei que as coisas me alcançassem. Podia ter encontrado emprego sem dificuldade, com meus documentos e referências. Mas não queria isso".

Havia mais provas do que as reveladas em Jerusalém sobre a sua disposição de ir para Israel e ser julgado. O advogado de defesa, evidentemente, tinha de frisar o fato de que, afinal, o acusado havia sido raptado e "trazido a Israel em conflito com a lei internacional", porque isso permitia à defesa questionar o direito da corte de processá-lo, e embora nem a acusação nem os juízes tenham admitido que o rapto foi um "ato de Estado", eles também não o negaram. Afirmaram que o desrespeito à lei internacional dizia respeito apenas aos Estados de Argentina e Israel, não aos direitos do acusado, e que esse desrespeito fora "curado" por meio da declaração conjunta dos dois governos de 3 de agosto de 1960, esclarecendo que "resolviam dar por encerrado o incidente surgido como consequência da ação de cidadãos de Israel que violaram os direitos básicos do Estado argentino". A corte decidiu que não importava se os israelenses eram agentes governamentais ou cidadãos individuais. O que nem a defesa nem a corte mencionou foi que a Argentina não teria cedido em seus direitos com tanta disposição se Eichmann fosse cidadão argentino. Ele tinha vivido lá sob nome falso, privando-se portanto do direito a proteção governamental, pelo menos como Ricardo Klement (nascido em 23 de maio de 1913, em Bolzano — Sul do Tirol —, como dizia sua carteira de identidade), embora tenha se declarado de "nacionalidade alemã". E ele nunca apelou para o dúbio direito de asilo, que de qualquer forma não lhe teria sido de valia porque a Argentina, embora tenha efetivamente oferecido asilo a muitos conhecidos criminosos nazistas, havia assinado a Convenção Internacional, declarando que os perpetradores de crimes contra a humanidade "não serão considerados criminosos políticos". Tudo isso não tornava Eichmann apátrida, não o privava legalmente de sua nacionalidade alemã, mas dava à república alemã ocidental um bem-vindo pretexto para suspender a costumeira proteção devida a seus cidadãos no exterior. Em outras palavras, apesar das páginas e páginas de argumentos legais, baseados em tantos precedentes, acaba-se com a impressão de que o rapto estava entre os modos mais frequentes de prisão, e que foi o fato de Eichmann ser apátrida de facto, e nada mais, que permitiu à corte de Jerusalém levá-lo a julgamento. Eichmann, embora não fosse nenhum perito legal, devia ser capaz de avaliar isso, pois ele sabia, por sua própria carreira, que se podia fazer o que se quisesse com uma pessoa apátrida; os judeus tinham de perder sua nacionalidade antes de poder ser exterminados. Mas ele não estava disposto a ponderar ninharias, pois se era ficção que viera voluntariamente a Israel para ser julgado, era verdade que tinha apresentado menos dificuldades do que se podia esperar. Na verdade, ele não pôs dificuldade nenhuma.

Em 11 de maio de 1960, às seis e meia da tarde, quando Eichmann desembarcou, como sempre, de um ônibus que o trouxe para casa de seu lugar de trabalho, ele foi agarrado por três homens e, em menos de um minuto, jogado dentro de um carro que estava à espera, e que o levou para uma casa alugada num subúrbio remoto de Buenos Aires. Não foram usadas drogas, nem cordas, nem algemas, e Eichmann reconheceu imediatamente que se tratava de um trabalho profissional, uma vez que não foi usada nenhuma violência desnecessária; ele não foi ferido. Ao lhe perguntarem quem era, ele respondeu instantaneamente: *"Ich bin Adolf Eichmann"* e, surpreendentemente, acrescentou: "Sei que estou nas mãos dos israelenses". (Ele depois explicou que tinha lido em algum jornal que Ben-Gurion havia ordenado que fosse encontrado e capturado.) Durante oito dias, enquanto os israelenses esperavam o avião da El-Al que haveria de levar a eles e a seu prisioneiro para Israel, Eichmann ficou amarrado numa cama, que foi o único aspecto de toda a questão de que ele reclamou, e no segundo dia de seu cativeiro pediram-lhe que declarasse por escrito que não tinha nenhuma objeção em ser julgado por uma corte israelense. A declaração, evidentemente, já estava preparada, e tudo o que ele tinha de fazer era copiar o texto. Para surpresa de todos, porém, ele insistiu em escrever seu próprio texto, para o qual, como se pode ver nas linhas seguintes, provavelmente usou as primeiras sentenças da declaração preparada: "Eu, abaixo assinado, Adolf Eichmann, declaro de livre e espontânea vontade que uma vez que agora minha verdadeira identidade foi revelada, vejo claramente que é inútil continuar tentando escapar do julgamento. Portanto expresso minha disposição em viajar a Israel para enfrentar uma corte de julgamento, uma corte de lei autorizada. Está claro e compreendido que receberei assistência legal [até aqui ele provavelmente copiou] e que devo tentar registrar por escrito os fatos sobre meus últimos anos de atividades públicas na Alemanha, sem nenhum embelezamento, a fim de que as futuras gerações tenham um quadro verdadeiro. Esta declaração, eu a faço de livre e espontânea vontade, nem por promessas recebidas nem por ameaças. Quero afinal estar em paz comigo mesmo. Como não consigo me lembrar de todos os detalhes, e como parece que misturo fatos, solicito assistência que ponha a minha disposição documentos e depoimentos que me ajudem em meu esforço de buscar a verdade". Assinado: "Adolf Eichmann, Buenos Aires, maio de 1960". (Esse documento, embora sem dúvida genuíno, tem uma particularidade: sua data omite o dia em que foi assinado. A omissão dá margem à suspeita de que a carta foi escrita não na Argentina, mas em Jerusalém, onde Eichmann chegou em 22 de maio. A carta era menos necessária para o julgamento, durante o qual a acusação a apresentou como prova mas sem lhe dar muita importância, do que para a primeira nota explanatória ao governo argentino, ao qual foi devidamente enviada. Servatius, que perguntou a Eichmann sobre a carta no tribunal, não mencionou a peculiaridade da data, e Eichmann não podia mencioná-la, uma vez que, ao responder a uma pergunta importante feita por seu advogado, ele confirmou, embora um tanto relutante, que havia dado a declaração sob coação, quando amarrado à cama no subúrbio de Buenos Aires. O promotor, que devia ser mais cuidadoso, não o interrogou sobre esse ponto; evidentemente, quanto menos se dissesse sobre o assunto, melhor.) A sra. Eichmann notificou o desaparecimento de seu marido à polícia argentina, mas sem revelar sua identidade, de forma que não foi estabelecida nenhuma vigilância nas estações de trens, estradas rodoviárias e aeroportos. Os israelenses tiveram sorte, pois jamais conseguiriam tirar Eichmann do país dez dias depois da captura se a polícia tivesse sido devidamente alertada.

Eichmann deu duas razões para sua incrível cooperação com as autoridades do processo. (Até mesmo os juízes que insistiam que Eichmann era simplesmente um mentiroso tiveram de admitir que não sabiam responder à pergunta: "Por que o acusado confessou diante do superintendente Less uma quantidade de detalhes incriminatórios dos quais, aparentemente, não havia outra prova senão sua confissão, particularmente suas viagens ao Leste, onde viu atrocidades com os próprios olhos?".) Na Argentina, anos antes de sua captura, ele escreveu que estava cansado de seu anonimato, e quanto mais lia sobre si mesmo, mais cansado deve ter ficado. Sua segunda explicação, dada em Israel, era mais dramática: "Cerca de um ano e meio atrás [isto é, na primavera de 1959], soube por um conhecido que tinha acabado de voltar da Alemanha que um certo sentimento de culpa havia tomado conta de alguns setores da juventude alemã [...] e esse complexo de culpa foi para mim um marco, assim como, digamos, o pouso do primeiro foguete feito pelo homem na Lua. Passou a ser um ponto essencial de minha vida interior, em torno do qual muitos pensamentos se cristalizavam. Por isso foi que eu não escapei [...] quando soube que o comando de busca estava chegando perto de mim [...] Depois dessas conversas sobre a culpa dos jovens na Alemanha, que me impressionaram tão profundamente, senti que não tinha mais o direito de desaparecer. Foi por isso também que me ofereci, numa declaração escrita, no começo deste interrogatório [...] para me enforcar em público. Queria fazer a minha parte para aliviar a carga de culpa da juventude alemã, pois esses jovens são, afinal de contas, inocentes dos acontecimentos e dos atos de seus pais durante a última guerra" — que, incidentalmente, em outro contexto, ele ainda qualificava de "guerra imposta ao Reich alemão". Evidentemente, tudo isso era conversa oca. O que o impediu de voltar à Alemanha de livre e espontânea vontade para se entregar? Fizeram-lhe essa pergunta e ele respondeu que em sua opinião as cortes alemãs não tinham a "objetividade" necessária para lidar com gente como ele. Mas se ele preferia ser julgado por uma corte israelense — como deixou implícito e que mal era possível — podia ter poupado muito tempo e trabalho ao governo israelense. Já vimos antes que esse tipo de discurso lhe dava sensações de estímulo, e de fato o manteve em algo muito próximo do bom humor durante toda a sua estada na prisão israelense. Isso até lhe permitiu encarar a morte com surpreendente equanimidade — "sei que o que me aguarda é a sentença de morte", ele declarou no começo do exame policial.

Havia alguma verdade por trás da conversa oca, e a verdade veio à tona muito claramente quando lhe foi formulada a questão de sua defesa. Por razões óbvias, o governo de Israel decidiu admitir um advogado estrangeiro, e em 14 de julho de 1960, seis semanas depois de começado o interrogatório da polícia, com o consentimento explícito de Eichmann, ele foi informado que havia três possíveis advogados que ele podia escolher para sua defesa — dr. Robert Servatius, recomendado por sua família (Servatius havia oferecido seus serviços num telefonema interurbano ao irmão de criação de Eichmann em Linz), outro advogado alemão residente no Chile, e uma firma legal norte-americana de Nova York, que havia entrado em contato com as autoridades do julgamento. (Só foi divulgado o nome do dr. Servatius.) Poderia, é claro, haver outras possibilidades, que Eichmann tinha o direito de ponderar, e disseram-lhe insistentemente que podia demorar quanto quisesse. Ele não fez nada disso, mas disse intempestivamente que gostaria de ficar com o dr. Servatius, visto que parecia ser um conhecido de seu irmão de criação, e também porque havia defendido outros criminosos de guerra, e insistiu em assinar os papéis necessários imediatamente. Meia hora depois, ocorreu-lhe que o julgamento poderia assumir "dimensões globais", que poderia se tornar um "processo monstro", que havia vários promotores na acusação, e que Servatius sozinho dificilmente conseguiria "digerir todo o material". Foi-lhe lembrado que Servatius, numa carta pedindo procuração, dissera que ia "coordenar um grupo de advogados" (coisa que nunca fez), e o oficial de polícia acrescentou: "Entende-se que o dr. Servatius não vai aparecer sozinho. Isso seria uma impossibilidade física". Mas o dr. Servatius acabou aparecendo bem sozinho a maior parte do tempo. O resultado disso foi que Eichmann passou a ser assistente-chefe de seu próprio advogado de defesa e, em vez de ficar escrevendo livros "para as futuras gerações", trabalhou bem duro durante todo o julgamento.

Em 29 de junho de 1961, dez semanas depois da abertura do julgamento em 11 de abril, a acusação encerrou seu caso, e o dr. Servatius abriu o caso da defesa; em 14 de agosto, depois de 114 sessões, os trabalhos principais chegaram ao fim. A corte foi suspensa durante quatro meses, e retomada em 11 de dezembro para pronunciar a sentença. Durante dois dias, divididos em cinco sessões, os três juízes leram o relatório das 244 sessões do julgamento. Desprezando a acusação de "conspiração" encaminhada pela promotoria, que o transformaria num "grande criminoso de guerra" automaticamente responsável por tudo que tivesse a ver com a Solução Final, eles condenaram Eichmann em todas as quinze acusações, embora fosse absolvido em alguns particulares. "Junto com outros", ele havia cometido crimes "contra o povo judeu", isto é, crimes contra judeus *com a intenção de destruir as pessoas*, divididos em quatro acusações: 1. "provocar o assassinato de milhões de judeus"; 2. levar "milhões de judeus a condições que poderiam levar à destruição física"; 3. "causar sérios danos físicos e mentais" a eles; e 4. "determinar que fossem proibidos os nascimentos e interrompidas as gestações de mulheres judias" em Theresienstadt. Mas absolveram-no de todas essas acusações referentes ao período anterior a agosto de 1942, quando ele foi informado da ordem do Führer; em suas primeiras atividades, em Berlim, Viena e Praga, ele não teve intenção de "destruir o povo judeu". Esses eram os quatro primeiros itens da acusação. Os Itens de 5 a 12 tratavam de "crimes contra a humanidade" — um estranho conceito da lei israelense, na medida em que incluía tanto o genocídio se praticado contra povos não judeus (como os ciganos e os poloneses) como todos os outros crimes, inclusive assassinato, cometido fosse contra judeus ou não-judeus, contanto que esses crimes não fossem cometidos com intenção de destruir um povo como um todo. Daí tudo o que Eichmann fez antes da ordem do Führer e todos os seus atos contra não-judeus serem englobados como crimes contra a humanidade, aos quais foram acrescentados mais uma vez todos os seus crimes posteriores contra os judeus, uma vez que estes eram crimes comuns também. O resultado era que o Item 5 o condenava pelos mesmos crimes enumerados nos Itens 1 e 2, e o Item 6 o condenava por ter "perseguido judeus por motivos raciais, religiosos e políticos", o Item 7 tratava da "pilhagem de propriedade [...] ligada ao assassinato [...] desses judeus", e o Item 8 resumia todos esses feitos novamente como "crimes de guerra", uma vez que a maioria deles foi cometida durante a guerra. Os Itens de 9 a 12 tratavam de crimes contra não-judeus; o Item 9 o condenava pela "expulsão de suas casas de [...] centenas de milhares de poloneses", o Item 10 pela "expulsão de 1400 eslovenos" da Iugoslávia, o Item 11 pela deportação de "milhares e milhares de ciganos" para Auschwitz. Mas a sentença afirmava que "não ficou provado diante de nós que o acusado soubesse que os ciganos estavam sendo transportados para a destruição" — o que significava que não havia acusação de genocídio senão para seu "crime contra o povo judeu". Isso era difícil de entender porque, além do fato de que o extermínio dos ciganos era de conhecimento geral, Eichmann admitiu durante o interrogatório da polícia que tinha conhecimento dele: ele se lembrou vagamente de que isso tinha sido ordem de Himmler, que não havia "diretivas" para os ciganos como existiam para os judeus, e que não tinha sido feita nenhuma pesquisa sobre o "problema cigano" — "origens, costumes, hábitos, organização [...] folclore [...] economia". Seu departamento recebeu ordem de "evacuar" 30 mil ciganos do território do Reich, e ele não se lembrava bem dos detalhes, porque não tinha havido nenhuma intervenção de lado nenhum; mas que os ciganos, assim como os judeus, foram despachados para ser exterminados, disso ele nunca duvidou. Ele era culpado de seu extermínio exatamente da mesma maneira que era culpado pelo extermínio dos judeus. O Item 12 tratava da deportação de 93 crianças de Lidice, a aldeia tcheca cujos habitantes foram massacrados depois do assassinato de Heydrich; ele foi, porém, justamente absolvido do assassinato dessas crianças. Os três últimos itens o acusavam de ser membro de três das quatro organizações que o julgamento de Nuremberg havia classificado de "criminosas" — a SS, o Serviço de Segurança, ou SD, e a Polícia Secreta do Estado, ou Gestapo. (A quarta dessas organizações, o corpo de liderança do Partido Nacional Socialista, não foi mencionada, porque Eichmann evidentemente não foi um dos líderes do Partido.) Sua filiação a elas antes de maio de 1940 se enquadrava nas normas sobre prescrição (vinte anos) para crimes menores. (A Lei de 1950 sob a qual Eichmann foi processado especifica que não há estatuto de limitação para grandes crimes, e que o argumento *res judicata* não deve valer

— uma pessoa pode ser julgada em Israel "mesmo que já tenha sido julgada no estrangeiro, seja perante um tribunal internacional, seja perante um tribunal de um Estado estrangeiro, pelo mesmo crime".) Todos os crimes enumerados nos Itens 1 a 12 levavam à pena de morte.

Eichmann, há que lembrar-se, insistiu veementemente que era culpado apenas de "ajudar e instigar" a realização dos crimes de que era acusado, que ele próprio nunca havia cometido nenhum ato aberto. O julgamento, para grande alívio de todos, reconhecia de certa forma que a acusação não tinha conseguido provar que ele estava errado nesse ponto. Era um ponto importante; tocava na própria essência desse crime, que não era um crime comum, e na própria natureza desse criminoso, que não era um criminoso comum; implicitamente, reconhecia também o estranho fato de que nos campos de extermínio eram geralmente os internos e as vítimas que tinham efetivamente manejado "o instrumento fatal com [suas] próprias mãos". Aquilo que o julgamento tinha a dizer sobre esse ponto era mais do que correto, era a verdade: "Descrevendo suas atividades em termos da Seção 23 de nosso Decreto de Código Criminal, devemos dizer que eram principalmente as de uma pessoa servindo com aconselhamento ou assistência a outros e de alguém que capacitava ou ajudava outros no ato [criminoso]". Mas "em tal enorme e complexo crime como este que estamos agora considerando, no qual muitas pessoas participaram, em vários níveis e em várias espécies de atividade — os planejadores, os organizadores, e aqueles que executavam os atos, segundo seus vários níveis —, não há muito propósito em se usar os conceitos normais de aconselhar e assistir a perpetração de um crime. Pois esses crimes foram cometidos em massa, não só em relação ao número de vítimas, mas também no que diz respeito ao número daqueles que perpetraram o crime, e a medida em que qualquer dos muitos criminosos estava próximo ou distante do efetivo assassinato da vítima nada significa no que tange à medida de sua responsabilidade. Ao contrário, no geral *o grau de responsabilidade aumenta quanto mais longe nos colocamos do homem que maneja o instrumento fatal com suas próprias mãos*" [grifo meu].

O que se seguiu à leitura do julgamento foi rotina. Mais uma vez, a acusação se levantou para fazer um discurso bastante demorado pedindo a pena de morte, que, na ausência de circunstâncias mitigantes, era obrigatória, e o dr. Servatius respondeu ainda mais brevemente que antes: o acusado tinha realizado "atos de Estado", o que aconteceu com ele poderia acontecer no futuro com qualquer um, todo o mundo civilizado enfrenta esse problema, Eichmann era um "bode expiatório" que o atual governo alemão havia abandonado à corte de Jerusalém, contrariando a lei internacional, a fim de se livrar de responsabilidade. A competência da corte, nunca reconhecida pelo dr. Servatius, só podia ser justificada "numa capacidade representativa, representando os poderes legais investidos numa [corte alemã]" — como, de fato, um promotor oficial alemão havia formulado a tarefa de Jerusalém. O dr. Servatius argumentara antes que a corte tinha de absolver o acusado porque, de acordo com o estatuto argentino de limitações, ele havia cessado de ser passível de processos criminais no dia 7 de maio de 1960, "muito pouco tempo antes do rapto"; ele agora argumentava, na mesma veia, que nenhuma pena de morte podia ser empregada porque a pena capital havia sido abolida incondicionalmente na Alemanha.

Depois, veio o último depoimento de Eichmann: suas esperanças de justiça tinham se frustrado; a corte não havia acreditado nele, embora ele tivesse sempre feito o máximo para dizer a verdade. A corte não o entendia: ele nunca tinha nutrido ódio aos judeus, e nunca desejou a morte de seres humanos. Sua culpa provinha de sua obediência, e a obediência é louvada como virtude. Sua virtude tinha sido abusada pelos líderes nazistas. Mas ele não era membro do grupo dominante, ele era uma vítima, e só os líderes mereciam punição. (Ele não foi tão longe quanto muitos outros criminosos de guerra de baixa patente, que declararam ter ouvido dizer que não deviam nunca se preocupar com "responsabilidades", e que agora estavam incapacitados de chamar os responsáveis para falar porque eles tinham "escapado e [os] abandonado" cometendo suicídio, ou sendo enforcados.) "Não sou o monstro que fazem de mim", Eichmann disse. "Sou vítima de uma falácia." Ele não usou a expressão "bode expiatório" mas confirmou o que Servatius tinha dito: era sua "profunda convicção de que tinha de sofrer pelos atos de outros". Mais dois dias e na sexta-feira, 15 de dezembro de 1961, às nove horas da manhã, foi pronunciada a sentença de morte.

Três meses depois, em 22 de março de 1962, iniciaram-se os trabalhos de revisão diante da Corte de Apelação, a Suprema Corte de Israel, diante de cinco juízes presididos por Itzhak Olshan. O sr. Hausner apareceu novamente, com quatro assistentes para a acusação, e o dr. Servatius, sem nenhum, para a defesa. O advogado de defesa repetiu todos os velhos argumentos contra a competência da corte de Israel, e como tinham sido vãos todos os seus esforços de convencer o governo da Alemanha Ocidental a dar início ao processo de extradição, ele agora pedia que Israel *oferecesse* a extradição. Ele trouxe consigo uma nova lista de testemunhas, mas não era concebível que nenhuma delas pudesse apresentar nada parecido com "novas provas". Ele incluiu na lista o dr. Hans Globke, que Eichmann nunca tinha visto na vida e cujo nome devia ter ouvido pela primeira vez em Jerusalém, e, ainda mais surpreendente, o dr. Chaim Weiszmann, que estava morto fazia dez anos. O *plaidoyer* foi uma incrível mixórdia, cheio de erros (em um caso, a defesa oferecia como nova prova a tradução francesa de um documento que já havia sido apresentado pela acusação, em dois outros casos simplesmente leu errado os documentos, e assim por diante), seu descuido contrastando vivamente com a introdução bastante cuidadosa de certas observações que podiam ser ofensivas para a corte: a morte por gás era de novo "questão médica"; uma corte judaica não tinha o direito de julgar o destino das crianças de Lidice, uma vez que não eram judias; os procedimentos legais israelenses contrariavam o procedimento continental — ao qual Eichmann tinha direito devido a sua origem — na medida em que exigiam que o acusado apresentasse provas para a sua defesa, e isso o acusado não fora capaz de fazer porque nem as testemunhas nem os documentos da defesa estavam disponíveis em Israel. Em resumo, o tribunal tinha sido injusto, o julgamento tinha sido injusto.

Os trabalhos diante da Corte de Apelação duraram apenas uma semana, depois da qual a corte retirou-se por dois meses. Em 29 de maio de 1962, foi lido o segundo julgamento — um pouco menos volumoso do que o primeiro, mas ainda com 51 páginas em espaço simples. Ele confirmava ostensivamente a Corte Distrital em todos os pontos, e para essa confirmação os juízes não teriam precisado de dois meses e 51 páginas. O julgamento da Corte de Apelação foi, na verdade, uma revisão do julgamento da corte menor, embora não o dissesse. Em marcante contraste com o julgamento original, considerava-se agora que "o acusado não recebera nenhuma 'ordem superior'. Ele era seu próprio superior, e dava todas as ordens em questões que afetavam os problemas judeus"; ele tinha, além disso, "eclipsado em importância todos os seus superiores, inclusive Müller". E, em resposta ao argumento óbvio da defesa de que os judeus não teriam se dado melhor se Eichmann nunca tivesse existido, os juízes afirmaram agora que "a ideia da Solução Final jamais teria assumido as formas infernais da pele esfolada e da carne torturada de milhões de judeus sem o zelo fanático e a insaciável sede de sangue do acusado e seus cúmplices". A Suprema Corte de Israel não só aceitou os argumentos da acusação como adotou a sua linguagem.

No mesmo dia, 29 de maio, Itzhak Ben-Zvi, presidente de Israel, recebeu o pedido de clemência de Eichmann, quatro páginas manuscritas, redigidas "segundo instruções de meu advogado", junto com cartas de sua esposa e sua família em Linz. O presidente recebeu também centenas de cartas e telegramas do mundo inteiro pedindo clemência; destacavam-se entre os remetentes a Conferência Central de Rabinos Norte-Americanos, o corpo representativo do Judaísmo Reformado neste país, e um grupo de professores da Universidade Hebraica de Jerusalém, chefiado por Martin Buber, que se opôs ao julgamento desde o começo, e que agora tentava persuadir Ben-Gurion a intervir por clemência. O sr. Ben-Zvi rejeitou todos os pedidos de clemência em 31 de maio, dois dias depois de a Suprema Corte ter pronunciado seu julgamento, e poucas horas depois, nesse mesmo dia — era uma quinta-feira —, pouco antes da meia-noite, Eichmann foi enforcado, seu corpo foi cremado e as cinzas espalhadas no Mediterrâneo fora das águas israelenses.

A velocidade com que a sentença de morte foi executada foi extraordinária, mesmo levando-se em conta que quinta-feira à noite era a última ocasião possível antes da segunda-feira seguinte, uma vez que sexta-feira, sábado e domingo são feriados religiosos para uma ou outra das três religiões do país. A execução ocorreu menos de duas horas depois de Eichmann ter sido informado de que seu pedido de clemência havia sido rejeitado; não houve tempo nem para uma última refeição. A explicação pode ser encontrada talvez nas duas tentativas extremas que o dr. Servatius fez para salvar seu cliente — um pedido a uma corte da Alemanha Ocidental para forçar o governo a pedir a extradição de Eichmann, mesmo nessa altura, e uma ameaça de invocar o Artigo 25 da Convenção para Proteção dos Direitos Humanos e Liberdades Fundamentais. Nem o dr. Servatius, nem seu assistente estavam em Israel quando o pedido de Eichmann foi rejeitado, e o governo israelense provavelmente queria encerrar o caso, que se alongara por dois anos, antes que a defesa pudesse chegar a pedir uma protelação da data de execução.

A sentença de morte foi expedida e não havia praticamente ninguém para contestá-la; mas as coisas ficaram diferentes quando se soube que os israelenses já a tinham executado. Os protestos duraram pouco, mas foram generalizados e partiram de gente de influência e prestígio. O argumento mais comum era que os atos de Eichmann desafiavam a possibilidade de punição humana, que não fazia sentido impor a sentença de morte a crimes dessa magnitude — o que, claro, era verdade em certo sentido, só que não era concebível que significasse que aquele que assassinou milhões pudesse por essa mesma razão escapar do castigo. Em nível consideravelmente mais baixo, a sentença de morte foi chamada de "pouco imaginativa" e muitas alternativas imaginativas foram propostas — Eichmann "devia passar o resto de sua vida fazendo trabalhos forçados na vastidão árida do Negev, ajudando com seu suor a conquistar a pátria dos judeus", castigo a que ele provavelmente não sobreviveria mais do que um dia, sem falar do fato de que em Israel o deserto do Sul não é visto como uma colônia penal; ou, no estilo da Madison Avenue, Israel devia ter atingido as "alturas divinas", elevando-se acima das "considerações compreensíveis, legais, políticas e até humanas", convocando "todos aqueles que participaram da captura, do julgamento e da sentença para uma cerimônia pública, com Eichmann algemado, e com câmeras de televisão e rádios para condecorá-los como heróis do século".

Martin Buber chamou a execução de um "erro de proporções históricas", pois podia "servir para expiar a culpa sentida por tantos jovens na Alemanha" — argumento que curiosamente ecoava as ideias do próprio Eichmann sobre o assunto, embora Buber dificilmente soubesse que ele queria se enforcar em local público para aliviar a carga de culpa dos ombros dos jovens alemães. (É estranho que Buber, um homem não só importante, mas de imensa inteligência, não conseguisse perceber o quão necessariamente espúrios são esses muito divulgados sentimentos de culpa. É muito gratificante sentir culpa se você não fez nada errado: que nobre! Mas é bem difícil e sem dúvida deprimente admitir culpa e se arrepender. A juventude da Alemanha está cercada, por todos os lados e em todos os estágios da vida, por homens em posição de autoridade e em cargos públicos que são muito culpados de fato, mas que não *sentem* nada do tipo. A reação normal a esse estado de coisas seria a indignação, mas a indignação seria bastante arriscada — não um perigo de vida ou de ferimentos, mas com certeza um comprometimento em uma carreira. Aqueles jovens homens e mulheres alemães que de vez em quando — por ocasião de todo o barulho com o *Diário de Anne Frank* e do julgamento de Eichmann — nos brindam com explosões históricas de sentimentos de culpa não estão cambaleando sob o peso do passado, da culpa de seus pais; ao contrário, estão tentando escapar da pressão de problemas sempre presentes e reais por meio de um sentimentalismo barato.) O professor Buber prosseguiu, dizendo que não sentia "nenhuma pena" de Eichmann, porque só podia sentir pena "por aqueles cujas ações compreendo no meu coração", e repetiu o que dissera muitos anos antes na Alemanha — que "só num estilo formal ele tinha um traço da humanidade em comum com aqueles que participaram" dos atos do Terceiro Reich. Essa atitude altiva era, claro, um luxo que aqueles que julgaram Eichmann não podiam se permitir, uma vez que a lei pressupõe exatamente que tenhamos uma humanidade comum com aqueles que acusamos, julgamos e condenamos. Pelo que sei, Buber foi o único filósofo a vir a público sobre a execução de Eichmann (pouco antes de o julgamento começar, Karl Jaspers deu uma entrevista radiofônica em Basel, depois publicada em *Der Monat*, na qual discutia se era um caso para um tribunal internacional); era decepcionante vê-lo evadir-se, no nível mais alto possível, do problema que Eichmann e seus feitos apresentavam.

O que menos se ouviu foram os protestos daqueles que eram contra a pena de morte por princípio, incondicionalmente; seus argumentos continuariam válidos, uma vez que não teriam de especificá-los para esse caso particular. Eles parecem ter sentido — com razão, creio — que não era um caso promissor pelo qual batalhar.

Adolf Eichmann foi para o cadafalso com grande dignidade. Pediu uma garrafa de vinho tinto e bebeu metade dela. Recusou a ajuda do ministro protestante, reverendo William Hull, que se ofereceu para ler a Bíblia com ele: tinha apenas mais duas horas para viver, e portanto nenhum "tempo a perder". Ele transpôs os quarenta metros que separavam sua cela da câmara de execução andando calmo e ereto, com as mãos amarradas nas costas. Quando os guardas amarraram seus tornozelos e joelhos, pediu que afrouxassem as cordas para que pudesse ficar de pé. "Não preciso disso", declarou quando lhe ofereceram o capuz preto. Estava perfeitamente controlado. Não, mais do que isso: estava completamente ele mesmo. Nada poderia demonstrá-lo mais convincentemente do que a grotesca tolice de suas últimas palavras. Começou dizendo enfaticamente que era um *Gottgläubiger*, expressando assim da maneira comum dos nazistas que não era cristão e não acreditava na vida depois da morte. E continuou: "Dentro de pouco tempo, senhores, *iremos encontrar-nos de novo*. Esse é o destino de todos os homens. Viva a Alemanha, viva a Argentina, viva a Áustria. *Não as esquecerei*". Diante da morte, encontrou o clichê usado na oratória fúnebre. No cadafalso, sua memória lhe aplicou um último golpe: ele estava "animado", esqueceu-se que aquele era seu próprio funeral.

Foi como se naqueles últimos minutos estivesse resumindo a lição que este longo curso de maldade humana nos ensinou — a lição da temível *banalidade do mal*, que desafia as palavras e os pensamentos.

EPÍLOGO

As irregularidades e anormalidades do julgamento de Jerusalém foram tantas, tão variadas e de tal complexidade legal que, no decorrer dos trabalhos e depois na quantidade surpreendentemente pequena de literatura sobre o julgamento, chegaram a obscurecer os grandes problemas morais, políticos e mesmo legais que o julgamento inevitavelmente propunha. O próprio Estado de Israel, pelas declarações pré-julgamento do primeiro-ministro Ben-Gurion e pela maneira como a acusação foi formulada pelo promotor, confundiu ainda mais as coisas, arrolando um grande número de objetivos que o julgamento deveria atingir, os quais eram todos objetivos secundários quanto à lei e ao comportamento numa sala de tribunal. O objetivo de um julgamento é fazer justiça, e nada mais; mesmo o mais nobre dos objetivos ulteriores — "compor um registro do regime hitlerista que sobrevivesse à história", como Robert G. Storey, advogado executivo dos julgamentos de Nuremberg, formulou como suposto objetivo último dos julgamentos de Nuremberg — só pode deturpar a finalidade principal da lei: pesar as acusações contra o réu, julgar e determinar o castigo devido.

A sentença de Eichmann, cujas duas primeiras seções foram escritas em resposta à teoria de um propósito mais alto, como foi exposto tanto dentro como fora do tribunal, não podia ter sido mais clara e mais direta: era preciso resistir a todas as tentativas de ampliar o âmbito do julgamento, porque a corte não podia "se permitir ser atraída para territórios que estão fora de sua esfera [...] o processo judicial tem seus próprios meios, que são determinados pela lei, e que não mudam, seja qual for a matéria do julgamento". A corte, além disso, não podia passar por cima desses limites sem terminar "em completo fracasso". Ela não só não tem a seu dispor "os instrumentos necessários à investigação de questões gerais", como fala com uma autoridade cujo próprio peso depende dessas limitações. "Ninguém nos fez juízes" de coisas externas ao reino da lei, e "não se deve atribuir às nossas opiniões peso maior do que o que se atribui ao de qualquer pessoa que devote estudo e ponderação" a essas coisas. Portanto, à pergunta mais insistente sobre o julgamento de Eichmann — o que se pode fazer? —, só existe uma resposta possível: fazer justiça.

As objeções levantadas contra o julgamento de Eichmann eram de três tipos. Primeiro, as objeções levantadas contra os julgamentos de Nuremberg, que agora se repetiam: Eichmann estava sendo julgado por uma lei retroativa e era trazido à corte dos vitoriosos. Segundo, as objeções que se aplicavam apenas à corte de Jerusalém, na medida em que questionavam sua competência enquanto tal ou sua incapacidade de levar em conta o ato do rapto. E, finalmente, e mais importante, objeções à própria acusação, que afirmava que Eichmann cometeu crimes "contra o povo judeu", em vez de dizer "contra a humanidade", e portanto à lei sob a qual estava sendo julgado; e essa objeção levou à conclusão lógica de que a única corte adequada para julgar esses crimes seria um tribunal internacional.

A resposta da corte às primeiras objeções foi simples: os julgamentos de Nuremberg foram citados em Jerusalém como um precedente válido; atuando sob a lei municipal, os juízes não poderiam ter feito diferentemente, uma vez que a Lei (Punitiva) dos Nazistas e Colaboradores dos Nazistas, de 1950, era baseada nesse precedente. "A legislação particular", indicou a sentença, "é totalmente diferente de qualquer outra legislação usual em códigos criminais", e a razão dessa diferença está na natureza dos crimes com que lida. Sua retroatividade, pode-se acrescentar, viola apenas formalmente, não substancialmente, o princípio de *nullum crimen, nulla poena sine lege*, uma vez que este se aplica significativamente apenas a atos conhecidos pelo legislador; se um crime antes desconhecido, como o genocídio, repentinamente aparece, a própria justiça exige julgamento segundo uma nova lei; no caso de Nuremberg, essa nova lei foi a Carta (o Acordo de Londres de 1945); no caso de Israel, a Lei de 1950. O problema não residia na retroatividade da lei, inevitável aliás, mas sim em sua adequação, sua aplicação a crimes antes desconhecidos. Esse pré-requisito da legislação retroativa foi seriamente comprometido na Carta que proveu o estabelecimento do Tribunal Militar Internacional em Nuremberg, e pode ser por isso que a discussão dessas questões tenha ficado um tanto confusa.

A Carta criava jurisprudência para três tipos de crimes: "crimes contra a paz", que o tribunal chamou de "supremo crime internacional [...] na medida em que contém em si mesmo o mal acumulado do todo"; "crimes de guerra"; e "crimes contra a humanidade". Destes, só o último, o crime contra a humanidade, era novo e sem precedentes. A guerra agressiva é pelo menos tão velha quanto a história escrita, e embora denunciada como "criminosa" muitas vezes antes, nunca havia sido reconhecida como tal em nenhum sentido formal. (Nenhuma das justificativas para a jurisprudência da corte de Nuremberg têm muito a seu favor. É verdade que Wilhelm II foi indiciado perante um tribunal dos poderes Aliados depois da Primeira Guerra Mundial, mas o crime de que foi acusado o ex-imperador alemão não era a guerra, mas o desrespeito aos tratados — e, especificamente, a violação da neutralidade belga. É também verdade que o pacto Briand-Kellogg, de agosto de 1928, proscreveu a guerra como instrumento de política nacional, mas o pacto não continha nem um critério de agressão nem uma menção a sanções — além do fato de que o sistema de segurança que o pacto deveria instaurar havia entrado em colapso antes da guerra.) Além disso, um dos países juízes, a Rússia Soviética, estava exposto ao argumento *tu-quoque*. Os russos não tinham atacado a Finlândia e dividido a Polônia em 1939 com completa impunidade? Por outro lado, os "crimes de guerra", tão sem precedentes quanto os "crimes contra a paz", eram cobertos pela legislação internacional. As Convenções de Haia e Genebra tinham definido essas "violações das leis ou costumes da guerra"; consistiam principalmente nos maus-tratos a prisioneiros e em atos de guerra contra populações civis. Nenhuma lei nova com poder retroativo foi necessária aí, e a principal dificuldade de Nuremberg estava no fato indiscutível de que aqui, mais uma vez, o argumento *tu-quoque* era aplicável: a Rússia, que nunca assinou a Convenção de Haia (incidentalmente, a Itália também não a ratificou), era mais do que suspeita de maus-tratos de prisioneiros e, segundo investigações recentes, os russos parecem ser também responsáveis pelo assassinato de 15 mil oficiais poloneses cujos corpos foram encontrados na floresta de Katyn (nos arredores de Smolensk, na Rússia). Pior ainda, o bombardeio intenso de cidades abertas e, acima de tudo, as bombas atômicas lançadas sobre Hiroshima e Nagasaki constituíam claramente crimes de guerra no sentido da Convenção de Haia. E embora o bombardeio de cidades alemãs tenha sido provocado pelo inimigo, pelo bombardeio de Londres, Coventry e Rotterdam, o mesmo não se podia dizer do uso de uma arma inteiramente nova e esmagadoramente poderosa, cuja existência podia ter sido anunciada e demonstrada de muitas outras maneiras. Sem dúvida, a razão mais óbvia para que a violação da Convenção de Haia cometida pelos Aliados nunca tenha sido discutida em termos legais residia no fato de que os Tribunais Internacionais Militares eram internacionais apenas no nome, sendo de fato cortes dos vitoriosos, e a autoridade de seu julgamento, duvidosa em qualquer caso, não foi corroborada quando a coalizão que ganhou a guerra e se lançou nessa empresa conjunta se rompeu, para citar Otto Kirchheimer, "antes que secasse a tinta dos julgamentos de Nuremberg". Mas essa razão tão óbvia não é nem a única, nem talvez a mais forte para que nenhum crime de guerra aliado, no sentido da Convenção de Haia, tenha sido denunciado e julgado, e é apenas justo acrescentar que o tribunal de Nuremberg foi pelo menos muito cauteloso na condenação de réus alemães cuja acusação estivesse aberta ao argumento *tu-quoque*. Pois a verdade é que no final da Segunda Guerra Mundial todo mundo sabia que os desenvolvimentos técnicos dos instrumentos de violência tinham tornado inevitável a adoção da guerra "criminosa". Era precisamente a distinção entre soldado e civil, entre exército e população doméstica, entre alvos militares e cidades abertas, que estava nas bases das definições da Convenção de Haia para crimes de guerra, que se tornara obsoleta. Daí a sensação de que, diante dessas novas condições, crimes de guerra eram apenas aqueles que ficavam fora das necessidades militares e para os quais um propósito deliberadamente desumano podia ser demonstrado.

Esse fator de brutalidade gratuita era critério válido para determinar o que, diante das circunstâncias, constituía crime de guerra. Não era válido para a desastrada definição de "crime contra a humanidade", apesar de ter sido infelizmente introduzido nessa definição, que a Carta (no Artigo 6-c) definia como "ato desumano" — como se esse crime também fosse uma questão de excesso criminoso na condução da guerra e na busca da vitória. No entanto, não foi de maneira nenhuma esse tipo bem conhecido de crime que levou os Aliados a declarar, nas palavras de Churchill, que "a punição de criminosos de guerra [era] um dos principais objetivos da guerra", mas, ao contrário, os relatos de atrocidades nunca vistas, o extermínio de povos inteiros, a "limpeza" de vastas regiões, isto é, não apenas crimes que "nenhum conceito de necessidade militar poderia sustentar", mas crimes que eram de fato independentes da guerra e que anunciavam uma política de assassinato sistemático a ser continuado em tempos de paz. Esse crime efetivamente não era coberto pela lei internacional ou municipal e, além disso, era o único crime ao qual não se aplicava o argumento *tu-quoque*. E no entanto não havia outro crime diante do qual os juízes de Nuremberg se sentissem mais incomodados e que os deixasse num estado mais exasperante de ambiguidade. É perfeitamente verdadeiro que — nas palavras do juiz francês de Nuremberg, Donnedieu de Vabres, a quem devemos uma das melhores análises do julgamento (*Le procès de Nuremberg*, 1947) — "a categoria de crimes contra a humanidade que a Carta tinha deixado entrar por uma porta muito estreita, evaporou em virtude da sentença do tribunal". Os juízes, porém, eram tão pouco coerentes quanto a própria Carta, pois embora preferissem condenar, como disse Kirchheimer, "pelas acusações de crimes de guerra, que abarcavam todos os crimes comuns tradicionais, esvaziando o máximo possível as acusações de crimes contra a humanidade", quando se tratou de pronunciar a sentença, eles revelaram seu verdadeiro sentimento aplicando a punição mais severa, a pena de morte, apenas àqueles que foram considerados culpados daquelas atrocidades bastante incomuns, que efetivamente constituíam um "crime contra a humanidade" ou, como disse o promotor francês, François de Menthon, com maior exatidão, um "crime contra o status humano". A ideia de que a agressão é "o crime internacional supremo" foi silenciosamente abandonada quando um grande número de homens foi condenado à morte sem ter sido acusado de uma "conspiração" contra a paz.

Como justificativa do processo de Eichmann, vem se afirmando com frequência que embora o maior crime cometido durante a última guerra tenha sido contra os judeus, estes foram apenas observadores em Nuremberg, e o julgamento da corte de Jerusalém afirmava que agora, pela primeira vez, a catástrofe dos judeus "ocupava o lugar central nos trabalhos de uma corte e [que] esse fato é que distinguia esse julgamento daqueles que o precederam", em Nuremberg e outros lugares. Mas isso é, na melhor das hipóteses, uma meia-verdade. Foi precisamente a catástrofe dos judeus que levou os Aliados a conceber a ideia de "crime contra a humanidade", porque, escreveu Julius Stone em *Legal Controls of International Conflict* (1954), "se se tratasse de cidadãos alemães, o assassinato em massa de judeus só poderia ser coberto pela acusação de crime contra a humanidade". E o que impediu o tribunal de Nuremberg de fazer justiça completa quanto a esse crime, que tinha tão pouco a ver com a guerra que sua execução efetivamente entrava em conflito com a conduta de guerra e a atravancava, foi o fato de estar ligado a outros crimes. Talvez se possa avaliar melhor até que ponto os juízes de Nuremberg tinham consciência do ultraje perpetrado contra os judeus pelo fato de que o único acusado a ser condenado à morte exclusivamente pela acusação de crime contra a humanidade foi Julius Streicher, cuja especialidade haviam sido obscenidades antissemitas. Nesse caso, os juízes desconsideraram todas as outras ponderações.

O que distinguiu o julgamento de Jerusalém daqueles que o precederam não foi o fato de o povo judeu ocupar agora o lugar central. Sob esse aspecto, ao contrário, o julgamento era parecido com os outros do pós-guerra na Polônia e na Hungria, na Iugoslávia e na Grécia, na Rússia Soviética e na França, em resumo, em todos os países anteriormente ocupados pelos nazistas. O Tribunal Militar Internacional de Nuremberg foi instituído para criminosos de guerra cujos crimes não podiam ser restringidos, enquanto todos os outros foram realizados nos países onde eles haviam cometido seus crimes. Só os "grandes criminosos de guerra" agiram sem limites territoriais, e Eichmann certamente não era um deles. (Essa — e não, como se disse muitas vezes, o seu desaparecimento — foi a razão de ele não ser acusado em Nuremberg; Martin Bormann, por exemplo, foi acusado, julgado e condenado à morte in absentia.) Se as atividades de Eichmann se espalharam por toda a Europa ocupada, isso se deu não porque ele fosse tão importante que os limites territoriais não se aplicavam a ele, mas porque estava na natureza de sua tarefa, o recolhimento e deportação de judeus, que ele e seus homens palmilhassem o continente. Foi a dispersão territorial dos judeus que tornou o crime contra eles uma preocupação "internacional" no sentido legal, limitado, da Carta de Nuremberg. Uma vez que os judeus tinham território próprio, o Estado de Israel, eles evidentemente tinham tanto direito de julgar os crimes cometidos contra o seu povo quanto os poloneses tinham de julgar os crimes cometidos na Polônia. Todas as objeções levantadas contra o julgamento de Jerusalém com base no princípio de jurisdição territorial eram legalistas ao extremo, e embora a corte tenha gasto uma série de sessões discutindo todas essas objeções, elas não foram efetivamente de grande relevância. Não havia a menor dúvida de que os judeus haviam sido mortos *qua* judeus, independentemente de sua nacionalidade na época, e embora seja verdade que os nazistas mataram muitos judeus que tinham escolhido negar sua origem étnica e teriam preferido talvez ser mortos como franceses ou alemães, a justiça só podia ser feita nesses casos se se levasse em conta a intenção e o propósito dos criminosos.

Igualmente infundado, em minha opinião, era o argumento ainda mais frequente contra a possível parcialidade de juízes judeus — que eles, principalmente sendo cidadãos de um Estado judeu, estariam julgando em causa própria. É difícil ver em que os juízes judeus diferiam sob esse aspecto de seus colegas em qualquer dos outros julgamentos em que juízes poloneses pronunciaram sentenças por crimes contra o povo polonês ou juízes tchecos julgaram o que acontecera em Praga e Bratislava. (O sr. Hausner, no último de seus artigos para o *Saturday Evening Post*, incautamente acrescentou novo combustível a esse argumento: ele disse que a acusação se deu conta imediatamente de que Eichmann não podia ser defendido por um advogado israelense, porque haveria um conflito entre "deveres profissionais" e "emoções nacionais". Bem, esse conflito constituía a essência de todas as objeções a juízes judeus, e o argumento do sr. Hausner em seu favor — que um juiz pode odiar o crime e mesmo assim ser justo com o criminoso — se aplica à defesa também: o advogado que defende um assassino não defende o assassinato. A questão é que as pressões externas ao tribunal tornaram pouco aconselhável, para usar termos brandos, encarregar um cidadão israelense da defesa de Eichmann.) Por fim, o argumento de que não existia um Estado judeu quando o crime foi cometido é sem dúvida formalista, tão distante da realidade e de todas as exigências de que a justiça seja feita, que podemos tranquilamente deixá-lo para os doutos debates dos peritos. No interesse da justiça (e não de certos procedimentos que, por importantes que sejam em si mesmos, não podem nunca sobrepujar a justiça, objetivo principal da lei), a corte, para justificar sua competência, não deveria ter precisado nem invocar o princípio de personalidade passiva — que as vítimas eram judeus e que só Israel tinha o direito de falar em seus nomes — nem o princípio da jurisdição internacional, aplicando a Eichmann, por ele ser *hostis generis humani*, as regras aplicáveis à pirataria. Ambas as teorias, discutidas demoradamente dentro e fora do tribunal de Jerusalém, na verdade desfocaram as questões e obscureceram a evidente semelhança entre o tribunal de Jerusalém e os tribunais que o precederam em outros países onde legislação especial também foi formulada para garantir a punição dos nazistas e seus colaboradores.

O princípio de personalidade passiva, que em Jerusalém tinha por base a sábia opinião de P. N. Drost, em *Crime and State* (1959), para quem, sob certas circunstâncias, "o *forum patriae victimae* pode ser competente para julgar o caso", infelizmente faz supor que os processos criminais são iniciados pelo governo em nome das vítimas, que em princípio têm o direito de vingança. Essa era, de fato, a posição da acusação, e o sr. Hausner abriu seu discurso com as seguintes palavras: "Quando me ponho diante dos senhores, juízes de Israel, nesta corte, para acusar Adolf Eichmann, eu não estou sozinho. Aqui comigo neste momento estão 6 milhões de promotores. Mas eles não podem levantar o dedo acusador na direção da cabine de vidro e gritar *j'accuse* contra o homem ali sentado [...] Seu sangue clama ao Céu, mas sua voz não pode ser ouvida. Por isso cabe a mim ser seu porta-voz e pronunciar a infame acusação em seu nome". Com tal retórica a acusação deu substância ao argumento principal contra o julgamento: que ele fora instaurado não a fim de satisfazer as exigências da justiça, mas para aplacar o desejo e talvez o direito de vingança das vítimas. Os processos criminais, uma vez que são obrigatórios e devem ser iniciados mesmo que a vítima prefira perdoar e esquecer, repousam em leis cuja "essência" — para citar Telford Taylor, escrevendo no *New York Times Magazine* — "é que o crime não é cometido só contra a vítima, mas primordialmente contra a comunidade cuja lei é violada". O malfeitor é levado à justiça porque seu ato perturbou e expôs a grave risco a comunidade como um todo, e não porque, como nos processos civis, indivíduos foram prejudicados e têm direito a compensação. A compensação efetivada nos casos criminais é de natureza inteiramente diferente; é o corpo político em si que exige "compensação", e é a ordem pública que foi tirada de prumo e tem de ser restaurada, por assim dizer. Em outras palavras, é a lei, não a vítima, que deve prevalecer.

Mesmo que menos justificável do que o esforço da acusação de basear seus procedimentos no princípio de personalidade passiva foi a tendência da corte de pleitear competência em nome da jurisdição internacional, o que estava em flagrante conflito com a conduta do julgamento e com a lei sob a qual Eichmann foi julgado. O princípio de jurisdição universal, dizia-se, era aplicável porque crimes contra a humanidade são semelhantes ao velho crime de pirataria, e quem os comete se torna, como o pirata na lei internacional tradicional, *hostis humani generis*. Eichmann, porém, foi acusado principalmente de crimes contra o povo judeu, e sua captura, que a teoria de jurisdição universal pretendia desculpar, certamente não se devia ao fato de ele ter também cometido crimes contra a humanidade, mas exclusivamente a seu papel na Solução Final do problema judeu.

No entanto, se Israel raptara Eichmann exclusivamente por ser *hostis humani generis* e não por ser *hostis judaeorum*, seria difícil justificar a legalidade de sua prisão. A exceção do pirata ao princípio territorial — que, na ausência de um código penal internacional, passa a ser o único princípio legal válido — é feita não porque ele seja inimigo de todos, podendo assim ser julgado por todos, mas porque seu crime é cometido em alto-mar, e o alto-mar é terra de ninguém. O pirata, além disso, "em desafio à lei, não admitindo obediência a qualquer bandeira" (H. Zeisel, *Britannica Book of the Year*, 1962), por definição está inteiramente sozinho no negócio; ele é um fora da lei porque escolheu posicionar-se fora das comunidades organizadas, e por essa razão é que se tornou "inimigo de todos igualmente". Certamente ninguém afirmará que Eichmann estava sozinho no negócio ou que não admitia obediência a nenhuma bandeira. Nesse caso, a teoria de pirataria serviu apenas para eludir um dos problemas fundamentais formulados por crimes desse tipo, ou seja, que eles são e só podem ser cometidos por uma *lei* criminosa e num *Estado* criminoso.

A analogia entre genocídio e pirataria não é nova, e é portanto de alguma importância observar que a Convenção sobre Genocídio, cujas resoluções foram adotadas pela Assembleia Geral das Nações Unidas em 9 de dezembro de 1948, rejeita expressamente a alegação de jurisdição universal e provê em seu lugar que "pessoas acusadas de genocídio [...] devem ser julgadas por um tribunal competente nos Estados em cujo território o ato foi cometido ou por um tribunal penal internacional que tenha jurisdição". De acordo com essa Convenção, da qual Israel é signatário, a corte devia ter procurado instaurar um tribunal internacional ou tentar reformular o princípio territorial de tal forma que se aplicasse a Israel. Ambas as alternativas se encontram definitivamente dentro das possibilidades e dentro da competência da corte. A possibilidade de instaurar um tribunal internacional foi simplesmente descartada pela corte por razões que discutiremos adiante, mas a razão de não ter sido buscada nenhuma redefinição significativa do princípio territorial — de forma que a corte alegou jurisdição com base em todos os três princípios: territorial, de personalidade passiva e de jurisdição universal, como se simplesmente somando três princípios legais inteiramente diferentes resultasse uma pretensão válida — estava sem dúvida intimamente relacionada com a extrema relutância de todos os envolvidos em abrir novos espaços e agir sem precedentes. Israel podia facilmente ter alegado jurisdição territorial simplesmente explicando que "território", como entendido pela lei, é um conceito político e legal, e não simplesmente um termo geográfico. Diz respeito não tanto, e não primordialmente, a um pedaço de terra mas ao espaço entre indivíduos de um grupo cujos membros estão ligados e ao mesmo tempo separados e protegidos uns dos outros por todo tipo de relações, baseadas em língua comum, religião, história comum, costumes e leis. Tais relações se tornam especialmente manifestas na medida em que elas próprias constituem o espaço em que os diferentes membros de um grupo se relacionam e interagem entre si. Nenhum Estado de Israel teria surgido se o povo judeu não tivesse criado e mantido seu próprio espaço intersticial ao longo dos muitos séculos de dispersão, isto é, antes da retomada de seu velho território. A corte, portanto, nunca enfrentou o desafio do sem-precedente, nem mesmo no que dizia respeito à natureza sem precedentes da origem do Estado de Israel, que certamente estaria mais próxima de seu coração e pensamento. Em lugar disso, a corte sepultou os trabalhos numa montanha de precedentes — durante as sessões da primeira semana do julgamento, a que correspondem as primeiras 53 seções da sentença escrita —, muitos dos quais soavam, pelo menos aos ouvidos do leigo, como sofismas elaborados.

 O julgamento de Eichmann, portanto, não era de fato mais, mas também não era menos, que o último de uma série numerosa de processos que se sucederam aos julgamentos de Nuremberg. E a condenação muito adequadamente trazia num apêndice a interpretação oficial da Lei de 1950 por Pinhas Rosen, então ministro da Justiça, que não podia ser mais clara e menos equívoca: "Enquanto outros povos passaram as competentes legislações para a punição de nazistas e seus colaboradores logo depois do fim da guerra, e alguns mesmo antes que terminasse, o povo judeu [...] não tinha autoridade política para levar os criminosos nazistas e seus colaboradores à justiça até a instituição do Estado de Israel". Daí o julgamento de Eichmann ser diferente dos julgamentos nacionais sob um aspecto — o acusado não havia sido devidamente preso e extraditado para Israel; ao contrário, uma clara violação da lei internacional havia sido cometida a fim de trazê-lo à justiça. Mencionamos antes que só o fato de Eichmann ser apátrida de facto permitiu a Israel safar-se com o rapto dele, e é compreensível que apesar dos inúmeros precedentes citados em Jerusalém para justificar o ato do rapto, o único relevante, a captura de Berthold Jakob, um jornalista judeu alemão esquerdista, por agentes da Gestapo na Suíça, em 1935, nunca tenha sido mencionado. (Nenhum dos outros precedentes se aplicava, porque eles invariavelmente diziam respeito a um fugitivo da justiça que era trazido de volta não ao lugar de seus crimes, mas a uma corte que expedira, ou poderia ter expedido, um mandado válido de prisão — condições que Israel não podia preencher.) Nesse caso, Israel havia efetivamente violado o princípio territorial, cuja grande significação está no fato de a Terra ser habitada por muitos povos e esses povos serem governados por muitas leis diferentes, de forma que cada expansão da lei de um território além dos limites e fronteiras de sua validade a coloca em imediato conflito com a lei de outro território.

Esse, infelizmente, era o único traço quase sem precedentes de todo o julgamento de Eichmann, e certamente era o menos digno de vir a se tornar um precedente válido. (O que vamos dizer amanhã se algum Estado africano resolver mandar seus agentes ao Mississippi para raptar um dos líderes do movimento segregacionista local? E o que vamos responder se uma corte de Gana ou do Congo citar o caso de Eichmann como precedente?) A justificativa era a falta de precedentes do crime e do surgimento do Estado judeu. Havia, além disso, importantes circunstâncias mitigantes na medida em que dificilmente se encontraria uma real alternativa se efetivamente se quisesse levar Eichmann à justiça. A Argentina tinha um impressionante passado de não extraditar criminosos nazistas; mesmo que existisse um tratado de extradição entre Israel e Argentina, um pedido de extradição quase com certeza não teria sido honrado. Entregar Eichmann à polícia argentina para extradição para a Alemanha Ocidental não teria ajudado; pois o governo de Bonn já havia procurado antes, sem sucesso, extraditar da Argentina criminosos nazistas como Karl Klingenfuss e o dr. Josef Mengele (este último envolvido nos mais horripilantes experimentos em Auschwitz e encarregado da "seleção"). No caso de Eichmann, um pedido desses teria sido sem dúvida inútil, visto que, pela lei argentina, todos os crimes ligados à última guerra caíram no estatuto da limitação quinze anos depois do final da guerra, de forma que, depois de 7 de maio de 1960, Eichmann não poderia mais ser extraditado. Em resumo, o reino da legalidade não oferecia nenhuma alternativa para o rapto.

Os que estão convencidos de que a justiça, e nada mais, é a finalidade da lei tenderão a endossar o ato de rapto, embora não por precedentes, mas, ao contrário, como um ato desesperado, sem precedentes e incapaz de configurar um precedente, necessário devido à condição insatisfatória da lei internacional. Nessa perspectiva, não existia senão uma alternativa real ao que Israel fez: em vez de capturar Eichmann e mandá-lo para Israel, os agentes israelenses podiam tê-lo matado imediatamente nas ruas de Buenos Aires. Essa linha de ação era frequentemente mencionada nos debates do caso e era estranho que fosse recomendada fervorosamente por aqueles que ficavam mais chocados com o rapto. A ideia não deixava de ter seu valor, porque os fatos do caso estavam além de qualquer discussão, mas aqueles que a propunham se esqueciam de que aquele que toma a lei em suas próprias mãos só estará prestando um serviço à justiça se estiver disposto a transformar a situação de tal forma que a lei possa voltar a operar e seu ato possa, pelo menos postumamente, ser validado. Dois precedentes no passado recente vêm imediatamente à mente. Há o caso de Shalom Schwartzbard, que em 25 de maio de 1926, em Paris, atirou e matou o ex-comandante dos cossacos do Exército ucraniano e responsável pelos pogroms durante a guerra civil da Rússia que fizeram cerca de 100 mil vítimas entre

1917 e 1920. E havia o caso do armênio Tehlirian, que, em 1921, no meio de Berlim, atirou e matou Tallat Bey, o grande matador dos pogroms armênios de 1915, nos quais se acredita que foi massacrado um terço (600 mil pessoas) da população armênia da Turquia. O caso é que nenhum desses assassinos ficou satisfeito com a morte de "seu" criminoso, e ambos se entregaram imediatamente à polícia e insistiram em ser julgados. Os dois usaram o próprio julgamento, por intermédio dos trabalhos da corte, para mostrar ao mundo quais crimes haviam sido cometidos contra seu povo e que esses crimes estavam impunes. No julgamento de Schwartzbard, principalmente, foram usados métodos muito semelhantes aos do julgamento de Eichmann. Havia a mesma ênfase na extensa documentação dos crimes, mas nesse caso preparada pela defesa (pelo Comité des Délégations Juives, chefiado pelo falecido dr. Leo Motzkin, que levou um ano e meio para reunir o material e depois o publicou em *Les Pogromes en Ukraine sous les Gouvernements Ukrainiens 1917-1920*, 1927), assim como nesse caso eram o acusado e seu advogado que falavam em nome das vítimas; incidentalmente, já naquela época levantou-se a questão de que os judeus "nunca se defendiam". (Veja-se o *plaidoyer* de Henri Torrès em seu livro *Le procès des pogromes*, 1928.) Ambos os homens foram absolvidos, e em ambos os casos sentiu-se que seu gesto "significava que finalmente sua raça havia decidido se defender, deixando para trás sua abdicação moral, superando sua resignação diante dos insultos", como George Suarez formulou admiravelmente no caso de Shalom Schwartzbar.

São óbvias as vantagens dessa solução para o problema das fórmulas legais que se contrapõem à aplicação da justiça. O julgamento, é verdade, volta a ser julgamento "espetáculo", e mesmo um simples espetáculo, mas seu "herói", aquele no centro da peça, sobre o qual pousam todos os olhos, é agora o verdadeiro herói, enquanto, ao mesmo tempo, o caráter jurídico dos trabalhos fica salvaguardado, porque não se trata de "um espetáculo com resultado predeterminado", pois contém aquele elemento de "risco irredutível" que, segundo Kirchheimer, é fator indispensável em todos os processos criminais. Além disso, o *j'accuse*, tão indispensável do ponto de vista da vítima, soa, é claro, muito mais convincente na boca de um homem que foi forçado a tomar a lei nas próprias mãos do que na voz de um agente apontado pelo governo, que não arrisca nada. E no entanto é mais do que duvidoso que essa solução fosse justificável no caso de Eichmann — sem falar nas considerações práticas, pois a Buenos Aires dos anos 1960 não oferecia nem as mesmas garantias, nem a mesma publicidade para o acusado que Paris ou Berlim ofereciam nos anos 1920 —, e é claro que teria sido inteiramente injustificada se levada a cabo por agentes do governo. O ponto a favor de Schwartzbard e Tehlirian era que os dois eram membros de um grupo étnico que não possuía nem Estado nem sistema legal próprios, não havia tribunal no mundo para o qual qualquer dos grupos pudesse levar suas vítimas. Schwartzbard, que morreu em 1938, mais de dez anos antes da proclamação do Estado judeu, não era sionista, nem nacionalista de qualquer matiz; mas não há dúvida de que teria recebido com entusiasmo o Estado de Israel, por nenhuma outra razão além do fato de que proveria um tribunal para crimes que tantas vezes passaram impunes. Seu senso de justiça teria ficado satisfeito. E a carta que mandou da prisão em Paris para seus irmãos e irmãs em Odessa — "*Faitez savoir dans les villes et dans les villages de Balta, Proskouro, Tzcherkass, Ouman, Jitomir... portez-y le mesage édifiant: la colère juive a tiré sa vengeance! Le sang de l'assassin Petlioura, qui a jailli das la ville mondiale, à Paris [...] rappellera le crime féroce [...] commis envers le pauvre et abandonné peuple juif*"* — nos faz reconhecer imediatamente não a linguagem que o sr. Hausner efetivamente falava durante o julgamento (a linguagem de Shalom Schwartzbard era infinitamente mais digna e mais comovente), mas certamente os sentimentos e o estado de espírito dos judeus do mundo inteiro para quem ela deve ter tido apelo.

---

* Anunciem nas aldeias e cidades de Balta, Prosjouro, Tzcherkass, Ouman, Jitomir... levem-lhes a mensagem edificante: a cólera judia teve a sua vingança! O sangue do assassino Petlioura, vertido na cidade mundial, em Paris [...] evocará o crime feroz [...] cometido contra o pobre e abandonado povo judeu.

* * *

Insisti nas semelhanças entre o julgamento de Schwartzbard em 1927 em Paris e o julgamento de Eichmann em 1961 em Jerusalém porque eles demonstram como Israel e o povo judeu em geral estavam pouco preparados para reconhecer nos crimes de que Eichmann era acusado um crime sem precedentes, e precisamente como esse reconhecimento deve ter sido difícil para o povo judeu. Aos olhos dos judeus, pensando exclusivamente em termos de sua própria história, da catástrofe que se abateu sobre eles com Hitler, na qual um terço deles morreu, esse não parecia o mais recente dos crimes, o crime sem precedentes de genocídio, mas, ao contrário, o crime mais antigo que conheciam e recordavam. Esse equívoco é quase inevitável se considerarmos não só os fatos da história judaica, mas também, e, mais importante, o atual autoconhecimento histórico dos judeus. Esse equívoco está na raiz de todos os fracassos e dificuldades do julgamento de Jerusalém. Nenhum dos participantes jamais chegou a um entendimento claro do horror efetivo de Auschwitz, que é de natureza diferente de todas as atrocidades do passado, porque foi considerado pela acusação e pelos juízes como nada mais do que o mais horrendo pogrom da história judaica. Eles portanto acreditaram que havia uma linha direta do antissemitismo inicial do Partido Nazista até as Leis de Nuremberg e daí para a expulsão dos judeus do Reich, terminando nas câmaras de gás. Politicamente e legalmente, porém, eram "crimes" diferentes, não só em grau de seriedade, mas em essência.

As Leis de Nuremberg de 1935 legalizavam a discriminação praticada antes dessa data pela maioria alemã contra a minoria judaica. De acordo com a lei internacional, era privilégio da soberana nação alemã declarar minoria nacional qualquer parte de sua população se o julgasse conveniente, contanto que a legislação dessa minoria estivesse conforme os direitos e garantias estabelecidos pelos tratados e acordos de minorias reconhecidos internacionalmente. As organizações judaicas internacionais, portanto, tentaram prontamente obter para essa nova minoria os mesmos direitos e garantias que as minorias da Europa Oriental e do Sudeste haviam recebido em

Genebra. Mas mesmo não sendo atribuída essa proteção, as Leis de Nuremberg foram, no geral, reconhecidas por outras nações como parte da legislação alemã, de forma que era impossível um cidadão alemão contrair "casamento misto" na Holanda, por exemplo. O crime das Leis de Nuremberg era um crime nacional; ele violava os direitos e liberdades constitucionais nacionais, mas não era da alçada da política de boa vizinhança. A "emigração forçada", porém, ou expulsão, que se tornou política oficial depois de 1938, era, sim, da alçada da política de boa vizinhança, pela simples razão de que aqueles que eram expulsos apareciam nas fronteiras de outros países, que eram forçados a aceitar os hóspedes indesejados ou fazê-los entrar clandestinamente em outro país, igualmente indisposto a recebê-los. A expulsão de cidadãos, em outras palavras, já é em si um crime contra a humanidade, se por "humanidade" se entende não mais que a política de boa vizinhança. Nem o crime nacional de discriminação legalizada, que resultava em perseguição pela lei, nem o crime internacional de expulsão eram sem precedentes, até mesmo na Idade Moderna. A discriminação legalizada era praticada pelos países balcânicos, e a expulsão em escala de massa ocorreu depois de muitas revoluções. Foi quando o regime nazista declarou que o povo alemão não só não estava disposto a ter judeus na Alemanha, mas desejava fazer todo o povo judeu desaparecer da face da Terra que passou a existir o novo crime, o crime contra a humanidade — no sentido de "crime contra o status humano", ou contra a própria natureza da humanidade. A expulsão e o genocídio, embora sejam ambos crimes internacionais, devem ser distinguidos; o primeiro é crime contra as nações irmãs, enquanto o último é um ataque à diversidade humana enquanto tal, isto é, a uma característica do "status humano" sem a qual a simples palavra "humanidade" perde o sentido.

Se a corte de Jerusalém tivesse entendido que havia distinções entre discriminação, expulsão e genocídio, teria ficado imediatamente claro que o crime supremo com que se defrontava, o extermínio físico do povo judeu, era um crime contra a humanidade, perpetrado no corpo do povo judeu, e que só a escolha de vítimas, não a natureza do crime, podia resultar da longa história de ódio aos judeus e de antissemitismo. Na medida em que as vítimas eram judeus, era certo e adequado que uma corte judaica pudesse conduzir o julgamento; mas na medida em que o crime era um crime contra a humanidade, era preciso um tribunal internacional para fazer justiça a ele. (Era surpreendente que a corte não fosse capaz de fazer essa distinção, porque ela havia de fato sido feita antes pelo ex-ministro de Justiça israelense, sr. Rosen, que em 1950 insistira em "uma distinção entre esta lei [para crimes contra o povo judeu] e a Lei para a Prevenção e Punição do Genocídio", que foi discutida e não passou no Parlamento israelense. Evidentemente, a corte sentia que não tinha o direito de ultrapassar a legislação local, de forma que o genocídio, não estando na abrangência da legislação israelense, não podia entrar adequadamente nas considerações.) Entre as vozes numerosas e altamente qualificadas que levantaram objeções à corte em Jerusalém e que favoreciam um tribunal internacional, apenas uma, a de Karl Jaspers, formulou clara e inequivocamente — numa entrevista radiofônica antes de o julgamento começar e que depois foi publicada em *Der Monat* — que "o crime contra os judeus era também um crime contra a humanidade", e que "consequentemente o veredicto só pode ser pronunciado por uma corte de justiça que represente a humanidade". Jaspers propôs que a corte de Jerusalém, depois de ouvir as provas factuais, "abrisse mão" do direito de sentenciar, se declarando "incompetente" para fazê-lo, porque a natureza legal do crime em questão ainda estava aberta à discussão, da mesma forma que a questão subsequente sobre quem teria competência para sentenciar um crime que havia sido cometido por ordens governamentais. Jaspers declarou ainda que só uma coisa era certa: "Este crime é ao mesmo tempo mais e menos do que um assassinato comum", e embora tampouco fosse um "crime de guerra", não havia dúvidas de que a "humanidade certamente seria destruída se Estados tivessem permissão de perpetrar tais crimes".

Talvez a proposta de Jaspers, que ninguém em Israel se deu ao trabalho de discutir, fosse impraticável de um ponto de vista puramente técnico. A questão da jurisdição de uma corte deve ser decidida antes de o julgamento começar; e uma vez declarada competente, a corte deve também julgar. No entanto, essas objeções puramente formalistas podiam facilmente ser enfrentadas se Jaspers tivesse pedido não à corte, mas ao Estado de Israel que abrisse mão de seu direito de executar a sentença quando fosse pronunciada, em vista da natureza sem precedentes das conclusões da corte. Israel poderia então ter recorrido às Nações Unidas e demonstrado com todas as provas na mão que era imperativa a necessidade de uma corte criminal internacional, em vista desses novos crimes cometidos contra a humanidade como um todo. Estaria então em poder de Israel criar um problema, "criar um distúrbio consistente", perguntando insistentemente o que fazer com esse homem que mantinha prisioneiro; petições constantes teriam imposto à opinião pública mundial a necessidade de uma corte criminal internacional permanente. Só criando assim para os representantes de todas as nações uma "situação embaraçosa" seria possível impedir "a humanidade de se aplacar" e impedir que o "massacre dos judeus [...] se transformasse em modelo de crimes futuros, talvez o exemplo vil e em menor escala de futuros genocídios". A própria monstruosidade dos fatos é "minimizada" diante de um tribunal que representa uma nação apenas.

Esse argumento em favor de um tribunal internacional foi, infelizmente, confundido com outras propostas baseadas em considerações diferentes e consideravelmente menos sérias. Muitos amigos de Israel, tanto judeus como não-judeus, temeram que o julgamento pudesse ferir o prestígio de Israel e dar margem a uma reação contra os judeus por todo o mundo. Era como se os judeus não tivessem o direito de figurar como juízes de seu próprio caso, mas só pudessem agir como acusadores; Israel devia, portanto, manter Eichmann prisioneiro até que um tribunal especial pudesse ser criado pelas Nações Unidas para julgá-lo. Sem levar em conta o fato de que Israel, no processo contra Eichmann, não estava fazendo mais do que todos os outros países ocupados pela Alemanha haviam feito muito antes, e que era a justiça que estava em jogo aqui, não o prestígio de Israel ou do povo judeu, todas essas propostas tinham uma falha em comum: elas podiam facilmente ser voltadas contra Israel. Eram de fato muito pouco realistas em vista do fato de que a Assembleia Geral das Nações Unidas havia "duas vezes rejeitado propostas de instaurar um tribunal criminal internacional permanente"

(*A. D. L. Bulletin*). Mas uma outra proposição mais prática, que geralmente não é mencionada porque *era* realizável, foi feita pelo dr. Nahum Goldmann, presidente do Congresso Judeu Mundial. Goldmann propôs a Ben-Gurion instaurar um tribunal internacional em Jerusalém, com juízes de cada um dos países que sofreram com a ocupação nazista. Isso não bastaria; teria sido apenas uma ampliação dos julgamentos nacionais, e o principal argumento contrário — a justiça seria administrada na corte dos vitoriosos — não seria sanado. Mas teria sido um passo prático na direção certa.

Israel — convém lembrar — reagiu a essas propostas com grande violência. E, mesmo sendo verdade, como apontou Yosal Rogat (em *The Eichmann Trial and the Rule of Law*, publicado pelo Centro de Estudo das Instituições Democráticas, Santa Barbara, Califórnia, 1962), que Ben-Gurion sempre "pareceu não entender nada quando perguntavam: 'Por que ele não é julgado por uma corte internacional?'", também é verdade que aqueles que faziam a pergunta não entendiam que para Israel o único aspecto sem precedentes nesse processo específico era que, pela primeira vez, desde a destruição de Jerusalém pelos romanos no ano 70, os judeus tinham a possibilidade de julgar crimes cometidos contra seu próprio povo. Pela primeira vez, não precisavam apelar a outros para proteção e justiça ou depender da comprometida fraseologia dos direitos do homem — direitos que, como ninguém sabia melhor que eles, só eram invocados por povos fracos demais para defender seus "direitos de homem branco" e para impor suas próprias leis. (O simples fato de Israel ter sua própria legislação, sob a qual esse julgamento podia se realizar, foi considerado pelo sr. Rosen, por ocasião da primeira leitura da lei no Knesset, em 1950, muito antes do julgamento de Eichmann, como expressão de "uma transformação revolucionária na posição política do povo judeu". Foi contra o pano de fundo dessas experiências e aspirações muito vívidas que Ben-Gurion disse: "Israel não precisa da proteção de uma corte internacional".)

Além disso, o argumento de que o crime contra o povo judeu foi em primeiro lugar um crime contra a humanidade, que servia de apoio às propostas válidas de um tribunal internacional, estava em flagrante contradição com a lei sob a qual Eichmann foi julgado. Por isso, aqueles que propuseram a Israel desistir de seu prisioneiro deveriam ir um passo adiante e declarar: a Lei (Punitiva) dos Nazistas e Colaboradores dos Nazistas de 1950 está errada, está em contradição com o que ocorreu de fato, e não cobre os fatos. E isso teria sido realmente verdade. Pois assim como um assassino é processado porque violou a lei da comunidade, e não porque privou a família Silva de seu marido, pai, ou arrimo, assim também esses assassinos modernos empregados pelo Estado devem ser processados porque violaram a ordem da humanidade, e não porque mataram milhões de pessoas. Nada é mais pernicioso para a compreensão desses novos crimes, nada atravanca mais a emergência de um código penal internacional que se encarregue deles, do que a ilusão comum de que o crime de assassinato e o crime de genocídio são essencialmente os mesmos, e que este último, portanto, "não é um crime novo propriamente falando". O problema com este é que se rompe uma ordem inteiramente diferente e viola-se uma comunidade inteiramente diferente. E, de fato, foi porque Ben-Gurion sabia muito bem que toda a discussão dizia respeito na verdade à validade da lei israelense é que ele acabou reagindo mal, e não apenas com violência, contra os críticos dos procedimentos israelenses: o que quer que esses "pretensos peritos" tivessem a dizer, seus argumentos eram "sofismas", inspirados pelo antissemitismo ou, no caso dos judeus, por complexos de inferioridade. "Que o mundo entenda uma coisa: não vamos desistir de nosso prisioneiro."

É justo dizer que esse não foi de forma nenhuma o tom com que o julgamento foi conduzido em Jerusalém. Mas acho que se pode prever que este último dos julgamentos nacionais não servirá de precedente especialmente válido para futuros julgamentos desses crimes. Isso pode ser de pouca importância em vista do fato de que seu objetivo principal — acusar e defender, julgar e punir Adolf Eichmann — foi atingido, não fosse pela possibilidade bastante incômoda, mas inegável, de que crimes similares possam ser cometidos no futuro. As razões para essa sinistra potencialidade são gerais e também particulares. Faz parte da própria natureza das coisas humanas que cada ato cometido e registrado pela história da humanidade fique com a humanidade como uma potencialidade, muito depois da sua efetividade ter se tornado coisa do passado. Nenhum castigo jamais possuiu poder suficiente para impedir a perpetração de crimes. Ao contrário, a despeito do castigo, uma vez que um crime específico apareceu pela primeira vez, sua reaparição é mais provável do que poderia ter sido a sua emergência inicial. As razões particulares que falam pela possibilidade de repetição dos crimes cometidos pelos nazistas são ainda mais plausíveis. A assustadora coincidência da explosão populacional moderna com a descoberta de aparelhos técnicos que, graças à automação, tornarão "supérfluos" vastos setores da população até mesmo em termos de trabalho, e que, graças à energia nuclear, possibilitam lidar com essa dupla ameaça com o uso de instrumentos ao lado dos quais as instalações de gás de Hitler pareceriam brinquedos de uma criança maldosa — tudo isso deve bastar para nos fazer tremer.

Essencialmente por esta razão: assim como o inaudito, uma vez ocorrido, pode se tornar precedente para o futuro, todos os julgamentos que tocam em "crimes contra a humanidade" devem ser julgados de acordo com um padrão que hoje ainda é "ideal". Se o genocídio é uma possibilidade real do futuro, então nenhum povo da Terra — muito menos, claro, o povo judeu, em Israel ou em qualquer parte — pode se sentir razoavelmente seguro quanto à continuação de sua existência sem a ajuda e a proteção da lei internacional. O sucesso ou o fracasso em tratar o inaudito consiste em que esse trato possa servir como precedente válido na via para uma lei penal internacional. E essa solicitação, encaminhada aos juízes de tais tribunais, não erra o alvo nem pede mais do que pode ser razoavelmente esperado. A lei internacional, disse o magistrado Jackson em Nuremberg, "é resultado de tratados e acordos entre nações e de costumes aceitos. No entanto, todo costume tem sua origem em algum ato único [...] Nossos dias têm o direito de instituir costumes e concluir acordos que se tornarão fontes de uma lei internacional mais nova e fortalecida". O que o magistrado Jackson deixou de apontar é que, como consequência dessa natureza ainda inacabada da lei internacional, passou a ser tarefa dos juízes de julgamentos comuns fazer justiça sem a ajuda de leis positivas, postuladas, ou além das limitações a eles impostas por essas leis. Para o juiz, isso pode ser uma limitação, e é muito provável que ele proteste que o "ato único" dele exigido não é de sua competência, cabendo antes ao legislador.

E, de fato, antes de chegarmos a qualquer conclusão sobre o sucesso ou fracasso da corte de Jerusalém, devemos enfatizar a firme crença dos juízes de que eles não tinham o direito de se transformar em legisladores, que eles tinham de conduzir seus trabalhos dentro dos limites da lei israelense, de um lado, e da opinião legal aceita, de outro. Deve-se admitir, além disso, que seus fracassos não foram nem em gênero, nem em grau, maiores do que os fracassos dos julgamentos de Nuremberg ou dos julgamentos nacionais em outros países europeus. Ao contrário, parte do fracasso da corte de Jerusalém deveu-se a seu empenho em apegar-se ao precedente de Nuremberg sempre que possível.

Em resumo, o fracasso da corte de Jerusalém consistiu em não ter tomado as rédeas de três itens fundamentais, todos suficientemente conhecidos e amplamente discutidos desde a instauração dos julgamentos de Nuremberg: o problema da predefinição da justiça na corte dos vitoriosos; uma definição válida de "crime contra a humanidade"; e um reconhecimento claro do novo tipo de criminoso que comete esse crime.

Quanto à primeira, a justiça foi mais seriamente prejudicada em Jerusalém do que em Nuremberg, porque a corte não admitiu testemunhas de defesa. Em termos dos requisitos tradicionais para processos de lei justos e adequados, essa foi a falha mais séria nos procedimentos de Jerusalém. Além disso, se o julgamento na corte dos vencedores era talvez inevitável no fim da guerra (ao argumento do magistrado Jackson sobre Nuremberg: "Ou os vitoriosos julgam os vencidos ou teremos de deixar os vencidos julgar a si mesmos", deve-se acrescentar o compreensível sentimento dos Aliados de que eles, "que tinham arriscado tudo, não podiam admitir neutros" [Vabres]), a situação não era mais a mesma dezesseis anos depois e sob circunstâncias em que o argumento contra a admissão de países neutros não fazia sentido.

Quanto ao segundo item, as conclusões da corte de Jerusalém foram incomparavelmente melhores do que as de Nuremberg.

Mencionei antes a definição da Carta de Nuremberg para "crimes contra a humanidade" como "atos desumanos", traduzida para o alemão como *Verbrechen gegen die Menschlichkeit* — como se os nazistas simplesmente fossem desprovidos de bondade humana, certamente o eufemismo do século. Sem dúvida, se a conduta do julgamento de Jerusalém dependesse inteiramente da acusação, o equívoco básico teria sido ainda pior do que em Nuremberg. Mas o julgamento se recusou a permitir que o caráter básico do crime fosse engolido pela enchente de atrocidades, e não caiu na armadilha de equacionar esse crime com os crimes de guerra comuns. O que foi mencionado em Nuremberg apenas ocasionalmente e, por assim dizer, marginalmente — que "as provas demonstram que [...] os assassinatos em massa e as crueldades não foram cometidos unicamente com o propósito de eliminar a oposição", mas foram "parte de um plano para se livrar de populações nativas inteiras" — estava no centro do processo de Jerusalém, pela razão óbvia de que Eichmann era acusado de um crime contra o povo judeu, um crime que não podia ser explicado por nenhum propósito utilitário; judeus tinham sido mortos por toda a Europa, não só no Leste, e seu aniquilamento não se devia a qualquer desejo de ganhar território que "pudesse ser usado para a colonização por alemães". A grande vantagem de um julgamento centrado no crime contra o povo judeu era fazer emergir a diferença entre crimes de guerra, como fuzilamento de guerrilheiros e assassinato de reféns, e "atos desumanos", como "expulsão e aniquilamento" de populações nativas para permitir a colonização por um invasor, mas também que se esclarecia a diferença entre "atos desumanos" (realizados com algum propósito conhecido, embora criminoso, como a expansão pela colonização) e o "crime contra a humanidade", cujo intento e propósito eram sem precedentes. Em nenhum momento, porém, fosse no julgamento ou na sentença, o tribunal de Jerusalém chegou a mencionar a possibilidade de que o extermínio de grupos étnicos inteiros — judeus ou poloneses ou ciganos — pudesse ser mais do que um crime contra o povo judeu ou polonês ou cigano, que a ordem internacional e a humanidade como um todo pudessem ter sido seriamente feridas ou postas em risco.

Ligado de perto a esse fracasso estava o conspícuo desamparo que os juízes experimentaram quando se viram confrontados com a tarefa de que menos podiam escapar — a tarefa de entender o criminoso que tinham vindo julgar. Evidentemente não bastava que não acompanhassem a acusação em sua descrição obviamente errada do acusado como um "sádico pervertido", nem teria bastado que fossem um passo à frente e demonstrassem a incoerência do argumento da acusação, segundo o qual o sr. Hausner queria julgar o monstro mais anormal que o mundo já vira e, ao mesmo tempo, julgar nele "muitos outros como ele", até mesmo "todo o movimento nazista e o antissemitismo em geral". Eles sabiam, é claro, que teria sido realmente muito reconfortante acreditar que Eichmann era um monstro; se assim fosse, a acusação de Israel contra ele teria soçobrado ou, no mínimo, perdido todo interesse. Não é possível convocar o mundo inteiro e reunir correspondentes dos quatro cantos da Terra para expor o Barba Azul no banco dos réus. O problema com Eichmann era exatamente que muitos eram como ele, e muitos não eram nem pervertidos, nem sádicos, mas eram e ainda são terrível e assustadoramente normais. Do ponto de vista de nossas instituições e de nossos padrões morais de julgamento, essa normalidade era muito mais apavorante do que todas as atrocidades juntas, pois implicava que — como foi dito insistentemente em Nuremberg pelos acusados e seus advogados — esse era um tipo novo de criminoso, efetivamente *hostis generis humani*, que comete seus crimes em circunstâncias que tornam praticamente impossível para ele saber ou sentir que está agindo de modo errado. Sob esse aspecto, as provas no caso de Eichmann eram ainda mais convincentes que as provas apresentadas no julgamento dos grandes criminosos de guerra, cujas alegações de consciência tranquila podiam ser descartadas mais facilmente porque combinavam o argumento da obediência a "ordens superiores" com várias bazófias sobre ocasionais desobediências. Mas embora a má-fé dos acusados fosse manifesta, a única base para se provar efetivamente a consciência pesada seria o fato de os nazistas, e especialmente as organizações criminosas a que Eichmann pertencera, terem estado muito ocupados em destruir a prova de seus crimes durante os últimos meses da guerra. E essa base era bastante frágil.

Não fez mais que comprovar o reconhecimento de que a lei de assassinato em massa, devido a sua novidade, ainda não era aceita por outras nações; ou, na linguagem dos nazistas, que eles tinham perdido sua luta para "libertar" a humanidade do "domínio dos subumanos", principalmente da dominação dos Sábios de Sion; ou, em palavras comuns, o fato não provava mais do que a admissão da derrota. Algum deles teria sofrido de consciência pesada se tivesse vencido?

Importante entre as grandes questões que estavam em jogo no julgamento de Eichmann era a ideia corrente em todos os modernos sistemas legais de que tem de haver intenção de causar dano para haver crime. A jurisprudência civilizada não conhece razões de orgulho maior que essa consideração pelo fato subjetivo. Quando essa intenção está ausente, quando, por qualquer razão, até mesmo por razões de insanidade mental, a capacidade de distinguir entre certo e errado fica comprometida, sentimos que não foi cometido nenhum crime. Nós recusamos e consideramos bárbaras as proposições de que "um grande crime ofende a natureza, de forma que a própria Terra clama por vingança; que o mal viola uma harmonia natural que só a punição pode restaurar; que uma coletividade vitimada tem o dever moral de punir o criminoso" (Yosal Rogat). E no entanto parece-me inegável que foi precisamente com base nessas proposições há muito esquecidas que Eichmann foi levado à justiça em primeiro lugar, e que elas foram, de fato, a justificativa suprema da pena de morte. Como ele esteve implicado e desempenhou um papel central no empreendimento cujo propósito declarado era eliminar certas "raças" da face da Terra para sempre, ele teve de ser eliminado. E se é verdade que "a justiça não deve ser apenas feita, ela deve ser vista", então a justiça do que foi feito em Jerusalém teria emergido para ser vista por todos se os juízes tivessem a ousadia de se dirigir ao acusado em algo como os seguintes termos:

"Você admitiu que o crime cometido contra o povo judeu durante a guerra foi o maior crime na história conhecida, e admitiu seu papel nele. Mas afirmou nunca ter agido por motivos baixos, que nunca teve inclinação de matar ninguém, que nunca odiou os judeus, que no entanto não podia ter agido de outra forma e que não se sente culpado. Achamos isso difícil, mesmo que não inteiramente impossível, de acreditar; existem algumas, embora não muitas, provas contra você nessa questão de motivação e consciência que podem ficar além de toda dúvida. Você disse também que seu papel na Solução Final foi acidental e que quase qualquer pessoa poderia ter tomado seu lugar, de forma que potencialmente quase todos os alemães são igualmente culpados. O que você quis dizer foi que onde todos, ou quase todos, são culpados, ninguém é culpado. Essa é uma conclusão realmente bastante comum, mas que não estamos dispostos a aceitar. E se não entende nossa objeção, recomendaríamos a sua atenção à história de Sodoma e Gomorra, duas cidades bíblicas que foram destruídas pelo fogo do céu porque todo o povo delas havia se tornado igualmente culpado. Isso, incidentalmente, nada tem a ver com a recém-nascida ideia de 'culpa coletiva', segundo a qual as pessoas são culpadas ou se sentem culpadas de coisas feitas em seu nome, mas não por elas — coisas de que não participaram e das quais não auferiram nenhum proveito. Em outras palavras, culpa e inocência diante da lei são de natureza objetiva, e mesmo que 8 milhões de alemães tivessem feito o que você fez, isso não seria desculpa para você.

"Felizmente não precisamos ir tão longe. Você próprio não alegou a efetiva, mas apenas a potencial culpa da parte de todos que vivem num Estado cujo principal propósito político se tornou a perpetração de crimes inauditos. E a despeito das vicissitudes exteriores ou interiores que o levaram a se transformar em criminoso, existe um abismo entre a realidade do que você fez e a potencialidade do que os outros poderiam ter feito. Nós nos ocupamos aqui apenas com o que você fez, e não com a natureza possivelmente não criminosa de sua vida interior e de seus motivos ou com as potencialidades criminosas daqueles a sua volta. Você contou sua história como uma história de dificuldades e, sabendo das circunstâncias, estamos até certo ponto dispostos a admitir que em circunstâncias mais favoráveis é altamente improvável que você tivesse de comparecer perante nós ou perante qualquer outra corte criminal. Suponhamos, hipoteticamente, que foi simplesmente a má sorte que fez de você um instrumento da organização do assassinato em massa; mesmo assim resta o fato de você ter executado, e portanto apoiado ativamente, uma política de assassinato em massa. Pois política não é um jardim de infância; em política, obediência e apoio são a mesma coisa. E, assim como você apoiou e executou uma política de não partilhar a Terra com o povo judeu e com o povo de diversas outras nações — como se você e seus superiores tivessem o direito de determinar quem devia e quem não devia habitar o mundo —, consideramos que ninguém, isto é, nenhum membro da raça humana haverá de querer partilhar a Terra com você. Esta é a razão, e a única razão, pela qual você deve morrer na forca."

PÓS-ESCRITO

Este livro contém o *relato de um julgamento*, e sua fonte principal é a transcrição dos trabalhos da corte, distribuída à imprensa em Jerusalém. A não ser pelo discurso de abertura do promotor e pela apresentação geral da defesa, o registro do julgamento não foi publicado e não é de fácil acesso. A língua da corte era o hebraico; as matérias fornecidas à imprensa eram, dizia-se, "uma transcrição não editada e não revisada da tradução simultânea", que "não devia ser considerada estilisticamente perfeita e isenta de erros linguísticos". Usei a versão inglesa do começo ao fim, exceto nos pontos em que os trabalhos eram realizados em alemão; quando a transcrição alemã continha as palavras originais, dei-me a liberdade de fazer minha própria tradução.

A não ser pelo discurso introdutório do promotor e pelo veredicto final, cujas traduções foram preparadas fora da sala do tribunal, sem recursos à tradução simultânea, nenhum dos registros deve ser considerado absolutamente confiável. A única versão precisa é o registro original em hebraico, que não utilizei. No entanto, todo esse material foi dado oficialmente aos repórteres para seu uso, e, até onde sei, ainda não foi apontada nenhuma discrepância significativa entre o registro oficial hebraico e a transcrição. A tradução simultânea para o alemão era ruim, mas pode-se considerar que as traduções para o inglês e o francês eram confiáveis.

Nenhuma dúvida sobre a confiabilidade das fontes se aplica aos seguintes materiais da sala do tribunal que — com uma exceção — também foram fornecidos à imprensa pelas autoridades de Jerusalém:

1. a transcrição em alemão do interrogatório de Eichmann pela polícia, gravado em fita, depois datilografado, e as folhas datilografadas apresentadas a Eichmann, que as corrigiu de próprio punho. Ao lado da transcrição dos trabalhos do tribunal, este foi o documento mais importante.

2. documentos apresentados pela acusação, mais o "material legal" distribuído pela acusação.

3. dezesseis declarações sob juramento de testemunhas chamadas originalmente pela defesa, embora partes de seus testemunhos fossem posteriormente utilizadas pela acusação. Essas testemunhas eram: Erich von dem Bach-Zelewski, Richard Baer, Kurt Becher, Horst Grell, dr. Wilhelm Hötl, Walter Huppenkothen, Hans Jüttner, Herbert Kappler, Hermann Krumey, Franz Novak, Alfred Josef Slawik, dr. Max Merten, professor Alfred Six, dr. Eberhard von Thadden, dr. Edmund Veesenmayer, Otto Winkelmann.

4. por fim, tive também à minha disposição um manuscrito de setenta páginas datilografadas, escrito pelo próprio Eichmann. Foi apresentado como prova pela acusação e aceito pela corte, mas não divulgado à imprensa. No cabeçalho se lê, em tradução: "Re: Meus comentários sobre o assunto da 'questão judaica e medidas do Governo Nacional Socialista do Reich alemão com relação à solução desse assunto durante os anos 1933 a 1945'". Esse manuscrito contém anotações feitas por Eichmann na Argentina como preparação para a entrevista dada a Sassen (veja Bibliografia).

A Bibliografia lista apenas o material que efetivamente usei, não os inúmeros livros, artigos e matérias de jornal que li e colecionei durante os dois anos entre o rapto de Eichmann e sua execução. Lamento essa incompletude só no que diz respeito às reportagens de correspondentes da imprensa alemã, suíça, francesa, inglesa e norte--americana, visto que tinham muitas vezes nível bem superior ao tratamento mais pretensioso do assunto em livros e revistas, mas preencher essa lacuna teria sido um trabalho desproporcionalmente grande. Contentei-me, portanto, com acrescentar à Bibliografia desta edição revisada um número seleto de livros e artigos de revistas que apareceram depois da publicação de meu livro, quando eles contêm mais do que uma versão requentada da Promotoria. Entre esses, dois relatos do julgamento que com frequência chegam a conclusões incrivelmente semelhantes às minhas, e um estudo das figuras importantes do Terceiro Reich, que acrescentei agora às minhas fontes de material de fundo. São eles: *Mörder und Ermordete. Eichmann und die Judenpolitik des Dritten Reiches*, de Robert Pendorf, que leva em conta também o papel dos Conselhos Judeus na Solução Final; *Strafsache 40/61*, do correspondente holandês Harry Mulisch (utilizei a tradução alemã), que é praticamente o único escritor sobre o assunto a colocar a pessoa do acusado no centro de sua reportagem e cuja avaliação de Eichmann coincide com a minha em alguns pontos essenciais; e finalmente os excelentes retratos dos principais nazistas em *Das Gesicht des Dritten Reiches*, de T. C. Fest, recentemente publicado; Fest é muito confiável e seus juízos são sempre de nível extremamente alto.

Os problemas enfrentados pelo autor de uma reportagem podem ser mais bem comparados àqueles de quem escreve uma monografia histórica. Em ambos os casos, a natureza do trabalho exige uma distinção deliberada entre o uso dos materiais primário e secundário. Fontes primárias só podem ser usadas no tratamento de assuntos especiais — neste caso, o julgamento em si —, enquanto o material secundário é utilizado para tudo o que constitui o pano de fundo histórico. Assim, mesmo os documentos que citei eram, com pouquíssimas exceções, apresentados como provas no julgamento (em cujo caso constituíam fontes primárias) ou foram tirados de livros sérios sobre o período em questão. Como se pode ver pelo texto, utilizei *The Final Solution*, de Gerald Reitlinger, e recorri ainda mais a *The Destruction of the European Jews*, de Raul Hilberg, que foi publicado depois do julgamento e constitui o mais exaustivo e solidamente documentado relato das políticas judaicas do Terceiro Reich.

Mesmo antes de sua publicação, este livro se tornou foco de controvérsia e objeto de uma campanha organizada. Nada mais natural que a campanha, levada a cabo por bem conhecidos meios de fabricação de imagem e manipulação de opinião, tenha tido muito mais atenção que a controvérsia, de forma que esta última foi um tanto engolida e sufocada pelo barulho artificial da primeira. Isso ficou especialmente claro quando uma estranha mistura das duas, em palavreado quase idêntico — como se as coisas escritas sobre o livro (e mais frequentemente sobre sua autora) saíssem de "um mimeógrafo" (Mary McCarthy) —, foi levada dos Estados Unidos para a Inglaterra e depois para a Europa, onde o livro ainda não estava disponível. Tudo isso foi possível por causa do clamor centralizado na "imagem" de um livro que nunca foi escrito e que supostamente versava sobre assuntos que muitas vezes não só não foram mencionados por mim, mas que nunca me ocorreram antes.

O debate — se disso se tratava — não foi de modo algum despido de interesse. Manipulações de opinião, na medida em que são inspiradas em interesses bem definidos, têm objetivos limitados; seu efeito, porém, se acontece de tocarem num assunto de autêntico interesse, escapa a seu controle e pode facilmente produzir consequências nunca previstas ou tencionadas. Hoje parece que a era do regime de Hitler, com seus crimes gigantescos e sem precedentes, constituiu um "passado indomado" não apenas para o povo alemão ou para os judeus do mundo inteiro, mas também para o resto do mundo, que tampouco esqueceu essa grande catástrofe no coração da Europa, e também não conseguiu aceitá-la. Além disso — e isso foi talvez o mais inesperado —, questões morais gerais, com todo seu intrincamento e complexidades modernas, que nunca suspeitei que fossem assombrar as mentes dos homens de hoje e pesar tanto em seus corações, repentinamente passaram para o primeiro plano da opinião pública.

A controvérsia começou chamando atenção para a conduta do povo judeu durante os anos da Solução Final, na trilha da questão, levantada pela primeira vez pelo promotor israelense, quanto a saber se os judeus podiam ou deviam ter se defendido. Eu havia descartado a questão como tola e cruel, porque atestava uma fatal ignorância das condições da época. Ela agora foi discutida até a exaustão, chegando-se às mais incríveis conclusões. A bem conhecida invenção histórico-sociológica da "mentalidade de gueto" (que em Israel assumiu seu lugar nos livros de história e que neste país vem sendo adotada principalmente pelo psicólogo Bruno Bettelheim — levantando um furioso protesto do judaísmo oficial norte-americano) vem sendo usada insistentemente para explicar um comportamento que não se limitava ao povo judeu e que, portanto, não pode ser explicado por fatores especificamente judeus. Proliferaram as sugestões até que alguém, evidentemente achando a discussão muito tediosa, teve a brilhante ideia de evocar teorias freudianas e atribuir a todo o povo judeu um "desejo de morte" — inconsciente, é claro. Essa foi a inesperada conclusão a que certos críticos escolheram chegar sobre a "imagem" de um livro — criada por certos interesses grupais — no qual eu teria dito que os judeus haviam matado a si mesmos. E por que eu teria dito uma tal monstruosa e implausível mentira? Por "auto-ódio" sem dúvida.

Desde que o papel da liderança judaica veio à baila no julgamento, e desde que eu o comentei, foi inevitável que ele fosse discutido. Isso, em minha opinião, era uma questão séria, mas o debate pouco contribuiu para seu esclarecimento. Pelo que se pode concluir do recente julgamento em Israel de um certo Hirsch Birnblat, antigo chefe da polícia judaica numa cidade polonesa e agora maestro da Ópera israelense, que foi primeiro condenado por uma corte distrital à pena de cinco anos de prisão e depois exonerado pela Suprema Corte de Jerusalém, cuja opinião unânime indiretamente exonerou os Conselhos Judeus em geral, o establishment judeu está amargamente dividido sobre o assunto. No debate, porém, os participantes mais acalorados eram aqueles que ou identificavam o povo judeu com sua liderança — em gritante contraste com as claras distinções feitas em quase todos os relatos de sobreviventes, que podem ser resumidas nas palavras de um antigo prisioneiro de Theresienstadt: "o povo judeu como um todo se comportou magnificamente. Só a liderança falhou" — ou justificavam os funcionários judeus citando todos os louváveis serviços que eles prestaram antes da guerra, e acima de tudo antes da era da Solução Final, como se não houvesse diferença em ajudar judeus a emigrar e ajudar os nazistas a deportá-los.

Essas questões tinham de fato ligações com este livro, embora infladas além de qualquer proporção, mas houve outras que não tinham absolutamente nenhuma relação. Houve, por exemplo, uma acalorada discussão sobre o movimento de resistência alemã do começo do regime de Hitler em diante, que eu naturalmente não discuti, uma vez que a questão da consciência de Eichmann e da situação a sua volta diz respeito só ao período da guerra e à Solução Final. Mas surgiram questões mais fantásticas. Um bom número de pessoas começou a discutir se as vítimas da perseguição não seriam sempre mais "feias" que seus assassinos; ou se alguém que não estava presente tem o direito de "julgar" o passado; ou se é o acusado ou a vítima que ocupa o lugar central num julgamento. Sobre este último ponto, alguns chegaram a afirmar não só que eu estava errada em me interessar pelo tipo de pessoa que era Eichmann, mas ainda que não deviam ter deixado que ele falasse nada — ou seja, que o julgamento fosse conduzido sem defesa.

Como é quase sempre o caso em discussões conduzidas com grande demonstração de emoção, os interesses concretos de certos grupos, cuja excitação se deve inteiramente a questões factuais e que, portanto, tentam distorcer os fatos, acabam rápida e inextricavelmente entremeados com a inspiração desenfreada de intelectuais que, ao contrário, não estão nada interessados em fatos, mas os tratam simplesmente como um trampolim para "ideias". Mas mesmo nesses combates simulados, se podia muitas vezes detectar uma certa seriedade, um certo grau de autêntica preocupação, e isso até mesmo na contribuição de gente que se gabava de não ter lido o livro e prometia não o ler nunca.

Comparado a esses debates, que tanto se expandiram, o livro em si lida com um assunto tristemente limitado. O relato de um julgamento só pode discutir as questões que foram tratadas no curso do julgamento ou que, no interesse da justiça, deveriam ser tratadas. Se a situação geral de um país em que o julgamento ocorre é importante para a condução do julgamento, ela também deve ser levada em conta. Este livro, portanto, não trata da história do maior desastre que se abateu sobre o povo judeu, nem é um relato sobre o totalitarismo, nem uma história do povo alemão à época do Terceiro Reich, nem é, por fim e sobretudo, um tratado teórico sobre a natureza do mal. O foco de todo julgamento recai sobre a pessoa do acusado, um homem de carne e osso com uma história individual, com um conjunto sempre único de qualidades, peculiaridades, padrões de comportamento e circunstâncias. Tudo o que vai além disso, tal como a história do povo judeu na Diáspora e do antissemitismo, ou a conduta do povo alemão e de outros povos, ou as ideologias da época e o aparato governamental do Terceiro Reich, só afeta o julgamento na medida em que forma o pano de fundo e as condições em que o acusado cometeu seus atos. Todas as coisas com que o acusado não entrou em contato, ou que não o influenciaram, devem ser omitidas dos trabalhos de um tribunal e consequentemente da reportagem sobre ele.

Pode-se discutir que todas as questões gerais que involuntariamente suscitamos assim que começamos a falar desses assuntos — por que tinha de ser com os alemães? por que tinha de ser com os judeus? qual a natureza do regime totalitário? — são muito mais importantes que a questão do tipo de crime pelo qual um homem está sendo julgado e da natureza do acusado sobre o qual a justiça deve se pronunciar; mais importantes também que saber como o nosso atual sistema de justiça é capaz de lidar com o tipo especial de crime e criminoso que teve de enfrentar repetidamente depois da Segunda Guerra Mundial. Pode-se afirmar que a questão não é mais um ser humano particular, um único indivíduo distinto no banco dos réus, mas sim o povo alemão em geral, ou o antissemitismo em todas as suas formas, ou o conjunto da história moderna, ou a natureza do homem e o pecado original — a ponto de no fim das contas toda a espécie humana estar sentada atrás do acusado no banco dos réus. Tudo isso foi discutido com frequência principalmente por aqueles que não descansam enquanto não descobrem um "Eichmann dentro de cada um de nós". Se o acusado é tomado como um símbolo e o julgamento é um pretexto para levantar questões que são aparentemente mais interessantes que a culpa ou inocência de uma pessoa, então a coerência exige que nos curvemos à asserção feita por Eichmann e seu advogado: que ele foi levado a julgamento porque era preciso um bode expiatório, não só para a República Federal alemã, mas também para os acontecimentos como um todo e para o que os possibilitou — isto é, para o antissemitismo e o regime totalitário, assim como para a espécie humana e o pecado original.

Nem preciso dizer que nunca teria ido a Jerusalém se pensasse assim. Eu era e sou da opinião que esse julgamento devia acontecer no interesse da justiça e nada mais. Penso também que os juízes estão muito certos quando enfatizam em seu veredicto que "o Estado de Israel foi fundado e reconhecido como o Estado dos judeus", e portanto tem jurisdição sobre um crime cometido contra o povo judeu; e em vista da atual confusão dos círculos legais sobre o sentido e a utilidade da punição, fiquei contente ao ver que a sentença citava Grotius, que explica, citando por seu lado um autor mais antigo, que a punição é necessária "para defender a honra ou a autoridade daquele que foi afetado pelo crime, de forma a impedir que a falta de punição possa causar sua desonra".

Evidentemente não há dúvida de que o acusado e a natureza de seus atos, assim como o julgamento em si, levantam problemas de natureza geral que vão muito além das questões consideradas em Jerusalém. Tentei abordar algumas delas no Epílogo, que já não é um simples relato. Eu não me surpreenderia se achassem meu tratamento inadequado, e teria apreciado uma discussão sobre a significação geral de todo o conjunto dos fatos, que seria tanto mais significativa quanto mais diretamente se referisse aos eventos concretos. Posso também imaginar muito bem que uma controvérsia autêntica poderia ter surgido do subtítulo do livro; pois quando falo da banalidade do mal, falo num nível estritamente factual, apontando um fenômeno que nos encarou de frente no julgamento. Eichmann não era nenhum Iago, nenhum Macbeth, e nada estaria mais distante de sua mente do que a determinação de Ricardo III de "se provar um vilão". A não ser por sua extraordinária aplicação em obter progressos pessoais, ele não tinha nenhuma motivação. E essa aplicação em si não era de forma alguma criminosa; ele certamente nunca teria matado seu superior para ficar com seu posto. Para falarmos em termos coloquiais, ele *simplesmente nunca percebeu o que estava fazendo*. Foi precisamente essa falta de imaginação que lhe permitiu sentar meses a fio na frente do judeu alemão que conduzia o interrogatório da polícia, abrindo seu coração para aquele homem e explicando insistentemente como ele conseguira chegar só à patente de tenente-coronel da ss e que não fora falha sua não ter sido promovido. Em princípio ele sabia muito bem do que se tratava, e em sua declaração final à corte, falou da "reavaliação de valores prescrita pelo governo [nazista]". Ele não era burro. Foi pura irreflexão — algo de maneira nenhuma idêntico à burrice — que o predispôs a se tornar um dos grandes criminosos desta época. E se isso é "banal" e até engraçado, se nem com a maior boa vontade do mundo se pode extrair qualquer profundidade diabólica ou demoníaca de Eichmann, isso está longe de se chamar lugar-comum. Certamente não é nada comum que um homem, diante da morte e, mais ainda, já no cadafalso, não consiga pensar em nada além do que ouviu em funerais a sua vida inteira, e que essas "palavras elevadas" pudessem toldar inteiramente a realidade de sua própria morte. Essa distância da realidade e esse desapego podem gerar mais devastação do que todos os maus instintos juntos — talvez inerentes ao homem; essa é, de fato, a lição que se pode aprender com o julgamento de Jerusalém. Mas foi uma lição, não uma explicação do fenômeno, nem uma teoria sobre ele.

Aparentemente mais complicada, mas na verdade muito mais simples que examinar a estranha interdependência entre inconsciência e mal, é a questão relativa aos tipos de crime de que se tratava ali — um crime, além do mais, que todos concordam ser sem precedentes. Pois o conceito de genocídio, introduzido especificamente para cobrir um crime antes desconhecido e embora aplicável até certo ponto, não é inteiramente adequado, pela simples razão de que os massacres de povos inteiros não são sem precedentes. Eram a ordem do dia na Antiguidade, e os séculos de colonização e imperialismo fornecem muitos exemplos de tentativas desse tipo, mais ou menos bem-sucedidas. A expressão "massacres administrativos" é a que parece melhor definir o fato. O termo surgiu em relação ao imperialismo britânico; os ingleses deliberadamente rejeitaram esse procedimento como meio de manter seu domínio sobre a Índia. A expressão tem a virtude de dissipar a suposição de que tais atos só podem ser cometidos contra nações estrangeiras ou de raça diferente. É bem sabido que Hitler começou seus assassinatos em massa brindando os "doentes incuráveis" com "morte misericordiosa", e que pretendia ampliar seu programa de extermínio se livrando dos alemães "geneticamente defeituosos" (os doentes do coração e do pulmão). Mas à parte isso, é evidente que esse tipo de morte pode ser dirigido contra qualquer grupo determinado, isto é, que o princípio de seleção é dependente apenas de fatores circunstanciais. É bem concebível que na economia automatizada de um futuro não muito distante os homens possam tentar exterminar todos aqueles cujo quociente de inteligência esteja abaixo de determinado nível.

Em Jerusalém essa questão foi discutida inadequadamente por ser de fato muito difícil de captar juridicamente. Ouvimos os protestos da defesa dizendo que Eichmann era afinal apenas uma "pequena engrenagem" na máquina da Solução Final, bem como os da acusação, que acreditava ter descoberto em Eichmann o verdadeiro motor. Eu mesma não atribuí às duas teorias importância maior do que a que lhes atribuiu a corte de Jerusalém, visto que toda a teoria da engrenagem é legalmente sem sentido e portanto não importa nada a ordem de magnitude que se atribui à "engrenagem" chamada Eichmann. Em sua sentença a corte naturalmente concedeu que tal crime só podia ser cometido por uma burocracia gigante usando os recursos do governo. Mas na medida em que continua sendo um crime — e essa é, de fato, a premissa de um julgamento — todas as engrenagens da máquina, por mais insignificantes que sejam, são na corte imediatamente transformadas em perpetradores, isto é, em seres humanos. Se o acusado se desculpa com base no fato de ter agido não como homem, mas como mero funcionário cujas funções podiam ter sido facilmente realizadas por outrem, isso equivale a um criminoso que apontasse para as estatísticas do crime — que determinaram que tantos crimes por dia fossem cometidos em tal e tal lugar — e declarasse que só fez o que era estatisticamente esperado, que foi um mero acidente ele ter feito o que fez e não outra pessoa, uma vez que, no fim das contas, alguém tinha de fazer aquilo.

Claro que é importante para as ciências políticas e sociais que a essência do governo totalitário, e talvez a natureza de toda burocracia, seja transformar homens em funcionários e meras engrenagens, assim os desumanizando. E se pode debater prolongadamente e com proveito o governo de Ninguém, que é o que de fato significa a forma política conhecida como bureau-cracia. Mas é preciso entender com clareza que as decisões da justiça podem considerar esses fatores só na medida em que são circunstâncias do crime — como num caso de roubo em que a condição econômica do ladrão é levada em conta sem desculpar o roubo e muito menos apagar sua existência. É verdade que a psicologia e a sociologia modernas, sem falar da burocracia moderna, nos acostumaram demais a explicar a responsabilidade do agente sobre seu ato em termos deste ou daquele determinismo. Mas é discutível se essas explicações aparentemente profundas das ações humanas são certas ou erradas. O que é indiscutível é que nenhum procedimento judicial seria possível com base nelas, e que a administração de justiça com base nessas teorias seria uma instituição muito pouco moderna, para não dizer ultrapassada. Quando Hitler disse que viria o dia em que na Alemanha se consideraria uma "desgraça" ser jurista, ele estava falando com absoluta coerência de seu sonho de uma burocracia perfeita.

Até onde entendo, para tratar de toda essa batelada de questões, a jurisprudência só tem duas categorias a seu dispor, ambas, em minha opinião, bastante inadequadas para tratar do assunto. Há os conceitos de "atos de Estado" e de atos "por ordens superiores". De qualquer forma, essas são as únicas categorias em cujos termos essas questões são discutidas nesse tipo de julgamento, geralmente por moção do acusado. A teoria de ato de Estado tem por base o argumento de que um Estado soberano não pode julgar outro, *par in parem non habet jurisdictionem*. Em termos práticos, esse argumento já havia sido descartado em Nuremberg; não servia desde o começo porque, se fosse aceito, nem mesmo Hitler, o único realmente responsável no sentido total, poderia ser acusado — um estado de coisas que teria violado o mais elementar senso de justiça. No entanto, um argumento vencido de antemão no plano prático não está necessariamente demolido no teórico. As costumeiras evasivas — de que a Alemanha na época do Terceiro Reich estava dominada por um bando de criminosos para quem soberania e paridade não se aplicam — não servem. Pois, por um lado, todo mundo sabe que a analogia com um bando de criminosos só é aplicável com tal limitação que não é possível realmente aplicá-la, e por outro lado esses crimes inegavelmente ocorreram dentro de uma ordem "legal". Essa era, de fato, a sua característica mais notável.

Talvez possamos chegar mais perto da questão se nos dermos conta de que por trás do conceito de ato de Estado existe a teoria de *raison d'état*. Segundo essa teoria, as ações do Estado, que é responsável pela vida do país e portanto também pelas leis vigorantes nele, não estão sujeitas às mesmas regras que os atos dos cidadãos do país. Assim como o domínio da lei, embora criado para eliminar a violência e a guerra de todos contra todos, sempre precisa dos instrumentos da violência para garantir sua própria existência, também um governo pode se ver levado a cometer atos que são geralmente considerados crimes, a fim de garantir sua própria sobrevivência e a sobrevivência da legalidade. As guerras são frequentemente justificadas nessas bases, mas atos criminosos de Estado não ocorrem apenas no campo das relações internacionais, e a história das nações civilizadas conhece muitos exemplos disso — do assassinato do duque d'Enghien por Napoleão ao assassinato do líder socialista Matteotti, pelo qual o próprio Mussolini é considerado responsável.

A *raison d'état* apela — corretamente ou não, dependendo do caso — para a *necessidade*, e os crimes de Estado cometidos em seu nome (que são inteiramente criminosos nos termos do sistema legal dominante no país em que eles ocorrem) são considerados medidas de emergência, concessões feitas às severidades da realpolitik, a fim de preservar o poder e assim garantir a continuação da ordem legal como um todo. Num sistema político e legal normal, tais crimes ocorrem como uma exceção à regra e não estão sujeitos às penas legais (são *gerichtsfrei*, como diz a teoria legal alemã) porque a existência do Estado em si está em jogo, e nenhuma entidade política externa tem o direito de negar a um Estado sua existência ou de prescrever-lhe como preservá-la. No entanto, num Estado fundado em princípios criminosos, a situação se inverte, como podemos aprender com a história da política judaica do Terceiro Reich. Então um ato não criminoso (como, por exemplo, a ordem de Himmler suspendendo a deportação dos judeus no final do verão de 1944) se torna uma concessão à necessidade imposta pela realidade, neste caso a derrota iminente. Aqui surge a questão: qual a natureza da soberania de uma tal entidade? Não terá sido violada a paridade (*par in parem non habet jurisdictionem*) que a lei internacional garante? Será que o "*par in parem*" não significa mais que a parafernália da soberania? Ou será que traz implícita também uma substantiva igualdade ou semelhança? Podemos aplicar o mesmo princípio que é aplicado a um aparato governamental em que crime e violência são excepcionais e marginais a uma ordem política em que o crime é legal e constitui a regra?

A inadequação dos conceitos jurídicos para lidar com os fatos criminosos que foram objeto desses julgamentos aparece talvez mais notavelmente no conceito de atos desempenhados por ordens superiores. A corte de Jerusalém contrapôs ao argumento da defesa longas citações de compêndios legais penais e militares de países civilizados, principalmente a Alemanha; pois sob o governo de Hitler os artigos pertinentes não foram de forma alguma repelidos. Todos eles concordam num ponto: ordens manifestamente criminosas não devem ser obedecidas. A corte, além disso, se referiu a um caso surgido anos antes em Israel: soldados foram levados a julgamento por massacrar habitantes civis de uma aldeia árabe na fronteira, pouco antes do começo da campanha do Sinai. Os habitantes foram encontrados na frente de suas casas depois do toque de recolher militar, de que aparentemente não tinham conhecimento. Infelizmente, a um exame mais minucioso a comparação parece deficiente sob dois aspectos. Antes de mais nada, devemos considerar que a relação entre exceção e regra, que é de primordial importância para reconhecer a criminalidade de uma ordem executada por um subordinado, foi invertida no caso dos atos de Eichmann. Portanto, com base nesse argumento poderíamos efetivamente defender a negativa de Eichmann a obedecer certas ordens de Himmler, ou sua hesitação em obedecer: elas eram manifestas exceções à regra dominante. O julgamento concluiu que isso era especialmente incriminador para o acusado, o que certamente era muito compreensível, mas não muito coerente. Isso se pode ver com facilidade nas conclusões pertinentes das cortes militares israelenses que foram citadas como apoio pelos juízes. E que dizem o seguinte: para ser desobedecida, a ordem precisa ser "manifestamente ilegal"; a ilegalidade "deve pairar acima dela como uma bandeira negra, como um aviso de 'Proibido!'". Em outras palavras, a ordem, para ser reconhecida pelo soldado como "manifestamente ilegal", tem de violar, por sua excepcionalidade, os cânones do sistema legal ao qual ele está acostumado. E a jurisprudência israelense concorda nesses pontos com a de outros países. Sem dúvida, ao formular esses artigos, os legisladores estavam pensando em casos como o de um oficial que repentinamente enlouquece e ordena, digamos, a seus subordinados que matem outro oficial. Em qualquer julgamento comum de um caso assim ficaria claro imediatamente que o que foi ordenado ao soldado não foi que consultasse a voz da consciência ou um "sentido de legalidade que existe no fundo de toda consciência humana, até daqueles que não estão familiarizados com os livros de leis [...] contanto que o olho não seja cego e o coração não seja duro e corrompido". Ao contrário, o que se espera do soldado é que seja capaz de distinguir entre a regra e a notável exceção à regra. O código militar alemão, de qualquer forma, determina explicitamente que a consciência não basta. O parágrafo 48 diz assim: "A punição de uma ação ou omissão não fica excluída com base no fato de a pessoa considerar seu comportamento necessário por sua consciência ou pelos preceitos de sua religião". Um traço notável da linha de argumentação da corte de Israel é que o conceito de um sentido de justiça enraizado no fundo de cada homem é apresentado apenas como substituto para a familiaridade com a lei. Sua plausibilidade se apoia na suposição de que a lei expressa apenas o que a consciência de todo homem lhe diria de uma forma ou de outra.

    Se aplicarmos todo esse arrazoado ao caso de Eichmann de forma significativa, seremos forçados a concluir que Eichmann agiu inteiramente dentro dos limites do tipo de discernimento que se esperava dele: agiu de acordo com a regra, examinou a ordem expedida para ele quanto à sua legalidade "manifesta", sua regularidade; não teve de depender de sua "consciência", uma vez que não era daqueles que não têm familiaridade com as leis do seu país. O caso era exatamente o contrário.

A segunda razão para que o argumento baseado na comparação se mostre deficiente diz respeito à prática das cortes de admitir a declaração de "ordens superiores" como importante circunstância atenuante, e essa prática foi mencionada explicitamente no julgamento. O julgamento citou o caso que mencionei acima, do massacre dos habitantes árabes de Kfar Kassem, como prova de que a jurisprudência israelense não livra um acusado da responsabilidade em vista da "ordem superior" que recebeu. E de fato, os soldados israelenses foram condenados por assassinato, mas as "ordens superiores" constituíram um argumento de tamanho peso como circunstância mitigante que eles foram sentenciados a períodos de prisão relativamente curtos. Sem dúvida esse caso se refere a um ato isolado, não — como no caso de Eichmann — a uma atividade que se prolongou durante anos, na qual houve crime sobre crime. Mesmo assim, era inegável que ele sempre agiu por "ordens superiores", e se as provisões da lei israelense ordinária fossem aplicadas a ele, seria realmente difícil aplicar-lhe a pena capital. A questão é que a lei israelense, em teoria e na prática, assim como a jurisprudência de outros países, não pode senão admitir que as "ordens superiores", mesmo quando sua ilegalidade é manifesta, podem perturbar severamente o funcionamento da consciência de um homem.

Esse é só um exemplo entre muitos para demonstrar a inadequação do sistema legal dominante e dos conceitos jurídicos em uso para lidar com os fatos de massacres administrativos organizados pelo aparelho do Estado. Se olharmos mais de perto a questão veremos sem muita dificuldade que os juízes de todos esses julgamentos realmente sentenciaram exclusivamente com base nos atos monstruosos. Em outras palavras, julgaram com liberdade, por assim dizer, e não se apoiaram realmente nos padrões e nos precedentes legais com que mais ou menos convincentemente procuraram justificar suas decisões. Isso já era evidente em Nuremberg, onde os juízes por um lado declararam que o "crime contra a paz" era o mais grave de todos os crimes, mas por outro lado efetivamente sentenciaram à morte apenas aqueles acusados que tinham participado do crime novo de massacre administrativo — em princípio uma ofensa menos grave que a conspiração contra a paz. Seria realmente tentador procurar essas e outras incoerências semelhantes num campo tão obcecado com a coerência como a jurisprudência. Mas evidentemente isso não pode ser feito aqui.

Resta, porém, um problema fundamental, que está implicitamente presente em todos esses julgamentos pós-guerra e que tem de ser mencionado aqui porque toca uma das grandes questões morais de todos os tempos, especificamente a natureza e a função do juízo humano. O que exigimos nesses julgamentos, em que os réus cometeram crimes "legais", é que os seres humanos sejam capazes de diferenciar o certo do errado mesmo quando tudo o que têm para guiá-los seja apenas seu próprio juízo, que, além do mais, pode estar inteiramente em conflito com o que eles devem considerar como opinião unânime de todos a sua volta. E essa questão é ainda mais séria quando sabemos que os poucos que foram suficientemente "arrogantes" para confiar em seu próprio julgamento não eram, de maneira nenhuma, os mesmos que continuavam a se nortear pelos velhos valores, ou que se nortearam por crenças religiosas. Desde que a totalidade da sociedade respeitável sucumbiu a Hitler de uma forma ou de outra, as máximas morais que determinam o comportamento social e os mandamentos religiosos — "Não matarás!" — que guiam a consciência virtualmente desapareceram. Os poucos ainda capazes de distinguir certo e errado guiavam-se apenas por seus próprios juízos, e com toda liberdade; não havia regras às quais se conformar, às quais se pudessem conformar os casos particulares com que se defrontavam. Tinham de decidir sobre cada caso quando ele surgia, porque não existiam regras para o inaudito.

    A controvérsia gerada por este livro, assim como a controvérsia, semelhante em muitos aspectos, sobre *O deputado*, de Hochhuth, revelou o quanto os homens de nosso tempo são perturbados por essa questão do juízo (ou, como se diz muitas vezes, pelas pessoas que ousam "julgar"). O que veio à luz não foi nem niilismo, nem cinismo, como se poderia esperar, mas uma confusão bastante extraordinária sobre questões elementares de moralidade — como se um instinto em tais questões fosse realmente a última coisa que se pudesse esperar de nosso tempo. As muitas notas curiosas surgidas no correr dessas disputas parecem particularmente reveladoras. Por exemplo, alguns literatos norte-americanos professaram sua simplória convicção de que tentação e coerção são realmente a mesma coisa, que não se pode exigir de ninguém que resista à tentação. (Se alguém encosta um revólver em seu coração e manda você matar seu melhor amigo, você simplesmente *deve* matá-lo. Ou, como se discutiu alguns anos atrás em relação ao escândalo do programa de perguntas em que um professor universitário engambelou o público: quando existe muito dinheiro em jogo, quem pode resistir?) O argumento de que não podemos julgar se não estivemos presentes e envolvidos parece convencer todo mundo em toda parte, embora pareça óbvio que, se fosse verdadeiro, nem a administração da justiça, nem a historiografia jamais seriam possíveis. Em contraste com essas confusões, a censura moralista levantada contra aqueles que efetivamente julgam é velha como o tempo; mas isso não a torna válida. Mesmo um juiz que condena um assassino pode dizer quando vai para casa: "E com a graça de Deus, lá vou eu". Todos os judeus alemães condenaram unanimemente a onda de consenso que tomou conta do povo alemão em 1933 e que de um dia para outro transformou os judeus em párias. Será concebível que nenhum deles jamais tenha perguntado a si mesmo quantos de seu próprio grupo teriam feito a mesma coisa se apenas pudessem? Mas a condenação deles hoje será menos correta por essa razão?

A reflexão de que qualquer um próprio poderia ter feito o mal nas mesmas circunstâncias pode animar um espírito de perdão, mas aqueles que hoje se referem à caridade cristã parecem estranhamente confusos a esse respeito também. Na declaração de pós-guerra da *Evangelische Kirche in Deutschland*, a Igreja protestante, podemos ler o seguinte: "Por nossa omissão e nosso silêncio, afirmamos que perante o Deus de Misericórdia partilhamos a culpa pelo ultraje cometido contra os judeus por nosso próprio povo".* Parece-me que um cristão só é culpado perante o Deus de *Misericórdia* quando ele

---

* Nota da autora: Citação do ministro Aurel von Jüchen em uma antologia de críticas à peça teatral de Hochhuth, *Summa Iniuria*, Rowohlt Verlag, p. 195.

paga o mal com o mal, portanto as Igrejas teriam pecado contra a misericórdia se milhões de judeus fossem mortos como castigo por algum mal que eles tivessem cometido. Mas se as Igrejas partilham a culpa por um ultraje puro e simples, como elas próprias atestam, então deve-se ainda considerar que a questão fica dentro do âmbito do Deus da *Justiça*. Esse deslize de linguagem, por assim dizer, não é acidental. A justiça, mas não a misericórdia, pode ser objeto de nosso juízo, e entretanto a opinião pública parece pronta a concordar que ninguém tem o direito de julgar o outro. O que a opinião pública nos permite julgar e até condenar são as tendências ou grupos inteiros de pessoas — quanto maiores, melhor —, em resumo, algo tão geral que não se podem mais fazer distinções ou dar nomes. Nem é preciso acrescentar que esse tabu se aplica duplamente quando os atos ou palavras de pessoas famosas ou homens em altas posições estão sendo questionados. Isso se expressa atualmente nas pretensiosas asserções de que é "superficial" insistir nos detalhes e mencionar indivíduos, quando é sinal de sofisticação falar em generalidades segundo as quais todos os gatos são pardos e somos todos igualmente culpados. Dessa forma, a acusação que Hochhuth fez contra um único papa — um homem, facilmente identificável, com um nome próprio — foi imediatamente compensada com uma condenação de toda a cristandade. A acusação contra o cristianismo em geral, com seus 2 mil anos de história, não pode ser provada, e se pudesse ser provada, seria horrível. Ninguém parece se importar com isso na medida em que nenhuma *pessoa* está envolvida, e é bastante seguro ir um passo adiante e afirmar: "Sem dúvida existe razão para graves acusações, mas o acusado é a *humanidade* como um todo" (afirma Robert Weltsch em *Summa Iniuria*, citado acima, grifo meu).

Uma outra fuga dos fatos confirmáveis e da responsabilidade pessoal são as incontáveis teorias, baseadas em conclusões hipotéticas, abstratas e inespecíficas — do zeitgeist ao complexo de Édipo —, que são tão gerais que explicam e justificam todos os eventos e todos os atos: nenhuma alternativa para o que efetivamente aconteceu é sequer considerada e nenhuma pessoa poderia ter agido de modo diverso. Entre as construções que "explicam" tudo obscurecendo todos os detalhes, encontramos ideias como "mentalidade de gueto" entre os judeus europeus; ou a culpa coletiva do povo alemão, decorrente de uma interpretação ad hoc de sua história; ou a asserção igualmente absurda de um tipo de inocência coletiva do povo judeu. Todos esses clichês têm em comum o fato de tornarem supérfluo o juízo e de que se pode pronunciá-los sem nenhum risco. E embora se possa entender a relutância daqueles imediatamente afetados pelo desastre — alemães e judeus — em examinar muito de perto a conduta de grupos e pessoas que pareciam estar ou deveriam ter permanecido a salvo da totalidade do colapso moral — isto é, a conduta das Igrejas cristãs, a liderança judaica, os homens da conspiração contra Hitler de 20 de julho de 1944 —, essa indisposição compreensível é insuficiente para explicar a relutância evidente em toda parte em julgar nos termos da responsabilidade individual.

Muitas pessoas hoje concordariam que não existe algo como culpa coletiva ou inocência coletiva, e que se algo assim existisse, nenhum indivíduo poderia jamais ser culpado ou inocente. Isso evidentemente não significa negar que existe algo como responsabilidade *política*, que porém existe completamente à parte daquilo que o membro individual do grupo fez e que portanto não pode nem ser julgada em termos morais nem ser levada perante uma corte criminal. Todo governo assume responsabilidade política pelos mandos e desmandos de seu predecessor, e toda nação, pelos feitos e desfeitos do passado. Quando Napoleão, ao tomar o poder na França depois da Revolução, disse "Assumo a responsabilidade por tudo o que a França já fez, de são Luís ao Comitê de Segurança Pública", ele estava apenas formulando um tanto enfaticamente um dos fatos básicos de toda a vida política. Em termos gerais, significa pouco mais que afirmar que toda geração, em virtude de ter nascido num continuum histórico, recebe a carga dos pecados dos pais assim como é abençoada com os feitos dos ancestrais. Mas esse tipo de responsabilidade não é o que estamos discutindo aqui; não é pessoal, e só num sentido metafórico alguém pode dizer que *sente* culpa por aquilo que não ele, mas seu pai ou seu povo fizeram. (Moralmente falando, não é menos errado sentir culpa sem ter feito alguma coisa específica do que sentir-se livre de culpa tendo feito efetivamente alguma coisa.) É bastante concebível que certas responsabilidades políticas entre nações possam algum dia ser julgadas em uma corte internacional; o que é inconcebível é que tal corte venha a ser um tribunal criminal que declare a culpa ou a inocência de indivíduos.

E a questão da culpa ou inocência individuais, o ato de aplicar a justiça tanto ao acusado quanto à vítima, são as únicas coisas que estão em jogo numa corte criminal. O julgamento de Eichmann não foi exceção, mesmo que a corte se tenha visto confrontada com um crime que não podia encontrar nos livros de leis e com um criminoso que não tinha similar conhecido por nenhuma corte, pelo menos antes dos julgamentos de Nuremberg. A presente reportagem não trata de nada além da medida em que a corte de Jerusalém esteve à altura das exigências da justiça.

BIBLIOGRAFIA

Adler, H. G., *Theresienstadt 1941-1945*, Tübingen, 1955
____, *Die verheimlichte Wahrheit. Theresienstädter Dokumente*, Tübingen, 1958
American Jewish Committee, *The Eichmann Case in the American Press*, Nova York, s.d.
Anti-Defamation League, *Bulletin*, março de 1961
Baade, Hans W., "Some legal aspects of the Eichmann Trial", in *Duke Law Journal*, 1961
Bamm, Peter, *Die Unsichtbare Flagge*, Munique, 1952
Barkai, Meyer, *The Fighting Guettos*, Nova York, 1962
Baumann, Jürgen, "Gedanken zum Eichmann-Urteil", in *Juristenzeitung*, 1963, nº 4
Benton, Wilbourn E., e Grimm, Georg (orgs.), *Nuremberg: German Views of the War Trials*, Dallas, 1955
Bertelsen, Aage, *October '43*, Nova York, 1954
Bondy, François, "Karl Jaspers zum Eichmann-Prozess", *Der Monat*, maio de 1961
Buchheim, Hans, "Die ss in der Verfassung des Dritten Reichs", in *Vierteljahrshefte für Zeitgeschichte*, abril de 1955
Centre de Documentation Juive Contemporaine, *Le Dossier Eichmann*, Paris, 1960
De Jong, Louis, "Jews and non-Jews in Nazi-Ocuppied Holland", in *On the Track of Tiranny*, org. M. Beloff, Wiener Library, Londres
Dicey, Peiter N., *The Crime of State*, 2 vols., Leyden, 1959
"Eichmann Tells His Own Damning Story", *Life*, 28 de novembro a 5 de dezembro de 1960
Einstein, Siegfried, *Eichmann, Chefbuchhalter des Todes*, Frankfurt, 1961
Fest, T. C., *Das Gesicht des Dritten Reiches*, Munique, 1963
Finch, George A., "The Nuremberg Trials and International Law", in *American Journal of International Law*, vol. XLI, 1947

Flender, Harold, *Rescue in Denmark*, Nova York, 1963
Frank, Hans, *Die Technik des Staates*, Munique, 1942
Globke, Hans, *Kommentare zur deutschen Rassegesetzgebung*, Munique-Berlim, 1936
Green, L. C., "The Eichmann Case", in *Modern Law Review*, vol. XXIII, Londres, 1960
Hausner, Gideon, "Eichmann and His Trial", in *Saturday Evening Post*, 3, 10 e 17 de novembro de 1962
Hiber, Helmut, "Der Fall Grünspan", in *Vierteljahrshefte für Zeitgeschichte*, abril de 1957
Henk, Emil, *Die Tragödie des 20, Juli 1944*, 1946
Hesse, Fritz, *Das Spiel um Deutschland*, Munique, 1953
Hilberg, Raul, *The Destruction of the European Jews*, Chicago, 1961
Höss, Rudolf, *Commandant of Auschwitz*, Nova York, 1960
Hofer, Walther, *Der Nationalsozialismus. Dokumente 1933-1945*, Frankfurt, 1957
Holborn, Louise, (ed.), *War and Piece Aims of the United Nations*, 2 vols., Boston, 1943-1948
Jäger, Herbert, "Betrachtungen zum Eichmann-Prozess", in *Kriminologie und Strafrechtsreform*, Heft 3/4, 1962
Jaspers, Karl, "Beispiel für das Verhängnis des Vorrangs nationalpolitischen Denkens", in *Lebensfragen der deutschen Politik*, 1963
Kaltenbrunner, Ernst, *Spiegelbild einer Verschwörung*, Stuttgart, 1961
Kastner, Rudolf, *Der Kastner Bericht*, Munique, 1961
Kempner, Robert M. W., *Eichmann und Komplizen*, Zurich, 1961 [Minutas da Conferência de Wannsee]
Kimche, Jon e David, *The Secret Roads, The "Illegal" Migration of a People, 1938--48*, Londres, 1954
Kirchheimer, Otto, *Political Justice*, Princeton, 1961
Kirchhoff, Hans, "What saved the Danish Jews?", in *Peace News*, Londres, 8 de novembro de 1963
Klein, Bernard, "The Judenrat", in *Jewish Social Studies*, vol. 22, janeiro de 1960
Knierim, August von, *The Nuremberg Trials*, Chicago, 1959
Krug, Mark M., "Young Israelis and Jews Abroad — a Study of Selected History Textbooks", in *Comparative Education Review*, outubro de 1963
Lamm, Hans, *Über die Entwicklung des deutschen Judentums im Dritten Reich*, dissertação mimeografada, Erlangen, 1951
____, *Der Eichmannprozess in der deutschen öffentlichen Meinung*, Frankfurt, 1961
Lankin, Doris, *The Legal System*, "Israel Today" series, nº 19, Jerusalém, 1961
Lederer, Zdenek, *Guetto Theresienstadt*, Londres, 1953
Lehnsdorff, Hans Graf von, *Ostpreussisches Tagebuch*, Munique, 1961
Lévai, Eugene, *Black Book on the Martyrdom of Hungarian Jews*, Zurich, 1948

Lösener, Nernhard, *Die Nürnberger Gesetze*, Sammlung Vahlen, vol. XXIII, Berlim, 1936
Maschmann, Melitta, *Fazit*, Stuttgart, 1963
Maunz, Theodor, *Gestalt und Recht der Polizei*, Hamburgo, 1943
Monneray, Henri, *La Persécution des Juifs en France*, Paris, 1947
Motskin, Leo, (org.), *Les Pogromes en Ukraine sous le Gouvernements Ukrainiens 1917-1920*, Comité des Délégations Juives, Paris, 1927
Mulisch, Harry, *Strafsache 40/61*, Colônia, 1963
Nazi Conspiracy and Agression, 11 vols., Washington, 1946-48
Oppenheim, L., e Lauterpacht, Sir Hersch, *International Law*, 7ª ed., 1952
Paechter, Henry, "The Legend of the 20th of July, 1944", in *Social Research*, primavera de 1962
Pearlman, Moshe, *The Capture of Adolph Eichmann*, Londres, 1961
Pendorf, Robert, *Mörder und Ermordete. Eichmann und die Judenpolitik des Dritten Reiches*, Hamburgo, 1961
Poliakov, Léon, *Auschwitz*, Paris, 1964
____, e Wulf, Josef, *Das Dritten Reich und die Juden*, Berlim, 1955
Reck-Malleczewen, Friedrich P., *Tagebuch eines Verzweifelten*, Stuttgart, 1947
Reitlinger, Gerald, *The Final Solution*, Nova York, 1953
Reynolds, Quentin, Katz, Ephraim e Aldouby, Zwy, *Minister of Death*, Nova York, 1960
Ritter, Gerhard, *The German Resistance: Carl Goerdeler's Struggle against Tiranny*, Nova York, 1958
Robinson, Jacob, "Eichmann and the Question of Jurisdiction", *Commentary*, julho de 1960
Robinson, Jacob e Friedman, Philip, *Guide to Jewish History under Nazi Impact, a bibliography published jointly by YIVO Institute for Jewish Research and Yad Vashem*, Nova York e Jerusalém, 1960
Rogat, Yosal, *The Eichmann Trial and the Rule of Law*, Center for the Study of Democratic Institutions, Santa Barbara, Califórnia, 1961
Romoser, George K., *The Crisis of Political Direction in the German Resistance to Nazism*, dissertação, Universidade de Chicago, 1958
____, "The Politics of Uncertainty: the German Resistance Movement", in *Social Research*, primavera de 1964
Rothfels, Hans, *German Opposition to Hitler*, Chicago, 1948
Rotkirschen, Livia, *The Destruction of Slovak Jewry*, Jerusalém, 1961
Rousset, David, *Les Jours de notre mort*, Paris, 1947
Schneider, Hans, *Gerichtsfreie Hoheitsakte*, Tübingen, 1950
Schramm, Percy Ernst, "Adolf Hitler — Anatomie eines Diktators", in *Hitlers Tischgespräche*, 1964
Servatius, Robert, *Verteidigung Adolf Eichmann, Plädoyer*, Bad Kreuznach, 1961

Silving, Helen, "In Re Eichmann — A Dilemma of Law and Morality", *American Journal of International Law*, vol. LV, 1961

Stone, Julius, *Legal Controls of International Conflict*, Nova York, 1954

Strauss, Walter, "Das Reichsministerium des Innern und die Judengesetzgebung. Aufzeichnungen von Bernhard Lösener", in *Vierteljahrshefte für Zeitgeschichte*, julho de 1961

Strecker, Reinhard, (org.), *Dr. Hans Globke*, Hamburgo, s.d.

Taylor, Telford, "Large Questions in the Eichmann Case", *New York Times Magazine*, 22 de janeiro de 1961

Torrès, Henri, *Les Procès de Pogromes*, Paris, 1928

Trial of the Major War Criminals, The, 42 vols., Nuremberg, 1947-1948

Trials of War Criminals Before the Nuremberg Military Tribunals, 15 vols., Washington, 1949-1953

Vabres, Donnedieu de, *Le Procès de Nuremberg*, Paris, 1947

Wade, E. C. S., "Act of State in English Law", in *British Year Book of International Law*, 1934

Wechsler, Herbert, "The Issues of the Nuremberg Trials", in *Principles, Politics, and Fundamental Law*, Nova York, 1961

Weisenborn, Günther, *Der lautlose Aufstand*, Hamburgo, 1953

Wighto, Charles, *Eichmann, His Career and His Crimes*, Londres, 1961

Woetzel, Robert K., *The Nuremberg Trials in International Law*, Nova York, 1960

Wucher, Albert, *Eichmanns gab es Viele*, Munique-Zurique, 1961

Wulf, Josef, *Lodz. Das letzte Guetto auf polnischem Boden*, in *Schriftenreihe der Bundeszentrale für Heimatdienst*, vol. LIX, Bonn, 1962

____, *Vom Leben, Kampf und Tod im Guetto Warschau*, Bonn, 1960

Yad Vashem, *Bulletin*, Jerusalém, abril de 1961 e abril-maio de 1962

Zabarowski, Jan, *Dr. Hans Globke, the Good Clerk*, Poznan, 1962

Zeisel, Hans, "Eichmann, Adolf", *Britannica Book of the Year*, 1962

ÍNDICE REMISSIVO

Abromeit, Franz, 202, 216
Adenauer, Konrad, 24, 26-30, 129, 136, 186
Adler, H. G., 136, 151
Agência Central de Investigação de Crimes Nazistas, 24
Agência Judaica para a Palestina, 73, 74, 141
Albânia, 79
Alemanha: exército e alto-comando, 29, 34-5, 98, 114, 116-9, 121, 123, 144, 189, 191, 234, 238-40, 251; Ministério da Justiça, 175; Ministério das Relações Exteriores, 24, 34-5, 60, 86, 90, 100, 128-9, 131, 156-8, 168, 174, 177-8, 185, 188-9, 195, 198, 205-7, 211-2, 215, 220, 223-5, 236-7; Ocidental, 24-5, 28, 35, 46, 144, 270, 272, 287; Oriental, 79; Serviço de Inteligência, 123, 206; Serviço Público, 50, 55, 128-30, 197
Alemanha, período pós-nazista na. *Ver* Alemanha: Oriental; Alemanha: Ocidental
Aliyah Beth, 75, 247
Alsácia-Lorena, 117-8
Alt-Aussee, 255, 257
América do Sul, 119, 178

Amsterdã, 22, 25, 134, 187
Anschluss, 214
árabes, 20-1, 23-4, 257, 315
Argentina, 15, 45-6, 59, 62, 65, 67, 93, 99, 118, 231, 243, 257-61, 263-4, 269, 274, 287, 304
Arquivo Nacional (EUA), 89
assalto, tropas de. *Ver* SA
assimilacionistas, 52, 54, 72
Associação Central de Cidadãos Alemães de Fé Judaica, 73
Associação Cristã de Moços, 44
Associação Judaica de Berlim (*Reichsvereinigung*), 73, 77, 176
Aufbau, Der, 38
Auschwitz, 23, 25, 54, 63-4, 77, 86, 93, 95, 101, 105, 107, 124-5, 133-5, 155, 158, 164, 169, 173, 182-3, 185, 187, 189, 199, 208, 216, 220, 222, 235, 245-7, 249, 267, 287, 290
Áustria, 23, 25, 39-41, 46, 50, 55-7, 74, 77, 89, 111, 117-8, 155, 168, 171, 175, 179, 181, 214, 228, 246, 248, 255, 258, 274
Austro-Húngaro, império, 200

Bach-Zelewski, Erich von dem, 26, 106, 304

Baden, 147, 172-3
Badoglio, Pietro, 195, 203
Baeck, Leo, 135
Baer, Richard, 25, 304
Baky, László, 220
Bamm, Peter, 253
Baron, Salo W., 30, 112
Baror, Ya'akov, 136
Basler Nationalzeitung, 186
Bauer, Fritz, 28
Becher, Kurt, 155, 158-61, 164-5, 218-9, 304
Beck, Ludwig, 117-8
Beckamnn, Heinz, 71
Beckerle, Adolf, 207
Bélgica, 159, 180-1, 184-5, 246, 259, 277
Belzek, 125
Ben-Gurion, David, 15-6, 20-1, 23-4, 29, 31, 139, 231, 260, 262, 271, 275, 294-5
Ben-Zvi, Itzhak, 271
Bergen-Belsen, 101, 134, 140, 160, 173, 208, 229, 246
Berlim, 45, 52, 57-8, 71, 75, 77-81, 87, 89, 96, 98, 104, 115, 120, 128, 132-5, 137, 147, 165-6, 174, 184-6, 191-4, 204, 206-7, 209-12, 216, 219, 222-3, 225, 238, 255, 266, 288-9; Tratado de, 210
Berthawerk, 220
Best, Werner, 191-4
Beth Ha'am. *Ver* Casa do Povo
Beth Hamishpath. *Ver* Casa da Justiça
Bettelheim, Bruno, 307
Bialystok, 235
Birnblat, Hirsch, 307
Blobel, Paul, 229
Blomberg, 239
Boêmia, 79, 94-5, 97, 111, 171
Böhm, Adolf, 230
Böhm, Josef, 53

Böhme, Franz, 34, 204
Boicote, dia do (1º de abril de 1933), 72
Bondes e Eletricidade, Companhia de, 39-40
Bonnet, Georges, 90
Bordeaux, 181-2
Boris III, rei da Hungria, 206
Bormann, Martin, 175, 253, 281
Brack, Viktor, 99, 124
Bradfisch, Otto, 25, 144
Brand, Joel, 217-9
Brandt, Karl, 84
Brandt, Willy, 71
Bratislava, 96, 161, 224-6, 282
Brauchitsch, Walter von, 233
Breslau, 220
Briand-Kellogg, Pacto, 277
Brigada Judaica, 246
Brunner, Alois, 196, 208, 216, 226
Buber, Martin, 271, 273-4
Bucareste, 211
Buchenwald, 22-3
Budapeste, 36-7, 42, 134, 140, 155, 157, 164, 215-6, 218, 221-2, 225
Buenos Aires, 32, 257-9, 262-3, 287, 289
Bühler, Josef, 129, 237
Bulgária, 190, 200-1, 204-7, 216, 246, 252

Cairo, 23, 76
Canadá, 119
Carmelo, monte, 76
Casa da Justiça, 13
Casa do Povo, 14
Católica, Academia (Baviera), 33
Centro de Emigração da Judeus Austríacos (Viena), 56
Chaim I. *Ver* Rumkowski, Chaim
Chelmno, 26, 103, 125, 246
Christian X, rei da Dinamarca, 190, 192
Churchill, Winston, 279

Ciano, 197
ciganos, 34, 109-10, 112, 122, 175, 204, 207, 238, 266-7, 298
Cohn, Breno, 52
Comitê Conjunto de Distribuição, 161, 218
Comitê de Assistência e Resgate Sionista (Hungria), 217-9
Comitê Judeu de Assistência e Resgate de Bratislava, 225
comunistas, 50, 84, 111, 113, 195, 197
Conferência Central de Rabinos Norte- -Americanos, 271
Congresso Judeu Mundial, 294
Conselho Judeu Central, 134-5, 142, 184, 188, 208, 216-7, 219
Convenção para Proteção dos Direitos Humanos e Liberdades Fundamentais, 272
Corte de Apelação (Israel). *Ver* Suprema Corte de Israel
Corte Distrital de Jerusalém, 13, 15, 29-30, 32, 79, 132, 160, 172, 176, 231-2, 237, 241-2, 260, 266, 269-71
Côte d'Azur, 183, 196
Cracóvia, 238
Crimeia, 227
Croácia, 159, 201-3
Cruz de Flecha, 215, 222
Cruz Vermelha Internacional, 97, 101, 163, 247, 255
Czerniakow, Adam, 135

Dachau, 46, 147
Daluege, Kurt, 82
Dannecker, Theodor, 182, 185, 205-6, 216
Dantzig, 238
Davar, 20
Deputado, O (Hochhuth), 318
Diário de Anne Frank, 273

diáspora, 18, 20-1, 95, 309
Dicey, Albert Venn, 106
Dimitrov, Georgi, 207
Dinamarca, 169, 180, 188-94, 198, 207, 210, 246
Dinoor, senhor, 245
Dostoiévski, Fiodor, 64
Dr. Strangelove, 112
Drancy, 182
Dreyfus, caso, 21
Drost, P. N., 282
Duckwitz, George F., 192
Dunan, Paul, 163

Ebner (oficial da Gestapo), 63
Egito: Assembleia Nacional do, 31; Eichmann no, 76
Eichmann, comando, 25, 216, 219, 221-2
Eichmann, Dieter, 224
Eichmann, família, 37, 40, 154, 209, 242, 258, 265, 271
Eichmann, Karl Adolf (pai de Eichmann), 15, 32, 39-41, 43, 46, 54, 258
Eichmann, Maria (mãe de Eichmann), 32, 41, 258-9
Eichmann, Ricardo Francisco (quarto filho de Eichmann), 258
Eichmann, Veronika (ou Vera) Liebl (esposa de Eichmann), 40, 257-8, 263, 271
Einsatzgruppen [unidade móvel de assassinato], 25-6, 62, 81, 84-5, 88-9, 92, 98, 100, 105, 111-2, 116, 121-3, 125, 144, 216, 233, 238-9, 253
Einsatzstab Rosenberg, 202
Einstein, Albert, 151
Eisenhower, Dwight D., 255
El-Al (Linhas Aéreas de Israel), 260, 262

Elektrobau, 41
Endre, Vitesz László, 37, 157, 220
Eppstein, Paul, 77, 137
Espanha, 174, 187, 195-6, 221
Estados Unidos, 114, 146, 237
Estônia, 171, 227
Europa, plano, 217, 219, 225
Evian, Conferência de, 80
Ezequiel, 30

Falkenhauser, Alexander von, 184
Farben, I. G., 93
Farinacci, Roberto, 197
Fellenz, Martin, 27
Ferenczy, tenente-coronel, 220
Fest, T. C., 305
Finlândia, 188, 277
Fiume, 196
Flandres, 184
França: regime de Vichy na, 147, 172, 180-3, 195; zona de ocupação italiana na, 183, 195-6; zona de ocupação nazista na, 114, 148, 159, 181-3, 246
Franco, Francisco, 195
franco-maçonaria, 49
Franco-Prussiana, guerra, 117
Frank, Hans, 19, 87, 89-90, 150, 153, 227, 234, 237
Frank, Karl Hermann, 94
Fränkel, Wolfgang Immerwahr, 27
Frankfurter Rundschau, 29
Franz Josef, imperador da Áustria, 104
Freudiger, Philip von. *Ver* Freudiger, Pinchas
Freudiger, Pinchas, 140-1, 217-8
Fritsch, Werner von, 239
Fünten, Ferdinand aus der, 186

Genebra, convenção de, 277, 291
Genocídio, Convenção sobre (ONU), 284

George, Stefan, 173
Gestapo, 48, 63, 74, 79, 82, 84, 113, 169, 176, 184, 191, 210, 228, 249, 267, 286
Gilbert, Gustave M., 232
Gillon, Philip, 18
Glickman Corporation, 16
Globke, Hans, 29-30, 86, 129, 144-5, 270
Globocnik, Odilo, 99, 101-2, 104, 124, 198
Glücks, Richard, 102, 169, 220
Goebbels, Joseph Paul, 33, 65, 116, 211
Goerdeler, Carl Friedrich, 115-20
Goldmann, Nahum, 294
Göring, Hermann Wilhelm, 57, 79, 98, 108, 116, 150, 207, 223
Grã-Bretanha, 74, 311
Grande mufti de Jerusalém, 23-4, 30
Grécia, 195, 200, 204, 208-9, 216, 246, 281
Greisen, Arthur, 144
Greisler, Artur, 227, 235
Grell, Horst, 59, 304
Grotius, 310
Grüber, Heinrich, 146-9
Grynszpan, Herschel, 248-9
Grynszpan, Zindel, 248-9, 251
Guarda de Ferro, 210-1
Günther, Rolf, 84, 124, 163, 192, 216
Gurs, 147, 173

Ha'avarah, 73
Habsburgo, Otto von, 214
Haganah, 76
Hagen, Herbert, 76
Haia, 170, 185; convenção de, 277-9
Haifa, 76
Halevi, Benjamin, 55, 83, 141, 160, 244, 252
Haman, 30

Hamsun, Knut, 171
Hannecken, general von, 191-2
Harsten, Wilhelm, 185-6
Hausner, Gideon, 15-9, 29-30, 37, 71, 112, 138-9, 141, 230, 233, 243, 245-6, 248, 251, 270, 282-3, 289, 299
Hebraica, universidade, 271
Hedin, Sven, 150-1, 171
Hegel, 31
Helldorf, conde, 115
Heninger, Otto (pseudônimo de Eichmann), 257
Herzl, Theodor, 53, 70, 90, 230
Hesse, Fritz, 115
Heydrich, Reinhardt, 48, 56-7, 60, 71, 79, 82-4, 86, 88-90, 92, 94-9, 110-1, 122-3, 128-30, 149-50, 155, 172-3, 185, 191, 197, 204, 224-5, 228, 232-3, 237-8, 240, 267
Hilberg, Raul, 85, 93, 123, 134, 150, 157, 207, 211, 305
Himmler, Heinrich, 24, 26, 36, 47-8, 63-4, 66, 70-1, 82-5, 88, 90, 98-9, 101, 109-10, 116, 120-5, 128, 132-3, 146, 150, 155, 157-66, 168-9, 172, 175-6, 180, 183, 186-7, 191, 213, 217-8, 222, 232, 234-5, 237-8, 253, 255-6, 267, 314-5
Hiroshima, 278
Hitler, Adolf, 21, 24, 27-9, 31, 35, 46, 49-50, 52, 55-6, 65, 71-3, 76, 79, 81, 84, 86, 98-9, 109, 112-5, 116-25, 128-30, 142-5, 146, 150-1, 155, 157, 162, 164-8, 170, 172-3, 175, 177, 179, 184, 188, 195, 2(X)-1, 205, 210-1, 213, 225, 232, 237, 239, 290, 296, 306, 308, 312-3, 315, 318, 321
Hlinka, guarda, 223
Hochhuth, Rolf, 318, 320
Holanda. *Ver* Países Baixos

Horthy, Nikolaus von, 156-7, 164, 195, 214-217, 219-22
Höss, Rudolf, 25, 63-4, 85-6, 93, 101-2, 105-7, 220, 235
Hössbach, protocolo, 239
Hoter-Yishai, Aharon, 246-8
Höttl, Wilhelm, 203
Hubertusburg, Tratado de paz de, 133
Hull, William, 274
Hungria, 25, 34, 37, 54, 59, 133, 135, 140, 146, 155-61, 164-5, 181, 193, 195, 201, 209, 214-22, 224-6, 228, 234, 246, 248, 291
Hunsche, Otto, 25, 216, 221, 256
Huppenkothen, Walter, 304

Império Russo, 200
Índia, 311
Isère, 196
Israel, 13-5, 17, 20, 22, 24, 28, 30-3, 213, 242-3, 259-64, 271-2, 281-4, 287, 289, 294-5, 310, 315-6: Arquivo Nacional de, *ver* Yad Vashem; Corte de Apelação de, *ver* Suprema Corte de Israel; exército de, 76; legislação de, 17-8, 266, 270-1; ópera de, 307; Parlamento de, *ver* Knesset; polícia de, 89, 256, 263, *ver também* Less, Avner; serviço secreto de, 259-60, *ver também* Ben-Gurion, David; Hausner, Gideon
Itália, fascismo na, 156, 195, 197, 198, 215, 246
Iugoslávia, 34, 74, 155, 195-6, 200-2, 204, 216, 218, 246, 267, 281

Jackson, Robert H., 296-7
Jacob, E., 186
Jäger, Herbert, 106
Jahreiss, Hermann, 144
Jakob, Berthold, 286

331

Jansen, J. J., 28
Jaspers, Karl, 119, 274, 292-3
Jewish Frontier, 18
Jodl, Alfred, 167
Jong, Louis de, 142, 149, 187
Jüdische Rundschau, Die, 72
julho, conspiração de, 113-4, 120, 184, 266, 321
Jungfrontkämpfeverband, 44
Jüttner, Hans, 304

K-Zetnik. *Ver* Dinoor, senhor
Kadow, Walter, 106
Kagan, Raja, 235
Kaiser. *Ver* Wilhelm II, imperador da Alemanha
Kaltenbrunner, Ernst, 43-6, 49
Kant, Immanuel, 153-4
Kappler, Herbert, 304
Kastner, Rudolf, 42, 54-5, 133, 135, 149, 160, 163, 216-7, 219
Katyn, floresta de, 278
Kennedy, John F., 16
Kernsten, Felix, 70
Kfar Kassem, 317
Kibutznikim, 138
Killinger, Manfred von, 211-3
Kimche, David e John, 74-5
Kirchheimer, Otto, 143-4, 278-9, 288
Klingenfuss, Karl, 287
Kluge, Gunther von, 24, 116, 119, 260, 294
Knesset, 24, 260, 294
Königsberg, 127
Koppe, Wilhelm, 26
Koretz, Rabino-Chefe, 208
Kovner, Abba, 251-3
Kovno, 137
Kreisau, 115
Kristallnacht, 51, 57, 79, 228, 248
Krug, Mark M., 136
Krüger, Friedrich-Wilhelm, 26

Krumey, Hermann, 25, 203, 216-7, 304
Krupp Werke, 93, 220
Kube, Wilhelm, 112
Kulm. *Ver* Chelmno

Lahousen, Erwin, 237
Lamm, Hans, 52, 72
Landau, Moshe, 14, 16, 61, 66, 111, 163, 230, 246, 248, 251
Lankin, Doris, 18
Lauterpacht, Hersch, 166
Laval, Pierre, 181-2
Lechfeld, 46
Lechthaler, Joseph, 25
"legião austríaca", 46
Lehnsdorf, Hans von, 127
Lei para a Prevenção e Punição do Genocídio, 292
Leipzig, 115, 250
Lemberg, 104
Less, Avmer, 39
Leste. *Ver* Estônia; Letônia; Lituânia; Polônia; Ucrânia; Warthegau; Rússia Branca
Letônia, 171, 227
Leuschner, Wilhelm, 115
Ley, Robert, 66
Lichtenberg, Bernard, 147
Lidice, 228, 267, 270
Life, 33, 259
Liga das Nações, 49
Linz, 39, 42-3, 82, 209, 243, 257-8, 265, 271
Lituânia, 171, 227, 246
Lódz, 103, 109-11, 135, 209, 228, 235
Lolita, 61
Londres, Acordo de. *Ver* Nuremberg, carta de
Lösener, Bernhardt, 145
Löwenherz, Josef, 42, 59-60, 76, 80, 246
Lubbe, Marinus van der, 207

Lublin, 93, 99, 101-2, 104, 124, 172, 188, 198, 212
Ludin, Hans Elard, 225
Lüneburger Heide, 257
Luther, Martin, 34, 90, 168, 188-9
Luxemburgo, 246
Lwów, 104

Mach, Sano, 96, 223
Madagascar, projeto, 45, 60, 90-2, 94, 119, 174
magiares, 214
Majdanek, 125, 246
Mapai, partido, 20
Marselha, 196
Matteotti, Giacomo, 314
Maunz, Theodor, 35, 36
Mauthausen, 23
McCarthy, Mary, 306
Mein Kampf, 45
Mengele, Josef, 287
Menthon, François de, 280
Mercedes-Benz, 258
Merten, Max, 208-9, 304
Meyer, Franz, 78
Milch, Erhard, 150, 197
Mildenstein, von (oficial da Gestapo), 53
Mildner, Rudolf, 169
Ministério das Finanças, 131
Ministério dos Transportes, 131, 170, 181, 234
Ministério para os Territórios Ocupados do Leste, 211, 226
Minsk, 23, 26, 103-4, 109-12
Mogilev, 26
Moltke, Helmuth von, 115
Mombert, Alfred, 173
Mônaco, 196
Monat, Der, 274, 292
Morávia, 79, 94-5, 97, 111, 171
Motzkin, Leo, 288

Mulisch, Harry, 38, 40, 112, 305
Müller, Heinrich, 43, 71, 79, 80, 84, 86, 103-4, 130, 155, 157, 161, 163, 170, 178, 195, 198, 229, 237, 271
Münchener Illustrierten Zeitung, 48
Munique, universidade de, 120
Murmelstein, Benjamin, 137
Musmanno, Michael A, 146, 231-3
Mussolini, Benito, 156, 194-6, 314

Nacional-Socialista, Partido. *Ver* Nazista, Partido
Nações Unidas, 284, 293
Nagasaki, 278
Napoleão, 117, 314, 321
Nationalsozialistische Deutsche. Ver Nazista, Partido
Nazista, Partido, 28, 40, 42-6, 48, 55, 71, 78, 83, 99, 115, 119, 128-31, 144-6, 171, 176-7, 241-2, 267, 290, 300, 304
Nazistas e Colaboradores Nazistas, lei de punição de, 32, 106, 108, 241-2, 267, 276-7, 285, 295
Nebe, Arthur, 116
Negev, 272
Neubenschen, 250
Nice, 196
Nisko, 45, 87-8, 90
Noruega, 71, 188-9, 246
Novak, Franz, 216-7, 234, 304
NSDAP. *Ver* Nazista, partido
Nuremberg: Carta de, 277, 279, 281, 298; Julgamentos de, 16-7, 19, 26, 32-3, 66, 84, 86, 99, 106, 108, 126, 129, 144-5, 150, 152, 159-60, 163, 166-7, 169, 176, 191, 194, 214, 216, 224, 229, 231-4, 237, 241-3, 256-7, 267, 275-81, 285, 296-9, 313, 317, 322; Leis de, 18, 29, 41, 5 1-2, 145, 290-1

Oberösterreichischer Elektrobau, 41
Odessa, 211, 289
ODESSA (organização), 258
Olshan, Itzhak, 270
Oppenheim-Lauterpacht, 166
Organisation Todt, 53

Países Baixos, 22, 57-8, 89, 142, 180-1, 184-8, 246, 291: Instituto Estatal de Documentação de Guerra dos, 57, 142
Palestina, 40, 54, 60, 72-8, 141, 213, 218, 246-8, 250
Paris, 170, 183, 191, 205, 216, 248-9, 287, 289-90
Passau, 46
Pavelic, Ante, 202
Pearlman, Moshe, 256-7
Pellepoix, Dalquier de, 181
Pendorf, Robert, 102, 133, 305
Pétain, Henri-Philippe, 181, 195
Philippsohn, professor, 150-1
Pohl, Oswald, 83, 93, 102, 169
Poliakov, Léon, 242
Polônia: período de ocupação nazista na, 19, 26-7, 81, 87-90, 108-111, 129, 133, 138, 140, 147, 149, 156, 188, 218-225, 227, 229, 234-40, 246-8, 252, 266-7; período entreguerras na, 49, 55, 80, 90-I, 172
Portugal, 159, 221
Poznan, 238, 251
Praga, 57, 80, 87-8, 94, 96-110, 163, 185, 200, 219, 246, 266, 282

Quisling, Vidkun, 189

Rademacher, Franz, 34-5
Räder, Erich, 239
Radom, distrito de (Polônia), 88
Rajakowitsch, Erich, 57, 89, 185-6
Rath, Ernst vom, 248-9

Ratnizi, 204
Rauter, Hans, 186
Raveh, Yitzak, 141, 153
Reck-Malleczewen, Friedrich P., 118-9, 126
Reich: Centro para a Emigração Judaica, 79-80, 89: Departamento de Saúde do, 124
Reichsbank, 131
Reichssicherheithauptamt. Ver RSHA
Reichstagsbrand, incêndio do, 207
Reichsvereinigung. Ver Associação Judaica de Berlim
Reichsvertretung, 52, 73, 77
Reitlinger, Gerald, 48, 98, 123, 169, 177, 196, 242, 305
Reno, região do, 38, 49, 106, 109
Reynolds, Quentin, 245
Rheinischer Merkur, 28, 33, 71
Ribbentrop, Joachim von, 91, 120-1, 128, 168, 232
Richter, Gustav, 25, 211-3
Riga, 23, 109-11, 227
Ritter, Gerhard, 114-6, 119
Roatta, general, 196
Rogat, Yosal, 294, 300
Röhm, Ernst, 26, 52, 211
Roma, 195, 198-9: Império Romano, 171, 197, 294
Romena, legião, 211
Romênia, 25, 141, 155, 181, 195, 199-201, 204, 210-3, 218, 222, 246
Rommel, Erwin, 116
Romoser, George K, , 115
Roosevelt, Franklin D., 221
Rosen, Pinhas, 285
Rosenberg, Alfred, 202, 211, 227
Rothschild, palácio, 78
Rousset, David, 22
RSHA, 43, 82, 84, 86, 89-90, 99, 116, 123-4, 150, 155, 157-8, 161, 169, 172, 176, 185-7, 196, 206-7, 226,

229, 235, 239, 255; seção IV, 43, 84, 164, 169, 172, 176, 229
Rumkowski, Chaim, 135
Rússia Branca, 26, 103, 123, 227
Rússia. *Ver* União Soviética
SA (*Sturm Abteilung*), 50, 52, 113, 211
Saarpfalz, 147
Sabri, Hussain Zulficar, 31
Sachsenhausen, 147
Salônica, 187, 208-9
Salzberger, Charlotte, 137
Salzburgo, 42-3
Sassen, Willem S., 33, 61, 67, 70, 142, 243, 259, 304
Saturday Evening Post, 37, 282
Sauckel, Fritz, 108
Savoie, 196
Schäfer, Emanuel, 204
Schellenberg, Walter, 206, 233-4
Schlageter, Leo, 106
Schlaraffia, 44, 49
Schmidt, Anton, 251-4
Schmitt, Carl, 162
Schüle, Erwin, 24-5
Schutzstaffel. *Ver* SS
Schwartzbard, Shalom, 287-90
SD (*Sicherheitsdienst*), 47-8, 88, 176, 267
Sebastopol, 253
Sebba, família, 42
sefardins, judeus, 187, 2]0
Seidl, Siegfried, 216
Servatius, Robert, 14, 19, 30-4, 46, 69, 75, 83-4, 105, 108-9, 124, 136, 138, 147-8, 162, 182, 229-30, 242-3, 260, 263, 265, 269-70, 272
Sérvia, 34-5, 201, 203-4, 206
Serviço de Segurança do Reichsführer. *Ver* SD
Shimoni, Yad, 260
Sibéria, 64

Sicherheitsdienst. Ver SD
Siemens-Schuckert Werke, 93
Silber, Gershon, 250
sionismo, 21, 53, 54, 72, 89: ativistas e organizações, 31, 42, 51-4, 70, 72-4, 76-9, 138, 160, 217-9, 221, 225, 230, 289
Six, Alfred, 304
Slawik, Alfred Josef, 304
Slutsk, 26
Smolensk, 278
Smolevichi, 26
Sobibor, 125, 188
Sodoma e Gomorra, 301
Sófia, 205-7: Rabino-Chefe de, 207
Solingen, 38-9
soviético: exército, 45, 87, 127, 155, 157, 163, 207, 213, 215, 222, 225, 255; prisioneiros de guerra, 111, 138; Serviço de Inteligência, 259
Speer, Albert, 53
SS (*Schutzstafell*), 22-3, 25-7, 40-9, 52-3, 62-3, 74, 82-6, 89-90, 93, 104, 106, 111, 115, 117, 119-25, 130, 136, 138-9, 146, 157-62, 164-6, 175-6, 184-5, 187-8, 191, 193, 197, 203, 207, 209-10, 217, 224, 226, 236, 241, 250, 253, 257-9, 267, 311: comandantes superiores da, 26, 84-5, 99, 121, 132, 157-9, 168-9, 183, 186-7, 233-4
SS Wirtschafts-Verwaltungshauptamt. Ver WVHA
St. Germain, Tratado de, 201
Stahlecker, Franz, 87-90, 94
Stalin, Joseph, 195
Stalingrado, 114, 132
Stauffenberg, Klaus von, 115
Stephan, Metropolita (Sófia), 207
Stern, Der (revista), 33, 259
Stern, Samuel, 217
Stettin, 172-3

Stone, Julius, 280
Storey, Robert G, , 275
Storfer, Bertold, 63-4, 76-7
Strauss, Franz-Josef, 71
Streicher, Julius, 42, 51, 83, 95, 280
Stuckart, Wilhelm, 129, 145-6, 177
Sturm Abteilung. Ver SA
Stürmer, Der, 42
Suárez (subúrbio de Buenos Aires), 258
Suarez, George, 288
Subseção IV-B-4, 84, 164, 169, 172, 176, 208
Sudetos, 94, 117-8
Suécia, 188-93, 221
Suíça, 41, 101, 146, 160, 173, 186, 190, 196, 221, 258, 286, 304
Summa Iniuria, 320
Suprema Corte de Israel, 18, 37, 83-4, 160, 164, 231, 243-4, 260, 270-1, 307
Szalasi, Ferenc, 222
Sztojai, Dome, 195

Tallat Bey, 288
Taylor, Telford, 283
Tchecoslováquia, 41, 79, 90, 95-6, 150, 163, 171, 200, 223, 248, 282
Tehlirian, 288-9
Thadden, Eberhard von, 168, 304
Theresienstadt, 60, 73, 77-8, 95-7, 100-1, 134-7, 139-40, 142, 149-51, 163, 173, 175-7, 192-3, 216, 246-8, 255, 266, 307
Thierack, Otto, 175
Tiso, Josef, 223, 225
Tohar, Zvi, 260
Torrès, Henri, 288
Treblinka, 26, 102, 104, 125, 206, 246

Trianon, Tratado de, 201, 215
Tuka, Vojtek, 224
Turner, Harald, 34, 204

Ucrânia, 227
Uebelhör, Regierungspräsident, 110
Uganda, 90
Ulbricht, Walter, 24
União Soviética, 26, 66, 87, 91-3, 98, 109, 112, 116, 122-3, 125, 138, 146, 156, 181, 203-4, 211, 246, 277-8, 281
Unidade 1005, 229
URSS. *Ver* União Soviética
Ustashe, 202-3

Vaadat Ezra va Hazalah, 218
Vabres, Donnedieu de, 279, 297
Vallant, Xavier, 181
valões, 184
Varsóvia, 23, 26, 87, 123, 134-5, 137, 234, 237
Vaticano, 100, 207, 221, 225
Veesenmayer, Edmund, 158, 164, 215, 220, 222, 225, 304
Versalhes, Tratado de, 44, 49, 201
Vichy, França de, 147, 172, 181-3, 190, 195
Viena, 41-2, 45, 53, 55-7, 59-60, 63, 69, 74, 76-80, 87-9, 101, 133, 137, 154, 185, 216, 219-20, 266
Vilna, 137

WVHA, 83, 93, 95, 102, 169, 220
Wächter, Otto, 198
Wade, E. C. S., 108
Wagner, Gerhard, 124
Wandervogel, 44
Wannsee, Conferência de, 66, 128, 145, 149, 155, 168, 177, 188, 237
Wartenburg, York von, 116

Warthegau, 103, 111, 144, 172, 227, 235, 238
Wechtenbruch, Dieter, 162-3
Weimar, República de, 50, 55, 204
Weisenborn, Günther, 120
Weiss, Manfred, 41, 159-60
Weizmann, Chaim, 138, 141
Weizsäcker, Ernst von, 189
Weltsch, Robert, 72, 320
Wilhelm I, 117
Wilhelm II, imperador da Alemanha, 277
Winkelmann, Otto, 157, 304

Wirth, Christian, 102
Wisliceny, Dieter, 141, 161, 163, 208-9, 216-9, 224-6, 234, 257
Wolff, Karl, 26

Yad Vashem, 57, 228, 242, 246, 251
Yahil, Leni, 198

Zagreb, 202-3
Zbaszyn, 55, 251
Zeisel, H., 284
Zöpf, Willi, 25, 185-6
Zuckerman, Zivia Lubetkin, 138-9

1ª EDIÇÃO [1999] 34 reimpressões

ESTA OBRA FOI COMPOSTA PELA PÁGINA VIVA EM TIMES E
IMPRESSA EM OFSETE PELA GEOGRÁFICA SOBRE PAPEL PÓLEN DA
SUZANO S.A. PARA A EDITORA SCHWARCZ EM MARÇO DE 2025

A marca FSC® é a garantia de que a madeira utilizada na fabricação do papel deste livro provém de florestas que foram gerenciadas de maneira ambientalmente correta, socialmente justa e economicamente viável, além de outras fontes de origem controlada.